데이터가
뛰어노는
AI 놀이터, 캐글

데이터가 뛰어노는 AI 놀이터, 캐글

상위 랭킹 진입을 위한 필살기

초판 1쇄 발행 2021년 5월 10일

지은이 가도와키 다이스케, 사카타 류지, 호사카 게이스케, 히라마쓰 유지 / **옮긴이** 대니얼WJ / **펴낸이** 김태헌
펴낸곳 한빛미디어 (주) / **주소** 서울시 서대문구 연희로2길 62 한빛미디어(주) IT출판부
전화 02-325-5544 / **팩스** 02-336-7124
등록 1999년 6월 24일 제25100-2017-000058호 / **ISBN** 979-11-6224-423-4 93000

총괄 전정아 / **책임편집** 홍성신 / **기획** 서현 / **편집** 이윤지 / **교정** 박지영
디자인 표지 이아란 내지 박정화 / **전산편집** 다인
영업 김형진, 김진불, 조유미 / **마케팅** 박상용, 송경석, 조수현, 이행은, 고광일 / **제작** 박성우, 김정우

이 책에 대한 의견이나 오탈자 및 잘못된 내용에 대한 수정 정보는 한빛미디어(주)의 홈페이지나 아래 이메일로
알려주십시오. 잘못된 책은 구입하신 서점에서 교환해드립니다. 책값은 뒤표지에 표시되어 있습니다.

한빛미디어 홈페이지 www.hanbit.co.kr / 이메일 ask@hanbit.co.kr

지금 하지 않으면 할 수 없는 일이 있습니다.
책으로 펴내고 싶은 아이디어나 원고를 메일(writer@hanbit.co.kr)로 보내주세요.
한빛미디어(주)는 여러분의 소중한 경험과 지식을 기다리고 있습니다.

데이터가 뛰어노는 AI 놀이터, 캐글

상위 랭킹 진입을 위한 문설기

가도와키 다이스케,
사카타 류지,
호사카 게이스케,
히라마쓰 유지 지음

대니얼WJ 옮김

한빛미디어
Hanbit Media, Inc.

지은이 소개

지은이 **가도와키 다이스케**(門脇 大輔)

Kaggle Competitions Master. 교토대학 졸업 후 생명보험회사에서 보험계리사로 10년간 상품 개발과 리스크 관리 업무에 종사했습니다. 캐글과의 만남을 계기로 경력을 내던지고 캐글 및 데이터 관련 프로그램에 참여 중입니다. 캐글 Walmart Recruiting II: Sales in Stormy Weather 대회에서 우승했으며 캐글 Coupon Purchase Prediction 대회에서 3위 입상했습니다.

지은이 **사카타 류지**(阪田 隆司)

Kaggle Competitions Grand Master. 교토대학 대학원 수료 후 전기 제조업체에 입사하여 데이터 과학자 및 연구원으로 종사했습니다. 2014년부터 데이터 과학과 머신러닝에 흥미가 생겨 캐글을 시작했습니다.

지은이 **호사카 게이스케**(保坂 桂佑)

Kaggle Competitions Expert. 도쿄대학 대학원에서 천체 시뮬레이션 연구로 석사 학위를 받았습니다. 데이터 분석 컨설팅 회사에서 10년간 기업의 데이터 분석 지원 업무를 담당했습니다. 이후 대기업 웹서비스 부문에 입사하여 데이터 활용 업무에 종사했습니다. 현재 데이터 과학자 및 머신러닝 엔지니어의 육성과 관리를 맡고 있으며 개인적으로는 육아에 전념 중입니다.

지은이 **히라마쓰 유지**(平松 雄司)

Kaggle Competitions Master. 도쿄대학 대학원에서 물리학을 전공하고 전기 분야 대기업에 입사했습니다. 이후 금융업계로 이직하여 금융시스템 회사의 파생상품 업무와 대형 손해보험 그룹의 위험회계 업무에 종사했습니다. 현재는 AXA 생명보험의 시니어 데이터 과학자로서 내부 데이터 분석 업무를 담당합니다. 도쿄대학에 연구원으로 파견되어 의료 데이터를 분석하고 연구합니다. 캐글은 2016년부터 본격적으로 시작했습니다. 곰 인형을 매우 좋아합니다.

옮긴이 소개

옮긴이 **대니얼WJ** frontier1020@naver.com

졸업 후 과감히 해외 취업에 도전했고 일본과 미국의 IT 업계에서 8년간 근무했습니다. 통신사 엔지니어로 일하다가 회사를 그만두고 또다시 새로운 도전으로 교육에 몸담은 지 벌써 5년이 흘렀습니다. 작은 컴퓨터 학원에서 초중고 학생들에게 코딩을 가르치며 내디딘 한걸음을 시작으로 빅데이터 강사를 거쳐 대학원, 대기업, 정부기관 대상으로 강의도 하며 지금까지 왔습니다. 현재는 한 기업의 팀장으로 그리고 빅데이터와 AI 분야 프리랜서 번역가 및 강사로 활동 중입니다. 앞으로는 누군가에게 꿈과 소망을 전달하는 크리스천으로서 작가, 번역가, 교육가로 그리고 한 명의 캐글러로 발걸음을 옮겨봅니다.

지은이의 말

데이터 과학에 대한 인식이 높아지면서 데이터 분석 경진 대회도 다수 개최되고 있습니다. 가장 많이 알려진 대회 플랫폼인 캐글의 등록자 수는 2021월 3월 기준 약 630만 명입니다. 한 번이라도 경쟁에 참여한 활성 사용자 수는 15만 명 이상이며 상당수의 데이터 과학자가 자신의 실력을 시험하고자 대회에 참가합니다.

대회에서는 실제 데이터를 이용하는 만큼 머신러닝 관련 도서에서 찾아보기 어려운 기법이나 테크닉이 많이 활용됩니다. 그러한 내용을 이해하고 스스로 활용할 수 있는 능력을 갖추는 것은 경진 대회에서는 물론이고 실무에서 모델을 구현하는 데도 많은 도움이 됩니다.

예를 들어 xgboost를 비롯한 그레이디언트 부스팅 결정 트리의 라이브러리는 그다지 유명하지 않았지만 이후 경진 대회에서 압도적인 실적을 내면서 실무에서도 사용하게 되었습니다. 또 많은 참가자가 다양한 방법을 시도하며 데이터 분석에 참여하고 있으며 그 결과에 관한 정보가 공유됩니다. 어떤 데이터셋에 대해 어떤 테크닉이 도움이 되는지와 같은 지식을 얻는 것은 경진 대회의 또 하나의 매력입니다.

이 책에서는 그러한 테크닉이나 사례를 많은 분께 알리기 위해 집필 시점 기준으로 최신 정보를 정리했습니다. 앞으로 경진 대회에 참가해보려는 분들 또는 더 높은 상위 순위권 진입을 목표로 하는 분들이라면 꼭 읽어야 하는 책입니다. 또한 경진 대회의 테크닉은 실무에도 유용하게 쓰이므로 대회 자체에 흥미가 없는 분도 읽으면 도움이 될 것입니다.

이 책을 집필하는 과정에서 많은 분이 도와주신 덕분에 좋은 책을 만들 수 있었습니다. 이 자리를 빌려 여러분께 감사의 말씀을 전합니다.

전반부 논의에 참여하고 2장 일부 내용의 집필 및 리뷰를 도와주신 야마모토 유야 님, 신중하게 코드 리뷰를 해주신 모토하시 도모미쓰 님, 신경망 기술 관련 논의에 참여해주시고 리뷰해주신 야마모토 다이키 님, 3.13절의 일부 내용 집필에 협력해주신 오노데라 가즈키 님과 가토 료 님, 이 책의 리뷰에 참여해주신 노가미 다이스케 님, 한다 도요카즈 님, 야마카와 요이치 님, 오니시 가쓰노리 님, 오쿠무라 에루네스토 준 님, 가노 류이치 님, 하야시 도시히로 님 고맙습니다.

저자 일동

옮긴이의 말

책 번역을 마치며 하나님께 깊은 감사를 드립니다.

저는 취업과 이직을 고민하는 사람을 많이 만납니다. '어떻게 취업을 잘 준비할 수 있을까요?' 라는 질문에 항상 빼놓지 않고 이야기하는 것이 하나 있습니다. 캐글 대회를 참여하라고 말합니다. 회사는 실무 경험을 중요하게 생각하지만 취업도 하기 전에 경험을 쌓기란 어려운 일입니다. 그럼에도 실무 또는 그 이상을 경험할 수 있는 데가 있습니다. 바로 '캐글'입니다.

캐글에서는 다양한 실전 문제를 접할 수 있고 흔하게 만나기 쉽지 않은 전문가들이 함께 고민하며 내놓은 솔루션도 엿볼 수 있습니다. 한 대회를 제대로 참여하면 회사의 실제 프로젝트를 참여한 것 이상으로 많이 배우게 됩니다. 캐글은 데이터를 도전하는 이들에게는 정말 중요한 시작과 끝이며 모든 이의 놀이터라고 할 수 있습니다.

저자들은 처음에 책을 소개하며 초보자를 위해 상세히 썼다고 말합니다. 과연 이 책을 보고 초보자도 따라 할 수 있을지 의문이 생겼지만 후반부의 상세한 설명에 납득할 수 있었습니다. 베타리더에 참여했던 파이썬 초보자 한 분도 다음과 같이 말했습니다. '처음 1장과 2장의 산을 잘 넘으면 이후는 앞장의 내용을 좀 더 상세히 다루고 있습니다. 약간 어렵기는 하지만 충분히 할 수 있다고 저는 생각합니다.'

이 책은 캐글을 하는 모든 이가 한 권씩 소장하고 계속 보면서 학습할 만한 책이라고 생각합니다. 저도 앞으로 제자들과 보고 또 볼 계획입니다. 이 책을 최대한 잘 이해해서 전달하려고 몇 번이고 보며 좋은 책을 만들기 위해 모두가 노력했지만 부족한 점이 있을 것이라고 생각합니다. 너른 양해와 응원, 적극적인 피드백 부탁드립니다.

마지막으로 이 책이 나오기까지 함께 애써준 한빛미디어 서현 님, 홍성신 님, 이윤지 님 그리고 박지영 님 정말 감사드립니다. 번역하며 많은 힘이 되어준 가족(임태성, 최숙자, 동준, 혜숙, 혜영, 백송학, 다솔, 김희숙 권사님, 루루, 스윗)과 친구들(세훈, 재민, 상현, 효승, 준수 등) 그리고 내 삶을 함께하는 모든 이들(SNS 공동체와 목사님, 서울IT 식구, 방송통신대학교 여러분, 캐글러)과 베타리더에게 이 글을 빌려 깊은 감사의 마음을 전합니다.

힘든 시기를 보내지만 함께 힘을 내서 지금까지 그랬듯이 잘 이겨내기를 소원하고 응원합니다.

대니얼WJ

머신러닝 기초를 공부하고 캐글에 이제 막 발을 내딛는 사람과 캐글 경험이 있지만 대회 코드 작성에 어려움을 느낀 사람에게 훌륭한 길잡이 역할을 해줍니다. 상위권에 랭크된 노트북의 솔루션을 꼼꼼하게 리뷰해준 덕분에 여러 대회에 다양한 기법으로 접근해볼 수 있고 나만의 코드를 작성할 수 있다는 것이 가장 만족스러웠습니다.

신홍재, 학생

미신러닝을 가장 빨리, 재미있게 학습하는 방법은 캐글 대회에 참여하는 것이라 생각합니다. 그렇지만 입문 대회라도 생각보다 점수를 올리기가 쉽지 않고 대회마다 평가 기준이 달라 입문자로서는 벽이 높게 느껴집니다. 이러한 어려움을 이 책에서는 매우 친절하고 쉽게 설명합니다. 대회 참여에 필요한 모든 것을 알려주고 그 방법이 쓰인 대회까지 소개한다는 점이 좋았습니다.

김태헌, DB Inc.

저자들의 캐글 경험을 바탕으로 불균형 데이터를 다루는 방법, 데이터 특성에 맞는 평가지표를 선택하는 방법, 상대적으로 잘 알려지지 않은 사이킷런의 기능들, 원리에 충실한 xgboost 설명과 더불어 과적합에서 벗어나는 법을 다룹니다. 데이터 전문가들의 놀이터인 캐글과 내가 해결해야 하는 문제 사이의 훌륭한 징검다리가 되어줄 것을 믿어 의심치 않습니다.

이제현, 한국에너지기술연구원

흔히 사용하거나 검색으로 쉽게 찾을 수 있는 방법론 외에 다양한 대안들을 소개하는 유니크한 도서입니다. 특히 각 기법에 대해 상세한 수식과 예제 코드를 함께 제시하여 이해와 활용성을 동시에 잡아 백과사전과 같이 유용합니다. 기본 이론, 방법론 학습은 완료했지만 캐글 상위권 공략을 위해 아직 2% 부족하다고 느껴지는 분들에게 추천합니다.

김사무엘, (주)데이터사이언스랩

처음부터 캐글로 배우는 방법을 선택한 사람이라면 비슷한 방법과 모델만 무심코 사용하기 십상입니다. 이 책으로는 단계마다 어떤 방법이 주로 쓰이는지, 자주 쓰이진 않아도 그 외에는 어떤 방법이 있는지까지 알 수 있습니다. 만약 자신이 매번 손에 익은 방법으로만 접근한다고 느끼거나 이런 방법도 있다고 알려줄 사람이 없다면 이 책은 반드시 도움이 될 것입니다.

송성곤, 세종대학교

머신러닝 입문자가 캐글에 처음 도전할 때 가장 어려운 점은 자신이 수행할 수 있는 스킬과 대회에서 필요한 스킬의 단계 차이가 크게 나는 것이라고 생각합니다. 이 책은 머신러닝 기초부터 다양한 대회에서 기법이 실제로 적용되는 부분까지 세세하게 알려주며 많은 데이터를 직접 만지며 스킬의 단계 차이를 줄일 수 있습니다.

이창우, 인하대학교

데이터 경진 대회의 시작부터 끝까지 상세한 과정을 알려준다는 점이 매력적으로 다가왔습니다. 파이썬을 배우긴 했지만 캐글과 같은 데이터 경진 대회 플랫폼에서 다양한 솔루션을 종합하는 데 어려움을 느꼈던 분들에게 이정표가 되길 바랍니다.

서제훈, 아주대학교

파이썬 머신러닝 모델을 사용할 때 자세히 뜯어보지 않았다면, 하나하나 뜯어보기 힘들었다면, 영어로 된 공식문서들을 읽기 어려웠다면 이 책을 권합니다. 항상 선택했던 인수들은 자세히 알 수 있고 선택하지 않았던 인수들은 새롭게 알게 되는 계기가 될 수 있습니다. 필사하면서 이 책을 병행하는 것을 추천합니다.

하헌진, ㈜휴톰

캐글에서 사용되는 여러 가지 트릭이나 모델 그리고 기법에 대한 설명과 코드가 잘 실려 있어 캐글에 입문하려는 분들에게 좋은 책입니다. 저자가 실제 사용하는 코드 구성에 관해 설명한 부분이 인상적이었습니다.

강천성, ㈜스탠다임

캐글 시작에 앞서 든든한 책 한 권이 있어야 한다면 이 책을 추천합니다. 저자가 상당한 내공을 모아 든든한 한 권으로 묶어낸 만큼 다 소화한다면 데이터 관련 대회들이 조금은 쉽게 느껴질 겁니다. 최근 진행 중인 캐글 대회에도 이 책을 적극적으로 활용하면 좋은 성과를 얻을 수 있으리라 생각합니다.

Heroseo, Kaggle Notebooks Master

단순히 유명한 방식을 따라 해보는 것이 아니라 사례별로 적합한 방식을 찾아가는 길잡이가 되어 줍니다. 제가 캐글을 처음 접했을 때 이 책이 있었다면 정말 좋았을 것입니다.

장도혜, 방송통신대학교

캐글 최신 트렌드에 뒤처지지 않으면서도 번역상의 문제로 이해가 되지 않는 부분이 없었습니다. 캐글에 관심 있는 분은 물론 실무에서 직접 캐글 코드를 참고하여 모델링을 고려하는 분에게도 추천합니다.

곽두일, 큐브엔시스 인공지능사업본부 본부장, 바벨 AI 대표

캐글에 도전하고 싶지만 어떻게 해야 할지 막막하거나 전 세계 데이터 과학자들과 함께 소통하고 실력을 겨루고 싶다면 이 책과 함께 시작하기를 추천합니다.

이서정, (주)위세아이텍 연구소

이론으로 배운 내용이 실제로 어떤 때에 쓰이는지, 코드로 어떻게 옮겨서 확인할 수 있는지를 알 수 있어서 도움이 많이 됐습니다.

정우준, LG전자

캐글러가 캐글링하기 위해 꼭 필요한 책입니다.

남소현, 강사

이 책에서 다루는 내용

이 책은 경진 대회의 상위권 진입이 목표인 독자 여러분을 위한 가이드입니다. 경진 대회 중에서도 특히 정형 데이터를 다루는 대회 대상입니다. 또한 이 책의 내용은 집필 시점인 2019년 8월을 기준으로 합니다(일부 내용은 역자가 번역 시점인 2021년 3월 기준으로 수정했습니다).

예측 대상이나 모델의 평가지표와 같은 문제 설정이 명확하게 주어진 가운데 성능이 높은 모델을 만들려면 어떻게 해야 하고 무엇을 주의해야 할지에 초점을 맞추어 집필했습니다. 또한 경진 대회에서 일반적으로 주의해야 할 내용을 총망라하여 설명하고, 과거 상위 입상자들이 사용한 기술도 다수 소개하여 모델 성능을 개선하는 데 필요한 힌트를 얻을 수 있도록 구성했습니다.

모든 최적화 문제를 해결할 수 있는 알고리즘은 존재하지 않습니다. 따라서 이 책에서 소개하는 테크닉이 어느 경진 대회에서나 다 통용되지는 않으며, 오히려 어느 대회에서는 유효했던 기술이 다른 대회에서는 유효하지 않을 수 있습니다. 이러한 배경에 기반을 두고 모델 성능을 높일 가능성이 있는 도구나 힌트가 될 가능성이 있는 사항을 다수 소개하는 형태로 설명합니다. 또한 저자 의견을 추가한 NOTE에서는 특정 방법이 자주 사용되는지 또는 도움이 되는지에 관한 내용을 자주 언급하는데, 문제나 데이터에 따라 유효한 기법이 다른 만큼 큰 도움이 되지 않는 방법이라 해도 좋은 성능을 내는 경우도 있다는 점을 참고해주세요.

설명할 때 수식은 최소화하고 대신 글이나 예제 코드, 표를 주로 사용했습니다. 프로그래밍 언어는 파이썬 기반이며 예제 코드 역시 모두 파이썬으로 작성했습니다. 예제 코드는 깃허브에서 제공합니다.

이 책에서 다루지 않는 내용

(분석 목적이나 문제 설정, 고객 제휴 등) 머신러닝 활용의 비즈니스적 측면에 관한 이야기는 하지 않습니다. 머신러닝의 이론적인 부분 설명도 다른 책에 양보한 만큼 분석 기법의 알고리즘이나 이론적 측면은 상세하게 설명하지 않습니다.

대회에서는 유용하지만 다른 책에서는 그다지 다루지 않는 기법을 일부 장에서 상세하게 설명합니다. 특히 모델의 성능을 올리는 데 중요한 각 기법의 장단점 및 특성을 최대한 설명히고자 했습니다. 한편 정형 데이터 대상이므로 이미지, 음성, 자연어 등의 데이터를 다루는 기술의 세부사항까지 다루지는 않습니다.

이 책의 대상 독자

이 책은 경진 대회에 참가하려는 독자를 대상으로 하는 가이드북입니다. 경진 대회에서뿐만 아니라 일반적으로 도움이 되는 내용을 포함하므로 예측 모델을 구축하여 데이터 분석을 하는 분들에게 널리 참고가 될 것입니다. 특히 특징을 생성하는 방법, 검증, 매개변수 튜닝 등 다른 도서에서는 잘 다루지 않는 노하우나 포인트도 설명합니다.

다음 내용에 관한 기본적인 지식은 있다고 가정하고 이 책에서는 따로 다루지 않습니다.

- 파이썬과 라이브러리(numpy, pandas, scikit-learn)의 사용법

- 머신러닝의 기본 개념

- 미분이나 행렬 연산의 기본 개념

그렇다고는 해도 가능한 한 관련 내용을 설명하면서 일부 지식이 부족하더라도 읽어나갈 수 있도록 했습니다. 또한 일부 장에는 수식을 기재했습니다. 다만 본문에서의 해설을 읽고 이해할 수 있으면 수식 자체는 건너뛰어도 괜찮습니다.

이 책의 구성

이 책의 구성은 다음과 같습니다.

- 1장: 경진 대회

- 2장: 경진 대회의 평가지표

- 3장: 특징 생성

- 4장: 모델 구축

- 5장: 모델 평가

- 6장: 모델 튜닝

- 7장: 앙상블 기법

- 부록

각 장의 내용은 서로 관련되는 부분도 있지만, 어느 장에서 시작하더라도 학습할 수 있도록 다른 장에 너무 의존하지 않으려 노력했습니다. 각 장에서는 기본적인 내용부터 작은 성능 개선을 요구하는 세세한 내용까지 설명합니다. 또한 다른 장의 내용을 미리 알고 있으면 더 이해하기 쉬운 부분도 있습니다. 따라서 처음부터 전부 이해하려 하기보다는 우선 빠르게 읽으면서 관심 있는 부분만 숙고하여 읽는 게 좋습니다. 또 대회에 참가하면서 힌트를 얻고자 다시 읽거나 신경이 쓰이는 부분을 사전적으로 참조하여 읽어도 좋습니다.

예제와 샘플 코드

이 책의 샘플 코드는 역자의 깃허브 계정인 *https://github.com/LDJWJ/kagglebook* 에서 내려받을 수 있습니다. 파이썬 및 주요 라이브러리 버전은 파이썬 3.8.5, 넘파이 1.19.5, 팬더스 1.2.2, 사이킷런 0.24.1, xgboost 1.3.3 기준입니다.

이 책의 샘플 코드를 실행하기에 앞서, 다음과 같이 모듈의 `import`로 데이터 불러오기 및 데이터 읽기를 미리 시행했다고 가정합니다. 자세한 내용은 깃허브의 예제 코드를 참조해주세요.

우선 numpy 및 pandas 모듈을 다음과 같이 불러옵니다.

```
import numpy as np
import pandas as pd
```

특별한 설명이 없을 때는 학습 데이터, 학습 데이터의 목적변수, 테스트 데이터가 다음과 같이 읽힌다고 가정합니다. 이들 데이터는 이진 분류 문제를 상정한 것입니다.

- **학습 데이터 train_x**

  팬더스^{pandas} 데이터프레임^{DataFrame}에서 행의 수는 학습 데이터의 행 개수, 열의 수는 특징의 수

- **학습 데이터의 목적변수 train_y**

  팬더스 시리즈^{Series}에서 행의 수는 학습 데이터의 행 개수

- **테스트 데이터 test_x**

  팬더스 데이터프레임에서 행의 수는 테스트 데이터의 행 개수, 열 수는 특징의 수

학습 데이터와 테스트 데이터를 불러오는 코드는 다음과 같습니다.

```
# train_x는 학습 데이터, train_y는 목적변수, test_x는 테스트 데이터
train = pd.read_csv('../input/sample-data/train.csv')
train_x = train.drop(['target'], axis=1)
train_y = train['target']
test_x = pd.read_csv('../input/sample-data/test.csv')
```

일부 장에서는 학습 데이터를 다시 학습 데이터와 검증 데이터로 나눈 것을 사용하기도 합니다 (검증에 관해서는 5장에서 설명합니다).

- 학습 데이터 tr_x

- 학습 데이터의 목적변수 tr_y

- 검증 데이터 va_x

- 검증 데이터의 목적변수 va_y

학습 데이터를 학습 데이터와 검증 데이터로 나누는 코드는 다음과 같습니다.

```
from sklearn.model_selection import KFold
# KFold 교차 검증에 의한 분할 하나를 사용하여 학습 데이터와 검증 데이터로 구분
kf = KFold(n_splits=4, shuffle=True, random_state=71)
tr_idx, va_idx = list(kf.split(train_x))[0]
tr_x, va_x = train_x.iloc[tr_idx], train_x.iloc[va_idx]
tr_y, va_y = train_y.iloc[tr_idx], train_y.iloc[va_idx]
```

CONTENTS

CHAPTER 1 경진 대회

CHAPTER 2 경진 대회의 평가지표

CONTENTS

CONTENTS

CHAPTER 4 모델 구축

CONTENTS

CONTENTS

APPENDIX

경진 대회

1.1 경진 대회란?

최근 데이터 분석 실력을 겨루는 데이터 분석 경진 대회(이하 경진 대회competition)가 다수 개최
되며 화제가 되고 있습니다. 1장에서는 경진 대회를 자세히 소개합니다.

1.1.1 경진 대회 살펴보기

경진 대회에서는 주최자가 제공한 데이터로 행 데이터별 레이블label이나 값을 예측하는 분석 기
법을 경쟁합니다. 이때 예측하려는 레이블이나 값을 목적변수라고 합니다. 각 행 데이터는 목
적변수 예측에 필요한 다양한 값을 포함하는데 이 값들을 특징feature이라고 합니다.[1]

예를 들어 어떤 웹 서비스 사용자가 한 달 안에 유료 기능을 이용할지 여부를 예측하는 문제가
있다고 가정합니다(그림 1-1). 이때 그 결괏값을 0 또는 1로 표현한 플래그가 목적변수입니
다. 그 밖에도 회원 연령이나 성별, 과거 서비스 이용 이력 등이 특징이 될 수 있습니다.

---

[1] 옮긴이_ 변수, 설명변수, 특성, 특징, 피처와 같이 다양하게 부릅니다. 이 책에서는 특징과 목적변수로 사용합니다.

	특징			목적변수
사용자 ID	성별	나이	기타 사용자 속성	1개월 이내 유료 기능 사용 여부
1	M	42	…	0
2	F	34	…	1
3	M	5	…	1
…	…	…	…	…
999	M	10	…	0
1000	F	54	…	0

그림 1-1 목적변수와 특징

경진 대회 주최자는 예측 모델을 만드는 데 필요한 학습 데이터와 실제 예측 대상인 테스트 데이터를 제공합니다(그림 1-2). 학습 데이터에는 특징과 목적변수가 포함되는데, 이들 특징과 목적변수의 관계를 학습하려는 용도입니다. 테스트 데이터에는 특징만 포함되며 목적변수는 알 수 없습니다.

대회 참가자는 학습 데이터를 모델에 학습시키고, 그렇게 학습한 모델로 테스트 데이터를 이용하여 예측합니다. 테스트 데이터의 예측 결과가 실젯값에 얼마나 근접했는지에 따라 순위가 결정됩니다. 이때 예측 결과와 실젯값의 근접 정도를 측정하는 평가지표는 대회마다 다르며 그 결괏값을 점수score라고 합니다. 평가지표의 종류는 2.3절에서 자세히 설명하겠습니다.

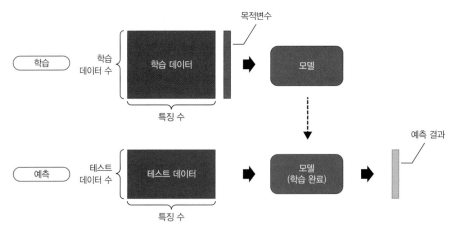

그림 1-2 학습 데이터와 테스트 데이터

대회에 출제되는 문제를 태스크[task]라고 부릅니다(이 책에서는 이후 '문제'라고 하겠습니다). 문제의 종류는 다양하며 예측 대상이나 주어지는 데이터도 문제에 따라 달라집니다. 예를 들어 표 형식의 정형 데이터[tabular data]에서 각 행 데이터의 수치를 예측하는 문제가 있는가 하면, 특정 이미지 데이터가 어느 카테고리에 속하는지를 예측하는 문제도 있습니다. 대회에 자주 나오는 문제의 종류는 2장에서 다시 설명합니다.

1.1.2 예측 결과 제출과 순위

참가자는 대회 기간 도중에 테스트 데이터의 예측 결과를 제출할 수 있습니다. 그러면 예측 결과의 점수와 잠정 순위가 Leaderboard 페이지[2]에 표시됩니다. 이때 표시되는 점수는 테스트 데이터의 일부를 이용한 결과로, 최종 순위를 결정하는 점수는 아니지만 대략적인 순위를 파악하는 기준으로는 활용할 수 있습니다. 최종 순위는 Private Leaderboard의 평가 기준이 되는 남은 테스트 데이터에 따라 결정됩니다.

대회를 이렇게 구성하는 이유는 무엇일까요? 모델의 목적은 미지의 데이터를 정확하게 예측하는 것이므로, 대회 기간 중 표시되는 점수에 지나치게 맞춰진 모델이 그대로 최종 승리로 이어지지 않도록 하려는 것입니다. 또한 제출된 점수가 과도하게 활용되는 일이 없도록 예측값을 제출하는 횟수를 하루 수 차례로 제한합니다.

이후 소개할 경진 대회 플랫폼인 캐글[Kaggle]에서는 일부 테스트 데이터를 사용한 점수 기준으로 순위를 매긴 결과를 Public Leaderboard 페이지에 공개합니다(그림 1–3). Public Leaderboard 페이지에서는 참가자의 제출 시점 기준으로 예측 결과의 최고 점수를 활용해 순위를 매깁니다. 참가자들은 이 순위를 보면서 동기 부여 효과를 얻거나, 다른 참가자와의 점수 차이를 고려하며 전략에 유용하게 활용할 수 있습니다.

경진 대회가 끝날 때까지 최종 제출할 예측 결과를 선택합니다. 최종 순위는 선택한 예측 결과에 따라 결정됩니다.

---

2 https://www.kaggle.com/c/quora-insincere-questions-classification/leaderboard

#	Team Name	Notebook	Team Members	Score ❷	Entries	Last
1	[ods.ai] Toulouse Goose			0.78259	2	2y
2	takapt			0.71311	2	2y
3	Optimal.gr			0.71271	2	2y
4	The Zoo			0.71123	2	2y
5	浪浪浪			0.70920	2	2y
6	Guanshuo Xu			0.70897	2	2y
7	insincere modeling			0.70841	2	2y

그림 1-3 Public Leaderboard 페이지

경진 대회가 끝나면 Public Leaderboard 페이지에서 평가에 활용되지 않은 나머지 테스트 데이터에 기반을 둔 점수가 최종 순위표로서 Private Leaderboard 페이지에 공개됩니다(그림 1-4). 간혹 경진 대회에 따라서는 Public Leaderboard 페이지와 Private Leaderboard 페이지의 순위가 크게 뒤바뀌는 셰이크 업shake up 현상이 발생합니다. 참가자는 셰이크 업 현상으로 순위가 떨어지지 않도록 Private Leaderboard 페이지의 테스트 데이터를 최적으로 예측하는 모델을 만들어야 합니다.

#	△pub	Team Name	Notebook	Team Members	Score ❷	Entries	Last
1	▲ 3	The Zoo			0.71323	2	1y
2	—	takapt			0.71275	2	1y
3	▲ 3	Guanshuo Xu	kemal49facda48a		0.71157	2	1y
4	▲ 36	KF			0.71143	2	1y
5	▲ 2	insincere modeling			0.71134	2	1y
6	▼ 1	浪浪浪			0.71106	2	1y
7	▲ 3	yufuin			0.71070	2	1y
8	▼ 5	Optimal.gr			0.71050	2	1y
9	▲ 2	Q++			0.70999	2	1y
10	▲ 29	tks	PME_EMA 6 + 8 po...		0.70964	2	1y

그림 1-4 Private Leaderboard 페이지

1.1.3 팀 단위 참가

경진 대회에 따라서는 여러 명의 참가자가 하나의 팀을 만들어 참가할 수도 있습니다. 실제로 캐글의 거의 모든 대회는 팀 단위 참가를 허용합니다. 팀을 꾸리는 과정은 한 명이 먼저 대회에 참가한 뒤에 다른 참가자에게 참가 요청[request]을 전달하고, 상대가 이를 승인하는 순서로 이루어집니다.

팀원마다 여러 가지 방법으로 특징과 모델을 만들었다면, 각 멤버가 만든 모델의 예측값에서 평균을 구하는 등 단순한 앙상블 기법만 적용해도 더 나은 결과가 나올 때도 많습니다. 또한 팀원들이 서로의 의견을 공유하거나 새로운 아이디어를 내는 과정에서 혼자서는 떠올릴 수 없었던 다양한 방법을 시도할 수도 있습니다. 이런 이유로 캐글에서는 대회 후반에 상위 입상을 노리는 팀이 다수 만들어지기도 합니다.

캐글이 주최한 Home Credit Default Risk 대회는 앙상블 효과가 컸던 만큼 많은 팀의 합병이 이루어졌습니다. 상위 16위까지는 전부 여러 명으로 구성된 팀이었으며, 팀원이 10명 이상인 팀도 많았습니다(이후로 팀 인원수는 최대 5명으로 제한되었습니다).

한편 캐글 대회에서는 팀 합병 후에 예측 결과의 제출 가능 횟수가 늘어나 유리해지는 일이 없도록, 두 개 팀의 예측값 제출 횟수가 총합 (1일 제출 횟수 상한) × (대회 기간 일수)를 초과하면 해당 팀들이 합병할 수 없도록 제한합니다. 따라서 제출 횟수의 상한선까지 매일 예측 결과를 제출해버리면 팀에 넣을 수 있는 참가자가 한정되므로, 팀 합병을 고려한다면 이러한 점에도 주의해야 합니다.

1.1.4 상금과 혜택

경진 대회에서 상위 입상하면 다양한 혜택이 있습니다. 가장 일반적인 혜택은 상금으로, 보통 1등부터 3등 또는 1등부터 10등까지 상금이 지급됩니다. 대표적인 캐글 대회의 상금액은 평균 수만 달러 정도이며 규모가 큰 대회에서는 수백만 달러[3]가 될 수도 있습니다.

대회를 주최한 기업의 채용 인터뷰에 응모할 기회가 주어지기도 합니다. 그 밖에도 GPU나 태블릿 단말과 같은 상품을 받거나 학회에서 발표할 권리를 얻을 수 있습니다.

1.2 경진 대회 플랫폼

경진 대회 주최에 필요한 기능과 환경을 제공하는 몇몇 플랫폼이 있습니다. 이러한 플랫폼은 다음과 같은 기능과 환경을 이미 갖추고 있으므로, 대회 주최자가 따로 준비하지 않아도 대회를 진행할 수 있습니다.

- 참가자가 데이터를 내려받는 기능
- 예측 결과 제출 시 자동 채점 기능
- 순위표인 Leaderboard 제공
- 스크립트 실행 환경 제공(캐글 노트북 등)
- 각종 게시판 제공(캐글 Discussion 페이지 등)

참가자는 경진 대회 플랫폼에 방문하여 다양한 대회의 정보를 얻을 수 있고, 자신이 원하는 대회에 참가할 수도 있습니다. 어느 정도 규모 있는 대회라면 이러한 플랫폼에서 열리는 게 최근 추세입니다. 데이터 마이닝이나 머신러닝, 인공지능 관련 국제 학회에서 함께 열리는 경진 대회도 이러한 플랫폼을 사용합니다.

잘 알려진 경진 대회 플랫폼의 종류는 다음과 같습니다.

---

3 옮긴이_ 캐글 Passenger Screening Algorithm Challenge 대회의 상금은 1,500,000달러였습니다.
https://www.kaggle.com/c/passenger-screening-algorithm-challenge

캐글Kaggle

- 가장 유명한 경진 대회 플랫폼
- 상금이 걸린 대회의 개최 누적 건수는 310여 건(2021.03 기준)
- 전 세계 각종 기업과 행정기관, 연구기관이 활용
- *https://www.kaggle.com/*

데이콘Dacon

- 국내 경진 대회 플랫폼
- 상금이 걸린 대회의 개최 누적 건수는 50여 건(2021.03 기준)
- 국내 기업과 행정기관, 연구기관이 활용
- *https://dacon.io/*

시그네이트SIGNATE

- 일본 경진 대회 플랫폼(이전 명칭은 OPT Data Science Lab)
- 상금이 걸린 대회의 개최 누적 건수는 50여 건(2021.03 기준)
- 일본 기업과 행정기관, 연구기관이 활용
- *https://signate.jp/*

탑코더Top Coder

- 프로그래밍 콘테스트 플랫폼이지만 경진 대회도 개최
- *https://www.topcoder.com/*

지금까지는 일반적인 관점에서 경진 대회를 소개했습니다. 이제부터는 플랫폼 중에서도 존재감이 큰 캐글 플랫폼 중심으로 소개합니다.

1.2.1 캐글 소개

경진 대회 플랫폼으로 가장 유명한 캐글은 지금까지 많은 대회를 개최했습니다. 상금이 걸린 경진 대회는 물론이고 상금이 없는 대회도 다수 개최 중입니다(그림 1-5). 이러한 가운데 최근에는 캐글을 둘러싼 신조어도 만들어졌습니다. 캐글에 모이는 사용자나 대회 참가자를 캐글러kaggler, 캐글에서 활동하거나 경진 대회에 참가하는 행동을 캐글링kaggling이라고 부릅니다.

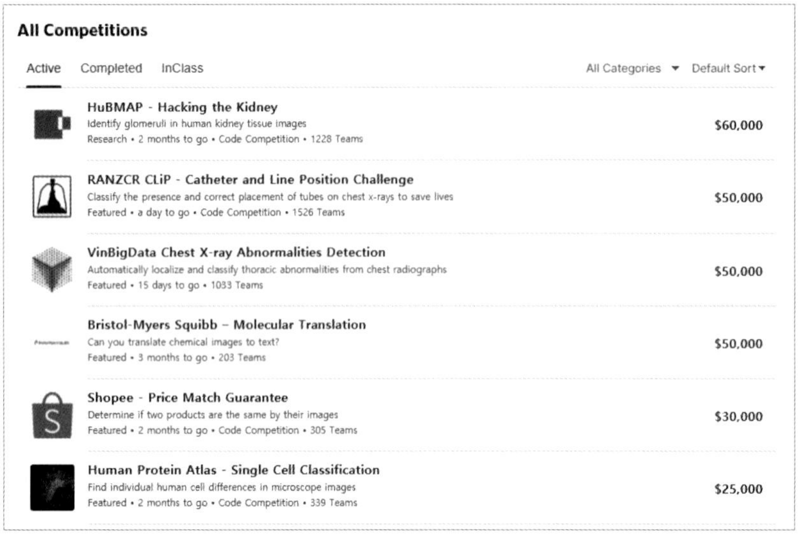

그림 1-5 캐글에서 참여 가능한 대회[4](2021년 03월 기준)

캐글은 앞에서 살펴본 경진 대회 개최에 필요한 기본적인 기능을 비롯해 다음과 같은 추가 기능들도 충실히 제공합니다. 이 기능들을 더 자세히 살펴보겠습니다.

- 순위 및 등급 제도(Rankings)
- 클라우드 데이터 분석 환경인 노트북(Code)[5]
- 정보 교환 및 토론 게시판(Discussion)
- 데이터셋 관련 내용을 공유하는 포럼(Datasets)
- 프로그래밍 언어로 캐글에 접근할 수 있는 API
- 개인별 맞춤형으로 다양한 토픽이 표시되는 뉴스피드 기능(Newsfeed)

1.2.2 순위 및 등급

캐글에는 [그림 1-6]과 같은 순위 및 등급 제도가 있습니다. 순위와 등급은 다음 카테고리별로 부여되므로 서비스마다 조금씩 다를 수 있습니다.

---

4 *https://www.kaggle.com/competitions*

5 옮긴이_ 클라우드에서 가상으로 제공하는 분석 환경입니다. 사용자는 어떠한 개발 환경의 설치 없이 캐글이 제공하는 웹 공간에서 데이터를 분석할 수 있습니다. 작성한 코드를 공유하거나 다른 사람의 코드를 내 노트북으로 복사할 수도 있습니다. 2021년 3월 기준으로 노트북(Notebooks)에서 코드(Code)로 명칭이 변경되었습니다.

- Competitions: 경진 대회 성적에 따른 부여
- Datasets: 인기 있는 데이터 셋에 따른 부여
- Notebooks: 좋은 노트북 공개에 따른 부여
- Discussion: 좋은 토론 게시글에 따른 부여

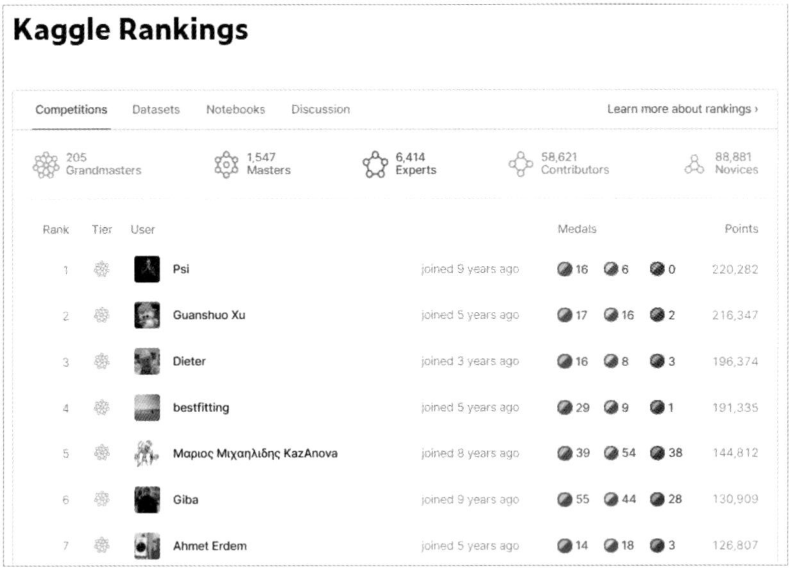

그림 1-6 캐글 순위[6]

캐글러는 경진 대회 순위나 Code 및 Discussion 카테고리에서의 추천[vote] 획득 수에 따라 포인트를 받으며 이렇게 모은 포인트 수를 바탕으로 순위가 매겨집니다.[7] 과거 거둔 실적은 시간이 흐르면서 서서히 그 포인트가 차감되므로 오래 전 맹활약했던 캐글러라 해도 캐글에서의 활동이 줄어들면 순위는 내려갑니다.

캐글러는 대회 상위권에 오르거나 Code 및 Discussion 카테고리의 게시물이 다른 참가자로부터 일정 수 이상 추천을 받으면 메달[medal]을 획득할 수 있습니다. 메달에는 금, 은, 동의 세 가지 종류가 있으며 상위 메달일수록 획득 조건이 점점 어려워지는 추세입니다. 메달을 일정 수 이상 획득하면 그에 맞는 등급을 얻을 수 있습니다.

---

6 *https://www.kaggle.com/rankings*
7 추천(vote)은 SNS의 '좋아요'와 비슷한 기능입니다.

등급은 각 카테고리별(Competitions, Dataset, Notebooks, Discussion)로 얻을 수 있습니다. 다음과 같이 총 5개 등급으로 나뉘며, 높은 등급을 얻는 건 캐글러에게 일종의 동기 부여가 됩니다.

- Novice: 노비스(초보자)
- Contributor: 컨트리뷰터
- Expert: 익스퍼트
- Master: 마스터
- Grandmaster: 그랜드마스터

예를 들어 Competitions 카테고리에서 마스터의 조건을 충족했다면 Competitions Master 등급을 얻는 식입니다. 순위나 등급에 관한 지세한 내용은 Kaggle Progression System[8] 페이지를 참조해주세요.

카테고리 중 캐글러의 가장 큰 관심을 끄는 항목은 Competitions일 것입니다. 그중에서도 Competitions Master와 Competitions Grandmaster 등급은 매우 큰 가치로 인정받습니다. 그렇다고 Notebooks나 Discussion에서 등급을 올리기 쉽다는 뜻은 아닙니다. 실제로 이들 카테고리에서 등급을 올리는 걸 하나의 동기 부여로 삼는 캐글러도 많습니다. 예를 들면 2018년 6월 heads or tails[9]는 Notebooks Grandmaster 칭호를 획득하고 관련 인터뷰 기사가 공개되며 화제가 된 바 있습니다.

1.2.3 Code

Code 페이지에서 만들 수 있는 캐글의 프로그램 실행 환경인 Code는 웹 기반 클라우드에서 결과나 과정을 예측하거나 데이터 시각화의 소스 코드를 실행할 수 있습니다(그림 1-7). Code에서 제공하는 노트북을 이용하면 대회에서 제공하는 데이터를 분석하여 시각화하거나 예측 결과를 작성하여 대회에 제출할 수 있습니다. 또한 대회와 관계없는 데이터도 분석할 수 있습니다.

---

8 *https://www.kaggle.com/progression*
9 옮긴이_ *https://www.kaggle.com/general/52479*

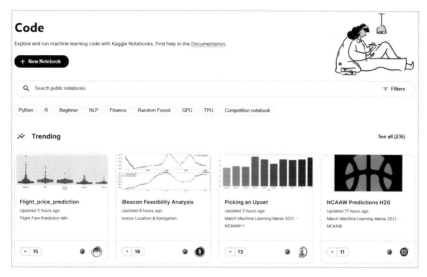

그림 1-7 Code 메인 페이지[10]

또한 Code는 분석 코드를 공유하는 장소로, 작성자가 공개 설정을 하면 다른 사람도 코드를 함께 볼 수 있습니다. 공개된 노트북 코드는 추천할 수 있으며 일정 수 이상의 표를 얻으면 앞에서 설명한 메달을 획득할 수 있습니다.

공개 코드 중에서도 초보자용 코드를 적절히 활용하면 기본 분석 테크닉을 배울 수 있습니다. 나아가 대회 중 습득한 새로운 기술이나 깊이 있는 연구 결과가 포함된 코드가 공유되기도 합니다. 다만 캐글에서는 대회에서 알게 된 지식을 팀 외에 개인적으로 공유하는 행위가 금지됩니다. 대신 대회 참가자 모두가 평등하게 새로운 지식을 접할 수 있도록 Code 페이지와 Discussion 페이지를 이용하여 공유한다는 규칙이 있습니다. 참가한 대회에서 공개된 새로운 지식이 궁금하다면 해당 페이지들을 참고하세요.

INFORMATION
Code의 노트북 사용법을 간단하게 소개하겠습니다.

1) 소스 코드 작성
소스 코드를 작성하는 3가지 방법은 다음과 같습니다.

---

10 *https://www.kaggle.com/code*

- **Code 메인 페이지에서 신규 코드 작성**

  Code 메인 페이지에서 [New Notebook]을 선택하면 코드와 데이터셋이 비어 있는 환경[11]에서 처음부터 작성할 수 있습니다. 경진 대회와 상관없이 자유롭게 데이터를 사용하여 분석하고 싶다면 이 방법을 사용하기를 추천합니다. 나중에 대회의 데이터 소스를 추가하여 대회 제출용으로 분석할 수도 있습니다.

  그림 1-8 Code 메인 페이지에서 소스 코드 작성

- **참가한 대회의 데이터 분석용 코드를 새로 작성**

  대회 데이터의 분석용 코드를 작성할 때는 경진 대회 메인 페이지에서 원하는 대회를 선택한 뒤[12] [Code] 탭에서 [New Notebook]을 선택합니다(그림 1–9). 그러면 데이터 소스 파일이 해당 노트북에 추가됩니다.

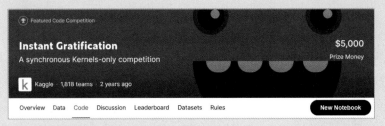

  그림 1-9 참가한 대회의 데이터 분석을 위한 코드 작성[13]

- **공개된 코드 복사**

  공개된 코드 페이지의 오른쪽 상단에서 [Copy and Edit]을 선택합니다(그림 1–10).

---

11 옮긴이_ 일반 대회에서 Code 메인 페이지로 접근하여 노트북을 만들면 해당 데이터가 노트북에 추가됩니다. 단, 메인 메뉴에서 [Code] 메뉴를 선택해 노트북을 만들면 대회의 데이터 소스가 비어 있습니다.

12 옮긴이_ 메인 페이지 좌측 상단의 [Compete] 메뉴를 선택하여 캐글 경진 대회의 목록을 확인할 수 있습니다. 그중 원하는 대회를 선택하면 해당 대회의 메인 페이지로 이동합니다.

13 *https://www.kaggle.com/c/instant-gratification/code*

그림 1-10 공개된 코드 복사[14]

언어는 파이썬과 R 중에 선택할 수 있으며 노트북을 새로 만들 때는 스크립트Script 타입과 노트북 타입 중에 선택할 수 있습니다. 스크립트에서는 에디터editor 형태의 코드를, 노트북에서는 주피터 노트북 형태의 코드를 작성하고 실행합니다. 모델 학습이나 예측 결과를 제출할 때는 스크립트 타입을 선택하고, 대화형interactive 데이터 분석이나 데이터를 가시화할 때는 노트북 타입을 선택하기를 권합니다. 둘 중 하나를 선택하면 노트북 실행 화면으로 이동합니다.[15]

2) 코드 편집과 대화형 모드 실행

노트북 실행 화면에서는 코드 에디터나 대화형 콘솔 등을 사용하여 코드를 작성할 수 있습니다. 특히 콘솔은 코드의 일부를 중간중간 실행해보면서 확인할 수 있습니다(그림 1-11).

그림 1-11 노트북 실행 화면 (1)

---

14 https://www.kaggle.com/rsakata/gmm-with-target-perfect-pred-random-shuffle/

15 옮긴이_ 스크립트 타입은 파이썬 프로그램일 경우 .py 확장자 파일, 주피터 노트북 타입은 주피터 노트북에서 사용하는 .ipynb 확장자 파일 형식과 유사하게 생각하면 됩니다. 캐글 노트북에서 .py와 .ipynb 파일 형식으로 코드를 내려받을 수 있습니다.

3) 코드 커밋

노트북 실행 화면의 우측 상단에 있는 [Save Version]을 선택하면 커밋[commit]을 실행할 수 있습니다. 팝업창에는 디폴트 선택사항으로 [Save & Run All(Commit)]이 나타납니다. 만약 추가 선택 메뉴에서 'Quick Save'를 선택하면 실행하지 않고 저장만 할 수도 있습니다. 기본 설정을 확인한 뒤 [Save]를 선택하면 현재 코드를 버전 단위로 저장함과 동시에 코드 전체를 재실행합니다. 추가 설정을 원한다면 [Advanced Settings]를 선택합니다.

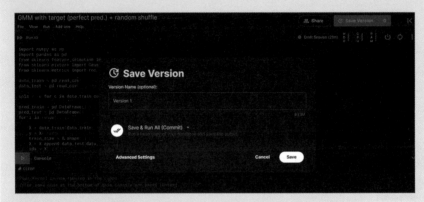

그림 1-12 노트북 실행 화면 (2)

4) 실행 결과 확인

이렇게 [Save Version] 버튼을 선택하여 커밋하면 저장과 함께 코드가 실행중임을 확인할 수 있습니다(그림 1-13). 일정 시간이 지나고 실행이 완료되었다는 화면이 나타나면(그림 1-14), 여기에서 [View]를 클릭해 해당 결과 페이지로 이동할 수 있습니다(그림 1-15).

그림 1-13 [Save Version]을 선택한 후 화면 하단에 실행되는 화면

그림 1-14 실행이 완료되면 나타나는 화면

그림 1-15 코드 실행 결과 페이지 (1)

만약 일정 시간이 지나고 해당 창이 사라져 [View]를 누르지 못했을 때는, 앞에서 살펴본 노트북 실행 화면의 오른쪽 상단에 있는 [Save Version] 버튼 옆에 보이는 숫자를 누릅니다. 그러면 [그림 1-16]과 같이 작성한 코드와 실행 결과를 확인하는 페이지로 이동합니다.

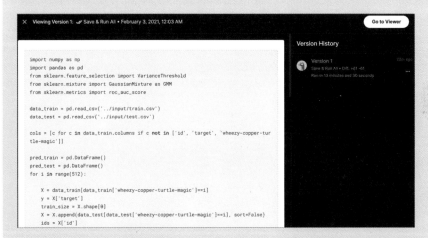

그림 1-16 코드 실행 결과 페이지 (2)

5) 예측 결과 제출

작성한 코드의 실행 결과를 파일로 만들면 대회에 제출할 수 있습니다. [Version History]에서 현재 실행된 버전 옆의 […] 메뉴를 누르고 [Open in Viewer]를 선택하면 [그림 1-17]과 같이 코드가 실행된 결과 화면

이 보입니다. [Output] 섹션에서 해당 파일을 선택하고 [Submit to Competiton]을 선택하여 대회에 결과 파일을 제출합니다(그림 1-17).

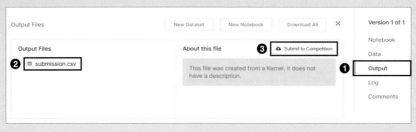

그림 1-17 예측 결과 제출[16]

INFORMATION

노트북 사용 시간이나 메모리 제약, 인스턴스 활용 관련 주의사항은 다음과 같습니다.[17]

- 노트북: 9시간의 실행 시간

- 메모리: 20GB의 자동 저장 가능한 디스크 공간(**/kaggle/working**)

- CPU만 사용 시 인스턴스
  - 4 CPU 코어
  - 16GB 메모리

- GPU 선택 사용 시 인스턴스[18]
  - 2 CPU 코어
  - 13GB 메모리

- TPU 선택 사용 시 인스턴스
  - 4 CPU 코어
  - 16GB 메모리

노트북에 관한 자세한 정보는 캐글 문서[19]에 잘 정리되어 있으니 참고하세요.

---

16 노트북이 자신의 노트북이 아닐 때는 대회 제출을 위한 [Submit to Competition] 버튼이 나타나지 않습니다.

17 옮긴이_ 구글의 다양한 환경(컴퓨터 사양 및 화면 UI)은 상대적으로 변경이 많은 편입니다. 이후로도 얼마든지 변경될 수 있으니 참고해 주세요.

18 GPU는 NVIDIA Tesla P100를 사용합니다.

19 *https://www.kaggle.com/docs/Notebooks#technical-specifications*

1.2.4 토론 게시판

Discussion 페이지는 대회 관련 토론이 이루어지는 게시판입니다. 대회 기간 중에는 다음과 같은 내용을 다루는 논의가 활발하게 이루어집니다.

- 초보자의 질문

- 규칙[rule]에 관한 질문

- 데이터 관련 새로운 발견이나 분석 방법 토론

경진 대회가 끝나면 상위 입상자는 본인의 문제 풀이 방법을 작성하여 공개합니다. 그 내용을 확인한 수많은 참가자는 각종 질문과 토론 내용을 활발하게 주고받습니다. 특히 문제 풀이 방법의 중요한 팁이 공개될 때가 많으며 상위 입상자의 코드가 공유될 때도 있습니다. 새로운 지식 공유가 다양하게 이루어지는 만큼 본인이 참가할 경진 대회를 잘 살펴보면 많은 도움이 될 것입니다.

Discussion 페이지에는 캐글이 게재하는 일반 공지와 참가자가 작성한 글이 있습니다(그림 1-18). 캐글의 일반 공지로는 대회 참가자를 위한 주최 측의 메시지, 캐글 공식 멤버가 밝히는 원활한 대회 참여를 위한 팁(미리 살펴보면 좋을 노트북 소개), 대회의 추가 설명 등이 있습니다. 참가자가 꼭 확인할 수 있도록 Discussion 페이지의 상단에 표시됩니다. 중요한 정보를 제공하는 경우가 많으므로 가능한 한 읽어보는 편이 좋습니다.

노트북과 마찬가지로 Discussion 페이지에 작성된 내용이나 코멘트에도 투표할 수 있고 일정 수 이상의 표를 얻으면 메달을 얻을 수 있습니다.

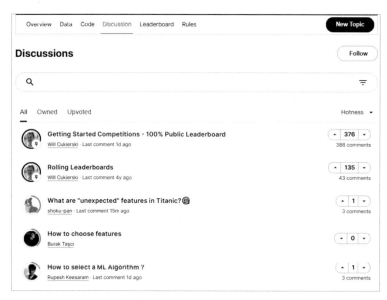

그림 1-18 Discussion 페이지[20]

1.2.5 데이터셋

캐글에는 경진 대회 관련 기능 외에도 데이터셋을 공유하는 기능이 있습니다(그림 1-19). 캐글 계정이 있다면 누구나 Datasets 페이지에 데이터셋을 추가하거나 공개할 수 있으며 다른 사용자가 공개한 데이터셋을 내려받을 수도 있습니다. 캐글 계정이 없어도 데이터셋 미리 보기 기능은 사용할 수 있습니다.

20 *https://www.kaggle.com/c/titanic/discussion*

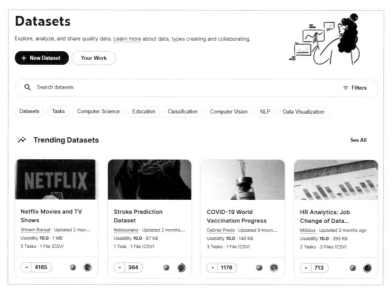

그림 1-19 데이터셋 목록[21]

데이터셋은 Filters 기능을 이용하여 파일명 또는 태그로 검색할 수 있습니다. 파일 사이즈, 파일 타입(CSV, JSON 등), 데이터 라이선스 등으로도 검색 가능합니다. 검색 이후에 데이터셋은 목록 상단의 드롭다운 버튼을 클릭하여 다음 중 원하는 순서대로 정렬할 수 있습니다.[22]

- Hottest: 가장 인기 있는 데이터

- Most Votes: 가장 표를 많이 받은 데이터

- New: 가장 최신 데이터

- Updated: 가장 최근 업데이트된 데이터

- Usability: 가장 많이 사용되는 데이터

데이터의 Hottest 순서는 최신 데이터인지 여부와 투표 수 등에 기반을 두어 결정됩니다. 새롭게 등장하여 주목받는 데이터 또는 오랜 기간 안정적으로 주목받아온 데이터의 Hotness가

---

21 *https://www.kaggle.com/datasets*

22 옮긴이_ Filters를 이용해 검색한 후의 기능이 이 책의 정렬을 따르며 최근 UI가 변경되어 더 다양한 방법으로 데이터셋을 정렬할 수 있습니다.

높아집니다. 태그는 데이터 소유자가 붙인 키워드[topic]로, 데이터 자체의 종류가 무엇이고 어떤 문제에 관한 내용인지를 구분할 수 있습니다. 한편 많은 데이터가 라이선스를 명시하므로 데이터를 어떻게 활용할 수 있을지 쉽게 알 수 있습니다.

데이터셋을 공개하고 싶은 사용자는 웹사이트 또는 API에서 데이터를 업로드할 수 있습니다. 업로드하는 것만으로도 미리 보기[preview] 및 데이터 탐색기 기능 덕분에 데이터 내용과 통계량, 카테고리 목록 등을 확인할 수 있습니다(그림 1-20).

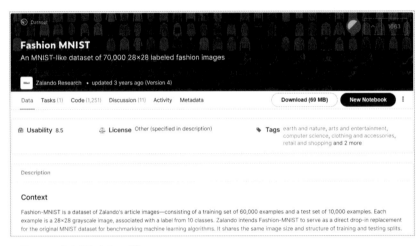

그림 1-20 데이터셋 미리 보기[23]

데이터셋에 포함되는 데이터의 파일 형식은 도구[tool]에 의존하지 않고 접근성이 높은 것으로 지정합니다. 예를 들면 다음과 같은 형식이 좋습니다.

- csv

- json

- sqlite

- 압축파일(zip, 7z 등)

- BigQuery Dataset

---

23 *https://www.kaggle.com/zalando-research/fashionmnist*

이와 같은 데이터 형식으로 업로드해두면 앞에서 설명했듯이 미리 보기나 데이터 탐색기 기능을 사용할 수 있습니다. 다른 데이터 형식으로 업로드할 수도 있지만, 미리 보기나 데이터 탐색기 기능을 사용할 수 없는 경우가 있습니다. 또한 많이 쓰이지 않는 형식의 파일을 업로드할 때는 노트북에서 해당 형식의 데이터를 어떻게 다룰지 공개하기를 권장합니다. 그 밖에도 데이터 소유자는 사용자가 데이터를 쉽게 검색할 수 있도록 태그를 붙일 수 있습니다. 또한 공개 데이터셋 외에 비공개 데이터셋을 작성할 수도 있습니다.

1.2.6 API

캐글의 기능에 접근할 수 있는 파이썬 라이브러리가 공개되었습니다(그림 1-21). 이 라이브러리를 사용하면 웹사이트를 방문하지 않고도 다양한 처리를 자동화하거나 CLI command-line interface로 실행할 수 있습니다. 캐글에 익숙하지 않은 독자라면 아직 API를 사용할 필요는 없으므로 여기서는 간단한 내용만 소개합니다.

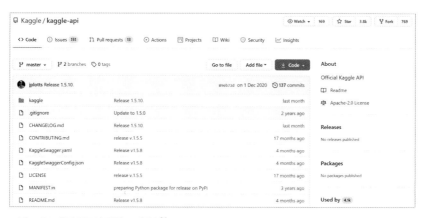

그림 1-21 캐글 API의 깃허브 저장소[24]

---

24 *https://github.com/Kaggle/kaggle-api*

이 라이브러리의 기능은 다음과 같습니다.

- **경진 대회 정보 획득**
  - 경진 대회 목록
  - 경진 대회용으로 공개된 파일 목록
  - 경진 대회용으로 공개된 파일 다운로드
  - 예측 결과 제출
  - 지금까지 제출한 예측 결과 파일 목록
  - Leaderboard 내용

- **오픈 데이터셋 정보 획득**
  - 데이터셋 목록
  - 데이터셋 파일 목록
  - 데이터셋 파일 다운로드
  - 데이터셋 공개
  - 데이터셋 신규 버전 작성
  - 데이터셋 공개용 로컬 환경 구축
  - 데이터셋 메타데이터
  - 데이터셋 공개 현황

- **노트북 정보 획득**
  - 노트북 목록
  - 노트북 공개용 로컬 환경 구축
  - 노트북 파일 업로드
  - 노트북 파일 다운로드
  - 노트북 출력
  - 노트북 실행 현황

INFORMATION

API 사용 순서는 다음과 같습니다.

1) API 설치

파이썬의 패키지 매니저인 pip을 이용하여 다음과 같은 명령어로 API를 설치할 수 있습니다.

```
pip install kaggle
```

2) API 토큰 다운로드

API를 사용하려면 캐글에 사용자 등록을 하고 API 토큰을 내려받아야 합니다(사용자 등록에 관한 설명은 생략합니다). 캐글 메인 페이지의 오른쪽 상단에 보이는 사용자 아이콘을 클릭하고 [My Account]를 선택합니다(그림 1-22).

그림 1-22 캐글 메인 페이지의 [My Account] 선택

My Account 페이지로 이동한 뒤 아래쪽의 API 섹션에서 [Create New API Token] 버튼을 선택합니다(그림 1-23). 그러면 kaggle.json의 파일을 자동으로 내려받는데 이 파일이 API 토큰입니다.

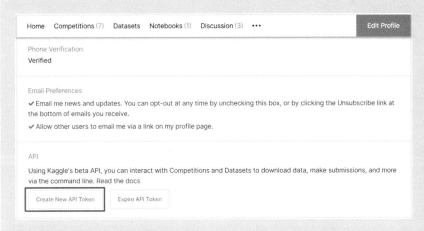

그림 1-23 My Account 페이지의 API 섹션

3) API 토큰 설치

내려받은 API 토큰을 본인 로컬 환경의 적절한 폴더 또는 디렉터리에 저장합니다. 리눅스나 맥OS와 같은 운영 체제에서는 ~/.kaggle/kaggle.json에 저장하고 윈도우에서는 C:\Users\<PC사용자명>\.kaggle\kaggle.json으로 파일을 이동합니다. 리눅스나 맥OS에서는 터미널에서 다음과 같은 명령어를 실행하여 파일을 옮길 수 있습니다.

```
# 디렉터리가 없을 수 있으므로 생성합니다.
mkdir ~/.kaggle
# 파일을 이동합니다.
mv <다운로드위치> ~/.kaggle/kaggle.json
```

4) API 토큰의 파일 권한을 제한[25]

API 토큰이 있으면 캐글 홈페이지에 로그인하지 않고도 다양한 기능을 이용할 수 있으므로 본인 이외의 사용자가 사용할 수 있는 상태라면 위험합니다. 따라서 API 토큰의 파일을 본인만 읽을 수 있도록 터미널에서 다음과 같은 명령으로 권한을 제한합니다. 이때 파일 권한이 정확하게 설정되지 않으면 API 명령을 실행했을 때 오류가 발생하므로 주의해주세요.

```
chmod 600 ~/.kaggle/kaggle.json
```

5) 경진 대회 목록 얻기

이번에는 실제 경진 대회의 목록을 가져와보겠습니다. 먼저 다음 명령을 실행합니다.

```
kaggle competitions list
```

대회 종료일이 늦는 순서대로 다음 화면처럼 20건의 대회 목록을 제공합니다(2021년 2월 기준).

ref	deadline	category	reward	teamCount	userHasEntered
contradictory-my-dear-watson	2030-07-01 23:59:00	Getting Started	Prizes	84	False
gan-getting-started	2030-07-01 23:59:00	Getting Started	Prizes	139	False
tpu-getting-started	2030-06-03 23:59:00	Getting Started	Knowledge	339	False
digit-recognizer	2030-01-01 00:00:00	Getting Started	Knowledge	2095	True
titanic	2030-01-01 00:00:00	Getting Started	Knowledge	16154	True

---

25 이 절차는 리눅스나 맥 OS에서만 필요하므로 윈도우 환경에서는 넘어가도 좋습니다.

```
house-prices-advanced-regression-techniques  2030-01-01 00:00:00 Getting Started  Knowledge    4517        True
connectx                                      2030-01-01 00:00:00 Getting Started  Knowledge     367       False
nlp-getting-started                           2030-01-01 00:00:00 Getting Started  Knowledge    1126       False
competitive-data-science-predict-future-sales 2022-12-31 23:59:00 Playground           Kudos   10227        True
hungry-geese                                  2021-07-26 23:59:00 Playground          Prizes      75   Falsehpa-
single-cell-image-classification             2021-04-27 23:59:00 Featured          $25,000       13       False
vinbigdata-chest-xray-abnormalities-detection 2021-03-30 23:59:00 Featured          $50,000      420       False
hubmap-kidney-segmentation                   2021-03-25 23:59:00 Research          $60,000      924       False
ranzcr-clip-catheter-line-classification     2021-03-15 23:59:00 Featured          $50,000      621       False
jane-street-market-prediction                2021-02-22 23:59:00 Featured         $100,000     3215       False
cassava-leaf-disease-classification          2021-02-18 23:59:00 Research          $18,000     3208       False
rfcx-species-audio-detection                 2021-02-17 23:59:00 Research          $15,000      962       False
acea-water-prediction                        2021-02-17 23:59:00 Analytics         $25,000        0       False
rock-paper-scissors                          2021-02-01 23:59:00 Playground          Prizes     1616       False
santa-2020                                   2021-02-01 23:59:00 Featured            Prizes      783       False
```

자세한 사용 방법을 알아보려면 API 저장소에 있는 공식 문서를 읽거나, 다음 명령어를 입력했을 때 나타나는 도움말을 확인해주세요.

```
kaggle -h
```

1.2.7 뉴스피드

캐글 홈페이지에 로그인하면 가장 먼저 표시되는 Newsfeed 페이지는 사용자별로 다양한 맞춤형 토픽을 제공합니다(그림 1-24). 사용자의 취향을 학습하여 토픽을 추천해주며 개인이 팔로우한 주제나 노트북, 유저 등의 정보를 보여줍니다.

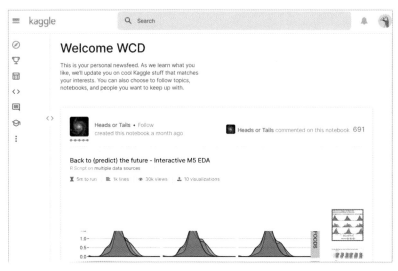

그림 1-24 Newsfeed 페이지[26]

1.2.8 다양한 경진 대회 사례

실제로 개최되는 경진 대회의 종류는 다음과 같습니다.

- **기업 주최(상금과 혜택 제공)**
  - 기업이 자사 데이터를 일부 감추고 공개
  - 기업 서비스 관련 내용을 예측
  - 데이터셋과 예측 대상에 기업의 특색이 드러남

- **연구 기관 주최(상금과 혜택 제공)**
  - 연구 기관의 데이터를 공개
  - 환경, 의료 등 사회적으로 중요한 주제를 종종 다룸

- **상금이 없는 대회**
  - 오픈 데이터셋을 이용
  - 분석 입문용 대회
  - 새로운 분석 기법을 시험하는 등 목적이 자유로움

---

26 옮긴이_ 화면 상단에 보이는 'Welcome WCD' 텍스트는 본인의 로그인 계정명에 따라 각각 다르게 표시됩니다. 이 화면에서는 역자의 계정명인 WCD를 확인할 수 있습니다.

다음으로, 지금까지 개최된 몇몇 특징적인 경진 대회를 소개하겠습니다.

국내 기업이 개최한 대회

국내 기업들이 개최한 경진 대회로는 [표 1-1]과 같은 사례가 있습니다.

표 1-1 국내 기업이 개최한 경진 대회

명칭	주최	개최기간	개최 플랫폼	사용 데이터	문제	상금 총액	참가 팀 수
AI야 진짜 뉴스를 찾아줘! AI 경진대회	NH 투자 증권	2020/11/23 ~ 2020/12/31	dacon	뉴스 제목과 뉴스기사 텍스트	해당 뉴스가 진짜인지 아닌지 예측	5000만 원	544팀
AI RUSH	네이버	2020/07/13 ~ 2020/08/29	네이버 자체 플랫폼 (NSML)	네이버 서비스 제공 데이터	네이버에서 제공하는 2라운드에 걸친 문제	총상금 2억 원	100명
제주 신용카드 빅데이터 경진대회	제주 테크노 파크	2020/06/22 ~ 2020/07/31	dacon	신용카드 사용 내역(사용 지역, 업종, 거주 지역)	공공 데이터 AI를 활용한 카드 사용량 예측	600만 원	1552팀
Melon Playlist Continuation	카카오	2020/04/27 ~ 2020/07/26	카카오	멜론 서비스에서 제공하는 수집된 플레이리스트의 일부	플레이리스트의 곡들과 어울리는 곡 검색	1400만 원	785팀
아파트 경매 가격 예측 경진대회	인포케 어옥션	2018/10/18 ~ 2018/12/31	dacon	서울, 부산 지역의 경매 정보 2,700여 개	아파트 경매가 예측	1만 달러 + 120,000 ZPR	321팀

상금 규모가 컸던 대회

상금 규모가 컸던 경진 대회로는 [표 1-2]와 같은 사례가 있습니다.

표 1-2 상금 규모가 컸던 경진 대회

명칭	주최	개최기간	개최 플랫폼	사용 데이터	문제	상금 총액	참가 팀 수
Passenger Screening Algorithm Challenge	미국 국토 안보부	2017/06/22 ~ 2017/12/15	캐글	여행자 사진	신체의 17개 부위 각각에 보안 위협이 있는지 여부 예측	150만 달러	518팀
Zillow Prize: Zillow's Home Value Prediction (Zestimate)	Zillow	2017/05/24 ~ 2019/01/15	캐글	부동산 물건 정보	중고 부동산 매매 가격 예측	120만 달러	3779팀
Data Science Bowl 2017	Booz Allen Hamilton	2017/01/12 ~ 2017/04/12	캐글	폐 X-ray 영상	폐 X-ray 사진이 폐암 환자의 영상인지 아닌시 예측	1백만 달러	394팀
Heritage Health Prize	Heritage Provider Network	2011/04/04 ~ 2013/04/04	캐글	환자 정보	대상 환자가 다음 해에 병원에서 보내는 날짜 예측	50만 달러	1353팀

참가자가 많았던 대회

참가자가 많았던 경진 대회로는 [표 1-3]과 같은 사례가 있습니다.

표 1-3 참가자가 많았던 경진 대회

명칭	주최	개최기간	개최 플랫폼	사용 데이터	문제	상금 총액	참가 팀 수
Santander Customer Transaction Prediction	Santander Bank	2019/02/14 ~ 2019/04/11	캐글	은행 고객의 정보	고객의 거래 가능성 예측	6만 5천 달러	8802팀

명칭	주최	개최기간	개최 플랫폼	사용 데이터	문제	상금 총액	참가 팀 수
Home Credit Default Risk	Home Credit Group	2018/05/18 ~ 2018/08/30	캐글	신용조사 기관의 데이터와 신용카드의 수입과 지출 등	고객이 대출금을 상환할 수 있을지 여부 예측	7만 달러	7190팀
Porto Seguro's Safe Driver Prediction	Porto Seguro	2017/09/30 ~ 2017/11/30	캐글	자동차 보험 가입자 정보	다음 해에 자동차 보험금을 신청할 가능성 예측	2만 5천 달러	5163팀
Santander Customer Satisfaction	Santander Bank	2016/03/03 ~ 2016/05/03	캐글	은행 고객 정보	고객이 은행 서비스에 만족하는지 여부 예측	6만 달러	5115팀

1.2.9 경진 대회의 형태

대회에서는 답안으로 무엇이 제출되는지, 대회의 최종 순위를 결정하는 테스트 데이터가 언제 공개되는지에 따라 규칙rule이 달라질 수 있습니다. 이러한 규칙에 따라 대회 형태format도 달라집니다.

제출 결과

- **일반 대회(예측값 제출)**

  모델을 만들고 결괏값을 예측하는 대회입니다. 캐글의 가장 기본적인 대회 형태로 초창기부터 활용되고 있습니다. 학습 데이터나 테스트 데이터 등을 내려받고, 본인의 로컬 개발 환경이나 노트북 등 자유로운 환경에서 모델을 학습시킨 뒤에 테스트 데이터의 예측 결과를 파일로 출력합니다. 이후 예측값을 포함한 파일을 제출합니다.

- **코드 대회(코드 제출)**

  캐글에서 개최되는 새로운 형태의 대회로, 예측 결과가 아닌 노트북에서 기술한 코드를 제출합니다. 지난 2016년 말 개최된 Two Sigma Financial Modeling 대회를 시작으로 캐글 대회에서 차지하는 비중이 차츰 커지고 있습니다.

노트북 대회에서는 노트북에 코드를 기술해 제출하면 캐글 리소스를 이용하여 학습이나 예측이 이루어지고, 그 예측 결과에 기초하여 점수가 계산됩니다. 이때 주의 사항은 다음과 같습니다. 대회마다 제약 사항이 다른 경우가 많으므로 규칙을 확인해주세요.

- 노트북에서 코드를 실행할 때 CPU와 GPU의 사용 시간 및 메모리 용량에 제한이 있습니다.

- 학습과 예측 둘 다 노트북에서 수행해야 하는 대회와, 예측만 노트북에서 수행해야 하는 대회가 있습니다(후자의 경우 본인의 환경에서 생성한 모델의 바이너리 파일이나 가중치 weight를 업로드하여 예측에 활용할 수 있습니다).

INFORMATION

노트북 대회의 장단점은 다음과 같습니다.

- 참가자 전원이 동일한 환경에서 예측 결과를 제출해야 하므로 각자의 개발 환경 차이가 반영되지 않습니다.
- 개발 리소스가 한정되므로 학습 및 예측 속도와 성능의 균형이 요구됩니다.
- 시계열 데이터 예측에서는 날마다 신규 데이터가 주어지는 온라인상에서의 예측 문제를 출제할 수 있습니다.
- 별도의 모델과 그것을 재현하는 코드를 제출하지 않아도 되며 대회 주최자가 그대로 실무에 활용하기 쉽습니다.
- 제출한 코드 그대로 최종 평가용의 테스트 데이터에 적용하면 되므로, 이후 설명할 2단계 대회를 수행하기 쉬워집니다.
- 노트북의 불안정성과 시간 제한 그리고 메모리 제한이라는 제약이 있습니다.

테스트 데이터의 공개 시점

일반적인 경진 대회에 참가하면 학습 데이터와 테스트 데이터에 동시에 접근할 수 있습니다. 목적변수는 알 수 없지만, 테스트 데이터의 성질과 그에 관한 예측값의 점수 일부(=Public Leaderboard)를 어느 정도 확인하면서 모델을 구축할 수 있습니다.

한편 2단계 대회는 1단계와 2단계의 두 파트로 나뉘며 2단계 시작 시점에 최종 평가용 테스트 데이터에 접근할 수 있습니다. 최근의 2단계 대회에서는 1단계 대회 종료 시점에 코드나 모델을 캐글에 업로드해야 하며, 이후 코드나 모델의 수정이 금지되는 경우가 많습니다. 1단계에서는 최종 평가용 테스트 데이터나 그에 관한 예측값의 점수를 아직 알 수 없으며, 이를 잘 예측할 수 있는 모델을 구축해야 합니다.

2단계 경진 대회의 장단점은 다음과 같습니다.

- 테스트 데이터의 점수를 지나치게 참고하여 학습 및 예측에 활용하는 걸 억제할 수 있습니다.
- 준지도 학습semi-supervised learning [27]을 이용해 테스트 데이터를 모델 학습에 활용하는 걸 억제할 수 있습니다.
- 이미지 데이터 분석 등에서 사람이 직접 눈으로 확인하고 결과를 맞히는 부정행위를 억제할 수 있습니다.
- 주최자가 의도하지 않은 정보가 유출될 위험이 줄어듭니다(데이터 정보 누출data leakage에 관해서는 2.7.1절에서 자세히 설명합니다).
- 1차 대회 종료 후에 업로드한 코드에서 솔루션이 재현되지 않는 문제가 쉽게 발생하는 경향이 있습니다.[28]

1.3 경진 대회 참가부터 종료까지

캐글 분석 경진 대회의 참가부터 마무리까지 일련의 흐름을 소개하겠습니다. 캐글은 여러 종류의 대회를 주최하는데, 여기서는 놀이터라는 뜻의 Playground 대회 중 하나인 Predict Future Sales 대회에서 답을 예측하고 제출해보겠습니다(참고로 지금부터 인용할 캐글 웹페이지는 2021년 1월 기준 자료이며, 이후 기능 추가 및 변경으로 웹페이지가 바뀔 가능성이 있습니다).

1.3.1 경진 대회 참가

경진 대회 설명 페이지의 오른쪽 상단에 보이는 [Join Competition] 버튼을 선택하여 대회에 참가합니다(그림 1-25).

---

27 목적변수가 있는 데이터뿐만 아니라 목적변수가 없는 데이터도 모델 학습에 활용하는 방법입니다.

28 옮긴이_ 다음과 같은 두 대회를 소개합니다.
1) https://www.kaggle.com/c/the-nature-conservancy-fisheries-monitoring/discussion/31607
1차 대회 종료 직전에 대규모 변경이 이루어진 뒤 전처리 스크립트 버전이 잘못 제출된 사례입니다.
2) https://www.kaggle.com/c/data-science-bowl-2018/discussion/55228
이미지에서 세포핵을 찾아내는 대회로, 1차 대회 종료 시 소스 코드를 제출하는 것을 몰랐던 참가자들이 2차 대회 종료 후 다수 실격된 사례입니다. 이후 운영 측에서 명확하게 하지 못했던 부분을 인정하고 일부 실격자를 부활시켰습니다.

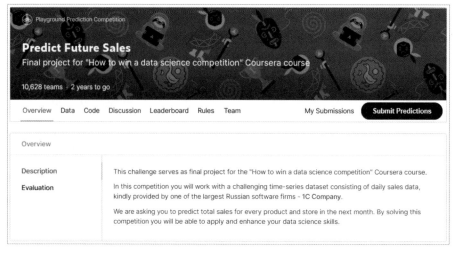

그림 1-25 경진 대회 참가 화면[29]

1.3.2 약관 동의

모든 경진 대회에는 [그림 1-26]처럼 나름의 약관과 규칙이 있으므로 이에 동의하고 대회에 참가합니다. 규칙은 주로 다음과 같습니다.

- 복수의 계정 소유 금지

- 1일 제출 횟수 제한

- 팀 참가 가능 여부와 팀원 수 상한선 확인

- private sharing[30] 금지

- 외부 데이터[31] 사용 가능 여부 확인

약관이나 규칙을 지키지 않으면 대회에서 제외되거나 입상하더라도 상금을 받지 못할 수 있으니 주의해야 합니다.

---

29 https://www.kaggle.com/c/competitive-data-science-predict-future-sales
30 팀원 외의 사용자에게 캐글 노트북(Code 페이지)이나 Discussion 이외의 장소에서 코드를 공유하는 것을 말합니다.
31 대회 주최자가 제공한 데이터 이외의 데이터를 가리킵니다.

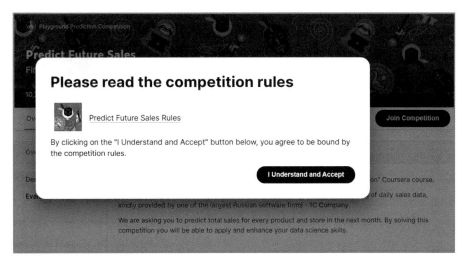

그림 1-26 약관 동의 화면

1.3.3 데이터 다운로드

경진 대회에 참여하면 데이터를 내려받을 수 있습니다. [그림 1-27]의 좌측 하단에 보이는 [Download All] 버튼을 선택해 전체 데이터를 내려받거나, 앞에서 소개한 API를 사용해 내려받을 수 있습니다.

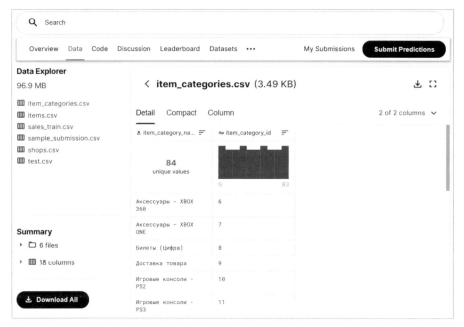

그림 1-27 데이터 다운로드[32]

1.3.4 예측 결과 작성

내려받은 데이터를 사용하여 모델을 만들고 예측 결과를 작성합니다. 예측 결과를 작성한 뒤 제출하는 과정은 1.5절을 참고해주세요.

1.3.5 예측 결과 제출

마지막으로 제출할 파일이 필요합니다. 주어진 제출용 파일의 샘플을 참조하여 같은 형식의 파일을 만듭니다. 파일 이름은 `sample_submission.csv`로, 생성한 파일을 제출용 화면에서 제출합니다(그림 1-28). 1일 제출 가능 횟수에 제한이 있는 경우가 많으므로 이 부분을 고려하여 제출해주세요.

---

32 https://www.kaggle.com/c/competitive-data-science-predict-future-sales/data

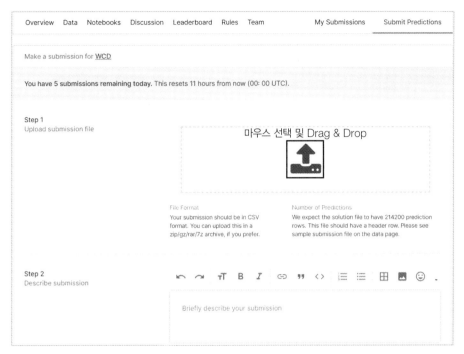

그림 1-28 예측 결과 제출[33]

1.3.6 Public Leaderboard 확인

예측 결과를 제출하면 자신의 순위를 [그림 1–29]와 같이 Leaderboard 페이지에서 확인할 수 있습니다. 이때 Public Leaderboard의 순위는 전체 테스트 데이터가 아닌 일부 테스트 데이터의 평가에 따른 결과이므로 최종 순위와 다를 수 있습니다. Public Leaderboard 순위를 평가 기준으로 삼아 적절히 참고하면서도 그 평가에 지나치게 의존하지 않도록 유의[34]하면서 점수를 개선해갑니다.

---

33 *https://www.kaggle.com/c/competitive-data-science-predict-future-sales/submit*
34 옮긴이_ 실제로 한 대회에서는 Public Leaderboard에서 5등 안에 진입했지만 지나친 과적합이 문제가 되어 대회 종료 후 최종 순위가 2000위 밖으로 떨어진 사례가 있었습니다. Public Leaderboard의 결과를 전적으로 신뢰하기보다는 어디까지나 참고 자료로 활용하면서 새로운 데이터도 적절히 예측해내는 모델을 만들어야 합니다.

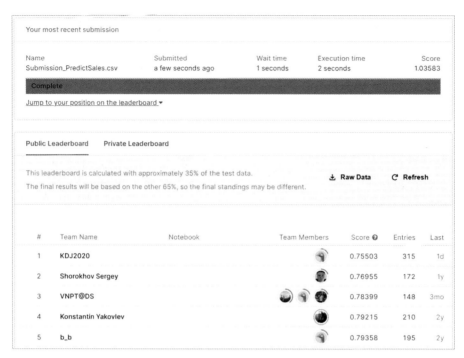

그림 1-29 Public Leaderboard 페이지[35]

1.3.7 최종 예측 결과 선택

대회 종료 시점이 가까워지면 최종 평가용으로 제출할 예측 결과를 선택해야 합니다(그림 1-30). 제출할 파일 중에 'Use for Final Score' 항목에 체크하며 최대 2개까지 선택할 수 있습니다. 직접 선택하지 않으면 Public Leaderboard에서 점수가 높은 파일이 자동 선택됩니다.

---

35 *https://www.kaggle.com/c/competitive-data-science-predict-future-sales/leaderboard*

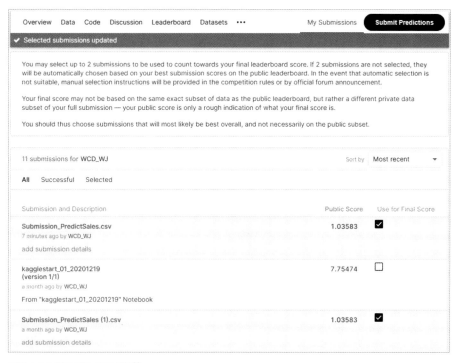

그림 1-30 최종 제출 파일 선택[36]

1.3.8 Private Leaderboard 확인

대회가 끝나면 Private Leaderboard 페이지에서 본인의 최종 순위를 확인합니다(그림 1-31). 보통은 대회의 제출 마감 직후 순위가 발표됩니다. 다만 대회에 따라서는 Private Leaderboard에 순위가 공개되기까지 시간이 걸리는 경우가 있습니다. 또한 순위가 공개된 후에도 결과 검증과 약관 위반 여부를 체크한 뒤 최종 결과 순위가 바뀌는 경우도 있습니다.

---

36 *https://www.kaggle.com/c/competitive-data-science-predict-future-sales/submissions*

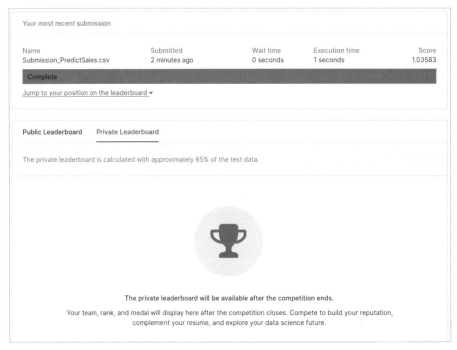

그림 1-31 Private Leaderboard 페이지[37]

1.4 경진 대회의 참가 의미

이번 절에서는 경진 대회 참가의 의미를 살펴보고 어떤 대회에 참여하는 게 좋을지 알아보겠습니다. 다음은 대회에 참가했을 때 획득할 수 있는 요소입니다.

- 상금
- 등급과 순위
- 실제 데이터 분석 경험과 테크닉
- 업계 관계자와의 네트워크
- 취업 기회

---

37 *https://www.kaggle.com/c/competitive-data-science-predict-future-sales/leaderboard*
Predict Future Sales 대회는 2023년 1월1일 종료 예정으로 그 후에 순위가 발표됩니다.

1.4.1 상금

상금은 많은 사람이 중요하게 생각하는 요소입니다. 상금이 목표라면 상대적으로 쉽게 받을 수 있는 대회를 찾아 참가하는 게 좋습니다. 데이터 규모가 큰 대회 등 많은 사람이 쉽게 참가하지 못하는 대회라면 상위권을 비교적 수월하게 차지할 수 있습니다. 또한 본인이 잘 아는 데이터나 형식의 경진 대회라면 거기에 초점을 맞추어 참가하는 것도 좋은 선택입니다.

1.4.2 등급과 순위

등급(칭호)이나 순위ranking를 획득하려는 사용자가 많습니다. 높은 등급이나 순위를 얻고 싶다면 자신이 참여한 대회의 성적이 등급이나 순위의 조건에 반영되는지 여부를 먼저 확인해야 합니다. 대회 개요를 보여주는 Overview 페이지의 하단을 참고하세요(그림 1-32).

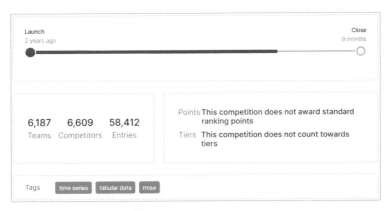

그림 1-32 등급과 순위 포인트[38]

이 화면을 잘 살펴보면 다음과 같은 문장이 있습니다. 이 경진 대회에서는 순위 포인트ranking points가 주어지지 않는다는 표시입니다.

> **Points** This competition does not award ranking points

---

[38] https://www.kaggle.com/c/competitive-data-science-predict-future-sales
이 경진 대회는 Playground 대회로 등급이나 순위 조건에 반영되지 않습니다.

순위 포인트가 주어지는 대회일 때는 다음과 같은 문장이 표시됩니다.

Points This competition awards ranking points

다음과 같은 문장도 보이는데, 이 경진 대회의 성적은 등급 부여의 조건으로 카운팅되지 않는다는 뜻입니다.

Tiers This competition does not count towards tiers

등급 부여의 조건으로 반영되는 대회일 때는 다음과 같은 문장이 표시됩니다.

Tiers This competition counts towards tiers

이처럼 상금이 걸려있어도 순위나 등급 조건에 반영되지 않는 대회가 있으니 유의해주세요. 경진 대회 중에서는 Data Science for Good: City of Los Angels 대회가 그 예입니다(2019년 8월 시점).

NOTE

경진 대회에서 상위 입상하면 다양한 메달을 획득하거나 순위를 올릴 수 있습니다. 필자들이 생각하는 나름의 가치는 다음과 같습니다. 한편 캐글의 메달 및 순위 기준은 캐글 웹사이트[39]에 정리되어 있으니 참고하세요.

- **Competitions, Datasets, Notebooks, Discussion**
  등급 및 순위는 Competitions, Datasets, Notebooks, Discussion 각 카테고리별로 부여됩니다. 그 중 가장 주목받는 카테고리는 Competitions으로 여기서 메달 및 등급을 획득하려는 캐글러가 많습니다. 하지만 캐글을 즐기는 방법이나 활용 방법은 사람마다 다릅니다. 노트북에서 쉽고 알기 쉬운 분석을 빠르게 실시하는 기법을 학습하거나 Discussion에서 지식의 공유나 질 높은 토론을 실시해 커뮤니티에 공헌하는 활동도 좋겠습니다.

---

39 *https://www.kaggle.com/progression*

다음은 그중에서도 Competition 카테고리에 관한 설명입니다.

- **메달의 가치**
  동메달은 노트북을 제대로 이해하고 기본 흐름을 확실히 파악하면 얻을 수 있습니다. 은메달을 얻으려면 노트북의 이해와 더불어 스스로 여러 가지 시행착오를 겪어야 합니다. 금메달은 참가자 수에 따라 다르겠지만 대체로 상위 10~20위 이내에는 들어가야 하므로 상당한 노력이 필요합니다.

- **등급의 가치**
  마스터가 되려면 금메달부터 획득해야 합니다. 다만, 반드시 단독으로 메달을 딸 필요는 없으며 팀을 짜서 도전할 수도 있습니다. 그렇다고는 해도 금메달 이외에 2개의 은메달이 필요하므로, 수차례에 걸쳐 꾸준히 경진 대회에 도전하지 않으면 딸 수 없습니다. 그랜드마스터가 되려면 팀이 아닌 단독으로 딴 메달을 포함하여 총 5개의 금메달을 획득해야 합니다. 이 등급을 얻으려면 상당한 실력과 노력이 필요합니다.

- **순위의 가치**
  순위는 팀원 수나 포인트를 획득한 날로부터의 경과 일수를 추가한 시스템입니다. 대회 참가 횟수만 늘려도 순위를 꽤 높일 수 있으므로, 높은 순위가 곧 그 사람의 대회 경쟁력을 나타내는 지표로 간주되지 않는 부분도 있습니다. 그러므로 최상위층을 제외하고는 순위보다 메달과 높은 등급에 가치를 두는 참가자가 많다는 게 필자의 개인적 의견입니다.

메달과 같은 분명한 성과를 얻을 수 없더라도, 효과적인 프로세스나 섬세한 솔루션을 공개하면 커뮤니티로부터 인지도나 신뢰를 얻을 수 있습니다.

1.4.3 실제 데이터 분석 경험과 테크닉

머신러닝 기술이나 노하우를 배우고자 할 때 분석할 적절한 데이터를 얻기란 쉽지 않습니다. 따라서 실제 데이터를 활용한 분석 경험을 쌓는 일은 중요합니다. 정형 데이터나 이미지 데이터 등 다양한 데이터 종류와 의료 및 금융 등 각종 분야에 따른 테크닉을 배울 수 있으므로, 경험과 기술 확보가 목적이라면 원하는 데이터나 해당 분야를 다루는 대회에 참가하기를 권합니다.

이미 종료된 경진 대회의 솔루션을 살펴보는 것도 많은 걸 배울 수 있는 좋은 방법입니다. 캐글의 공식 블로그[40]에서는 경진 대회의 진행 방법이나 솔루션을 해설한 인터뷰 기사 등을 풍부하게 공개합니다.

---

40 https://medium.com/kaggle-blog

한편 Discussion에는 상위 랭커들이 작성한 솔루션이 공개됩니다. 작성자에 따라 내용은 다를 수 있습니다. 개요만 적혀 있는 경우라도 자신이 모르는 기술이 사용되고 있는지 여부를 확인할 수 있으며, 코드가 공개된 경우라면 더 세세한 내용을 참고할 수 있습니다.

과거의 솔루션을 정리해주는 참가자도 있습니다.[41] 솔루션을 작성한 캐글러와 이를 정리해준 이들에게 감사한 마음으로 활용하길 바랍니다. 이때 투표를 하는 것도 좋은 방법이겠죠.

또한 밋업meetup[42]에 참가하거나 해당 자료를 읽어보는 것도 좋습니다. 다양한 경진 대회에 사용된 기술을 짧은 시간에 알기 쉽게 정리한 형태로 살펴볼 수 있습니다.

상금이 없는 경진 대회에는 다양한 문제가 출제되므로 이러한 대회를 활용할 수도 있습니다. 다만 상금이나 등급을 얻을 수 없는 대회에서는 다른 참여자의 참가 수가 상대적으로 적을 수 있는 만큼, 새로운 기술을 익히기 어려울 가능성도 염두에 두어야 합니다.

1.4.4 업계 관계자와의 네트워크

대회에 참가하면 다른 데이터 과학자들과 교류하면서 다양한 모델과 테크닉에 관해 토론할 수 있다는 점도 하나의 매력입니다. 이때 참가자들과 가장 활발하게 교류할 수 있는 방법은 팀으로 참가하거나 각종 밋업에 참여하는 것입니다. 또한 캐글러가 다수 참여하는 슬랙Slack 등 온라인 모임에 참여해보는 것도 좋습니다.

- **캐글코리아 페이스북 그룹[43]**

  캐글에 관심 있는 유저들이 참여하는 페이스북 그룹입니다. 2021년 3월 기준 약 1만 3,000명이 참여하고 있습니다.

- **캐글코리아 오픈채팅[44]**

  한국의 캐글러가 다수 참가하는 카카오톡 오픈 채팅방입니다. 현재 1,500명(최대 정원) 가까이 참여하고 있습니다.

---

41 https://www.kaggle.com/sudalairajkumar/winning-solutions-of-kaggle-competitions
42 어떤 주제에 근거한 스터디 모임이나 온라인 또는 오프 모임입니다.
43 옮긴이_ https://www.facebook.com/groups/KaggleKoreaOpenGroup/
44 옮긴이_ https://open.kakao.com/o/gP24T89

- **KaggleNoobs Slack**[45]

  전 세계 캐글러가 참여하는 슬랙 워크스페이스입니다. 2021년 3월 기준 약 1만 3,600명이 참여하고 있습니다.

1.4.5 취업 기회

경진 대회에 참가하거나 상위 입상하는 실력을 보여준다면 데이터 과학자로서 취업 기회를 얻을 수 있을 것입니다. 최근에는 국내에서도 캐글러를 적극적으로 채용하려는 기업이 잇따르고 있습니다.

한편, 캐글에서는 데이터 과학자나 데이터 엔지니어의 구인 정보 게시판을 2020년까지 지원했으나 현재는 운영하지 않습니다. 대신 일부 경진 대회에서는 입상자가 대회 주최 기업의 채용 인터뷰를 받을 수 있는 기회를 제공하니 이를 잘 활용해봐도 좋겠습니다.

1.5 상위권 진입의 중요 팁

이 책에서는 대회에 필요한 테크닉이나 사고 방식을 다음과 같이 총 6개 장에 걸쳐 소개합니다.

- 2장: 경진 대회의 평가지표
- 3장: 특징 생성
- 4장: 모델 구축
- 5장: 모델 평가
- 6장: 모델 튜닝
- 7장: 앙상블 기법

---

45 *https://kagglenoobs.slack.com/*

이 장에서는 대표적인 튜토리얼 Playground 대회 중 하니인 Titanic: Machine Learning from Disaster[46] 대회의 데이터를 사용하여 코드와 함께 기본적인 방법을 소개합니다. 데이터 건수나 변수의 수가 적은 만큼 상금이나 메달을 획득할 수 있는 대회와는 양상이 조금 다른 부분도 있지만, 분석의 흐름을 이해하는 데는 좋은 참고가 될 것입니다.

1.5.1 문제와 평가지표

대회에 임할 때는 먼저 문제의 개요, 데이터 내용, 예측 대상 등을 이해해야 합니다. 또한 경진 대회의 순위는 평가지표와 예측값의 좋고 나쁨을 평가한 점수에 따라 결정되므로 평가지표도 확인해야 합니다.

이번에 살펴볼 타이태닉 대회는 Overview 탭의 Description 및 Evaluation 페이지에서 과제 개요와 평가지표를 설명합니다. 타이태닉 호의 승객이 생존했는지 아닌지를 예측하는 이진 분류 문제로 생존했다면 1, 생존하지 않았다면 0으로 예측값을 제출합니다. 이때 평가지표는 정확도accuracy로, 단순하게 예측이 정확한 비율(= 정확하게 예측한 개수/전체 예측의 개수)에 따라 평가됩니다.

제공되는 데이터는 학습 데이터(train.csv), 테스트 데이터(test.csv), 샘플 제출 파일 (gender_submission.csv)입니다.[47] 제공된 데이터를 읽은 후 train.csv를 목적변수와 특징으로 나눕니다. 테스트 데이터인 test.csv에는 특징만 포함되므로 특별히 나눌 필요는 없습니다.

이 대회의 데이터는 단순하지만, 경진 대회에 따라서는 여러 개의 정형 데이터가 주어지고 그들을 서로 결합하여 새로운 특징을 생성해야 할 때도 있습니다. 이 대회는 평가지표 역시 간단해서 특별히 신경 쓸 부분은 없습니다. 하지만 평가지표에 따라서는 모델의 예측 결과를 후처리하여 평가지표에 최적인 예측 결과로 제출해야 할 때도 있습니다.

이후 설명할 2장에서는 대회의 문제나 데이터 종류, 평가지표, 평가지표에 따른 예측 결과의 최적화와 같은 내용을 다룹니다.

다음 예제는 타이태닉 대회의 데이터셋을 불러와 특징과 목적변수로 나눈 것입니다. 이 책의 예제는 깃허브에서 제공하는 코드를 기준으로 작성되었으며 학습에 필요한 일부 코드만 실었

---

46 *https://www.kaggle.com/c/titanic*

47 옮긴이_ *https://github.com/LDJWJ/kagglebook(input폴더-ch01-titanic)*
   또는 *https://www.kaggle.com/c/titanic/data*

습니다. 따라서 실행하려면 반드시 깃허브에서 전체 코드를 다운로드해야 합니다. 책에 게재된 실습 코드만으로는 실행이나 데이터 확보 등에 어려움이 있을 수 있습니다.

(ch01/ch01-01-titanic.py 참조)

```python
# 학습 데이터, 테스트 데이터 불러오기
# pd.read_csv('[데이터 경로]'), 현재 코드는 깃허브 코드의 데이터 경로를 지정.
train = pd.read_csv('../input/ch01-titanic/train.csv')
test = pd.read_csv('../input/ch01-titanic/test.csv')

# 학습 데이터를 특징(feature)과 목적변수로 나누기
train_x = train.drop(['Survived'], axis=1)
train_y = train['Survived']

# 테스트 데이터는 특징만 있으므로 그대로 사용
test_x = test.copy()
```

INFORMATION
데이터의 이해(EDA)

모델이나 특징을 만들 때는 가장 먼저 데이터를 이해해야 합니다. 사전에 가설이나 모델을 상정하지 않은 상태에서 데이터에 관한 이해를 높이고자 다양한 관점에서 데이터를 살펴보는 과정을 탐색적 데이터 분석 exploratory data analysis(EDA)이라고 합니다. EDA는 이 책에서 따로 다루지 않으므로 여기서 간단하게 설명하고 넘어가겠습니다.

데이터에 어떤 컬럼이 있으며 각 컬럼의 형태는 어떠한지 파악하고, 값의 분포나 결측값 missing value 및 이상치 outlier는 어떻게 되어 있는지 이해하며, 목적변수와 각 변수의 상관 관계를 파악한다면 그 후에 해야 할 일을 알 수 있습니다.

예를 들어 통계량으로서 다음과 같은 값을 살펴볼 때가 많습니다.

- 변수의 평균, 표준편차, 최댓값, 최솟값, 분위수 quantile
- 범주형 변수의 종류 수
- 변수의 결측값 수
- 변수 간 상관계수

자주 사용되는 시각화 기법은 다음과 같습니다.

- 막대그래프 bar graph
- 상자그림 box plot, 바이올린 플롯 violin plot
- 산점도 scatter plot

- 꺾은선 그래프broken line graph
- 히트맵heatmap
- 히스토그램histogram
- Q–Q 플롯
- t–SNE, UMAP(3.11.5절 참고)

이외에도 데이터 성질에 따라 다양한 방법이 이용됩니다.

또한 캐글에는 다양한 참가자가 분석한 EDA의 실제 사례가 다수 공개됩니다. 대회 중에도 친절한 캐글러나 노트북에서의 메달을 노리는 사람들이 EDA 스크립트를 공유해줍니다. 참고로 삼을 만한 실례를 구하려면 투표 수가 많은 노트북[48]을 살펴보거나 노트북 상위 순위 유저가 작성한 노트북을 보면 됩니다.

1.5.2 특징 추출

우선 학습 데이터에 최소한의 전처리를 하고 모델을 학습할 수 있는 형태로 변환해야 합니다. 여기에서는 GBDT[49]라는 모델을 이용합니다. 다음과 같은 전처리를 실시하면 일단 모델을 학습할 수 있는 형태의 데이터가 만들어집니다.

① `PassengerId`는 예측에 기여하는 특징이 아닙니다. 모델에 포함되면 모델이 의미 있는 특징으로 착각할 우려가 있으므로 해당 특징의 열을 삭제합니다(뒤에서 살펴볼 6.1.5 절에서 GBDT의 파라미터 튜닝을 설명합니다).

② `Name`, `Ticket`, `Cabin`도 잘 사용하면 유용할 수 있지만, 약간의 추가 처리가 필요할 수 있으므로 우선 이들 특징의 열을 삭제합니다.

③ GBDT에서는 문자열을 그대로 넣으면 에러가 나므로 수치로 변환해야 합니다. 변환 방식에는 몇 가지 종류가 있습니다. 여기서는 레이블 인코딩Label encoding 방법을 사용합니다. 특징 **Sex** 및 **Embarked**에 레이블 인코딩 방법을 적용하여 변환합니다.

④ 결측값은 GBDT에서는 그대로 쓸 수 있으므로 특별히 따로 처리하지 않습니다(결측값 보완도 하나의 방법입니다).

---

48 *https://www.kaggle.com/Notebooks?sortBy=voteCount*
49 옮긴이_ GBDT(gradient boosting decision trees)는 대회에 많이 사용되는 모델로 4.3절에서 상세하게 설명합니다.

더 나은 예측을 실시하려면 값을 변환하거나 요약하여 계산합니다. 현재의 데이터로는 파악하기 어려운 유용한 정보를 새로운 특징으로서 생성해 부여해야 합니다. 정형 데이터 경진 대회에서 특징 생성은 매우 중요한 요소로, 얼마나 좋은 특징을 만들었는지에 따라 순위가 매겨질 때가 많습니다.

이후 다룰 3장에서는 특징을 생성하는 다양한 방법과 사고 방식을 설명합니다.

(ch01/ch01-01-titanic.py 참조)

```python
# -----------------------------------
# 특징 추출(피처 엔지니어링)
# -----------------------------------
from sklearn.preprocessing import LabelEncoder

# 특징 PassengerId를 제거
train_x = train_x.drop(['PassengerId'], axis=1)
test_x = test_x.drop(['PassengerId'], axis=1)

# 특징 [Name, Ticket, Cabin]을 제거
train_x = train_x.drop(['Name', 'Ticket', 'Cabin'], axis=1)
test_x = test_x.drop(['Name', 'Ticket', 'Cabin'], axis=1)

# 범주형 특징에 레이블 인코딩을 적용하여 수치로 변환
for c in ['Sex', 'Embarked']:
    # 학습 데이터를 기반으로 어떻게 변환할지 최적화
    le = LabelEncoder()
    le.fit(train_x[c].fillna('NA'))

    # 학습 데이터, 테스트 데이터를 변환
    train_x[c] = le.transform(train_x[c].fillna('NA'))
    test_x[c] = le.transform(test_x[c].fillna('NA'))
```

1.5.3 모델 구축

학습 데이터로 모델을 학습시키고 그 후에 테스트 데이터로 예측합니다. 다양한 모델 중에서도 정형 데이터를 다루는 경진 대회에서는 안정적으로 높은 성능을 기대할 수 있는 GBDT 모델이 주류를 이루는 만큼 GBDT를 먼저 시험해보는 경우가 많습니다.

여기에서는 GBDT의 라이브러리 중 하나인 **xgboost**를 이용하여 모델을 구축합니다. 앞에서 설명한 방법대로 전처리한 학습 데이터를 이용하여 **xgboost**의 모델을 학습시키고, 같은 방법으로 전처리한 테스트 데이터로 예측합니다. 그 예측 결과를 제출하면 Public Leaderboard에서는 0.7560이라는 점수가 됩니다. 이 결과는 75.6%의 예측이 맞았다는 의미입니다.

이후 4장에서는 자주 쓰이는 GBDT 외에도 문제나 데이터에 따라 사용되는 신경망이나 선형 회귀 모델 등 정형 데이터 경진 대회에서 사용되는 모델을 설명합니다.

(ch01/ch01-01-titanic.py 참조)[50]

```python
# ---------------------------------
# 모델 생성
# ---------------------------------
from xgboost import XGBClassifier

# 모델 생성 및 학습 데이터를 이용한 모델 학습
model = XGBClassifier(n_estimators=20, random_state=71)
model.fit(train_x, train_y)

# 테스트 데이터의 예측 결과를 확률로 출력
pred = model.predict_proba(test_x)[:, 1]

# 테스트 데이터의 예측 결과를 두개의 값(1,0)으로 변환
pred_label = np.where(pred > 0.5, 1, 0)

# 제출용 파일 작성
submission = pd.DataFrame({'PassengerId': test['PassengerId'], 'Survived': pred_label})
submission.to_csv('submission_first.csv', index=False)
```

1.5.4 모델 평가

모델 생성의 주된 목적은 우리가 모르는 새로운 데이터를 예측하는 것입니다. 이때 새로운 미지의 데이터를 예측하는 '성능'을 평가할 방법이 필요합니다. 학습 데이터는 보통 학습용 데이터와 평가용 데이터로 나눕니다. 이때 평가용 데이터의 예측 성능을 특정 평가지표에 따른 점수로 나타내어 평가하는 것을 검증validation이라고 합니다. 경진 대회에서는 다양한 특징을 만들

---

50 옮긴이_ 코드 실행을 위해서는 xgboost 라이브러리가 필요하며 버전 차이 등으로 인해 실행했을 때 WARNING 메시지가 나타날 수 있습니다. 이후에도 유사한 이유로 WARING 메시지가 나타날 수 있으나 학습 단계에서는 크게 신경 쓰지 않아도 괜찮습니다.

고 그것이 예측에 유용한지 시행착오를 거치며 모델을 찾아 나갑니다. 이때 정확한 검증이 이루어지지 않으면 어떤 특징을 사용해야 할지 알 수 없습니다.

검증을 수행하는 여러 가지 방법 중에 교차 검증^{cross-validation} 방법으로 평가해보겠습니다. 교차 검증은 데이터를 여러 개의 블록^{block}으로 나누어 그중 하나를 평가용 데이터로 삼고 나머지를 학습용 데이터로 삼습니다. 평가용 데이터의 대상을 다음 블록으로 옮기고 나머지를 학습용으로 이용하는 과정을 반복하는 방법입니다.

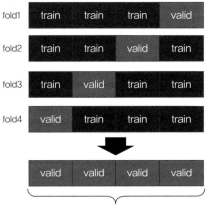

각 폴드의 평가용 데이터(valid)의 예측 점수를 합쳐서 평가

그림 1-33 교차 검증

이 대회의 평가지표는 정확도지만, 정확도는 작은 성능 개선을 잡아내기 어려우므로 합쳐서 로그 손실^{logloss}이라는 지표도 출력하겠습니다. 로그 손실은 예측 확률이 빗나갈수록 높은 패널티가 주어지므로, 패널티가 낮을수록 좋은 지표입니다. 로그 손실의 자세한 내용은 2.3.4절을 참조해주세요.

교차 검증으로 계산한 점수는 정확도가 0.8059, 로그 손실이 0.4782입니다. Public Leaderboard의 점수는 accuracy:0.7560이므로 본인이 직접 평가한 결과와 Public Leaderboard의 결과에 차이가 있습니다. 특별한 이유가 없다면 서로 비슷한 값이 나오므로, 차이가 생기면 주의해야 합니다. 다만 여기에서는 테스트 데이터의 샘플 수가 적은 데 따른 결과로 보이는 만큼[51] 이대로 진행하는 수밖에 없습니다.

---

51 학습 데이터 891건, 퍼블릭 테스트 데이터 209건, 프라이빗 테스트 데이터 209건으로 임의 분할된 상황을 가정했습니다. 여기서 분할을 바꾸어 교차 검증의 점수와 퍼블릭 테스트 데이터의 정확도 차이를 시뮬레이션한 결과, 그 차이가 0.05 이상이 될 확률이 10% 정도로 나타났습니다. 즉 우연히 일어날 수 있는 현상으로 판단됩니다.

이 데이터에서는 교차 검증을 하면 대체로 문제없이 평가할 수 있습니다, 다만 출제되는 과제나 데이터에 따라서는 평가 방법을 주의 깊게 선택하지 않으면 적절한 평가가 이루어지지 않는 경우가 있습니다. 이후 5장에서 더 다양한 검증 방법과 적절한 평가 수행 관련 내용을 설명합니다.

(ch01/ch01-01-titanic.py 참조)

```python
# ---------------------------------
# 모델 검증
# ---------------------------------
from sklearn.metrics import log_loss, accuracy_score
from sklearn.model_selection import KFold

# 각 fold의 평가 점수를 위한 빈 리스트 선언
scores_accuracy = []
scores_logloss = []

# 교차 검증 수행
# 01 학습 데이터를 4개로 분할
# 02 그중 하나를 평가용 데이터셋으로 지정
# 03 이후 평가용 데이터의 블록을 하나씩 옆으로 옮겨가며 검증을 수행
kf = KFold(n_splits=4, shuffle=True, random_state=71)
for tr_idx, va_idx in kf.split(train_x):
    # 학습 데이터를 학습 데이터와 평가용 데이터셋으로 분할
    tr_x, va_x = train_x.iloc[tr_idx], train_x.iloc[va_idx]
    tr_y, va_y = train_y.iloc[tr_idx], train_y.iloc[va_idx]

    # 모델 학습을 수행
    model = XGBClassifier(n_estimators=20, random_state=71)
    model.fit(tr_x, tr_y)

    # 평가용 데이터의 예측 결과를 확률로 출력
    va_pred = model.predict_proba(va_x)[:, 1]

    # 평가용 데이터의 점수를 계산
    logloss = log_loss(va_y, va_pred)
    accuracy = accuracy_score(va_y, va_pred > 0.5)

    # 각 fold의 점수를 저장
    scores_logloss.append(logloss)
    scores_accuracy.append(accuracy)

#각 fold의 점수 평균을 출력
logloss = np.mean(scores_logloss)
```

```
accuracy = np.mean(scores_accuracy)
print(f'logloss: {logloss:.4f}, accuracy: {accuracy:.4f}')
# logloss : 0.4270, accuracy: 0.8148 (이 책의 수치와 다를 가능성이 있습니다.)
```

1.5.5 모델 튜닝

하이퍼파라미터^{hyperparameter}라는 값을 학습 전에 지정할 수 있습니다. 학습 방법이나 속도를 비롯하여 얼마나 복잡한 모델로 할 것인지를 결정하는 파라미터입니다. 모델이 최적화되지 않으면 모델의 힘을 충분히 발휘하지 못할 수 있으므로 하이퍼파라미터 튜닝이 필요합니다. 여기서는 그리드 서치^{grid search}라는 방법으로 `max_depth`와 `min_child_weight`라는 파라미터를 튜닝 해보겠습니다.[52]

이후 6장에서는 하이퍼파라미터의 튜닝 방법과 아이디어를 설명합니다. 그 밖에도 특징이 다수 존재할 때 예측에 기여하지 않는 특징을 제외하는 특징 선택 방법이나, 분류 문제에서 클래스 분포가 편중되어 있을 경우를 다루는 방법도 설명합니다.

(ch01/ch01-01-titanic.py 참조)

```
# ---------------------------------
# 모델 튜닝
# ---------------------------------
import itertools
# 튜닝을 위한 후보 파라미터 값을 준비
param_space = {
    'max_depth': [3, 5, 7],
    'min_child_weight': [1.0, 2.0, 4.0]
}

# 하이퍼파라미터 값의 조합
param_combinations = itertools.product(param_space['max_depth'], param_space['min_
child_weight'])

# 각 파라미터의 조합(params)과 그에 대한 점수를 보존(scores)하는 빈 리스트
params = []
scores = []
```

---

52 그리드 서치는 모델을 최적화하는 하이퍼파라미터의 모든 조합을 탐색하고, 모델 평가 점수가 가장 좋은 조합을 선택하는 방법입니다.

```python
# 각 파라미터 조합별로 교차 검증하여 평가를 수행
for max_depth, min_child_weight in param_combinations:

    score_folds = []

    # 교차 검증 수행
    # 학습 데이터를 4개로 분할한 후,
    # 그중 하나를 평가용 데이터로 삼아 평가. 이를 데이터를 바꾸어 가면서 반복
    kf = KFold(n_splits=4, shuffle=True, random_state=123456)
    for tr_idx, va_idx in kf.split(train_x):
        # 학습 데이터를 학습 데이터와 평가용 데이터로 분할
        tr_x, va_x = train_x.iloc[tr_idx], train_x.iloc[va_idx]
        tr_y, va_y = train_y.iloc[tr_idx], train_y.iloc[va_idx]

        # 모델의 학습을 수행
        model = XGBClassifier(n_estimators=20, random_state=71,
                    max_depth=max_depth,
                    min_child_weight=min_child_weight)
        model.fit(tr_x, tr_y)

        # 검증용 데이터의 점수를 계산한 후 저장
        va_pred = model.predict_proba(va_x)[:, 1]
        logloss = log_loss(va_y, va_pred)
        score_folds.append(logloss)

    # 각 fold의 점수 평균을 구함
    score_mean = np.mean(score_folds)

    # 파라미터를 조합하고 그에 대한 점수를 저장
    params.append((max_depth, min_child_weight))
    scores.append(score_mean)
# 가장 점수가 좋은 것을 베스트 파라미터로 지정
best_idx = np.argsort(scores)[0]
best_param = params[best_idx]
print(f'max_depth: {best_param[0]}, min_child_weight: {best_param[1]}')
```

1.5.6 앙상블 기법

단일 모델의 점수에는 한계가 있어도 여러 모델을 조합하여 예측하면 점수가 올라갈 수 있습니다. 이러한 예측 기법을 앙상블[ensemble] 기법이라고 합니다. 앙상블 기법에서는 각 모델의 성능이 높고 모델 종류가 다양할 때 점수가 쉽게 올라갑니다. 여기서는 앞에서 실습한 xgboost 모델과, 별도로 구현한 로지스틱 회귀logistic regression 모델의 예측값 평균을 구하여 앙상블을 적용해보겠습니다(xgboost 쪽이 정확도가 더 높은 점을 고려하여, 높은 가중치를 곱한 가중 평균을 사용합니다).

이후 7장에서는 평균을 구하는 간단한 앙상블 방법과 스태킹이라는 효과적인 방법을 설명하겠습니다.

(ch01/ch01-01-titanic.py 참조)

```
# -----------------------------------
# 앙상블(ensemble)
# -----------------------------------
from sklearn.linear_model import LogisticRegression

# xgboost 모델
model_xgb = XGBClassifier(n_estimators=20, random_state=71)
model_xgb.fit(train_x, train_y)
pred_xgb = model_xgb.predict_proba(test_x)[:, 1]

# 로지스틱 회귀 모델
# xgboost 모델과는 다른 특징을 넣어야 하므로 train_x2, test_x2를 생성
model_lr = LogisticRegression(solver='lbfgs', max_iter=300)
model_lr.fit(train_x2, train_y)
pred_lr = model_lr.predict_proba(test_x2)[:, 1]

# 예측 결과의 가중 평균 구하기
pred = pred_xgb * 0.8 + pred_lr * 0.2
pred_label = np.where(pred > 0.5, 1, 0)
```

1.5.7 경진 대회의 흐름

지금까지 캐글의 Titanic: Machine Learning from Disaster 대회를 예로 들어 대회에서 중요한 부분을 전반적으로 살펴보았습니다. 다만 기본적인 테크닉을 활용하여 최소한으로 분석하는 사례에 국한했습니다.

실제 대회에서는 그 밖에도 다양한 테크닉을 사용합니다. 그리고 다양한 시행착오를 반복하면서 조금씩 점수를 올려 나갑니다. 이때 주로 다음과 같은 절차를 반복하며 진행됩니다.

① 특징 생성

② 새로 생성한 특징을 기존 특징에 추가하여 모델 학습

③ 예측이 개선되었는지 여부를 검증을 통해 평가

이 밖에도 EDA로 데이터의 이해를 높여 새로운 특징의 힌트를 얻거나, 다른 모델을 사용하거나, 파라미터 튜닝을 실시하거나, 앙상블을 실시하여 점수를 개선해 나갑니다.

이후 2장에서는 경진 대회의 테크닉이나 사고방식, 주의점을 상세하게 살펴보겠습니다.

NOTE

디이디닉 데이터셋은 머신러닝 초보자에게 그다지 적합한 사례가 아닙니다. 따라서 분석의 흐름을 이해했다면 다른 대회에 도전해보기를 권합니다.

그 이유 중 하나는 데이터의 수가 적다는 점입니다. 효과적인 특징을 만든 덕분에 보통이라면 정확도가 올라갈 만한 경우라 해도, 데이터가 적으면 약간의 변경만으로 정확도가 나빠질 수 있습니다. 반대로 Public Leaderboard의 점수가 좋은 노트북이 사실은 미지의 데이터를 예측하는 성능이 없고 우연히 테스트 데이터에 과적합[53]한 예측일 가능성이 있습니다(게다가 대회에 공개된 데이터셋을 이용하므로 정답인 테스트 데이터의 목적변수를 별도의 다른 방법으로 얻을 수도 있습니다. 실제로 Leaderboard 상위권에는 그 방법으로 완벽한 예측을 한 참가자도 있습니다).

또 다른 이유는 행 데이터인 레코드의 연관성 때문입니다. 행 데이터가 서로 가족 관계일 경우 생존 여부에 관한 상관 관계도 높아집니다. 따라서 변수 **Name** 등을 통해 가족 관계를 추정하고, 다른 가족의 생존 여부 정보를 이용하는 접근법이 효과적입니다. 다만 이 방법은 목적변수를 사용하므로 데이터 정보 누출 현상이 나타나기 쉽습니다(데이터 정보 누출에 관해서는 2.7.2절을 참고해주세요).

타이태닉 데이터에서 어떤 방법을 사용했을 때 어느 정도의 점수가 나오는지는 How am I doing with my score?[54]라는 노트북에 잘 정리되어 있습니다.

---

53 옮긴이_ 과적합은 4.1.3절에서 자세히 설명합니다.

54 *https://www.kaggle.com/pliptor/how-am-i-doing-with-my-score*

분석용 리소스

이 칼럼은 캐글 등의 경진 대회에 필요한 로컬이나 클라우드와 같은 리소스에 관한 필자의 개인적인 의견입니다. 다음 정보는 향후 시간의 흐름에 따라 달라질 수 있습니다.

정형 데이터를 다루는 대회라면 리소스가 풍부한 편이 유리합니다. 그렇기는 해도 대부분 결정적인 차이는 되지 않습니다. 그보다는 분석이나 모델링을 연구하여 더 좋은 결과를 낼 수 있습니다. 노트북 PC만으로 금 메달을 여러 개 딴 사람도 있는 한편, 클라우드를 잘 이용하면 그렇게 큰 돈이 들지 않는 경우도 많습니다. 대회에 따라서는 데이터의 크기가 커서 연산용 리소스가 필요할 경우가 있는데, 그럴 때는 클라우드를 활용하는 게 좋습니다. 참고로, 이미지 데이터 문제인 딥러닝 대회의 경우 GPU 리소스는 무엇보다도 중요합니다.

분석용 리소스로는 다음과 같은 것이 있습니다.

- 로컬에 어느 정도 성능이 뒷받침되는 PC가 있다면, 간단한 계산이나 모델링 외에도 시각화나 스프레드시트의 데이터 확인 등의 작업을 편리하게 수행할 수 있습니다.
  - CPU 메모리가 부족할 때는 고성능 PC를 구입하기보다 클라우드를 적절히 사용하는 편이 편리하면서도 비용이 적게 듭니다.
  - GPU 성능이 좋으면 신경망 모델을 학습시킬 때 편리합니다.
- 클라우드로는 구글 클라우드 플랫폼(GCP)이나 아마존 웹 서비스(AWS)가 있으며 특히 GCP의 인기가 높습니다.
  - CPU나 메모리는 클라우드의 가성비가 매우 우수합니다.
  - GPU의 경우, 계속해서 자주 사용할 때는 로컬 PC 쪽이 가성비가 좋을 것으로 판단되지만 일시적으로 리소스를 늘릴 수 있는 등 클라우드의 장점도 있습니다.
  - GCP의 선점형 인스턴스preemptible instance 등을 사용하면 절약할 수 있습니다.[55]
- 캐글의 노트북은 어느 정도 성능이 보장되고 GPU를 사용할 수 있으므로 이를 주요 분석 리소스로 사용하는 사람도 있습니다.
- 구글 빅쿼리Google BigQuery 등 클라우드형 DB를 이용하여 큰 데이터에서 고속으로 특징을 생성할 수도 있습니다.

한편 가끔은 시간이 걸리는 계산도 필요하므로, 계산의 진행 상황이나 결과를 슬랙이나 라인 메신저 등의 서비스에 알려주는 코드를 만드는 사람도 있습니다.

----

55 실행 도중 강제로 인스턴스를 멈출 가능성이 있긴 하지만 저렴한 가격으로 이용할 수 있습니다.

경진 대회의 평가지표

2.1 경진 대회의 종류

2장에서는 경진 대회의 문제, 데이터와 평가지표$^{evaluation\ metrics}$를 설명합니다. 특히 평가지표는 대회에서 순위를 결정하는 중요한 요소로, 주어진 평가지표를 이용하여 예측 결과를 최적화 ^{optimization}하는 방법을 설명합니다.[1] 또한 데이터 정보 누출$^{data\ leakage}$에 관해서도 소개합니다. 주어진 학습 데이터 이외에 문제 해결에 도움이 될 만한 추가 정보나 데이터를 얻음으로써 공정한 대회 진행이나 정상적인 데이터 분석을 방해하는 현상입니다.

이 절에서는 먼저 경진 대회에서 어떤 문제를 다루는지, 무엇을 예측하는지 그리고 어떤 예측 값을 제출하는지 소개하겠습니다.

2.1.1 회귀 문제

물건 가격이나 주가의 투자수익 또는 매장 방문자 수와 같은 수치를 예측하는 문제가 회귀 ^{regression} 문제입니다(그림 2-1). 평가지표로는 RMSE, MAE 등이 있습니다(2.3절 참조).

---

[1] 옮긴이_ 최적화는 다양하게 정의할 수 있으며, 여기서는 만족스러운 솔루션이 발견될 때까지 다양한 솔루션을 반복 비교하는 절차라고 할 수 있습니다.

목적변수

ID	목적변수
1	100
2	1000
3	450
4	250
5	900

예측값

ID	예측값
1	50
2	500
3	700
4	100
5	300

그림 2-1 회귀 문제

대표적인 경진 대회는 캐글의 House Prices: Advanced Regression Techniques(Getting Started) 대회와 Zillow Prize: Zillow's Home Value Prediction 대회입니다.

2.1.2 분류 문제

이진 분류

이진 분류binary classification는 예를 들어 환자가 병에 걸렸는지 아닌지와 같이 데이터가 어떤 속성에 속하는지를 예측하는 문제입니다(그림 2-2). 0 또는 1의 레이블로 예측하는 경우와 0에서 1 사이의 확률로 예측하는 경우로 나뉩니다.

전자의 평가지표로는 F1-score를, 후자의 평가지표로는 로그 손실이나 AUC 등을 사용합니다(2.2.1절 참고).

목적변수

ID	목적변수
1	0
2	1
3	1
4	1
5	0

예측값(레이블 예측)

ID	예측값
1	0
2	1
3	0
4	1
5	0

예측값(확률 예측)

ID	양성(=1)일 예측 확률
1	0.1
2	0.9
3	0.4
4	0.8
5	0.2

그림 2-2 이진 분류

대표적인 경진 대회는 캐글의 Titanic: Machine Learning from Disaster(Getting Started) 대회와 Home Credit Default Risk 대회입니다.

다중 클래스 분류

행 데이터record가 여러 클래스 중 어느 하나의 선택지에 속하는 **다중 클래스 분류**multi-class classification 문제와(그림 2-3), 동시에 여러 클래스에 속하는 **다중 레이블 분류**multi-label classification 문제로 나뉩니다(그림 2-4). 이때도 이진 분류와 마찬가지로 1)데이터가 포함되었다고 예측되는 클래스의 레이블을 제출하는 경우와 2)데이터가 각 클래스에 포함될 확률을 0에서 1 사이의 수치로 제출하는 경우로 나뉩니다.

경진 대회에서는 주로 다중 클래스 분류에 대응하는 모델이 사용됩니다. 한편 다중 레이블 분류의 기본적인 솔루션에서는 이진 분류를 클래스 수만큼 반복합니다.

평가지표로는 다중 클래스 분류일 때 다중 클래스 로그 손실multi-class logloss을, 다중 레이블 분류일 때 mean-F1 또는 macro-F1 등을 사용합니다.

목적변수

ID	목적변수
1	A
2	B
3	C
4	B
5	A

예측값(레이블 예측)

ID	예측값
1	A
2	B
3	B
4	C
5	A

예측값(확률 예측)

ID	클래스 A의 예측 확률	클래스 B의 예측 확률	클래스 C의 예측 확률
1	0.8	0.05	0.15
2	0.1	0.7	0.2
3	0.05	0.9	0.05
4	0.1	0.3	0.6
5	0.7	0.1	0.2

(각 ID의 클래스별 예측 확률의 합은 1)

그림 2-3 다중 클래스 분류(A, B, C 클래스)

목적변수

ID	목적변수
1	A
2	B, C
3	A, B, C
4	B
5	A, C

예측값(레이블 예측)

ID	예측값
1	A
2	B, C
3	A, B
4	C
5	A

예측값(확률 예측)

ID	클래스 A의 예측 확률	클래스 B의 예측 확률	클래스 C의 예측 확률
1	0.8	0.4	0.3
2	0.2	0.9	0.7
3	0.6	0.9	0.1
4	0.1	0.1	0.6
5	0.6	0.05	0.2

(각 ID의 클래스별 예측 확률의 합은 1이 아님)

그림 2-4 다중 레이블 분류(A, B, C 클래스)

대표적인 경진 대회는 캐글의 Two Sigma Connect: Rental Listing Inquiries(다중 클래스 분류) 대회와 Human Protein Atlas Image Classification(다중 레이블 분류) 대회입니다.

2.1.3 추천 문제

추천recommendation이란 고객의 구매가 기대되는 상품과 반응이 있을 법한 광고 등을 예측하는 문제입니다. 이때 고객별로 상품과 광고를 여러 개 예측하는 경우가 대부분입니다(그림 2-5). 여기서 살펴볼 문제도 고객이 구매할 것 같은 상품을 여러 개 추천하는 문제로, 실제 정답(구매 상품) 수 역시 여러 개일 수 있다고 가정합니다.

목적변수

ID	목적변수
1	P5
2	P1, P5, P17
3	P5, P12
4	P2, P20
5	P7, P8

(구매한 상품 목록)

예측값 (순위를 매겨 3개 예측)

ID	예측값
1	P17, P5, P11
2	P5, P17, P8
3	P5, P20, P12
4	P2, P7, P20
5	P1, P17, P7

(구매 가능성이 있는 상품을 순위를 매겨 예측)

예측값 (순위를 매기지 않고 임의의 개수 예측)

ID	예측값
1	P5, P17
2	P5
3	P5, P12, P20
4	P2
5	P1, P17

(구매 가능성이 있는 상품을 순위를 매기지 않고 예측)

그림 2-5 추천 문제

이처럼 여러 상품을 예측할 때 구매 가능성에 따라 순위를 매겨 예측 결과를 제출하는 경우와 순위를 매기지 않고 제출하는 경우가 있습니다. 순위를 매기지 않을 때는 앞에서 설명한 다중 레이블 분류처럼 하나의 행 데이터에 여러 개의 정답이 있고, 여러 개의 예측값을 제출하는 문제일 경우입니다.

경진 대회에서는 순위를 매기는 경우와 매기지 않는 경우 모두 각 사용자가 상품을 구매할지 여부를 이진 분류 문제로 푸는 게 일반적입니다. 이진 분류로 예측한 각 사용자의 상품 구매 확률을 기준으로, 확률이 높은 상품을 예측값으로 제출합니다.

순위를 매겨 예측값을 제출할 때는 평가지표로 MAP@K[2] 등을 사용합니다. 순위를 매기지 않을 때는 다중 레이블 분류와 마찬가지로 mean-F1 또는 macro-F1[3]을 사용합니다.

대표적인 경진 대회는 캐글의 Santander Product Recommendation 대회와 Instacart Market Basket Analysis 대회입니다.

2.1.4 그 밖의 문제

다음과 같이 이미지 데이터를 다루는 대회에서는 회귀 문제나 분류 문제와는 다른 형식으로 예측 결과를 제출합니다.

객체 탐지

객체 탐지object detection란 이미지에 포함된 물체의 클래스와 해당 물체가 존재하는 직사각형의 경계 박스bounding box 영역을 추정하는 문제입니다. 대표적인 경진 대회는 캐글의 Google AI Open Images – Object Detection Track 대회입니다.

세분화

세분화segmentation란 이미지에 포함된 물체의 영역을 이미지 픽셀 단위로 추정하는 문제입니다. 대표적인 경진 대회는 캐글의 TGS Salt Identification Challenge 대회입니다.

---

2 옮긴이_ Mean Average Precision at(@) K의 약자입니다. 추천 문제에서 자주 사용하는 지표로, 자세한 내용은 이 책의 2.3.6절을 참고 바랍니다.

3 옮긴이_ mean-F1, macro-F1, micro-F1은 F1-score 평가지표를 여러 개의 클래스로 확장한 것으로, 다중 레이블 분류에서 사용하는 평가지표입니다. 자세한 내용은 2.3.5절을 참고 바랍니다.

2.2 경진 대회의 데이터셋

이번 절에서는 대회에 제공되는 데이터의 형식과 종류를 알아보겠습니다.

2.2.1 정형 데이터

정형 데이터[4]란 엑셀 등의 스프레드시트나 팬더스의 데이터프레임에서 볼 수 있듯이 행과 열이 있는 형식의 데이터를 말합니다.[5] 정형 데이터를 다루는 대회에서 제공되는 가장 간단한 데이터로는 다음과 같은 세 가지 종류의 파일이 있습니다.

- train.csv

- test.csv

- sample_submission.csv

train.csv와 test.csv는 거의 같은 유형의 데이터입니다. 다만 test.csv에는 우리가 예측하고자 하는 목적변수가 없다는 점이 다릅니다. 이러한 파일은 데이터 전처리와 특징 생성 등을 수행한 후에 다음과 같은 방식으로 사용합니다.

- train.csv을 이용하여 모델 학습

- test.csv에 대한 예측

- sample_submission.csv 형식으로 제출 파일 작성

여러 개의 정형 데이터가 주어지는 경우도 있습니다. 예를 들면, 앞에서 소개한 세 가지 기본 파일 외에 user_log.csv나 product.csv 등과 같은 고객 행동 기록 데이터라든가 상품 ID에 따른 해당 상품 상세 정보와 같은 데이터가 추가됩니다. 이러한 데이터는 고객 ID나 상품 ID 등의 기준 열로 결합하거나, 결합한 후 다양한 방법(값의 구간 분할, 값들 사이의 연산 등)을

----

4 옮긴이_ 정형 데이터(tabular data)를 표 형식 데이터라 부르기도 합니다. 이 책에서는 정형 데이터로 통일해 표기합니다. 정형 데이터는 행과 열을 가지는 데이터로, 보통 캐글에서는 csv와 같이 콤마로 구분되는 형태의 데이터를 정형 데이터라고 합니다. 정형 데이터와 반대 개념인 비정형 데이터로는 텍스트, 그림, 영상 등이 있습니다.

5 옮긴이_ 팬더스는 파이썬의 대표적인 데이터 처리 라이브러리입니다. 기본 자료형으로 1차원 데이터 구조의 시리즈(series)와, 행과 열을 갖는 2차원 데이터 구조의 데이터프레임이 있습니다.

이용해 처리하여 특징으로 사용합니다. 데이터 결합과 처리는 그 진행 방법에 따라 행이나 열의 수가 매우 많아질 수 있으므로 연산량이나 메모리 등에 주의해야 합니다.

2.2.2 외부 데이터

경진 대회의 규칙은 대회마다 다릅니다. 다만 캐글^{Kaggle}에서는 외부 데이터 사용이 허용되지 않는 경우가 많습니다. 이럴 때는 대회에서 제공하는 데이터만으로 학습과 예측을 수행해야 합니다. 주어진 데이터가 아니더라도 예를 들어 '12월 25일은 크리스마스이고 치즈는 우유와 같은 유제품에 포함된다'와 같은 일반적인 정보는 사용할 수 있습니다. 궁금하다면 토론 게시판인 Discussion 페이지에 질문하면 됩니다.

외부 데이터가 허용되는 대회에서는 사용한 외부 데이터의 내용을 Discussion에 공유해야 한다는 규칙이 있는 경우가 많습니다. Discussion을 주의 깊게 읽으면 다른 참가자들이 사용하는 외부 데이터를 파악할 수 있습니다.

2.2.3 시계열 데이터

시간의 흐름과 함께 관측된 데이터를 시계열 데이터라고 합니다. 시계열 데이터는 경진 대회에 종종 나오는데 문제와 데이터 형식에 따라 다양한 방법으로 다룰 수 있습니다.

지금까지 대회에 출제된 시계열 데이터와 해당 데이터를 다루는 문제의 예시는 다음과 같습니다.

- **캐글 Recruit Restaurant Visitor Forecasting 대회**
  각 음식점의 일별 손님 수를 알려주고 미래의 손님 수를 예측하는 문제

- **캐글 Santander Product Recommendation 대회**
  각 고객의 금융상품 구매 이력을 월 단위로 제공하고 가장 최근 월의 구매상품을 예측하는 문제

- **캐글 Two Sigma Financial Modeling Challenge 대회**
  금융 시장의 특징이 익명화된 시계열 데이터를 주고 지정된 특징의 미래 값을 예측하는 문제

- 캐글 Coupon Purchase Prediction 대회

   공동구매형 쿠폰 사이트의 사용자와 과거에 판매된 쿠폰 및 구매 이력 등의 정보를 주고 미래에 각 사용자가 어떤 쿠폰을 구매할지 예측하는 문제

시계열 데이터의 성질은 특징 생성 및 검증 방법과 관련이 있습니다. 더 자세한 내용은 3.10절과 5.3절에서 소개하겠습니다.

2.2.4 기타 데이터

이 책은 정형 데이터를 주로 다루며 이미지나 음성 분류, 객체 탐지와 같은 문제는 다루지 않습니다. 이미지, 동영상, 음성, 파형과 같은 데이터를 다루는 문제에서는 보통 딥러닝을 많이 이용합니다. 예를 들어 이미지 분류 문제에서는 이미지넷^{ImageNet}와 같은 대규모 데이터[6]로 학습한 신경망 기반의 전이 학습$^{transfer\ learning}$이 이루어집니다. 그리고 객체 탐지나 세분화에서는 각각의 작업에 적합한 딥러닝 네트워크 구조가 이용됩니다.

정형 데이터가 주를 이루는 대회라도 데이터에 이미지나 텍스트의 정보가 포함될 때가 있습니다. 이런 대회에서는 이미지나 텍스트를 모델에 적용할 수 있도록 적절한 특징을 새롭게 생성해야 합니다. 예를 들어 캐글의 Quora Question Pairs 대회는 자연어 처리가 주로 이루어진 대회였습니다. 또한 캐글의 Avito Demand Prediction Challenge 대회에서는 정형 데이터의 열에 광고 이미지(열에는 이미지 파일명을 넣고, 별도 이미지 데이터를 제공)나 광고 제목, 설명과 같은 텍스트 데이터가 포함되었습니다. 정형 데이터를 취급하는 기술뿐만 아니라 이미지 데이터나 자연어 처리 능력도 요구하는 대회였습니다.

이미지 데이터나 자연어를 포함한 데이터에서 특징을 만드는 방법은 3.12.5절과 3.12.8절에서 간단하게 설명하겠습니다.

---

6   옮긴이_ 이미지넷은 약 1,400만 개의 이미지와 1,000개의 클래스를 포함하는 대규모 데이터셋입니다. 이에 대한 데이터셋을 활용한 이미지 대회도 2010년부터 개최되고 있습니다.

2.3 평가지표

이번 절에서는 평가지표가 무엇인지 살펴보고 회귀와 분류 문제에서의 평가지표에 관해 알아보겠습니다.

2.3.1 평가지표란?

평가지표는 학습시킨 모델의 성능이나 그 예측 결과의 좋고 나쁨을 측정하는 지표입니다. 경진 대회 참가자가 구현한 모델에 따른 예측 결과를 제출하면, 각 대회마다 정해진 평가지표로 점수score가 산출되며 이를 기준으로 순위가 정해집니다.

실무에서도 평가지표의 성질을 이해하거나 평가지표에 맞추어 모델의 예측값을 최적화하는 작업은 도움이 될 것입니다. 예를 들어 이미 머신러닝 프로젝트가 시작되었고 평가지표가 주어졌다면 그에 맞춰 예측을 최적화해야 합니다. 또한 새롭게 프로젝트를 시작할 때는 비지니스상 핵심성과지표key performance indicator(KPI)와의 관계를 고려한 후 평가지표를 설정하고 예측을 개선했을 때의 영향을 평가해나가야 합니다.

문제의 종류별 주요 평가지표와 그 성질은 다음과 같습니다. 이번 절에서는 비교적 대표적이거나 경진 대회에서 자주 사용되는 성질을 중심으로 소개합니다.

INFORMATION

대회에 참여할 때 모든 평가지표나 그 특징을 이해할 필요는 없습니다. 대회의 평가지표가 주어졌을 때, 해당 평가지표의 특징을 이해하고 그에 맞게 예측 결과를 최적화함으로써 점수를 올리는 게 중요합니다. 또한 대회에 따라서는 이번 절에서 소개한 지표 이외의 특수한 평가지표가 쓰일 때도 있습니다. 그 경우에는 해당 평가지표의 성질을 잘 생각하고 적절히 살펴서 대처해나가야 합니다.

2.3.2 회귀의 평가지표

RMSE

제곱근평균제곱오차root mean square error(RMSE)는 회귀 문제에서 가장 대표적인 평가지표입니다.

각 행 데이터에 대한 예측값과 실젯값의 차이를 제곱하고, 그 값의 평균을 내 제곱근square root을 구합니다.[7] 수식으로 나타내면 다음과 같습니다.

$$\text{RMSE} = \sqrt{\frac{1}{N} \sum_{i=1}^{N} (y_i - \hat{y}_i)^2}$$

이후로 특이사항이 없다면 수식은 다음과 같이 표기하겠습니다.

- N : 행 데이터의 수

- $i = 1, 2, \ldots, N$: 각 행 데이터의 인덱스

- y_i : i 번째 행 데이터의 실젯값

- $\hat{y}_i$: i 번째 행 데이터의 예측값

RMSE의 계산 예시는 [그림 2-6] 과 같습니다.

ID	실젯값 y_i	예측값 $\hat{y}_i$	$y_i - \hat{y}_i$	$(y_i - \hat{y}_i)^2$
1	100	80	20	400
2	160	100	60	3600
3	60	100	−40	1600

	1867	(=평균)
RMSE	43	(=평균의 제곱근)

그림 2-6 RMSE

RMSE의 중요 포인트는 다음과 같습니다.

- RMSE의 값을 최소화했을 때의 결과가, 오차가 정규분포를 따른다는 전제하에 구할 수 있는 최대가능도방법maximum likelihood method과 같아지는 등 통계학적으로도 큰 의미를 가지는 평가지표입니다.

----

7 옮긴이_ RMSE는 평균제곱오차(mean square error, MSE)의 값에 제곱근을 씌워준 값입니다.

- 하나의 대푯값으로 예측을 실시한다고 가정했을 때 평가지표 RMSE를 최소화하는 예측값이 바로 평균값average value입니다. 예를 들면 [1, 2, 3, 4, 10]이라는 값이 있습니다. 여기에서 하나의 값으로 예측한다면 RMSE가 최소가 되는 값은 평균값인 4입니다.

- 다음에 설명할 MAE와 비교하면 이상치outlier의 영향을 받기 쉬우므로, 이상치를 제외한 처리 등을 미리 해두지 않으면 이상치에 과적합한 모델을 만들 가능성이 있습니다.

다음과 같이 사이킷런 `metrics` 모듈의 `mean_squared_error`[8]를 이용하여 계산할 수 있습니다.

(ch02/ch02-01-metrics.py 참조)

```
# rmse
from sklearn.metrics import mean_squared_error

# y_true: 실젯값, y_pred: 예측값
y_true = [1.0, 1.5, 2.0, 1.2, 1.8]
y_pred = [0.8, 1.5, 1.8, 1.3, 3.0]

rmse = np.sqrt(mean_squared_error(y_true, y_pred))
print(rmse)
# 0.5532
```

대표적인 경진 대회는 캐글의 Elo Merchant Category Recommendation 대회입니다.

RMSLE

RMSE가 실젯값과 예측값 차의 평균제곱 제곱근인 데 반해, RMSLEroot mean square logarithmic error는 실젯값과 예측값의 로그를 각각 취한 후, 그 차의 제곱평균제곱근으로 계산되는 지표입니다.

$$\mathrm{RMSLE} = \sqrt{\frac{1}{N} \sum_{i=1}^{N} (\log{(1 + y_i)} - \log{(1 + \hat{y_i})})^2}$$

....

8 옮긴이_ mean_squared_error는 매개변수 squared가 True이면 MSE를, False이면 RMSE를 계산할 수 있습니다. 기본은 squared=True로 MSE 값을 계산합니다.

RMSLE의 계산 예시는 다음 [그림 2-7]과 같습니다.

ID	실젯값 y_i	예측값 $\hat{y}_i$	$\log{(1+y_i)}$	$\log{(1+\hat{y}_i)}$	$\log{(1+y_i)}$ $-\log{(1+\hat{y}_i)}$	$(\log{(1+y_i)}$ $-\log{(1+\hat{y}_i)})^2$
1	100	200	4.615	5.303	−0.688	0.474
2	0	10	0.000	2.398	−2.398	5.750
3	400	200	5.994	5.303	0.691	0.477

	2.234	(=평균)
RMSLE	1.494	(=평균의 제곱근)

그림 2-7 RMSLE

RMSLE의 중요 포인트는 다음과 같으며, 사이킷런에서 `metrics` 모듈의 `mean_squared_log_error` 함수를 사용하여 계산할 수 있습니다.

- 예측할 대상인 목적변수를 정합니다. 이 변수의 값에 로그를 취한 값을 새로운 목적변수로 삼습니다. 이에 대한 RMSE를 최소화하면 RMSLE가 최소화됩니다. 경진 대회에서는 이런 식으로 처리하는 경우가 많습니다.

- 목적변수의 분포가 한쪽으로 치우치면 큰 값의 영향력이 일반적인 RMSE보다 강해지기 때문에 이를 방지하려고 사용합니다. 또는 실젯값과 예측값의 비율을 측정 지표로 사용하고 싶을 경우에 사용합니다. 앞의 RMSLE 수식에서 $\log{(1+y_i)} - \log{(1+\hat{y}_i)} = \log{\frac{1+y_i}{1+\hat{y}_i}}$ 이 되는 것에서도 알 수 있듯이 이 지표는 비율에 주목합니다.

- 로그를 취할 때는 실젯값이 0일 때 그 값이 음으로 무한대 오류가 발생하므로 보통은 1을 더하고 나서 로그를 취합니다. 넘파이의 `log1p` 함수를 사용할 수 있습니다.

이러한 RMSLE의 대표적인 경진 대회는 캐글의 Recruit Restaurant Visitor Forecasting 대회입니다.

MAE

MAE^mean absolute error^ (평균절대오차)는 실젯값과 예측값의 차에 대한 절댓값의 평균으로 계산되는 지표입니다.

$$\text{MAE} = \frac{1}{N} \sum_{i=1}^{N} |y_i - \hat{y}_i|$$

MAE의 계산 예시는 [그림 2-8]과 같습니다.

ID	실젯값 y_i	예측값 $\hat{y}_i$	$y_i - \hat{y}_i$	$|y_i - \hat{y}_i|$
1	100	80	20	20
2	160	100	60	60
3	60	100	−40	40

MAE [40] (=평균)

그림 2-8 MAE

MAE의 중요 포인트는 다음과 같으며, 사이킷런에서 `metrics`모듈의 `mean_absolute_error`
함수를 사용하여 계산할 수 있습니다.

- MAE는 이상치의 영향을 상대적으로 줄여주는 평가에 적절한 함수입니다.

- $\hat{y}_i$에 의한 미분이 $\hat{y}_i = y_i$으로 불연속적이거나, 2차 미분이 항상 0이 되어버리는 조금 다루기 어려운 성질이 있습니다. 이에 따른 문제점과 해결 방법은 2.6.4절에서 소개합니다.

- 하나의 대푯값으로 예측할 때 MAE를 최소화하는 예측값은 중앙값median입니다. 예를 들어 [1, 2, 3, 4, 10]이라는 값이 있습니다. 그중 하나의 값으로 예측했을 때 MAE가 가장 작아지는 예측값은 중앙값인 3입니다.

한편 대표적인 경진 대회는 캐글의 Allstate Claims Severity 대회입니다.

결정계수

결정계수coefficient of determination (R^2)는 다음과 같은 식으로 나타나는 지표로서 회귀분석regression analysis의 적합성을 나타냅니다. 분모는 예측값에 의존하지 않고, 분자는 오차의 제곱에 관한 것이므로 이 지표의 최대화가 곧 RMSE의 최소화와 같습니다.

$$R^2 = 1 - \frac{\sum_{i=1}^{N}(y_i - \hat{y}_i)^2}{\sum_{i=1}^{N}(y_i - \bar{y})^2}$$

$$\bar{y} = \frac{1}{N} \sum_{i=1}^{N} y_i$$

결정계수의 최댓값은 1이므로 1에 가까워질수록 모델 성능이 높은 예측으로 볼 수 있습니다. 사이킷런에서 `metrics` 모듈의 `r2_score` 함수로 계산할 수 있습니다.

대표적인 경진 대회는 캐글의 Mercedes-Benz Greener Manufacturing 대회입니다.

2.3.3 이진 분류의 평가지표 (1)

이진 분류의 평가지표는 다음과 같이 2가지로 나눌 수 있습니다.

- 각 행 데이터가 양성positive인지 음성negative인지를 예측값으로 삼아 평가하는 평가지표

- 각 행 데이터가 양성positive일 확률을 예측값으로 삼아 평가하는 평가지표

먼저, 각 행 데이터가 양성인지 음성인지를 예측값으로 하는 평가지표를 설명하겠습니다.

혼동행렬

혼동행렬confusion matrix은 모델의 성능을 평가할 때 주로 사용하는 지표입니다.[9] 평가지표는 아니지만, 양성인지 음성인지를 예측값으로 하는 평가지표에서 자주 활용되는 만큼 먼저 설명하겠습니다.

예측값과 실젯값의 조합은 예측값이 양성인지 음성인지, 그 예측이 올바른지 틀린지에 따라 다음과 같이 4가지로 나눌 수 있습니다. 이때 True/False는 '예측이 올바른지 틀린지'를 알려주고, Positive/Negative는 '예측값이 양성인지 음성인지'를 보여준다고 생각하면 기억하기 쉽습니다.

---

9 옮긴이_ 혼동행렬은 다른 말로 오차행렬이라고도 합니다. 예측값과 실젯값을 이용하여 만들어진 N × N 표입니다. 하나의 축은 모델이 예측한 레이블이고, 다른 축은 실제 레이블입니다. 이진 분류의 경우는 N = 2가 되는 2 × 2 표가 됩니다. 혼동행렬을 이용하여 분류 문제의 평가지표가 되는 정확도, 정밀도, 민감도, 특이도, FPrate 등의 다양한 점수를 구할 수 있습니다.

- TP(True Positive, 참 양성): 예측이 정확합니다(True). 예측값 양성(Positive), 실젯값 양성(Positive)

- TN(True Negative, 참 음성): 예측이 정확합니다(True). 예측값 음성(Negative), 실젯값 음성(Negative)

- FP(False Positive, 거짓 양성): 예측이 틀렸습니다(False). 예측값 양성(Positive), 실젯값 음성(Negative)

- FN(False Negative, 거짓 음성): 예측이 틀렸습니다(False). 예측값 음성(Negative), 실젯값 양성(Positive)

혼동행렬은 이러한 경우의 행 데이터 수를 [그림 2-9]와 같이 매트릭스로 나타낼 수 있습니다. 완전한 예측을 실시한 모델의 혼동행렬에서는 TP와 TN에만 값이 들어가며 FN과 FP의 값은 0이 됩니다. [그림 2-9]의 오른쪽 그림은 각각의 행 데이터 수가 (TP, TN, FP, FN) = (3, 2, 1, 2)일 경우입니다.

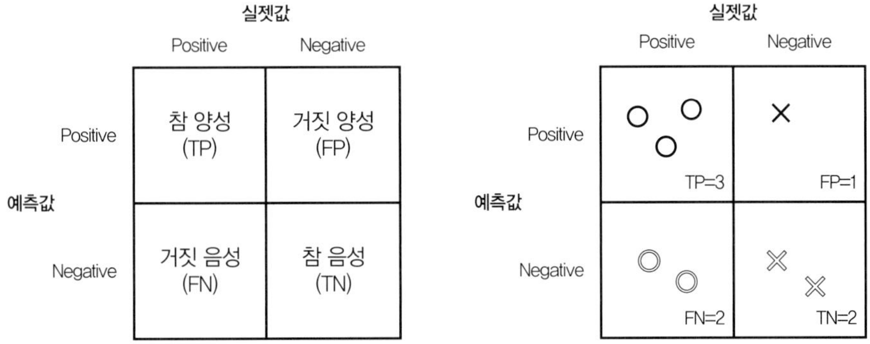

그림 2-9 혼동행렬

다음과 같은 예제 코드로 혼동행렬을 구현할 수 있습니다. 양성이나 음성을 수치화할 때는 각각 1과 0으로 표시합니다.[10]

----

10 옮긴이_ 예를 들어 타이태닉 호의 생존자를 예측할 때 생존했다면 1로, 사망했다면 0으로 나타냅니다. 이를 양성과 음성으로 표현하면 양성은 1(생존)을, 음성은 0(사망)을 가리킵니다. 또 다른 예로 암에 걸렸는지 아닌지를 예측한다면 암일 때를 양성, 암이 아닐 때를 음성으로 생각하면 됩니다.

(ch02/ch02-01-metrics.py 참조)

```python
# 혼동행렬
from sklearn.metrics import confusion_matrix

# 0, 1로 표현되는 이진 분류의 실젯값과 예측값
y_true = [1, 0, 1, 1, 0, 1, 1, 0]
y_pred = [0, 0, 1, 1, 0, 0, 1, 1]

tp = np.sum((np.array(y_true) == 1) & (np.array(y_pred) == 1))
tn = np.sum((np.array(y_true) == 0) & (np.array(y_pred) == 0))
fp = np.sum((np.array(y_true) == 0) & (np.array(y_pred) == 1))
fn = np.sum((np.array(y_true) == 1) & (np.array(y_pred) == 0))

confusion_matrix1 = np.array([[tp, fp], [fn, tn]])
print(confusion_matrix1)
# array([[3, 1], [2, 2]])

# 사이킷런의 metrics 모듈의 confusion_matrix로도 구현 가능하지만,
# 혼동행렬의 요소 배치가 다르므로 주의가 필요
confusion_matrix2 = confusion_matrix(y_true, y_pred)
print(confusion_matrix2)
# array([[2, 1], [2, 3]])
```

정확도와 오류율

정확도accuracy는 예측이 정확한 비율, 오류율error rate은 예측이 잘못된 비율을 나타내는 지표입니다. 정확하게 예측한 행 데이터 수를 전체 행 데이터 수로 나누어 구할 수 있는, 직관적으로 이해하기 쉬운 평가지표입니다. 다음은 혼동행렬을 이용한 식입니다.

$$\text{accuracy} = \frac{TP + TN}{TP + TN + FP + FN}$$

$$\text{error rate} = 1 - \text{accuracy}$$

불균형한 데이터[11]의 경우 모델의 성능을 평가하기가 어려워 분석 경진 대회에서 평가지표로 많이 사용하지는 않습니다.

---

11 목적변수 클래스의 비율이 균일하지 않은 데이터입니다. 이진 분류라면 양성(1) 혹은 음성(0) 중 하나의 비율이 낮은 데이터를 말합니다.

불균형한 데이터의 경우 모델의 성능을 평가하기 어렵다는 점을 설명하겠습니다. 양성인지 음성인지를 예측할 때, 각 행 데이터가 양성일 예측 확률을 먼저 구한 후에 어떤 정해진 값, 즉 임곗값^{threshold}보다 확률이 크면 양성(1), 작으면 음성(0)으로 예측하는 게 일반적입니다. 정확도의 경우, 확률을 올바르게 예측할 수 있다는 전제에서 기본 임곗값은 50%입니다.

즉, 정확도는 임곗값을 기준으로 어떤 행 데이터의 예측이 양성일 확률을 50% 이상(양성)과 이하(음성)로 나누는 판단 능력만을 평가합니다. 모델이 10% 이하의 낮은 확률이나 90% 이상의 높은 확률을 정확하게 예측하는 능력이 있다고 해도, 임곗값이 50%의 기준으로 각각을 양성과 음성으로 예측하는 건 변하지 않으며 그 능력은 평가되지 않습니다.

한쪽 사례가 유독 많은 불균형한 데이터를 다루는 문제를 예로 들어보겠습니다. 중병에 걸렸을 가능성이 높은 환자를 선별할 때, 실제 양성(중병)일 비율은 0.1%로 낮지만 5%와 같이 비교적 높은 가능성으로 예측하려는 경우를 가정해봅시다. 정확도가 평가지표이고 예측률이 50% 이하라면 음성이라고 예측할 가능성이 높습니다. 따라서 목적에 맞는 모델이 있다 해도 정확도가 평가지표라면, 모두 음성으로 예측하는 모델과 거의 비슷한 평가가 나올 수 있습니다.

다음과 같이 사이킷런에서 `metrics`모듈의 `accuracy_score` 함수를 이용하여 계산할 수 있습니다.

(ch02/ch02-01-metrics.py 참조)

```
# ----------------------------------
# 정확도(accuracy)
# ----------------------------------
from sklearn.metrics import accuracy_score

# 0, 1로 표현되는 이진 분류의 실젯값과 예측값
y_true = [1, 0, 1, 1, 0, 1, 1, 0]
y_pred = [0, 0, 1, 1, 0, 0, 1, 1]
accuracy = accuracy_score(y_true, y_pred)
print(accuracy)
# 0.625
```

한편 대표적인 경진 대회는 캐글의 Text Normalization Challenge – English Language 대회입니다.

정밀도와 재현율

정밀도precision는 양성으로 예측한 값 중에 실젯값도 양성일 비율, 재현율recall은 실젯값이 양성인 것 중에 예측값이 양성일 비율[12]입니다. 혼동행렬을 사용하여 다음과 같은 식으로 표시할 수 있습니다.

$$\text{precision} = \frac{TP}{TP + FP}$$

$$\text{recall} = \frac{TP}{TP + FN}$$

또한 [그림 2-10]과 같이 나타낼 수 있습니다. 각각의 값의 범위scale는 0부터 1 사이이며 1에 가까워질수록 좋은 점수입니다.

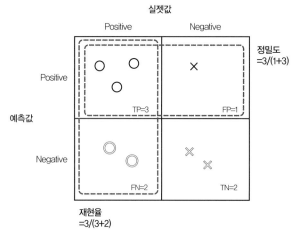

그림 2-10 정밀도와 재현율

정밀도와 재현율은 어느 한 쪽의 값을 높이려 할 때 다른 쪽의 값은 낮아지는 트레이드 오프trade off 관계입니다. 반대로 어느 한 쪽의 지표를 무시하면 다른 쪽 지표를 1에 가깝게 할 수 있습니다. 따라서 둘 중 하나만을 경진 대회의 지표로 삼는 일은 없습니다.

---

12 옮긴이_ 재현율은 다른 말로 민감도(sensitivity) 또는 TPrate라고도 합니다.

잘못된 예측(오답)을 줄이고 싶다면 정밀도를 중시하고, 실제 양성인 데이터를 양성으로 올바르게 예측하고 싶다면 재현율을 중시하면 됩니다. 이어서 설명할 F1-score 등의 지표는 정밀도와 재현율의 트레이드 오프trade-off를 고려한 것입니다.

사이킷런 `metrics` 모듈의 `precision_score` 함수와 `recall_score` 함수를 이용하여 계산할 수 있습니다.

F1-score와 Fβ-score

F1-score는 앞서 설명한 정밀도와 재현율의 **조화 평균**[13]으로 계산되는 지표입니다. 정밀도와 재현율의 균형을 이루는 지표로 실무에서도 자주 쓰이며 F 점수(F score)라고도 합니다.

Fβ-score는 F1-score에서 구한 정밀도와 재현율의 균형(조화 평균)에서 계수 β에 따라 재현율에 가중치를 주어 조정한 지표입니다. 실제로 과거 경진 대회에서 F2-score[14]를 사용한 예가 있습니다.

F1-score와 Fβ-score는 다음과 같은 식으로 표시할 수 있습니다.

$$\mathbf{F}_1 = \frac{2}{\frac{1}{\text{recall}} + \frac{1}{\text{precision}}} = \frac{2 \cdot \text{recall} \cdot \text{precision}}{\text{recall} + \text{precision}} = \frac{2TP}{2TP + FP + FN}$$

$$\mathbf{F}_\beta = \frac{(1 + \beta^2)}{\frac{\beta^2}{\text{recall}} + \frac{1}{\text{precision}}} = \frac{(1 + \beta^2) \cdot \text{recall} \cdot \text{precision}}{\text{recall} + \beta^2 \text{precision}}$$

F1-score는 분자에 TP 값만 포함되는 것에서 알 수 있듯이 양성과 음성을 대칭으로 취급하지 않습니다. 따라서 실젯값과 예측값의 양성과 음성을 함께 바꾸면 F1-score나 그 행동이 바뀝니다.

사이킷런에서 `metrics` 모듈의 `f1_score` 함수와 `fbeta_score` 함수로 계산할 수 있습니다. 한편 대표적인 경진 대회는 캐글의 Quora Insincere Questions Classification 대회입니다.

---

13 옮긴이_ 평균적인 변화율을 구할 때 사용합니다. 주어진 수들의 역수의 산술 평균을 구하고, 다시 그 역수를 구한 값을 말합니다. 실수 $a_1, a_2, \cdots, a_n$이 주어졌을 때, 조화 평균 H는 $H = \dfrac{n}{\dfrac{1}{a_1} + \dfrac{1}{a_2} + \cdots + \dfrac{1}{a_n}}$ 가 됩니다.

14 옮긴이_ 계수 β가 1일 때는 F1-score, 2일 때는 F2-score가 됩니다.

매튜상관계수(MCC)

매튜상관계수Matthews correlation coefficient (MCC)는 사용 빈도는 높지 않지만 불균형한 데이터의 모델 성능을 적절히 평가하기 쉬운 지표입니다. 다음과 같은 식으로 구합니다.

$$\mathrm{MCC} = \frac{TP \times TN - FP \times FN}{\sqrt{(TP+FP)(TP+FN)(TN+FP)(TN+FN)}}$$

이 지표는 −1부터 +1 사이 범위의 값을 가집니다. 그 값이 +1일 때는 완벽한 예측, 0일 때는 랜덤한 예측, −1일 때는 완전 반대 예측을 한 것입니다. F1-score와 달리 양성과 음성을 대칭 취급하므로 실젯값과 예측값의 양성과 음성을 서로 바꿔도 점수는 같습니다.

다음 [그림 2-11]은 양성이 많을 때와 음성이 많을 때 각각의 균형이 서로 정확히 역전된 상황을 보여줍니다. F1-score는 TN을 사용하지 않고 계산하므로 값이 크게 달라지지만 MCC의 경우에는 값이 바뀌는 일이 없습니다.

	TP	TN	FP	FN	accuracy	F1-score	MCC
양성이 많은 경우	70	10	10	10	80%	0.875	0.375
음성이 많은 경우	10	70	10	10	80%	0.5	0.375

그림 2-11 양성/음성이 많을 때의 지표 비교

사이킷런 `metrics` 모듈의 `matthews_corrcoef` 함수로 계산할 수 있습니다. 한편 대표적인 경진 대회는 캐글의 Bosch Production Line Performance 대회입니다.

2.3.4 이진 분류의 평가지표 (2)

이 절에서는 각 행 데이터가 양성일 확률을 예측할 때의 평가지표를 설명합니다.

로그 손실

로그 손실은 분류 문제의 대표적인 평가지표이며 교차 엔트로피cross-entropy라 부르기도 합니다. 다음과 같은 식으로 나타낼 수 있습니다.

$$\text{logloss} = -\frac{1}{N} \sum_{i=1}^{N} (y_i \log p_i + (1 - y_i) \log(1 - p_i))$$

$$= -\frac{1}{N} \sum_{i=1}^{N} \log p_i'$$

이 식에서 y_i는 양성인지 아닌지를 표시하는 레이블(양성: 1, 음성: 0)을, p_i는 각 행 데이터가 양성일 예측 확률을 나타냅니다. p_i'는 실젯값을 예측하는 확률로, 실젯값이 양성일 경우는 p_i이고 음성일 경우는 $1 - p_i$입니다.

로그 손실이 낮을수록 좋은 지표입니다. 앞의 수식에서처럼 실젯값을 예측하는 확률에 로그를 취하여 부호를 반전시킨 값입니다. 로그 손실의 계산 예시는 다음 [그림 2-12]와 같습니다.

ID	실젯값 (양성/음성)	양성의 예측 확률	실젯값의 예측 확률 p_i'	$-\log(p_i')$
1	1	0.9	0.9	0.105
2	1	0.5	0.5	0.693
3	0	0.1	0.9	0.105

로그 손실   0.301   (=평균)

그림 2-12 로그 손실

각 행 데이터가 양성일 확률을 낮게 예측했음에도 양성(1)일 경우나, 양성일 확률을 높게 예측했음에도 음성(0)일 경우에는 패널티가 크게 주어집니다.

실젯값을 예측하는 확률과 로그 손실의 점수 간 관계는 [그림 2-13]과 같습니다. 예를 들어 행 데이터가 양성이고 그것을 0.9로 예측했을 때는 $-\log(0.9) = 0.105$입니다. 다만 0.5라면 $-\log(0.5) = 0.693$이며, 0.1이라면 $-\log(0.1) = 2.303$의 값이 주어집니다.

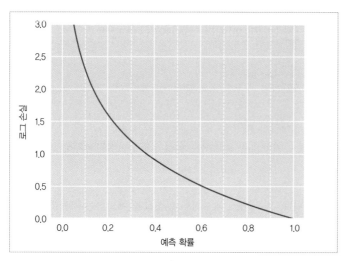

그림 2-13 예측 확률과 로그 손실

행 데이터 i에 대한 점수 $L_i = -(y_i \log p_i + (1 - y_i) \log (1 - p_i))$를 예측 확률 p_i로 미분하면 $\frac{\partial L_i}{\partial p_i} = \frac{p_i - y_i}{p_i(1-p_i)}$가 됩니다. 예측 확률이 실제 레이블의 값과 같을 때 $(p_i = y_i)$ 로그 손실값인 L_i는 최소가 됩니다. y_i의 값이 1이 될 확률을 1로 정확하게 예측할 때도 로그 손실의 값은 최소가 됩니다.[15] 이 지표는 모델을 학습시킬 때 목적함수로 자주 사용됩니다.

다음과 같이 사이킷런에서 `metrics` 모듈의 `log_loss` 함수로 계산할 수 있습니다.

(ch02/ch02-01-metrics.py 참조)

```
# ----------------------------------
# logloss
# ----------------------------------
from sklearn.metrics import log_loss

# 0, 1로 나타나는 이진 분류의 실젯값과 예측 확률
y_true = [1, 0, 1, 1, 0, 1]
y_prob = [0.1, 0.2, 0.8, 0.8, 0.1, 0.3]

logloss = log_loss(y_true, y_prob)
print(logloss)
# 0.7136
```

---

15 데이터의 레이블(y_i)은 1 또는 0의 두 값입니다. $p_i = y_i$는 데이터가 생성되는 과정에서 레이블이 확률로 예측될 때, 레이블이 1이 될 확률을 y_i로 예측하는 것을 말합니다.

한편 대표적인 경진 대회는 캐글의 Quora Question Pairs 대회입니다.

AUC

AUC[area under the ROC curve](ROC 곡선아래면적)는 ROC 곡선[receiver operating characteristic curve]을 이용하여 계산합니다. AUC 역시 이진 분류 문제의 대표적인 평가지표입니다(그림 2-14).

ROC 곡선은 예측값을 양성으로 판단하는 임곗값을 1에서 0으로 움직일 때의 거짓 양성 비율[false positive rate](FPR)과 참 양성 비율[true positive rate](TPR)을 그래프의 (x, y) 축으로 나타낼 수 있습니다. 이 ROC 곡선의 하부 면적이 AUC입니다.

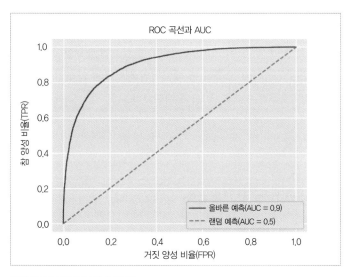

그림 2-14 ROC 곡선과 AUC

여기에서 x축의 거짓 양성 비율(FPR)과 y축의 참 양성 비율(TPR)은 다음과 같이 정의할 수 있습니다.

- **거짓 양성 비율(FPR)**
  실제 거짓(False)인 행 데이터를 양성(positive)으로 잘못 예측한 비율(혼동행렬 요소로 FP / (FP+TN))

- **참 양성 비율(TPR)**

  실제 참(True)인 행 데이터를 양성(positive)으로 올바르게 예측한 비율(혼동행렬 요소로 TP / (TP+FN))

다시 말해 ROC 곡선을 그리는 방법은 다음과 같습니다(전체 양성(True)의 개수를 n_p, 전체 음성(False)의 개수를 n_n이라 하겠습니다). 처음 시작점은 왼쪽 하단의 (0.0, 0.0)입니다. 양성으로 예측하는 임곗값을 서서히 낮춰나가면 양성으로 예측되는 행 데이터는 증가합니다. 이 행 데이터에 양성(True)인 값이 하나 들어오면 $1/n_p$만큼 위로 진행하고, 음성(False)인 값이 하나 들어가면 $1/n_n$만큼 오른쪽으로 진행합니다. 최종적으로 우측 상단의 (1.0, 1.0) 자리에 도착합니다.

다음 [그림 2-15]의 ROC 곡선은 예측값이 큰 순서대로 행 데이터를 정렬했을 때 양성을 1, 음성을 0으로 하여 [1, 1, 0, 0, 1, 1, 0, 0, 0, 1, 0, 0, 0, 0, 0]이 된 경우에 대응합니다. 양성이 5개, 음성이 10개이므로, 실제로는 양성인데 예측된 행 데이터의 레이블이 양성이면 0.2만큼 위로 움직이고, 음성으로 예측되면 오른쪽으로 0.1만큼 움직입니다.

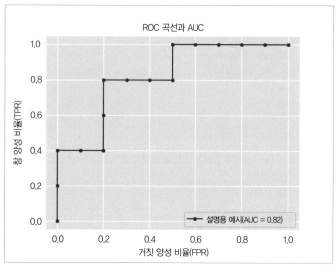

그림 2-15 ROC 곡선과 AUC 예시

이번에는 AUC의 특징 몇 가지를 설명하겠습니다.

- 모든 행 데이터를 정확하게 예측했을 경우 ROC 곡선은 [그림 2-14] 좌측 상단의 (0.0, 1.0)점을 지나며 AUC는 1.0입니다. 랜덤 예측의 경우 ROC 곡선은 보통 [그림 2-14]의 점선과 같은 대각선을 지나며 AUC는 0.5 정도입니다.

- 예측값이 반대일 경우(즉, 1.0 − 본래 예측값일 경우) AUC는 1.0 − 원래의 AUC가 됩니다.

- AUC는 '양성과 음성을 각각 랜덤 선택했을 때 양성 예측값이 음성 예측값보다 클 확률'이라고 정의할 수 있습니다. 즉, 다음과 같은 식으로 나타낼 수 있습니다(i, j는 행 데이터 인덱스입니다. 예측값 $\hat{y}_i$와 $\hat{y}_j$가 동일 확률인 경우는 고려하지 않았습니다).

$$\text{AUC} = \frac{(y_i = 1, y_j = 0, \hat{y}_i > \hat{y}_j)\text{일 경우}\,(i, j)\text{의 개수}}{(y_i = 1, y_j = 0)\text{일 경우}\,(i, j)\text{의 개수}}$$

- 예측의 개선 정도와 AUC 값 향상의 상관 관계는 곡선에 따른 정의로 해석하기 어렵습니다. 따라서 앞서 소개한 수식의 정의로 이해하는 편이 쉽습니다.

- AUC의 값에 영향을 미치는 요소는 각 행 데이터 예측값의 대소 관계뿐입니다. 행 데이터가 4개일 경우 [0.1, 0.3, 0.9, 0.7]로 예측하든 [0.01, 0.02, 0.99, 0.03]으로 예측하든 AUC는 같습니다. 그러므로 예측값은 반드시 확률이 아니어도 상관없습니다. 예를 들어 각 모델의 예측값을 앙상블할 때는 예측 확률을 순위로 변환한 값들의 평균이 쓰이기도 합니다.

- 양성이 매우 적은 불균형 데이터의 경우, 양성인 예측값을 얼마나 높은 확률로 예측할 수 있을지가 AUC에 크게 영향을 미칩니다. 반대로 음성인 예측값의 오차 영향은 그리 크지 않습니다.

- 지니 계수Gini coefficient는 Gini = 2AUC − 1로 계산하며 AUC와 선형 관계입니다. 따라서 평가지표가 지니 계수라면 평가지표가 AUC나 거의 마찬가지인 셈입니다.

사이킷런에서 `metrics` 모듈의 `roc_auc_score` 함수로 계산할 수 있습니다. 한편 대표적인 경진 대회는 캐글의 Home Credit Default Risk 대회입니다.

NOTE

지금까지 소개한 바와 같이, 이진 분류 문제의 평가지표는 크게 두 종류로 나눌 수 있습니다. 첫 번째는 F1-score나 매튜상관계수(MCC)처럼 혼동행렬이 기본인 지표이고, 두 번째는 로그 손실이나 AUC처럼 확률값이 기본인 지표입니다. 로그 손실이나 AUC에서는 확률값을 그대로 제출하면 되지만 F1-score나 MCC가 평가지표로 지정된 경우라면 이들을 최대화하도록 임곗값을 설정해 0 또는 1과 같은 이진값으로 만들어야 합니다. 그 때문에 확신도가 낮은 예측에 대해서도 0.5와 같은 어중간한 값은 허락되지 않고, 0이나 1 중 어느 한 쪽을 선택해야 하므로 임곗값에 따라 점수가 크게 바뀌기도 합니다.

임곗값은 비지니스적 또는 기술적 가치 판단에 근거해 설정해야 합니다. 예를 들어 병원 검사에서 환자를 건강한 사람이라고 오진하면 생명에 지장을 초래할 수 있습니다. 이러한 경우는 건강한 사람을 환자라고 판단했을 때보다 그 결과가 훨씬 심각합니다. 이렇게 거짓 양성(FP)보다 거짓 음성(FN)이 문제가 될 때는 재현율을 중시하므로 임곗값이 낮아집니다. 반대로 예를 들어 다이렉트 메일의 반응 예측 사례처럼 투입 자원에 대한 응답이 중요할 때는 정밀도를 중시하므로 임곗값은 높아집니다.

F1-score나 MCC 역시 단순히 재현율이나 정밀도의 균형을 이루는 지표에 불과합니다. 이러한 가치 판단에 기초한 타당성이 있는 것은 아니므로, 경진 대회에서 예측 모델의 성능을 겨루는 게 목적이라면 로그 손실이나 AUC처럼 확률값에 기반을 두는 편이 좋습니다. 하지만 실제로는 F1-score도 자주 쓰이는 만큼, 경쟁적으로 좋은 성적을 거두기 위해서는 이들 평가지표의 특징을 잘 이해하고 대응해야 합니다.

2.3.5 다중 클래스 분류의 평가지표

이 절에서는 다중 클래스 분류의 평가지표를 소개합니다. 이진 분류에서의 평가지표를 다중 클래스 분류용으로 확장한 것도 많습니다.

multi-class accuracy

이진 분류의 정확도를 다중 클래스로 확장한 것입니다. 예측이 올바른 비율을 나타내는 지표로, 예측이 정답인 행 데이터 수를 모든 행 데이터 수로 나눈 결과입니다.

이진 분류와 마찬가지로 사이킷런에서 `metrics` 모듈의 `accuracy_score` 함수로 계산할 수 있습니다. 한편 대표적인 경진 대회는 캐글의 TensorFlow Speech Recognition Challenge 대회입니다.

multi-class logloss

이 책에서는 '다중 클래스 로그 손실'이라고 부릅니다. 말 그대로 로그 손실을 다중 클래스 분류로 확장한 것으로, 다중 클래스 분류의 평가지표로 자주 쓰입니다. 각 클래스의 예측 확률을 제출하고, 행 데이터가 속한 클래스의 예측 확률을 로그를 취해 부호를 반전시킨 값이 점수입니다.

$$\text{multiclass logloss} = -\frac{1}{N}\sum_{i=1}^{N}\sum_{m=1}^{M} y_{i,m}\log p_{i,m}$$

M은 클래스 수입니다. $y_{i,m}$는 행 데이터 i가 클래스 m에 속할 경우 1, 그렇지 않을 경우 0이 됩니다. $p_{i,m}$는 행 데이터 i가 클래스 m에 속하는 예측 확률을 나타냅니다.

multi-class logloss의 계산 예시는 [그림 2-16]과 같습니다.

ID	실젯값 (클래스)	클래스1의 예측 확률	클래스2의 예측 확률	클래스3의 예측 확률	실젯값의 예측 확률 p_i'	$-\log(p_i')$
1	1	0.2	0.3	0.5	0.2	1.609
2	2	0.1	0.3	0.6	0.3	1.204
3	3	0.1	0.2	0.7	0.7	0.357

다중 클래스 로그 손실   1.057   (=평균)

그림 2-16 다중 클래스 로그 손실

예측값은 행 데이터 수 × 클래스 수의 행렬로 제출합니다. 행 데이터가 속한 클래스의 확률을 낮게 예측해버리면 패널티가 크게 주어집니다. 한편 각 행 데이터에 대한 예측 확률의 합계는 1이 되어야 하므로 그렇지 않을 경우는 평가지표 계산에서 자동 조정됩니다.

다음과 같이 사이킷런 `metrics` 모듈의 `log_loss` 함수로 계산할 수 있습니다. 이진 분류와는 `log_loss` 함수에 부여하는 예측값 배열의 형태가 다릅니다.

(ch02/ch02-01-metrics.py 참조)

```
from sklearn.metrics import log_loss

# 3 클래스 분류의 실젯값과 예측값
y_true = np.array([0, 2, 1, 2, 2])
y_pred = np.array([[0.68, 0.32, 0.00],
                   [0.00, 0.00, 1.00],
                   [0.60, 0.40, 0.00],
                   [0.00, 0.00, 1.00],
                   [0.28, 0.12, 0.60]])
logloss = log_loss(y_true, y_pred)
print(logloss)
# 0.3626
```

대표적인 경진 대회는 캐글의 Two Sigma Connect: Rental Listing Inquiries 대회입니다.

mean-F1, macro-F1, micro-F1

앞서 설명한 F1-score를 여러 개의 클래스로 확장한 것이 mean-F1, macro-F1, micro-F1입니다. 주로 다중 레이블 분류에서 사용하는 평가지표입니다.

다중 레이블 분류에서는 각 행 데이터가 하나 혹은 여러 클래스에 속하므로, 실젯값 및 예측값이 각각 한 개 혹은 여러 개입니다. 예를 들면 3개 클래스의 다중 레이블 분류에서 실젯값 및 예측값은 다음 [그림 2-17]과 같습니다.

ID	실젯값	예측값
1	1, 2	1, 3
2	1	2
3	1, 2, 3	1, 3
4	2, 3	3
5	3	3

그림 2-17 3개 클래스의 다중 레이블 분류에서 실젯값과 예측값

mean-F1에서는 행 데이터 단위로 F1-score를 계산하고 그 평균값이 평가지표 점수가 됩니다. 앞의 예시에서 ID가 1인 행 데이터는 (TP, TN, FP, FN)=(1, 0, 1, 1)이 되고 F1-score는 0.5입니다. 이를 각 행 데이터를 계산하고 평균을 얻은 결과가 점수가 됩니다.

macro-F1에서는 각 클래스별 F1-score를 계산하고 이들의 평균값을 평가지표 점수로 삼습니다. 앞의 예에서 클래스 1을 보면 (TP, TN, FP, FN) = (2, 2, 0, 1)이 되므로 여기서 F 점수(F score)를 계산하면 0.8입니다. 이것을 각 클래스에서 평균한 값이 점수가 됩니다. 한편, macro-F1은 각 클래스에서 이진 분류를 실시하고 그들의 F1-score를 평균하는 것과 같으므로, 다중 레이블 분류에서는 각 클래스에서 독립적으로 임곗값을 최적화할 수 있습니다.

micro-F1에서는 행 데이터 × 클래스의 각 쌍pair에 대해 TP, TN, FP, FN중 어디에 해당하는지를 카운트합니다. 그 혼동행렬에 근거하여 F 점수를 계산한 값이 평가지표 점수입니다. 앞의 예에서는 5개의 행 데이터 × 3개 클래스에서의 혼동행렬의 값은 (TP, TN, FP, FN) = (5, 4, 2, 4)가 되고, 거기에서 F1-score를 계산한 0.625가 점수가 됩니다. 각 클래스의 행 데이터 수가 불균형한 경우와 같은 지표의 동작은 다르지만, 어느 쪽이 채택될지는 대회 주최자가 어떠한 관점에서 평가하고 싶은지에 따라 달라집니다.

다음은 이들 평가지표를 구현한 예제 코드입니다.

(ch02/ch02-01-metrics.py 참조)

```python
# -----------------------------------
# 다중 레이블 분류
# -----------------------------------
# mean_f1, macro_f1, micro_f1

from sklearn.metrics import f1_score

# 다중 레이블 분류의 실젯값·예측값은 평가지표 계산상으로는 행 데이터 × 클래스의
# 이진행렬로 해야 다루기 쉬움
# 실젯값 - [[1,2], [1], [1,2,3], [2,3], [3]]

y_true = np.array([[1, 1, 0],
                   [1, 0, 0],
                   [1, 1, 1],
                   [0, 1, 1],
                   [0, 0, 1]])

# 예측값 - [[1,3], [2], [1,3], [3], [3]]
y_pred = np.array([[1, 0, 1],
                   [0, 1, 0],
                   [1, 0, 1],
                   [0, 0, 1],
                   [0, 0, 1]])
```

```
# mean-f1는 행 데이터마다 F1-score를 계산하여 평균을 구함
mean_f1 = np.mean([f1_score(y_true[i, :], y_pred[i, :]) for i in range(len(y_
true))])

# macro-f1에서는 행 데이터마다 F1-score를 계산하여 평균을 구함
n_class = 3
macro_f1 = np.mean([f1_score(y_true[:, c], y_pred[:, c]) for c in range(n_class)])

# micro-f1에서는 행 데이터 × 클래스 쌍으로 TP/TN/FP/FN을 계산하여 F1-score를 구함
micro_f1 = f1_score(y_true.reshape(-1), y_pred.reshape(-1))

print(mean_f1, macro_f1, micro_f1)
# 0.5933, 0.5524, 0.6250

# scikit-learn 메서드를 사용하여 계산 가능
mean_f1 = f1_score(y_true, y_pred, average='samples')
macro_f1 = f1_score(y_true, y_pred, average='macro')
micro_f1 = f1_score(y_true, y_pred, average='micro')
```

한편 대표적인 경진 대회는 캐글의 Instacart Market Basket Analysis(mean-F1) 대회와 Human Protein Atlas Image Classification(macro-F1) 대회입니다.

QWK

QWK^{quadratic weighted kappa} 평가지표는 다중 클래스 분류에서 클래스 간에 순서 관계가 있을 때 (예를 들면 영화 평가에서 1~5점으로 점수를 매기는 경우) 사용합니다. 각 행 데이터의 예측 값이 어느 클래스에 속하는지 제출합니다.

수식과 구체적인 설명은 다음과 같습니다.

$$\kappa = 1 - \frac{\sum_{i,j} w_{i,j} O_{i,j}}{\sum_{i,j} w_{i,j} E_{i,j}}$$

- $O_{i,j}$는 실젯값의 클래스가 i, 예측값의 클래스가 j인 행 데이터 수로, 이것을 행렬의 형태로 나열하면 다중 클래스에서의 혼동행렬이 됩니다.

- $E_{i,j}$는 실젯값의 클래스와 예측값의 클래스 분포가 서로 독립적인 관계일 때, 혼동행렬의 각 셀 (i, j)에 속하는 행 데이터 수의 기대치입니다. '실젯값이 i인 비율 × 예측값이 j인 비율 × 데이터 전체의 행 데이터 수'로 계산합니다.

- $w_{i,j}$는 실젯값과 예측값 차의 제곱 $(i-j)^2$ 입니다. 실젯값과 크게 동떨어진 클래스를 예측해버리면 이 값은 제곱으로 커지므로, 예측을 크게 빗나가버릴 경우 큰 패널티가 부과됩니다.

QWK의 계산 예시는 다음 [그림 2-18]과 같습니다.

예측값의 다중 클래스 혼동행렬(3개 클래스)
$O(i,j)$

예측값 i/ 실젯값 j	1	2	3	합계
1	10	5	5	20
2	5	35	0	40
3	15	0	25	40
합계	30	40	30	100

클래스 분포가 독립적 관계일 때의 다중 클래스 혼동행렬
$E(i,j)$

예측값 i/ 실젯값 j	1	2	3	합계
1	6	8	6	20
2	12	16	12	40
3	12	16	12	40
합계	30	40	30	100

(E(1,1)는 20 × 30 / 100 = 6,
E(2,2)는 40 × 40 / 100 = 16으로 계산)

페널티 계수
$w(i,j)$

예측값 i/ 실젯값 j	1	2	3
1	0	1	4
2	1	0	1
3	4	1	0

$\sum w_{i,j} O_{i,j} = 90$, $\sum w_{i,j} E_{i,j} = 120$에 의해
quadratic weighted kappa = 1 - 90 / 120 = 0.25가 됩니다.

그림 2-18 QWK

완전한 예측일 때는 1, 랜덤 예측일 때는 0, 랜덤보다 나쁜 예측일 때는 마이너스 값이 됩니다. 예측값의 각 클래스 비율에 따라 분모의 값이 달라지므로 예측값을 바꾸었을 때의 움직임을 이해하기란 어렵습니다. 예측값의 각 클래스 비율이 고정이라고 생각하면 제곱오차에 가까운 지표가 되어 이해하기 조금 쉬워집니다.

다음은 이 평가지표를 구현한 예제 코드입니다.

(ch02/ch02-01-metrics.py 참조)

```python
# ----------------------------------
# 클래스간 순서관계가 있는 다중 클래스 분류
# ----------------------------------
# QWK(quadratic weighted kappa)

from sklearn.metrics import confusion_matrix, cohen_kappa_score

# quadratic weighted kappa을 계산하는 함수
def quadratic_weighted_kappa(c_matrix):
  numer = 0.0
  denom = 0.0

  for i in range(c_matrix.shape[0]):
    for j in range(c_matrix.shape[1]):
      n = c_matrix.shape[0]
      wij = ((i - j) ** 2.0)
      oij = c_matrix[i, j]
      eij = c_matrix[i, :].sum() * c_matrix[:, j].sum() / c_matrix.sum()
      numer += wij * oij
      denom += wij * eij

  return 1.0 - numer / denom

# y_true는 실젯값 클래스 목록, y_pred는 예측값 클래스 목록
y_true = [1, 2, 3, 4, 3]
y_pred = [2, 2, 4, 4, 5]

# 혼동행렬을 계산
c_matrix = confusion_matrix(y_true, y_pred, labels=[1, 2, 3, 4, 5])

# quadratic weighted kappa를 계산
kappa = quadratic_weighted_kappa(c_matrix)
print(kappa)
# 0.6154

# scikit-learn의 메서드로도 계산 가능
kappa = cohen_kappa_score(y_true, y_pred, weights='quadratic')
```

한편 대표적인 QWK 경진 대회는 캐글의 Prudential Life Insurance Assessment 대회입니다.

2.3.6 추천의 평가지표

MAP@K

MAP@K는 Mean Average Precision at (@) K의 약자로, 추천 문제에서 자주 사용하는 지표입니다. 각 행 데이터가 하나 또는 여러 클래스에 속할 때, 포함될 가능성이 높을 것으로 예측한 순서대로 K개의 클래스를 예측값으로 삼습니다. K의 값으로는 5나 10처럼 다양한 값이 쓰입니다.

이 지표는 다음과 같은 식으로 계산할 수 있습니다.

$$\text{MAP@K} = \frac{1}{N} \sum_{i=1}^{N} \left(\frac{1}{min(m_i, K)} \sum_{k=1}^{K} P_i(k) \right)$$

수식을 구체적으로 살펴보면 다음과 같습니다.

- m_i는 행 데이터 i가 속한 클래스의 수를 나타냅니다.

- $P_i(k)$는 행 데이터 i에 대해 k ($1 \leq k \leq K$) 번째까지의 예측값으로 계산되는 정밀도입니다. 다만 k번째 예측값이 정답일 경우에만 값을 취하고 그 외에는 0이 됩니다.[16]

다음 [그림 2-19]는 K = 5인 행 데이터의 점수를 계산하는 예시입니다.

다음 행 데이터의 MAP@5을 평가합니다.
- 실젯값 클래스 B, E, F
- 예측값 클래스 E, D, C, B, A(좌측이 높은 순위로 예측)

예측 순위 k	예측값	정답/오답	$P_i(k)$	
1	E	○	1/1 = 1	(= 예측순위 1까지이며, 1개 중 1개 정답)
2	D	×	-	
3	C	×	-	
4	B	○	2/4 = 0.5	(= 예측순위 4까지이며, 4개 중 2개 정답)
5	A	×	-	

$\sum P_i(k)$	1.5	
$min(m_i, K)$	3	(실젯값의 클래스 수 m_i=3, 예측 가능한 개수 K=5)
MAP@5 [69]	0.5	(=1.5/3)

그림 2-19 MAP@K

---

16 이와 관련해 캐글의 MAP@K가 평가지표인 경진 대회에서 Evaluation의 설명은 명확하지 않다는 게 필자의 의견입니다.

각 행 데이터에 대해 K개 미만으로 예측할 수도 있지만, 그렇게 함으로써 점수가 올라가지는 않으므로 보통은 K개를 예측값으로 합니다. K개의 예측값과 실제 정답 수가 같아도, 정답인 예측값이 순서에 맞지 않게 뒤로 밀리면 점수는 낮아집니다. 따라서 예측값의 순서가 중요합니다. 완전한 예측을 실시했을 때는 1, 완전히 잘못된 예측을 실시했을 때는 0이 됩니다.

다음은 이 평가지표를 구현하는 예제 코드입니다.

(ch02/ch02-01-metrics.py 참조)

```python
# -----------------------------------
# Recommendation(추천)
# -----------------------------------
# MAP@K

# K = 3, 행의 수는 5개, 클래스는 4종류
K = 3

# 각 행의 실젯값
y_true = [[1, 2], [1, 2], [4], [1, 2, 3, 4], [3, 4]]

# 각 행에 대한 예측값 - K = 3이므로, 보통 각 행에 각각 3개까지 순위를 매겨 예측
y_pred = [[1, 2, 4], [4, 1, 2], [1, 4, 3], [1, 2, 3], [1, 2, 4]]

# 각 행의 average precision을 계산하는 함수
def apk(y_i_true, y_i_pred):
  # y_pred가 K이하의 길이이고 모든 요소가 달라야 함
  assert (len(y_i_pred) <= K)
  assert (len(np.unique(y_i_pred)) == len(y_i_pred))

  sum_precision = 0.0
  num_hits = 0.0

  for i, p in enumerate(y_i_pred):
    if p in y_i_true:
      num_hits += 1
      precision = num_hits / (i + 1)
      sum_precision += precision

  return sum_precision / min(len(y_i_true), K)

# MAP@K을 계산하는 함수
def mapk(y_true, y_pred):
```

```
    return np.mean([apk(y_i_true, y_i_pred) for y_i_true, y_i_pred in zip(y_true, y_
pred)])

# MAP@K을 요청
print(mapk(y_true, y_pred))
# 0.65

# 정답 수가 같아도 순서가 다르면 점수도 다름
print(apk(y_true[0], y_pred[0]))
print(apk(y_true[1], y_pred[1]))
# 1.0, 0.5833
```

한편 대표적인 경진 대회는 캐글의 Santander Product Recommendation 대회입니다.

2.4 평가지표와 목적함수

이번 절에서는 평가지표와 목적함수objective function의 차이점을 살펴보고 사용자 정의 평가지표와 목적함수에 관해 알아보겠습니다.

2.4.1 평가지표와 목적함수의 차이점

지금까지 평가지표에 관해 알아보았습니다. 이제부터 목적함수와의 차이점을 설명합니다.

목적함수는 모델 학습 시 최적화되는 함수입니다. 모델 학습에서는 목적함수로 사용한 오차가 최소가 되도록 결정 트리decision tree의 분기나 선형 모델의 회귀계수 추가 및 갱신 등을 수행합니다. 이때 학습이 잘 진행되려면 목적함수는 미분할 수 있어야 한다는 제약이 있습니다. 회귀 문제에서는 RMSE, 분류 문제에서는 로그 손실을 목적함수로 많이 사용합니다.

평가지표는 모델 또는 예측값의 성능이 좋고 나쁨을 측정하는 지표입니다. 실젯값과 예측값으로 계산할 수 있다면 특별한 제약은 없습니다. 지금까지 설명한 바와 같이 평가지표의 종류는 다양하며, 비즈니스상의 가치 판단 등을 고려해 평가지표를 정할 수도 있습니다. 한편 목적함수로 사용하려 해도 예측값을 변경했을 때 점수의 변화가 수학적으로 다루기 어려운 경우에는 모델의 학습이 잘 진행되지 않을 때도 많습니다.

경진 대회에서는 그 대회에서 정해진 평가지표에 최적화된 예측값을 제출해야 합니다. 이때 해당 평가지표와 모델 학습에 사용하는 목적함수가 일치하면 이해하기가 쉽고, 그대로 평가지표에 대해 대략 최적화된 예측값을 출력하는 모델이 되었다고 말할 수 있습니다. 그러나 이들이 서로 일치하지 않을 때는 평가지표에 최적화되지 않을 수 있습니다. 이때 어떻게 대응할지는 2.5절에서 설명하겠습니다.

2.4.2 사용자 정의 평가지표와 사용자 정의 목적함수

모델이나 라이브러리에서 제공하지 않는 평가지표나 목적함수를 사용자가 정의해 사용할 수 있습니다. 이를 각각 사용자 정의custom 평가지표와 사용자 정의 목적함수라고 합니다.

사용사 정의 목적함수를 지정하면 해당 함수를 최소화하도록 학습이 진행됩니다. 사용자 정의 평가지표를 지정하면 해당 평가지표에 의한 점수가 학습 시 모니터링으로 표시됩니다.

이들을 구현하려면 사용하는 라이브러리의 API에 따라 함수를 만들어야 합니다. xgboost에서 사용자 정의 평가지표와 사용자 정의 목적함수를 작성하는 예제 코드는 다음과 같습니다.

(ch02/ch02-02-custom-usage.py 참조)

```python
import xgboost as xgb
from sklearn.metrics import log_loss

# 특징과 목적변수를 xgboost의 데이터 구조로 변환
# 학습 데이터의 특징과 목적변수는 tr_x, tr_y
# 검증 데이터의 특징과 목적변수는 va_x, va_y
dtrain = xgb.DMatrix(tr_x, label=tr_y)
dvalid = xgb.DMatrix(va_x, label=va_y)

# 사용자 정의 목적함수(이 경우는 logloss이며, xgboost의 'binary:logistic'과 동일)
def logregobj(preds, dtrain):
    labels = dtrain.get_label()           # 실젯값 레이블 획득
    preds = 1.0 / (1.0 + np.exp(-preds))  # 시그모이드 함수
    grad = preds - labels                 # 그레이디언트
    hess = preds * (1.0 - preds)          # 시그모이드 함수 미분
    return grad, hess

# 사용자 정의 평가지표(이 경우 오류율)
def evalerror(preds, dtrain):
```

```python
        labels = dtrain.get_label()      # 실젯값 레이블 획득
        return 'custom-error', float(sum(labels != (preds > 0.0))) / len(labels)


# 하이퍼파라미터 설정
params = {'verbosity': 0, 'random_state': 71}
num_round = 50
watchlist = [(dtrain, 'train'), (dvalid, 'eval')]

# 모델 학습 실행
bst = xgb.train(params, dtrain, num_round, watchlist, obj=logregobj,
feval=evalerror)

# 목적함수에 binary:logistic을 지정했을 때와 달리 확률로 변환하기 전 값으로
# 예측값이 출력되므로 변환이 필요
pred_val = bst.predict(dvalid)
pred = 1.0 / (1.0 + np.exp(-pred_val))
logloss = log_loss(va_y, pred)
print(logloss)

# (참고)일반적인 방법으로 학습하는 경우
# xgboost 버전이 낮을 경우에는 'verbosity':0을 'silent':1로 변경 후 실행¹⁷
params = {'verbosity': 0, 'random_state': 71, 'objective': 'binary:logistic'}
bst = xgb.train(params, dtrain, num_round, watchlist)

pred = bst.predict(dvalid)
logloss = log_loss(va_y, pred)
print(logloss)
```

이를 사용하여 평가지표를 최적화하는 예시는 2.6.4절에서 소개하겠습니다.

---

17 옮긴이_ xgboost 버전이 변경되면서 소스 코드의 params 매개변수 일부를 최신 버전에 맞게 수정했습니다.
이전 버전을 사용할 경우 코드 실행이 되지 않는다면 params 매개변수에서 'verbosity':0을 'silent':1로 수정해주세요.

2.5 평가지표의 최적화

경진 대회에서 정해진 평가지표는 순위를 결정합니다. 따라서 점수를 개선할 수 있다면 무엇이든 반드시 해봐야 합니다. 여기서는 평가지표에 최적화된 예측값을 어떻게 출력할 것인가와 주의점을 소개하겠습니다.

2.5.1 평가지표의 최적화 접근법

코세라[Coursera]의 인기 강좌인 How to Win a Data Science Competition: Learn from Top Kagglers[18]에서는 평가지표의 최적화에 대해 다음과 같은 접근법을 제시합니다.

- **간단하고 올바른 모델링 시행**

  예를 들어 평가지표가 RMSE나 로그 손실일 경우 모델의 목적함수도 같은 것을 지정할 수 있습니다. 이 경우에는 별도의 처리를 하지 않아도 단순히 모델을 학습, 예측시키는 것만으로 평가지표에 거의 최적화됩니다.

- **학습 데이터를 전처리하고 다른 평가지표를 최적화**

  예를 들어 평가지표가 RMLSE일 경우, 주어진 학습 데이터의 목적함수의 로그를 취해 변환하고 목적함수를 RMSE로서 학습시킨 뒤, 지수함수로 값을 원래대로 변환하여 예측값을 제출하는 방법을 들 수 있습니다.

- **다른 평가지표를 최적화하고 후처리**

  모델의 학습/예측을 수행한 후 평가지표의 성질에 근거하여 계산하거나, 최적화 알고리즘을 이용하여 임곗값을 최적화하는 방법입니다(2.5.2절과 2.6절 참조).

- **사용자 정의 목적함수를 사용**

  2.6.4절 참조

- **다른 평가지표를 최적화하고 학습 조기 종료**

  학습 조기 종료[early stopping]의 평가 대상으로 최적화하고 싶은 평가지표를 설정합니다. 그리고 해당 평가지표가 정확하게 최적화되는 시점에 학습을 멈추는 방법입니다(4.1.3절 참조).

---

18 https://www.coursera.org/learn/competitive-data-science

2.5.2 임곗값 최적화

예측 확률이 아닌 양성(1)이나 음성(0) 레이블을 제출하는 평가지표에서는 일반적으로 모델에서 예측 확률을 출력하고, 어떤 임곗값 이상의 값을 양성(1)으로 출력합니다.

정확도일 때는 모델의 예측 확률이 올바르다는 가정 하에 0.5 이상은 양성으로 예측하고 0.5 미만은 음성으로 예측합니다. 다만 F1-score일 때는 양성 비율이나 정확하게 예측한 비율에 따라 F1-score를 최대로 하는 임곗값이 다르므로 그 임곗값을 구해야 합니다.

최적의 임곗값을 구하는 방법은 다음과 같습니다.

- **모든 임곗값을 알아내는 방법**

    0.01부터 0.99까지 0.01씩 증가시키며 모든 임곗값을 조사하여 가장 좋은 점수가 되는 값을 채택

- **최적화 알고리즘을 이용하는 방법**

    `scipy.optimize` 모듈 등을 이용하여 '임곗값을 인수로 점수를 반환하는 함수'를 최적화

다음 코드는 목적함수[19]를 미분할 수 없어도 쓸 수 있는 최적화 알고리즘인 넬더-미드^{Nelder-Mead}를 활용하는 예입니다. 그 외에도 COBYLA와 같이 제약식을 설정할 수 있는 알고리즘이나 SLSQP와 같이 목적함수와 제약식을 미분할 수 있어야 하는 알고리즘이 있습니다. 목적함수나 제약식의 성질에 따라 알고리즘을 구분해야겠지만, 넬더-미드나 COBYLA는 비교적 안정된 결과를 얻을 수 있는 알고리즘이므로 어떤 알고리즘을 선택할지 망설여진다면 먼저 이들을 사용합니다.

(ch02/ch02-03-optimize.py 참조)

```
# -----------------------------------
# 임곗값(threshold)의 최적화
# -----------------------------------
from sklearn.metrics import f1_score
from scipy.optimize import minimize
```

---

19 여기에서의 목적함수는 모델 학습에서의 목적함수가 아니라 최적화 알고리즘에 의해 최적화되는 대상 함수입니다. 임곗값과 같은 케이스에서는 목적변수와 예측값을 이용하여 평가지표의 점수를 계산하므로, 함수의 입력인 임곗값에 대해 출력인 점수가 매끄럽게 변화하지 않는 점에 주의하세요.

```
# 행 데이터 데이터 생성 준비
rand = np.random.RandomState(seed=71)
train_y_prob = np.linspace(0, 1.0, 10000)

# 실젯값과 예측값을 다음과 같은 train_y, train_pred_prob이었다고 가정
train_y = pd.Series(rand.uniform(0.0, 1.0, train_y_prob.size) < train_y_prob)
train_pred_prob = np.clip(train_y_prob * np.exp(rand.standard_normal(train_y_prob.
shape) * 0.3), 0.0, 1.0)

# 임곗값(threshold)을 0.5로 하면, F1은 0.722
init_threshold = 0.5
init_score = f1_score(train_y, train_pred_prob >= init_threshold)
print(init_threshold, init_score)

# 최적화의 목적함수를 설정
def f1_opt(x):
  return -f1_score(train_y, train_pred_prob >= x)

# scipy.optimize의 minimize 메서드에서 최적의 임곗값 구하기
# 구한 최적의 임곗값을 바탕으로 F1을 구하면 0.756이 됨
result = minimize(f1_opt, x0=np.array([0.5]), method="Nelder-Mead")
best_threshold = result['x'].item()
best_score = f1_score(train_y, train_pred_prob >= best_threshold)
print(best_threshold, best_score)
```

2.5.3 임곗값 최적화와 OOF 예측의 필요성

2.5.2절에서는 학습 데이터 전체의 실젯값과 예측 확률을 이용하여 F1-score가 가장 좋아지는 임곗값을 선택했습니다. 하지만 이렇게 하면, 테스트 데이터에서는 최적의 임곗값을 모르는데도 그것을 아는 상황에서 평가 점수를 계산하는 셈이 됩니다. 그 결과 임곗값의 최적화에서도 OOF$^{out-of-fold}$로 실시해야 할지 여부가 문제가 됩니다(OOF에 관해서는 뒤쪽 칼럼에서 자세히 설명합니다).

F1-score를 최대로 하는 간단한 예에서는 특별히 OOF 예측으로 하지 않아도 큰 영향은 없습니다. 다만 OOF로 최적화를 수행하면 임곗값 변화에 차이가 있거나 점수에 달라지는 현상을 확인할 수 있고, 복잡한 최적화를 수행할 때 과도한 평가 점수가 되는 걸 피할 수 있다는 장점이 있습니다.

다음은 실젯값과 예측 확률이 주어진 상황에서 OOF의 F1-score 최적화를 수행하는 순서와 구현 코드입니다.

① 학습 데이터를 여러 개로 나눕니다(여기서는 fold1, fold2, fold3, fold4).

② fold2, fold3, fold4의 실젯값과 예측 확률에서 최적의 임곗값을 구하고 그 임곗값으로 fold1의 F1-score를 계산합니다.

③ 다른 fold들도 마찬가지로 자신 이외의 fold의 실젯값과 예측 확률로부터 최적의 임곗값을 구하고 그 임곗값으로 F1-score를 계산합니다(이처럼 각 fold에서 자신의 값을 사용하지 않고 계산한 임곗값으로 F1-score를 평가할 수 있다는 게 이 방법의 장점입니다).

④ 테스트 데이터에 적용하는 임곗값은 각 fold 임곗값의 평균으로 합니다.

(ch02/ch02-04-optimize-cv.py 참조)

```python
# ----------------------------------
# OOF(out-of-fold)에서의 임곗값(threshold)의 최적화
# ----------------------------------
from scipy.optimize import minimize
from sklearn.metrics import f1_score
from sklearn.model_selection import KFold

# 샘플 데이터 생성 준비
rand = np.random.RandomState(seed=71)
train_y_prob = np.linspace(0, 1.0, 10000)

# 실젯값과 예측값을 다음과 같은 train_y, train_pred_prob이었다고 가정
train_y = pd.Series(rand.uniform(0.0, 1.0, train_y_prob.size) < train_y_prob)
train_pred_prob = np.clip(train_y_prob * np.exp(rand.standard_normal(train_y_prob.shape) * 0.3), 0.0, 1.0)

# 교차 검증 구조로 임곗값을 구함
thresholds = []
scores_tr = []
scores_va = []

kf = KFold(n_splits=4, random_state=71, shuffle=True)
for i, (tr_idx, va_idx) in enumerate(kf.split(train_pred_prob)):
    tr_pred_prob, va_pred_prob = train_pred_prob[tr_idx], train_pred_prob[va_idx]
```

```
  tr_y, va_y = train_y.iloc[tr_idx], train_y.iloc[va_idx]

  # 최적화 목적함수를 설정
  def f1_opt(x):
    return -f1_score(tr_y, tr_pred_prob >= x)

  # 학습 데이터로 임곗값을 실시하고 검증 데이터로 평가를 수행
  result = minimize(f1_opt, x0=np.array([0.5]), method="Nelder-Mead")
  threshold = result['x'].item()
  score_tr = f1_score(tr_y, tr_pred_prob >= threshold)
  score_va = f1_score(va_y, va_pred_prob >= threshold)
  print(threshold, score_tr, score_va)

  thresholds.append(threshold)
  scores_tr.append(score_tr)
  scores_va.append(score_va)

# 각 fold의 임곗값 평균을 테스트 데이터에 적용
threshold_test = np.mean(thresholds)
print(threshold_test)
```

COLUMN

OOF 예측

경진 대회에서는 특정 변수를 예측하고 그 예측 결과를 사용하거나, 또는 그 예측이 맞는지 평가하고 싶을 때가 있습니다. 다만 각 행 데이터에 대해 자신의 변숫값을 사용하는 행위는 정답을 보는 것이나 마찬가지라서 예측하는 의미가 없으므로, 여기서는 자신의 변숫값을 사용하지 않고 예측하고자 합니다.

그러려면 데이터를 여러 개로 분할하여 그중 하나를 예측 대상으로 삼고 나머지를 모델 학습 데이터로 삼으면 됩니다. 이러한 절차로 변수를 예측하는 방법을 OOF[out-of-fold] 예측이라고 합니다.

OOF 예측을 실시하는 순서는 다음과 같습니다.

① 학습 데이터를 여러 개로 나눕니다(여기서는 fold1, fold2, fold3, fold4).
② fold2, fold3, fold4의 변수를 사용하여 fold1의 변수를 예측합니다.
③ ②에서처럼 fold2, fold3, fold4에서도 자신 이외의 fold 변수를 사용하여 변수를 예측합니다.
④ 이렇게 작성한 예측값을 결합하여 '자신의 변수를 사용하지 않는 예측값'인 변수를 생성합니다.
⑤ 예측값을 어떤 처리에 활용하거나 원래의 변수와 비교하여 예측의 장점을 평가합니다.

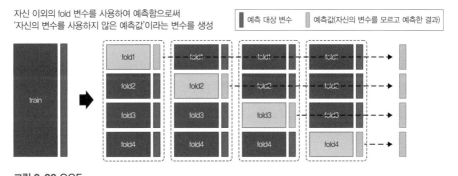

자신 이외의 fold 변수를 사용하여 예측함으로써
'자신의 변수를 사용하지 않은 예측값'이라는 변수를 생성

예측 대상 변수　　예측값(자신의 변수를 모르고 예측한 결과)

train

fold1
fold2
fold3
fold4

fold1
fold2
fold3
fold4

fold1
fold2
fold3
fold4

fold1
fold2
fold3
fold4

그림 2-20 OOF

가장 많이 사용되는 예는 교차 검증cross-validation입니다. 목적변수 예측을 OOF로 수행하여 해당 예측의 성능을 평가합니다(5.2.2절 참고). 그 외에도 다음과 같이 사용되므로 OOF 활용법을 알아두기를 권합니다.

- 임곗값의 최적화(2.5.2절과 2.5.3절 참고)
- 특징 생성의 타깃 인코딩target encoding 방법(3.5.5절 참고)
- 앙상블 스태킹 기법(7.3절 참고)

2.5.4 예측 확률과 조정

분류 문제에서 평가지표를 최적화하려면 타당한 예측 확률이 필요할 때가 있습니다. AUC 지표에서는 확률이 정확하지 않더라도 크고 작은 관계만 맞으면 되지만, 로그 손실 지표에서는 예측 확률이 틀리면 점수가 낮아집니다. 또한 뒤에서 살펴볼 2.6.2절의 예시에서는 예측 확률로부터 최적의 임곗값을 계산하고, 그 임곗값을 기준으로 최종 예측값을 결정합니다.

분석 경진대회에서 자주 쓰이는 GBDT, 신경망, 로지스틱 회귀와 같은 모델에서는 로그 손실을 목적함수로서 학습하므로 얼추 타당한 예측 확률을 출력한다고 봐도 무방합니다. 하지만 다음과 같이 모델이 출력하는 예측 확률이 왜곡될 때도 있는데, 이때 예측 확률을 조정하면 점수가 좋아질 수 있습니다.

예측 확률의 왜곡

다음과 같은 경우, 모델에 의해 출력되는 예측 확률이 왜곡되었다고 볼 수 있습니다.

- **데이터가 충분하지 않은 경우**

  특히 데이터가 적을 때 0이나 1에 가까운 확률을 예측하기는 어렵습니다.

- **모델 학습 알고리즘상 타당한 확률을 예측하도록 최적화되지 않은 경우**

  모델이 로그 손실을 최소화하도록 학습할 경우, 충분한 데이터가 있으면 타당한 확률을 예측하지만 그렇지 않은 알고리즘에서는 예측 확률이 왜곡되기도 합니다. GBDT, 신경망, 로지스틱 회귀일 때 분류 문제에서는 통상적인 설정으로 로그 손실을 목적함수로 삼아 학습하지만, 예를 들어 랜덤 포레스트에서는 다른 알고리즘으로 분류하므로 확률이 왜곡됩니다.

예측 확률의 조정

예측 확률을 조정하는 방법은 다음과 같습니다.

- **예측값을 n제곱**

  마지막에 예측값을 n제곱(n은 0.9~1.1 정도)하는 경우가 있습니다. 확률을 충분히 학습하지 못했다고 판단하고 보정을 시도한다고 볼 수 있습니다.

- **0이나 1에 극단으로 가까운 확률은 제외**

  평가지표가 로그 손실일 경우 큰 패널티를 피하는 등의 이유로, 출력 확률의 범위를 예를 들면 0.1 ~ 99.9%로 제한하는 방법이 있습니다.

- **스태킹**

  7.3절에서 설명할 스태킹stacking의 2계층 모델로 GBDT, 신경망, 로지스틱 회귀와 같이 타당한 확률을 예측하는 모델을 사용하는 방법입니다. 즉, 스태킹으로 최종 예측값을 출력할 경우 2계층에 이러한 모델을 사용하면 특별히 대응하지 않아도 확률이 보정됩니다.

- **CalibratedClassifierCV**

  사이킷런 `calibration` 모듈의 `CalibratedClassifierCV` 클래스를 사용해 예측값을 보정하는 방법입니다. 보정 수단으로 `sigmoid` 함수를 사용하는 플랫platt이나 등위 회귀 isotonic regression를 선택할 수 있습니다.

CalibratedClassifierCV 클래스에 관해 더 설명하겠습니다. 확률 보정에 이용하는 데이터는 모델 학습에 사용한 데이터와는 달라야 하므로, CalibratedClassifierCV 클래스에서는 교차 검증에서처럼 데이터를 분할하고 일부 데이터를 제외합니다. 이후 모델을 학습시킨 뒤 제외했던 데이터를 써서 보정합니다.

다음 [그림 2-21]은 3개의 클래스 분류 문제를 랜덤 포레스트random forest로 예측한 후 플랫 방법으로 확률 보정을 실시한 결과입니다. [그림 2-21]의 왼쪽은 확률 보정 전후로 테스트 데이터의 예측 확률이 어떻게 변화했는지를 화살표로 보여줍니다. 그래프의 x축이 Class1일 확률, y축이 Class2일 확률, 1−x−y가 Class3일 확률입니다. 원점(0.0, 0.0)에서는 Class3일 확률이 1이 되므로 Class3을 나타내는 동그라미 기호가 있습니다. 한편 [그림 2-21]의 오른쪽은 각 예측 확률치가 어떻게 변화하는지를 존재할 만한 확률 범위에서 그리드 형태로 보여줍니다. 0이나 1에 한없이 가까운 확률을 보정하는 효과를 얻을 수 있음을 알 수 있습니다.

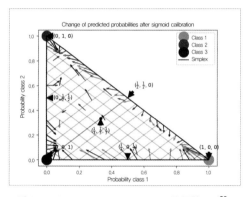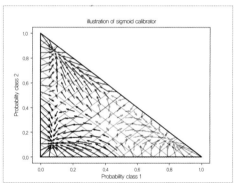

그림 2-21 Calibrated Classifier CV를 통한 보정[20]

2.6 평가지표 최적화 사례

이번 절에서는 실제 경진 대회의 평가지표 최적화를 살펴보겠습니다.

----

20 https://scikit-learn.org/stable/modules/calibration.html

2.6.1 BA 최적화

일본 기업 시그네이트SIGNATE가 주최한 제1회 FR FRONTIER: 패션 이미지의 의류 색상 분류 경진 대회는 24개 클래스를 다루는 다중 클래스 분류 문제로, 평가지표는 균형 정확도balanced accuracy (BA)였습니다.

BA는 다음 식과 같이 구합니다. 여기서 M은 전체 클래스 수를 의미하고 n_m은 클래스 m에 속하는 데이터 수, r_m은 클래스 m에 속하는 데이터 중 정확하게 예측한 수를 나타냅니다. 다시 말하면 각각의 클래스에 정확하게 예측한 비율을 더하고 이를 전체 클래스의 수로 나누어준 값입니다.

$$\text{balanced accuracy} = \frac{1}{M} \sum_{m=1}^{M} \frac{r_m}{n_m}$$

이 평가지표는 일반적인 정확도를 실젯값의 클래스 비율의 역수에 비례한 가중치로 계산한 값입니다. 따라서, 예를 들면 데이터 전체 중에 10%밖에 없는 클래스를 올바르게 예측하는 것은 20%나 있는 클래스를 올바르게 예측하는 것보다 두 배의 가치가 있습니다.

이 경우 평가지표를 최대화하는 최적의 전략은 확률을 올바르게 예측한다는 가정 하에 '확률 × 클래스 비율의 역수'가 최대인 클래스를 선택하는 것입니다. 예를 들어 전체 데이터의 10%를 차지하는 클래스 A의 확률이 0.2로 예측되고, 20%를 차지하는 클래스 B의 확률이 0.3으로 예측된다면 0.2 × (1 / 0.1) = 2.0이 0.3 × (1 / 0.2) = 1.5보다 크므로 클래스 A를 예측값으로 출력해야 합니다.

그 밖에도 모델 학습 과정에서 학습 데이터에 클래스 비율 역수의 가중치를 부여하여 소수인 클래스의 영향을 높이는 방법이 있습니다.

또한 소수 클래스 예측의 옳고 그름에 의한 영향이 크므로, 점수 변동이 커져 Leaderboard를 신뢰하기 어렵습니다. 그러한 클래스의 행 데이터 하나를 잘못 예측하면 점수가 얼마나 변할지를 계산하고, 상위와의 차이가 랜덤성에 의한 것인지 아니면 모델의 완성도가 다른 것인지를 확인하여 전략에 활용합니다.

2.6.2 mean-F1에서의 임곗값 최적화

캐글의 Instacart Market Basket Analysis 경진 대회는 주문 ID별 구매 가능성이 높은 상품 ID를 복수 예측하는 문제로 평가지표는 mean-F1이었습니다.

이 문제를 풀려면 주문 ID별 각 상품의 구매 확률을 예측하고, 예측 확률이 임곗값 이상인 상품 ID를 예측값으로 출력합니다. 이때 mean-F1이 주문 ID마다 F1-score를 계산하는 걸 고려한다면, 모든 주문 ID에서 공통의 임곗값을 사용하기보다는 주문 ID별로 최적인 임곗값을 구해야 평가지표를 더 최적화할 수 있습니다.

다음 [그림 2-22]는 상품 구매 확률의 상황별로 반응을 일으키는 최소 임곗값을 바꿔야 함을 보여줍니다.

itemA : 0.9, itemB : 0.3으로 한다.

	확률	상품 A만 구매 F1-score	상품 A만 구매 F1-score 기대치	상품 B만 구매 F1-score	상품 B만 구매 F1-score 기대치	모두 구매 F1-score	모두 구매 F1-score 기대치
상품 A만 구매	$0.9 * (1-0.3) = 0.63$	1	$1 * 0.63 = 0.63$	0	$0 * 0.63 = 0$	0.666...	$0.666 * 0.63 = 0.42$
상품 B만 구매	$0.3 * (1-0.9) = 0.03$	0	$0 * 0.03 = 0$	0	$1 * 0.03 = 0.03$	0.666...	$0.666 * 0.03 = 0.02$
모두 구매	$0.9 * 0.3 = 0.27$	0.666...	$0.666 * 0.27 = 0.18$	0.666...	$0.666 * 0.27 = 0.18$	1	$1 * 0.27 = 0.27$
구매 안 함	$(1-0.9) * (1-0.3) = 0.07$	0	$0 * 0.07 = 0$	0	$0 * 0.07 = 0$	0	$0 * 0.07 = 0$
			0.81		0.21		0.71

itemA : 0.3, itemB : 0.2로 한다.

	확률	상품 A만 구매 F1-score	상품 A만 구매 F1-score 기대치	상품 B만 구매 F1-score	상품 B만 구매 F1-score 기대치	모두 구매 F1-score	모두 구매 F1-score 기대치
상품 A만 구매	$0.3 * (1-0.2) = 0.24$	1	$1 * 0.24 = 0.24$	0	$0 * 0.24 = 0$	0.666...	$0.666 * 0.24 = 0.16$
상품 B만 구매	$0.2 * (1-0.3) = 0.14$	0	$0 * 0.14 = 0$	1	$1 * 0.14 = 0.14$	0.666...	$0.666 * 0.14 = 0.0933...$
모두 구매	$0.3 * 0.2 = 0.06$	0.666...	$0.666 * 0.06 = 0.04$	0.666...	$0.666 * 0.06 = 0.04$	1	$1 * 0.06 = 0.06$
구매 안 함	$(1-0.3) * (1-0.2) = 0.56$	0	$0 * 0.56 = 0$	0	$0 * 0.56 = 0$	0	$0 * 0.56 = 0$
			0.28		0.18		0.31333

그림 2-22 상품의 구매 확률과 F1-score[21]

가장 왼쪽 표는 상품 구매 패턴별 확률을 계산한 표입니다. 두 번째 행부터 각각 상품 A만 구매, 상품 B만 구매, 그리고 양쪽 모두 구매될 것으로 예측한 경우의 F1-score 기대치를 계산한 결과입니다. 한편 [그림 2-22] 상단은 상품 A를 구매할 확률이 0.9, 상품 B를 구매할 확률

---

21 https://medium.com/kaggle-blog/instacart-market-basket-analysis-feda2700cded

이 0.3일 경우의 예시입니다. [그림 2-22] 하단은 상품 A를 구매할 확률이 0.3, 상품 B를 구매할 확률이 0.2일 경우의 예시입니다.

[그림 2-22] 상단에서는 상품 A만 구매될 것으로 예측했을 때 F1-score의 기대치가 가장 커져 매우 적합합니다. 한편 [그림 2-22] 하단에서는 상품 A와 B가 모두 구매될 것으로 예측했을 때가 가장 적합합니다. 이와 같이 예측의 결과를 나누는 임곗값은 [그림 2-22] 상단에서는 0.3~0.9 사이이고, 그림 [2-22] 아래쪽에서는 0.2보다 작기 때문에 주문 ID마다 상황에 맞추어 다른 임곗값을 설정해야 합니다.

2.6.3 QWK에서의 임곗값 최적화

캐글의 Prudential Life Insurance Assessment 경진 대회는 데이터가 1~8까지의 등급rating 중 어디에 속하는지를 예측하는 문제로서 평가지표는 QWK였습니다.

클래스에 순서 관계가 있는 분류인 만큼 회귀 문제로 풀 수도 있고 분류 문제로 풀 수도 있습니다. 다만 이 평가지표에서는 회귀 문제를 푸는 모델로 예측값을 반올림해 얻을 수 있는 클래스와, 분류 문제를 푸는 모델로 예측한 클래스를 그대로 사용하는 것만으로는 좋은 점수를 낼 수 없습니다.

이 평가지표에서의 유용한 접근 방법은 연속값으로 예측값을 출력한 후에 클래스 간 임곗값을 최적화하는 것입니다. 먼저 회귀 모델에서의 예측값이나 분류 모델에서의 각 클래스 확률의 가중 평균에 의한 예측값(각 클래스를 i, 클래스 i의 확률을 p_i로 할 경우 $\sum_i ip_i$를 예측값으로 하는 방법)을 출력합니다. 그후 단순히 반올림하여 클래스를 정하는 대신, 어느 값을 기준으로 클래스을 나눌지 그 구분값을 구하는 최적화 계산을 실시합니다. 최적화 방법으로 `scipy.optimize` 모듈의 `minimize` 함수에서 넬더-미드 알고리즘 등을 사용할 수 있습니다. 예를 들면 `minimize(a, x, method='nelder-mead', ...)`와 같은 형태입니다.

`xgboost`를 써서 간단한 특징으로 회귀 모델을 시행하여 단순히 반올림할 경우에는 0.629, 평가지표 최적화를 실시할 경우에는 0.667로, 최적화 이후 성능의 차이가 생깁니다. Leaderboard의 금메달은 0.677, 은메달은 0.673가 경계선이었던 만큼 데이터 전처리가 없으면 좋은 결과를 얻기란 매우 어렵습니다.

2.6.4 사용자 정의 목적함수에서의 평가지표 근사에 따른 MAE 최적화

캐글의 Allstate Claim Severity 경진 대회에서 평가지표는 MAE였습니다. 2위 솔루션에서는 목적함수에 MAE와 거의 유사한 미분 가능한 함수를 사용함으로써 평가지표에 가까운 목적함수를 최적화하고 모델 성능을 높이는 연구가 이루어집니다.[23][24]

MAE는 앞에서 서술한 바와 같이 이상치에 강한 지표이지만, 기울기를 뜻하는 그레이디언트_{gradient}가 불연속적이거나 2차 미분값을 미분할 수 있다는 점에서 0이 되어버리는 특성이 있습니다. 따라서 그레이디언트나 2차 미분값을 이용하는 알고리즘의 목적함수로 사용하기는 어렵습니다.

xgboost에서도 MAE를 목적함수로 사용할 수 없습니다. 분기 계산에서 분모에 2차 미분값을 사용하므로, 그것이 0이 되면서 계산할 수 없게 되기 때문입니다(4장 참조). 이런 경우 MAE를 대신하는 근사함수를 목적함수로 사용할 수 있습니다. 다음과 같은 Fair 함수나 Psuedo-Huber 함수를 꼽을 수 있는데 이 솔루션에서는 Fair 함수를 사용했습니다.

$$\text{Fair} = c^2 \left(\frac{|y - \hat{y}|}{c} - \ln\left(1 + \frac{|y - \hat{y}|}{c} \right) \right)$$

$$\text{PseudoHuber} = \delta^2 \left(\sqrt{1 + ((y - \hat{y})/\delta)^2} - 1 \right)$$

---

22 https://github.com/ChenglongChen/Kaggle_CrowdFlower/blob/master/Doc/Kaggle_CrowdFlower_ChenglongChen.pdf

23 https://stackoverflow.com/questions/45006341/xgboost-how-to-use-mae-as-objectivefunction

24 https://medium.com/kaggle-blog/allstate-claims-severity-competition-2nd-place-winners-interview-alexey-noskov-f4e4ce18fcfc

다음은 이들 근사함수의 **xgboost** 사용자 정의 목적함수로서의 예제 코드[25]입니다.

(ch02/ch02-05-custom-function.py 참고)

```python
# ----------------------------------
# 사용자 정의 목적함수의 평가지표 근사에 의한 MAE 최적화
# ----------------------------------

# Fair 함수
def fair(preds, dtrain):
    x = preds - dtrain.get_labels()   # 잔차 획득
    c = 1.0                           # Fair 함수 파라미터
    den = abs(x) + c                  # 그레이디언트 식의 분모 계산
    grad = c * x / den                # 그레이디언트
    hess = c * c / den ** 2           # 이차 미분값
    return grad, hess

# Pseudo-Huber 함수
def psuedo_huber(preds, dtrain):
    d = preds - dtrain.get_labels()   # 잔차 획득
    delta = 1.0                       # Pseudo-Huber 함수 파라미터
    scale = 1 + (d / delta) ** 2
    scale_sqrt = np.sqrt(scale)
    grad = d / scale_sqrt             # 그레이디언트
    hess = 1 / scale / scale_sqrt     # 이차 미분값
    return grad, hess
```

Fair 함수와 Psuedo-Huber 함수의 형태는 다음 [그림 2-23]과 같습니다.

---

[25] https://github.com/alno/kaggle-allstate-claims-severity/blob/68abacb50ba856e0c36103dd3be9e1f80565b7f9/train.py

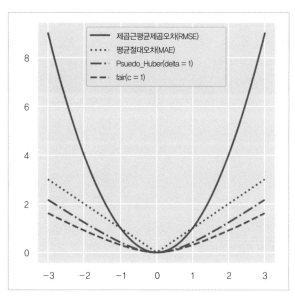

그림 2-23 Fair 함수와 Psuedo-Huber 함수

2.6.5 MCC의 PR-AUC에 따른 근사 및 모델 선택

이 절에서는 지금까지 소개한 평가지표의 최적화와 다르게, 안정적으로 모델을 개선하기 위해 대체할수 있는 평가지표를 사용하는 사례를 소개하겠습니다.

캐글의 Bosch Production Line Performance 경진 대회에서 평가지표는 MCC였습니다. 다만 MCC는 계산하려면 임곗값의 최적화가 필요하고, 임곗값에 민감한 모델 선택의 지표로서는 불안정하다는 문제가 있었습니다. 또한 이 경진 대회의 데이터가 극도의 불균형 데이터 (양성 데이터 샘플 : 음성 데이터 샘플 = 6879 : 1176868)이므로, 이진 분류에서 자주 쓰이는 AUC에 대해서도 대부분의 예측이 TN이 되어버립니다. ROC 곡선이 Y축에 들러붙어 충분한 표현력을 얻을 수 없으므로 모델 선택의 지표로서는 개선의 여지가 있었습니다.

다음 [그림 2-24]는 Bosch 경진 대회에서의 혼동행렬의 한 예입니다. 99.4%의 비율로 대부분 TN임을 알 수 있습니다. 여기서 경진 대회를 통해 특징과 모델을 개선해나가더라도 이 균형 자체는 기본적으로 크게 달라지지 않는다고 가정합니다. 그러면 [그림 2-25]의 수식과 같이 이 경진 대회 특유의 조건 아래에서는 MCC가 정밀도와 재현율의 기하 평균으로 근사할 수 있음을 알 수 있습니다.

	실젯값 양성	실젯값 음성
예측값 양성	TP 1,755	FP 477
예측값 음성	FN 5,124	TN 1,176,391

그림 2-24 Bosch 경진 대회의 혼동행렬

$$MCC = \frac{TP{\times}TN - FP{\times}FN}{\sqrt{(TP + FP)(TP + FN)(TN + FP)(TN + FN)}}$$

$$\sim \frac{TP{\times}TN - FP{\times}FN}{\sqrt{(TP + FP)(TP + FN)TN^2}} \quad \because \; TN \gg FP, \; TN \gg FN$$

$$\sim \frac{TP}{\sqrt{(TP + FP)(TP + FN)}} \quad \because \; TP{\times}TN \gg FP{\times}FN$$

$$= \sqrt{(Precison){\times}(Recall)}$$

그림 2-25 Bosch 경진 대회에서의 MCC 근사

여기에서 다음 [그림 2-26]의 PR 곡선^{precision-recall curve}을 살펴보겠습니다. PR 곡선이 단조롭지 않은 걸로 미루어볼 때 최적의 임곗값에서의 MCC가 불안정하다고 감각적으로 이해할 수 있습니다. 따라서 MCC를 모델의 선택 지표로 삼으면, 본질적인 모델 성능 개선에 근거하지 않는 MCC 점수의 편차에 따라 올바른 판단(본질적인 모델 개선)이 저해될 가능성이 있습니다. 경쟁 후반의 최종 조정 국면이라면 몰라도, 캐글에서는 경진 대회에 좋은 방향으로 모델을 선택해야 하므로 여기서는 MCC와 별개로 다른 좋은 지표가 없는지를 검토하는 편이 좋습니다.

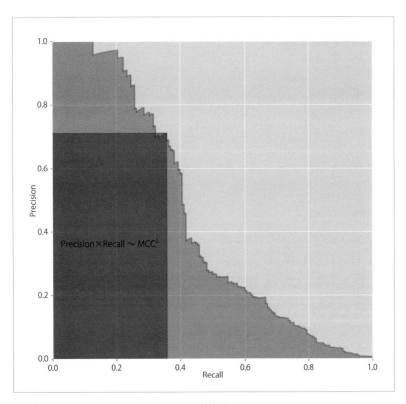

그림 2-26 Bosch 경진 대회의 MCC와 PR의 관계

이때 모델 선택을 위한 평가지표로 PR 곡선의 아래쪽 면적으로 정의되는 PR-AUC를 이용하겠습니다. [그림 2-26]의 MCC와의 기하학적 관계성보다는, 최적의 임곗값에서 MCC와 전체적으로 좋은 상관관계를 보이면서도 모델 성능을 확실히 보여줄 것입니다.

다음 [그림 2-27]은 실제 실험결과로, AUC와 비교하여 MCC와 양호한 상관관계를 보이며 좋은 모델 선택의 지표가 됨을 확인할 수 있습니다. PR-AUC는 MCC보다 안정적이므로 변수 선택의 결과에 대한 실험 결과의 일관성이 향상되고, 임곗값의 최적화가 필요하지 않으므로 검토 처리 능력을 높일 수 있습니다.

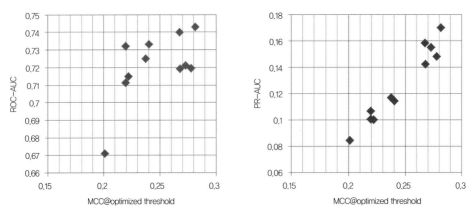

그림 2-27 Bosch 경진 대회에서 MCC와 PR-AUC의 상관 관계

PR-AUC를 사용하는 방법 외에, 간단하게 모델을 선택하는 평가지표로 로그 손실을 사용하는 방법도 좋습니다. 로그 손실은 각 예측 확률의 개선이 점수 상승으로 이어지므로 로그 손실을 개선할수록 자연스럽게 좋은 모델이 만들어질 것입니다.

어느 방법을 사용하든지간에 이처럼 여러 가지 방법을 통해 평가지표의 성질을 이해할 수 있다는 점, 그리고 점수가 높아진 이유가 단순한 시도의 결과인지 아니면 모델을 개선하여 얻어진 결과인지를 추측할 수 있다는 점은 꽤 유용합니다.

2.7 데이터 정보 누출

머신러닝이나 경진 대회에 자주 등장하는 데이터 정보 누출data leakage이라는 단어에는 다음과 같은 2가지 의미가 있습니다.

하나는 경진 대회 설계의 문제입니다. 예측에 유용하지만 대회에서는 사용 금지된 정보가 의도치 않게 새어나가 경진 대회에 사용되는 상황을 말합니다. 캐글의 토론 게시판인 Discussion 페이지 등에서 경진 대회의 개최 기간 중 언급되는 누출leak이라는 단어는 이를 가리키는 경우가 많습니다. 다른 하나는 모델 구축에서의 기술적인 문제로, 검증 구조를 잘못 잡아 부당하게 높은 평가 점수가 나오는 것입니다. 이 책에서 언급하는 누출이라는 단어는 보통 이 경우를 가리킵니다.

2.7.1 예측에 유용한 정보 누출

첫 번째 의미의 누출은 경진 대회에서 주최자가 사용을 허가하지 않은 정보가 어떠한 형태로든 유출되고 참가자가 그것을 이용하는 경우로, 공정한 예측 결과를 훌쩍 넘어서는 좋은 모델이나 예측값을 작성할 수 있습니다.

캐글의 공식 문서에서는 '예기치 않게 학습 데이터에 등장하는 추가 정보로, 모델이나 머신러닝 알고리즘이 현실적이지 않은 좋은 예측을 하게 만드는 것'이라고 정의합니다. 데이터 정보 누출의 종류는 예를 들면 다음과 같습니다.

- 테스트 데이터가 학습 데이터에 포함된 경우

- 테스트 데이터의 특징에 예측 대상의 값이 들어간 경우

- 미래 정보가 과거 데이터에 포함된 경우

- 이용할 수 없도록 삭제한 변수의 대체 변수가 남은 경우

- 난독화, 랜덤화, 익명화 등을 해석하여 원래대로 되돌릴 수 있는 경우

- 모델을 실제로 학습, 예측할 때 이용할 수 없는 정보가 포함된 경우

- 제3자의 데이터에 이러한 정보들이 포함된 경우

주최자 입장에서 정보 누출을 완전하게 막기란 어려운 일인만큼 종종 발생합니다. 데이터 정보 누출의 심각성은 그 범위가 넓은데, 근소한 차이로 모델 성능을 높이는 수준부터 경진 대회가 아예 성립되지 않는 수준에 이르기까지 다양합니다.

실제 경진 대회에서의 데이터 정보 누출 사례는 다음과 같습니다.

- **공개 데이터로서 테스트 데이터의 목적변수를 얻을 수 있는 경우**

  캐글 Google Analytics Customer Revenue Prediction 경진 대회의 테스트 데이터가 Google Analytics의 데모 계정 데이터에 포함되었습니다. 테스트 데이터를 대회 기간 종료 후의 미래 데이터로 변경하는 형태로 다시 시작했습니다.[26]

----

26 *https://www.kaggle.com/c/ga-customer-revenue-prediction/discussion/68353*

- **테스트 데이터와 학습 데이터에 같은 사용자가 존재한 경우**

  캐글 Home Credit Default Risk 대회에서, 다양한 특징을 비교하는 과정에서 테스트 데이터와 같은 사용자가 학습 데이터에도 소수 존재함이 밝혀졌습니다.[27] 같은 사용자라는 것을 눈치채면 해당 사용자의 과거 목적변수 등을 이용해 테스트 데이터를 예측할 수 있으므로 유리해질 수 있습니다.

- **ID가 중요한 특징인 경우**

  캐글 Machinery Tube Pricing 대회에서는 tube_assembly_id가 특징으로서 의미를 지닙니다.[28] 경진 대회에서는 예측에 사용할 수 없도록 ID가 랜덤으로 수정되는 경우가 많지만, 시간순으로 매겨진 ID 등이 그대로 남아있으면 예측에 유용한 정보가 될 수 있습니다.

경진 대회에서 점수에 어느 정도 영향을 줄 수 있는 데이터 정보 누출이 발생했을 때 해당 정보를 사용하지 않은 상태로는 상위권에 올라가기 어렵습니다. 따라서 데이터 정보 누출이 의심된다면 적극적으로 찾아내야 합니다. 데이터 정보 누출의 가능성을 알아채기 가장 쉬운 상황은 대회 중반 이후 Leaderboard 페이지에 극단적으로 점수가 높은 참여자가 갑자기 발생할 경우입니다.

지금까지 개최된 공모전에서는 데이터 정보 누출 사실이 알려지면 캐글의 Discussion 페이지에 해당 정보가 공유되고, 데이터 정보 누출에 관한 검증 및 예측 반영 방식 등이 공유되는 추세였습니다.[29] 특히 중요한 데이터 정보 누출이 발생하면 대회 운영측이 공식 견해를 토론 게시판인 Discussion에 올리는 경우도 있습니다.

> **INFORMATION**
>
> 데이터 정보 누출이 심할 때는 (데이터 분석이 본질은 아니지만) 데이터 분석 기술로 해당 누출을 찾아낼 수도 있으므로, 경진 대회에서 이를 찾아내는 것 또한 의미 있을 것입니다. 또한 데이터 생성 과정에서 특정 패턴이 나타났을 때 그것을 특징으로 사용하는 건 적절한 분석이지만, 주최자가 데이터를 정리하는 과정에서 붙인 ID의 패턴을 이용하면 데이터 정보 누출로 간주될 수 있다는 점 등 어느 지점부터 데이터 정보 누출로 볼 수 있을지 그 경계가 아직 명확하지는 않습니다.

---

27 https://speakerdeck.com/hoxomaxwell/home-credit-default-risk-2nd-place-solutions?slide=11
28 https://www.kaggle.com/c/machinery-tube-pricing/discussion/16264
29 https://www.kaggle.com/titericz/the-property-by-giba

2.7.2 검증 방법이 잘못된 누출

두 번째 의미의 데이터 정보 누출은 모델 구축의 기술적인 문제입니다. 검증 방법의 오류로 검증 데이터의 목적변수 정보를 잘못 받아들여 학습한 결과, 검증에서 부당하게 높은 점수가 나와버리는 것입니다.

시계열 데이터를 다루는 문제에서 학습 데이터와 테스트 데이터를 시간으로 분할하고 미래를 예측하는 경우를 가정해봅니다. 이때 시간적 정보를 고려하지 않고 특징을 생성하거나 검증을 실시하면 검증 결과에서는 좋은 점수가 나오더라도 테스트 데이터를 예측하여 제출했을 때 좋은 점수가 나오지 않는 경우가 있습니다.

예를 들어 시계열 데이터를 단순히 랜덤으로 분할하는 검증을 실시하고, 같은 시각에 성질이 비슷한 행 데이터의 목적변수를 거의 그대로 예측값으로 삼는 모델을 학습시킬 때가 있습니다. 이렇게 하면 검증에서는 높은 점수가 나올지도 모르지만, 테스트 데이터에는 같은 시각의 데이터 목적변수를 사용할 수 없어 그런 예측은 할 수 없으므로 그 점수는 무의미합니다.

데이터 정보 누출이 이루어지지 않도록 적절히 검증을 실시하는 방법은 이후 5장에서 자세하게 설명합니다.

특징 생성

3.1 이 장의 구성

3장에서는 캐글 대회에서 모델의 성능을 높이는 가장 중요한 요소인 특징feature을 만드는 방법을 설명합니다. 대회마다 유효한 특징은 다릅니다. 어떤 대회에서 효과가 있었던 방법이 다른 대회에서는 큰 효과가 없는 경우가 자주 있습니다. 또한 데이터의 성질에 따라 분명 효과가 있을 것으로 판단하고 특징을 생성했는데 효과가 없는 경우도 종종 있습니다. 따라서 다양한 특징을 만들어보고 확인해보는 게 중요합니다. 여기서는 특징을 만들고 확인하는 다양한 방법과 관점을 소개합니다.

먼저 3.2절에서 모델과 특징의 관계를 설명하고 3.3절부터 3.7절에 걸쳐 변수를 변환해 특징을 만드는 여러 가지 방법을 알아보겠습니다. 3.13절에서는 실제 경진 대회의 적절한 사례를 살펴봅니다. 구체적으로는 결측값[1]을 어떻게 처리하고 수치형 변수나 범주형 변수를 어떻게 변환하는지, 날짜와 시각에서는 어떤 정보를 추출할 수 있을지와 같이 단일 변수를 변환함으로써 특징을 생성하는 방법을 소개합니다. 또한 변수를 조합해 특징을 생성하는 방법도 알아봅니다.

3.8절부터 3.10절까지는 여러 데이터셋을 단순히 결합하거나, 집약하여 통계량[2]을 계산한 뒤에 결합하여 특징을 만드는 방법을 소개합니다. 또한 시계열 데이터의 종류와 취급 방법을 살펴보고 과거 시점에서의 값을 특징으로 만드는 lag 특징[3]을 소개합니다.

....

1 옮긴이_ 데이터셋에서 값이 비어 있는 상태입니다. 모델에 따라서는 결측값이 있을 때 에러가 발생할 수 있습니다. 또한 결측값을 어떻게 채우는가에 따라 모델의 성능이 많이 달라지기도 합니다.

2 옮긴이_ 통계량이란 통계 집단의 표본을 나타내는 숫자로 평균값, 분산과 같은 값을 말합니다.

3 옮긴이_ lag 특징은 어느 시점의 이전 시간 단계의 데이터를 표현하는 변수로, 시차 특징이라고도 합니다.

3.11절에서는 차원축소와 비지도 학습[4]에 따라 데이터셋에서 각 행 데이터의 특징을 추출하는 방법을 소개합니다. 차원축소에서는 원래 데이터셋의 특징의 개수를 일반적으로 약간 작은 차원의 특징의 개수로 변환합니다. 즉 데이터 건수 n_{tr} × 특징 개수 n_f 행렬을, 데이터 건수 n_{tr} × 지정한 차원 d의 행렬로 변환합니다. 이것은 각 행 데이터를 지정한 차원 d의 벡터로 변환하는 행위로 이해할 수 있습니다.

3.12절에서는 기타 테크닉을 소개합니다. 데이터의 배경 메커니즘을 추측하거나, 행 데이터 간의 관계성·상댓값·위치 정보와 같은 요소에 주목하는 등 특징을 만드는 시점과 아이디어를 소개합니다. 또한 자연어 처리 방법과 그것을 응용한 기술, 이미지로부터 특징을 추출feature extraction하는 방법도 소개합니다.

3.2 모델과 특징

3.2절에서는 모델과 특징의 관계를 알아보고 베이스라인 모델[5]에 사용하는 특징에 관해 살펴보겠습니다.

3.2.1 모델과 특징의 관계

특징을 만들 때는 어떤 모델의 입력값으로써 해당 특징을 사용할 것인지 미리 알아두면 좋습니다. 4장에서도 설명하겠지만, 정형 데이터를 다루는 경진 대회의 대표적인 모델 중 하나가 바로 그레이디언트 부스팅 의사 결정 트리gradient boosting decision tree (GBDT)입니다. 그 특징은 다음과 같습니다.

- 수치의 크기(범위) 자체에는 의미가 없고, 크고 작은 관계에만 영향이 있습니다.

- 결측값이 있어도 그대로 처리할 수 있습니다.

- 결정 트리의 내부 반복 작업에 따라 변수 간 상호 작용을 반영합니다.

---

4 옮긴이_ 비지도 학습(unsupervised learning)은 머신러닝 분야의 하나로, 지도 학습과 달리 우리가 예측할 목푯값(target)이 주어지지 않습니다. 머신러닝의 대표적인 비지도 학습 알고리즘으로는 주성분 분석(PCA)이나 군집화(clustering) 등이 있습니다.

5 옮긴이_ 최소한의 처리 이후의 기준이 되는 베이스라인은 기본적인 모델의 결과를 말합니다. 캐글 대회에서는 먼저 베이스라인 모델을 만들고 여러 가지 방법으로 모델을 개선해나갑니다.

따라서 수치의 대소 관계가 바뀌지 않는 변환은 결과에 영향을 미치지 않습니다. 결측값을 반드시 채울 필요도 없습니다. 또한 변수 간 상호작용을 명시적으로 반영해주지 않아도 어느 정도 알아서 반영합니다. 범주형 변수에서는 원-핫 인코딩one-hot-encoding 변환이 아닌 레이블 인코딩label encoding으로 변환해도 분기의 반복에 의해 각 변수가 가지는 정보를 어느 정도 반영합니다.[6] 다시 말하면, 변수의 범위scale(변숫값을 취할 수 있는 범위)나 분포를 크게 신경쓰지 않아도 됩니다. 결측값과 범주형 변수를 다루기 쉽다는 장점 또한 GBDT의 모델이 자주 쓰이는 이유 중 하나입니다.

한편 신경망의 특징은 다음과 같습니다.

- 값의 범위에 영향을 받습니다.

- 결측값을 채워야 합니다.

- 앞 층의 출력을 결합하여 계산하는 연산으로 변수 간 상호작용을 반영합니다.

수치의 스케일링scaling, 즉 정수의 곱셈이나 덧셈 등의 연산에 의해 계산된 값의 범위를 조정하는 작업은 성능에 영향을 미칩니다. 또한 결측값은 반드시 채워야 합니다. 레이블 인코딩에서 변환한 값 그대로 연산에 쓰이므로 범주형 변수의 변환은 레이블 인코딩보다는 원-핫 인코딩이 좋습니다.

또한 선형 모델에서는 예측값을 특징의 선형 결합(각 값에 정수를 곱한 결과의 합)으로만 표현할 수 있습니다. 그러므로 예를 들어 값이 로그log에 비례하는 변수라면 로그 변환 방법 등을 통해 비선형적인 부분을 표현해야 합니다. 또한 변수의 상호작용을 넣고 싶다면 이를 잘 표현하는 변수를 조합한 특징을 만들어야 합니다.

특징은 모델의 입력으로 사용할 수도 있고 평균 등의 통계량을 구해 새로운 특징으로 만들 수도 있습니다. 머신러닝 모델로 GBDT만 사용할 때도 통계량을 구하는 전 단계로서 스케일링하거나 결측값을 채우는 등의 처리가 유효하거나 필요한 경우가 있습니다.

---

6 원-핫 인코딩과 레이블 인코딩은 3.5절에서 자세히 다룹니다.

3.2.2 베이스라인이 되는 특징

예를 들어 다음 [그림 3-1]과 같이 사용자별로 행이 있고 특징과 목적변수[7]의 열이 있는 데이터셋이 있다고 가정하겠습니다.

보험 가입 여부를 예측하는 문제의 학습 데이터

사용자 ID	나이	성별	상품	키	체중	(기타 사용자 속성)	목적변수
1	50	M	D1	166	65	…	0
2	68	F	A1	164	57	…	0
3	77	M	A3	167	54	…	1
4	17	M	B1	177	71	…	0
5	62	F	A2	158	65	…	1
…	…	…	…	…	…	…	…
1996	63	M	A3	181	64	…	1
1997	42	M	D1	177	69	…	0
1998	9	F	D1	159	63	…	0
1999	40	M	A1	165	52	…	0
2000	54	M	C2	176	52	…	0

그림 3-1 정돈된 형식의 데이터셋

GBDT 모델을 이용하면 사용자 ID 열을 삭제하고 간단하게 범주형 변수의 레이블 인코딩을 수행하기만 해도 베이스라인baseline이 되는 특징을 생성할 수 있습니다. GBDT 모델에서는 이 처럼 간단한 데이터 처리를 통해 만들어진 특징으로 의미 있는 예측을 할 때도 많습니다. 이렇게 최소한의 처리 이후 예측된 점수가 베이스라인이 될 것입니다.

신경망이나 선형 모델에서는 범주형 변수를 원-핫 인코딩 변환하고 결측값을 채워서 일단 학습시킬 수 있습니다. 여기에 추가로 **표준화**standardization 데이터 처리를 하면 성능을 개선할 수 있습니다.[8] 다만 이 모델들은 GBDT 모델만큼 점수가 나오지 않을 때가 많으므로 성능 향상을 목적으로 다양한 연구를 통해 특징을 만들어나갑니다.

----

7 옮긴이_ 예측하려는 대상이 되는 변수를 목적변수(또는 종속변수)라고 하며, 이를 예측하기 위해 사용하는 변수를 설명변수(또는 독립변수)라고 합니다.

8 옮긴이_ 표준화란 값의 평균이 0이고 분산이 1이 되도록 값을 변환해주는 것입니다. 사이킷런에서는 `skelarn.preprocessing.StandardScaler`를 이용하여 표준화할 수 있습니다. 자세한 내용은 3.4.1절을 참조해주세요.

3.2.3 결정 트리의 사고방식으로 생각하기

캐글러들이 사용하는 문구 중 '결정 트리의 사고방식으로 생각하기'라는 표현이 있습니다. 어떤 특징이 유효할지에 관한 캐글러의 사고방식을 잘 표현한 문장입니다.

GBDT의 머신러닝 모델은 현명합니다. 충분한 데이터가 있을 때 적절한 정보를 포함하는 데이터를 입력하면 변수 간 상호작용이나 비선형 관계성도 정확히 반영하여 예측합니다. 결정 트리의 분기를 조합하여 상호작용이나 비선형의 관계성을 표현할 수 있기 때문입니다. 그러나 기본적으로는 존재하지 않는 정보를 입력 정보로 반영할 수 없습니다. 상호작용을 직접 표현한 특징이 있다면 이를 반영하는 편이 더 쉬울 것입니다.

여기서 모델에 현재 주어진 정보를 활용하여 (입력으로 읽어낼 수 없거나, 읽기 어려운) 추가 정보를 제공하는 것이 바로 특징을 생성하는 작업이라고 상상해볼 수 있습니다. 상세 내용은 다음과 같습니다.

- 예 1: 다른 데이터셋에 사용자 속성 정보가 있을 때는 해당 데이터의 정보를 추가해야 모델에 반영될 수 있습니다. 다른 데이터셋을 단순히 결합하기만 하면 될 때도 있지만 어떤 경우에는 일련의 집약이 필요하기도 합니다.

- 예 2: 사용자 행동에 크게 영향을 주는 요소가 평균 단가라고 가정합니다. 평균 단가는 판매 금액을 판매 개수로 나눈 값입니다. 이때 데이터셋에 판매 금액과 판매 개수의 특징만 들어가 있다면, GBDT는 판매 금액과 판매 개수의 상호작용으로써 평균 단가를 어느 정도까지는 반영합니다. 다만 데이터셋에 평균 단가를 특징으로 추가하는 편이 더 정확하게 반영됩니다.

GBDT 이외의 모델에서 예를 들어 '신경망의 사고방식으로 생각하는' 일은 꽤 어렵습니다. 하지만 데이터 입력으로부터 읽어내기 어려운 특징을 머신이 이해할 수 있도록 분명하고 정확한 패턴을 부여한다는 개념은 GBDT와 다르지 않습니다. '선형 모델의 사고방식으로 생각하기'란 간단합니다. 다만 선형 모델의 예측에 도움이 될 특징을 만들려면 먼저 선형 모델에 맞는 데이터로 (정규화 등의) 변경 작업을 거쳐 모델에 맞는 데이터로 만들어주어야 합니다. 세밀한 변환을 통해 분명하게 표현되도록 하고, 이를 예측에 유효한 정보로 삼아야 하므로 쉽지는 않습니다.

3.3 결측값 처리

경진 대회용 데이터가 아니더라도 우리가 평소 다루는 자료에는 종종 결함이 존재합니다. 결측 값이 만들어지는 이유는 다음과 같습니다.

- **값이 존재하지 않는 경우**

  (예) 개인 데이터와 법인 데이터가 섞인 상황에서 법인 데이터의 나이 및 사람 수가 0일 때 평균이 존재하지 않음

- **특정 의도가 있는 경우**

  (예) 사용자가 입력 폼에 정보를 입력하지 않거나, 특정 장소와 시간을 측정하지 않음

- **값을 얻는 데 실패한 경우**

  (예) 인위적 실수나 관측 장비의 오류로 값이 있는데도 얻어올 수 없음

경진 대회의 주류 알고리즘인 xgboost나 lightgbm와 같은 GBDT 라이브러리에서는 결측값 을 그대로 사용할 수 있습니다. 따라서 GBDT를 사용할 때는 결측값을 그대로 사용하는 게 기 본 옵션입니다.

GBDT 이외의 많은 모델은 결측값이 포함된 학습 데이터를 다룰 수 없습니다. 결측값 그대로 학습을 진행하려 하면 실행할 때 에러가 발생합니다. 이러한 모델들을 이용할 때는 결측값에 어떤 값이든 채워넣어야 합니다. 결측값은 대푯값으로 채우는 방법과 다른 변수로부터 예측하 여 채우는 방법이 있습니다.

물론 GBDT 모델에서도 결측값을 채우는 편이 성능 향상에 도움이 될 때가 있습니다. 결측값 을 그대로 남긴 채 학습시키는 경우와 결측값을 채우고 학습시키는 경우의 두 가지 방법을 모 두 확인해봐도 좋겠습니다. 또는 결측값을 이용하여 새로운 특징을 만드는 것도 하나의 방법입 니다. 결측값에 포함되는 정보를 더 유용하게 활용하려는 아이디어입니다.

참고로, 결측값을 포함하는 행 데이터나 변수를 제외하는 방법도 생각해볼 수 있습니다. 다만 테스트 데이터에 결측값이 포함되면 해당 행은 삭제할 수 없습니다. 또한 경진 대회에서는 주 어진 데이터로부터 예측에 유효한 정보를 최대한 얻는 게 중요하므로, 데이터를 제거함으로써 사용할 수 있는 정보를 없애버리는 건 좋은 방법이 아닙니다. 이러한 이유로 경진 대회에서는 제거 방법을 잘 쓰지 않습니다.

3.3.1 결측값인 채 처리하기

GBDT 모델은 결측값을 채우지 않고도 그대로 쓸 수 있습니다. 결측값으로 남아 있다는 사실 자체가 일종의 정보임을 고려한다면, 해당 정보를 없애버리기는 아까우므로 보통은 그대로 사용합니다.

사이킷런의 랜덤 포레스트와 같이 결측값을 그대로 취급할 수 없는 라이브러리도 있습니다. 이때 결정 트리에 기반을 둔 모델에서는 예를 들면 결측값으로 −9999처럼 쉽게 얻을 수 없는 값을 대입함으로써 결측값인 채로 처리하는 것이나 마찬가지인 방법을 쓸 수 있습니다. 결정 트리는 유효한 임의의 변수의 임의의 값으로 데이터를 나누는 작업을 반복하는 모델입니다. 예를 들어 데이터를 나누는 기준으로 선택된 변수가 남성과 여성의 값을 갖는 범주형 변수라면 남성인지 아닌지로 데이터를 나눕니다. 한편 수치형 변수일 때는 값이 특정 값보다 더 큰지 작은지를 비교하는 대소 관계에 의존하여 모델을 구축합니다. 이때 만약 결측값이 존재한다면 결측값인지 아닌지에 따라 데이터를 나누어 처리합니다.

3.3.2 대푯값으로 결측값 채우기

결측값을 채우는 간단한 방법은 해당 변수의 대푯값으로 채우는 것입니다. 결측값이 랜덤하게 발생한다면 그중 가장 자주 나올 만한 값으로 채운다는 아이디어에 기반을 둔 방법입니다. 반대로 말하면 결측값이 랜덤하게 발생하는 경우가 아니라면 그다지 적절한 방법은 아닙니다.

수치형 변수의 가장 일반적인 대푯값으로는 평균값을 꼽을 수 있습니다. 다만, 값의 분포가 어느 한 쪽으로 치우칠 경우 평균값은 대푯값으로 적절하지 않으므로 중앙값을 선택하는 방법도 있습니다. 또는 로그 변환 등을 통해 치우침의 정도가 적은 분포로 만든 뒤 평균을 구하는 방법도 있습니다.

한편, 평균값을 취할 때도 단순히 전체 데이터의 평균을 구하는 대신, 별도의 범주형 변숫값으로 그룹을 만든 뒤 해당 그룹별 평균을 대입하는 방법도 생각할 수 있습니다. 이는 결측변수의 분포가 그룹에 따라 크게 바뀔 것으로 예상될 경우 적용하기 좋은 방법입니다.

범주형 변수의 값에 따라 그룹별로 평균을 구할 경우 데이터 샘플 수가 극단적으로 적은 범주가 있으면 그 평균값에는 별로 믿음이 가지 않습니다. 해당 범주형의 값이 모두 결측값일 수도 있습니다. 이러한 경우 다음 수식처럼 분자와 분모에 정수항을 더하여 계산하는 베이즈 평균Bayesian average이라는 방법이 있습니다.

$$\bar{x} = \frac{\sum_{i=1}^{n} x_i + Cm}{n + C}$$

이 방법에서는 미리 값 m의 데이터를 C개 측정했다고 보고 평균 계산에 추가합니다. 데이터 수가 적을 때는 m에 근접하고 충분히 많을 때는 해당 범주의 평균에 근접합니다. 데이터 전체의 평균값을 이용하는 등의 방법도 좋겠습니다.

범주형 변수의 결측값을 채우는 방법은 두 가지입니다. 결측값 자체를 하나의 범줏값으로 보고 이를 새로운 범줏값으로 변경하는 방법과, 결측값을 해당 특징의 범줏값 중에 가장 많은 수를 갖는 대표값으로 변경하는 방법입니다.

3.3.3 다른 변수로부터 결측값 예측하기

결측값을 가진 변수가 다른 변수와 관련이 있을 때는 그 변수들로부터 원래의 값을 예측할 수 있습니다. 특히 결측값이 있는 변수가 중요한 변수라면 예측을 통해 정밀하게 보완함으로써 모델의 성능을 더 높일 수 있습니다. 이때 예측에 따른 보완 절차는 다음과 같습니다.

① 결측값을 채우고자 하는 변수를 목적변수로 간주하고 그 외의 변수를 특징으로 삼는 예측용 모델을 구축합니다. 다음 [그림 3-2]와 같이 보완하려는 변수에 결측값이 없는 행 데이터를 학습 데이터로 삼고, 결측값이 있는 행 데이터를 예측 대상 데이터로 삼습니다.

② 보완용 모델에서 예측을 수행한 값으로 결측값을 채웁니다.

학습 데이터

사용자 ID	나이	성별	상품	(기타 사용자 속성)	목적변수
1	50	M	D1	…	0
2	68	F	A1	…	0
3	NULL	M	A3	…	1
4	17	M	B1	…	0
5	NULL	F	A2	…	1

결측값 보완용 학습 데이터

사용자 ID	성별	상품	(기타 사용자 속성)	목적변수 (나이)
1	M	D1	…	50
2	F	A1	…	68
4	M	B1	…	17
6	M	A3	…	63
7	M	D1	…	42
9	M	A1		40

테스트 데이터

사용자 ID	나이	성별	상품	(기타 사용자 속성)	목적변수
6	63	M	A3	…	NULL
7	42	M	D1	…	NULL
8	NULL	F	D1	…	NULL
9	40	M	A1	…	NULL
10	NULL	M	C2	…	NULL

결측값 보완용 예측 대상 데이터

사용자 ID	성별	상품	(기타 사용자 속성)	목적변수 (나이)
3	M	A3	…	NULL
5	F	A2	…	NULL
8	F	D1	…	NULL
10	M	C2	…	NULL

그림 3-2 결측값을 다른 변수로부터 예측

이때 결측값 보완용 모델의 특징으로 원래의 목적변수가 포함되면 테스트 데이터에서는 이를 활용할 수 없으므로 주의해야 합니다. 반대로, 테스트 데이터의 보완하려는 특징이 비어 있지 않은 행 데이터는 결측값 보완용 모델의 학습 데이터로 추가하여 사용할 수 있습니다.

캐글 Airbnb New User Bookings 대회의 2위 솔루션에서는 나이를 비롯해 '최초 예약일과 계정 생성일의 차이를 구간분할binning하여 범주형 변수로 삼은 것'과 같이 중요하다고 판단되는 특징을 예측에 따라 보완합니다.

3.3.4 결측값으로 새로운 특징 만들기

결측값이 아무런 이유 없이 임의로 만들어지는 경우는 드뭅니다. 어떠한 이유로 결측값이 발생했을 때는 그러한 상황 자체가 정보를 포함하므로, 해당 결측값으로 새로운 특징을 생성할 수 있습니다.

이때 간단한 방법은 결측 여부를 나타내는 두 값(0 또는 1)을 갖는 변수를 생성하는 것입니다. 결측값을 채우더라도 해당 변수들을 따로 만들어두면 추가된 정보를 사용할 수 있습니다. 결측 상태의 변수가 여러 개라면 각각에 대해 두 값을 갖는 변수를 생성합니다.

그 밖에도 다음과 같은 방법이 있습니다.

- 행 데이터마다 결측값이 있는 변수의 수를 카운팅합니다(카운트할 대상을 변수 전체가 아닌, 특정 변수의 그룹으로 제한하는 방법도 있습니다).

- 여러 개의 변수에서 결측값의 조합을 조사하여 몇 개의 패턴으로 분류할 수 있다면, 어느 패턴인지를 하나의 특징으로 삼습니다.

3.3.5 데이터의 결측값 인식하기

결측값은 예를 들어 csv 파일에서는 보통 공백이나 NA 등의 표현을 써서 저장됩니다. 다만 데이터에 따라서는 수치 데이터의 결측값이 −1이나 9999와 같은 임의의 값으로 입력될 때가 있으므로 주의해야 합니다. 만약 그 상태로 데이터를 다룬다면 본래는 결측값으로 다뤄야 할 값을 통상적인 수치로 해석하므로, 모델 학습 자체는 별 문제없이 진행되지만 정확한 성능이 나오지 않을 수 있습니다. 이러한 가능성을 염두에 두고 첫 단계에서부터 변숫값의 분포를 히스토그램 등으로 살펴본 뒤 결측값으로 인식해야 할 값은 없는지 확인해두는 게 좋습니다.

특정한 값을 결측값으로 처리하려면 데이터를 읽어들일 때 인수[argument]로 지정합니다. 다음과 같이 pandas 모듈의 read.csv 함수에서 na_values 인수로 결측값을 지정할 수 있습니다(디폴트에서도 공백이나 NA 등의 문자열은 결측값으로 처리됩니다).

(결측값을 지정하고 train.csv 불러오기)

```
# 결측값을 지정하고 train.csv 불러오기
train = pd.read_csv('train.csv', na_values=['', 'NA', -1, 9999])
```

다만, 어떤 변수에서는 −1을 결측값으로 다루는데 다른 변수에서는 유효한 값으로 −1이 나타날 경우, 앞에서 설명한 것처럼 데이터를 읽어들일 때 해당 값을 결측값으로 지정할 수 없습니다. 이럴 때는 일단 수치나 문자열 데이터로 읽어들인 뒤 다시 결측값으로 바꾸면 유연하게 대처할 수 있습니다. 다음과 같이 replace 함수를 사용하면 치환할 수 있습니다.

(열의 특정한 값을 결측값으로 변환)

```
# 열 col1의 값 -1을 결측값(nan)으로 변경
data['col1'] = data['col1'].replace(-1, np.nan)
```

3.4 수치형 변수 변환

수치형 변수는 기본적으로 모델 입력에 그대로 사용할 수 있지만, 적절하게 변환하거나 가공하면 더 효과적인 특징을 만들어낼 수 있습니다. 3.4절에서는 단일 수치형 변수를 변환하는 방법을 설명합니다. 여러 개의 변수를 조합해 만드는 특징에 관해서는 3.7절을 참조해주세요.

덧붙여, GBDT 등 트리 모델에 기반을 둔 모델에서 대소 관계가 저장되는 변환은 학습에 거의 영향을 주지 않습니다. 따라서 다음에 소개할 방법 중 대부분은 적용해도 의미가 없습니다. 다만, 통계량을 구해서 특징을 만들 때는 그 전단계 처리로서 변환 작업에 의미가 있습니다(이후 3.9절에서 살펴봅니다).

3.4.1 표준화

가장 기본적인 변환 방법은 곱셈과 덧셈만으로 변환하는 선형변환linear transformation으로 변숫값의 범위를 변경하는 것입니다. 선형변환을 통해 변수의 평균을 0, 표준편차를 1로 만드는 방법을 표준화라고 합니다.

표준화를 수식으로 표현하면 다음과 같습니다. μ 는 평균, σ 는 표준편차입니다.

$$x' = \frac{x - \mu}{\sigma}$$

예를 들어 선형 회귀나 로지스틱 회귀 등의 선형 모델에서는 값의 범위가 큰 변수일수록 회귀계수regression coefficient가 작아지므로, 표준화하지 않으면 그러한 변수의 정규화regularization가 어려워집니다.[9] 신경망에서도 변수들 간의 값의 범위가 크게 차이나는 상태로는 학습이 잘 진행되지 않을 때가 많습니다. 또한 평균은 0에서 크게 벗어나지 않는 게 좋습니다.

사이킷런 preprocessing 모듈의 StandardScaler 클래스에서 표준화를 할 수 있습니다. 각 변수의 평균값과 표준편차를 기준으로 표준화합니다. 이를 작성한 예제 코드는 다음과 같습니다.

---

9 정규화는 4.1.3절에서 자세히 설명합니다.

(ch03/ch03-01-numerical.py 참조)

```python
# ----------------------------------
# 표준화
# ----------------------------------
from sklearn.preprocessing import StandardScaler

# 학습 데이터를 기반으로 다수 열의 표준화를 수행
scaler = StandardScaler()
scaler.fit(train_x[num_cols])

# 표준화를 수행한 후 각 열을 치환
train_x[num_cols] = scaler.transform(train_x[num_cols])
test_x[num_cols] = scaler.transform(test_x[num_cols])
```

이처럼 클래스를 이용하여 여러 개의 열을 한 번에 스케일링할 수 있습니다. 학습 데이터에서 각 변수의 평균값과 표준편차를 fit 메서드로 계산하여 기억한 뒤 이를 통해 학습 데이터와 테스트 데이터를 변환합니다.

또한 0 또는 1의 두 값으로 나타나는 변수는 0과 1의 비율이 어느 한 쪽으로 치우치면 표준편차가 작으므로, 변환한 뒤에 0 또는 1 중에 어느 한 쪽의 절댓값이 커질 가능성이 있습니다. 이들 두 값을 갖는 이진변수에 대해서는 표준화를 실시하지 않아도 됩니다.

COLUMN

데이터 전체의 값을 이용해서 변환할 때
학습 데이터만 사용할까요? 테스트 데이터도 사용할까요?

표준화뿐만 아니라, 데이터 전체의 수치를 스케일링 등으로 변환할 때 테스트 데이터를 이용할지 여부는 때때로 논란이 됩니다. 예를 들어 표준화의 경우에는 다음과 같은 2가지 방법이 있습니다.

① 학습 데이터로 평균과 분산을 계산한 뒤 학습 데이터와 테스트 데이터를 변환
② 학습 데이터와 테스트 데이터를 결합하여 평균과 분산을 계산한 뒤 학습 데이터와 테스트 데이터를 변환

다음은 첫 번째 방법으로 작성한 예제 코드입니다.

(ch03/ch03-01-numerical.py 참조)

```python
from sklearn.preprocessing import StandardScaler
```

```
# 학습 데이터를 기반으로 복수 열의 표준화를 정의(평균 0, 표준편차 1)
scaler = StandardScaler()
scaler.fit(train_x[num_cols])

# 표준화 변환 후 데이터로 각 열을 치환
train_x[num_cols] = scaler.transform(train_x[num_cols])
test_x[num_cols] = scaler.transform(test_x[num_cols])
```

다음은 두 번째 방법으로 작성한 예제 코드입니다.

(ch03/ch03-01-numerical.py 참조)

```
from sklearn.preprocessing import StandardScaler

# 학습 데이터와 테스트 데이터를 결합한 결과를 기반으로 복수 열의 표준화를 정의
scaler = StandardScaler()
scaler.fit(pd.concat([train_x[num_cols], test_x[num_cols]]))

# 표준화 변환 후 데이터로 각 열을 치환
train_x[num_cols] = scaler.transform(train_x[num_cols])
test_x[num_cols] = scaler.transform(test_x[num_cols])
```

실무에서는 모델을 만들 때 예측 대상 데이터가 당장 수중에 있는 경우가 적을 테니 첫 번째 방법을 사용하는 편이 좋습니다. 하지만 캐글 등의 경진 대회에서는 처음부터 테스트 데이터가 준비된 경우가 많으므로, 두 번째 방법으로 테스트 데이터의 정보를 적극적으로 사용할 수도 있습니다.

INFORMATION

테스트 데이터의 정보로 데이터를 가공하거나 모델을 구축하면 안 된다는 주장도 있습니다. 이러한 주장은 특히 실무 관점에서 진지한 의견입니다. 이 관점에서 본다면 학습 데이터만을 기준으로 표준화를 수행해야 합니다. 다른 한편으로는 학습 데이터만을 기준으로 변환할 경우 학습 데이터에 과하게 최적화되어 과적합overfitting으로 이어질 수 있다는 의견도 있습니다. 이러한 의견들은 결국 관점의 차이에서 나옵니다. 학습 데이터와 테스트 데이터의 특징이 서로 어지간히 차이 나지 않는 한, 어느 데이터를 선택하든 큰 차이가 생기지는 않으므로 염려하지 않아도 됩니다. 본인이 좋다고 판단한 방법을 사용하기를 권합니다.

어쨌든 학습 데이터와 테스트 데이터는 같이 변환해야 합니다. 학습 데이터와 테스트 데이터에서 각각 다른 변환을 수행하는 일은 피해야 합니다. 나쁜 예로는 '학습 데이터로 평균과 분산을 계산한 뒤 학습 데이터를

변환하고, 그와 별개로 테스트 데이터로 평균과 분산을 계산한 뒤 테스트 데이터를 변환하는' 방법이 있습니다. 다음은 나쁜 예를 보여주는 예제 코드입니다.

(ch03/ch03-01-numerical.py 참조)

```python
from sklearn.preprocessing import StandardScaler

# 학습 데이터와 테스트 데이터를 각각 표준화(나쁜 예)
scaler_train = StandardScaler()
scaler_train.fit(train_x[num_cols])
train_x[num_cols] = scaler_train.transform(train_x[num_cols])

scaler_test = StandardScaler()
scaler_test.fit(test_x[num_cols])
test_x[num_cols] = scaler_test.transform(test_x[num_cols])
```

이 방법으로는 학습 데이터와 테스트 데이터가 서로 다른 기준의 평균과 표준편차에 따라 변환합니다. 각 데이터의 분포에 서로 큰 차이가 없다면 별다른 문제는 되지 않겠지만, 그래도 이 방법을 사용해서는 안 됩니다.

3.4.2 최소–최대 스케일링

변숫값의 범위를 다루는 또 하나의 방법은 변숫값이 취하는 범위를 특정 구간(보통 0에서 1 사이 구간)으로 변환하는 최소–최대 스케일링min-max scaling 방법입니다. 이를 수식으로 표현하면 다음과 같습니다(x_{max}는 x의 최댓값, x_{min}은 x의 최솟값입니다).

$$x' = \frac{x - x_{min}}{x_{max} - x_{min}}$$

파이썬에서는 사이킷런의 MinMaxScaler 클래스를 이용합니다.

(ch03/ch03-01-numerical.py 참조)

```python
from sklearn.preprocessing import MinMaxScaler

# 학습 데이터를 기반으로 여러 열의 최소-최대 스케일링 정의
scaler = MinMaxScaler()
```

```
scaler.fit(train_x[num_cols])

# 정규화(0~1) 변환 후의 데이터로 각 열을 치환
train_x[num_cols] = scaler.transform(train_x[num_cols])
test_x[num_cols] = scaler.transform(test_x[num_cols])
```

다만, 변환 후의 평균이 정확히 0이 되지 않고 이상치의 악영향을 받기 더 쉽다는 단점이 있으므로 표준화 방법이 더 자주 쓰입니다. 한편 이미지 데이터의 각 픽셀값 등은 처음부터 0~255로 범위가 정해진 변수이므로 최소-최대 스케일링을 이용하는 게 자연스러울 수 있습니다.

3.4.3 비선형변환

앞에서 설명한 표준화와 최소-최대 스케일링은 선형변환이므로 변수의 분포가 유동적일 뿐 형태 그 자체는 변하지 않습니다. 한편으로는 비선형변환nonlinear transformation을 통해 변수의 분포 형태를 바꾸는 편이 바람직한 경우도 있습니다. 변수의 분포는 보통 어느 한 쪽으로 지나치게 치우치지 않는 게 좋습니다.

로그 변환, log(x+1) 변환, 절댓값 로그 변환

예를 들어 특정 금액이나 횟수를 나타내는 변수에서는 어느 한 방향으로 치우쳐 뻗은 분포가 되기 쉬우므로 로그 변환을 할 때가 있습니다. 한편, 값에 0이 포함될 때는 그대로 로그를 취할 수 없으므로 $\log(x+1)$ 변환을 자주 사용합니다. $\log(x+1)$ 변환은 numpy 모듈의 `log1p` 함수를 이용합니다. 또한 음수가 포함될 때는 그대로 로그 변환을 적용할 수 없지만, 절댓값에 로그 변환을 곱한 뒤 원래의 부호를 더하는 등의 방법으로 대처할 수 있습니다.

(ch03/ch03-01-numerical.py 참조)

```
# ---------------------------------
# 로그 변환
# ---------------------------------
x = np.array([1.0, 10.0, 100.0, 1000.0, 10000.0])

# 단순히 값에 로그를 취함
x1 = np.log(x)
```

```
# 1을 더한 뒤에 로그를 취함
x2 = np.log1p(x)

# 절댓값의 로그를 취한 후, 원래의 부호를 추가
x3 = np.sign(x) * np.log(np.abs(x))
```

실제로 캐글의 PLAsTiCC Astronomical Classification 대회에서는 많은 참가자가 flux라는 변수에 대해 이 변환을 적용했습니다.

박스–칵스 변환, 여–존슨 변환

로그 변환을 일반화한 박스–칵스 변환Box–Cox transform (즉, 박스–칵스 변환의 매개변수 λ = 0일 때가 로그 변환)과 더불어, 음의 값을 갖는 변수에도 적용할 수 있는 여–존슨 변환Yeo–Johnson transformation도 있습니다. 변환에 사용하는 매개변수는 되도록 정규분포normal distribution에 근접하도록 라이브러리 측에서 최적의 값을 추정해줄 때가 많은 만큼 반드시 명시적으로 지정할 필요는 없습니다.

박스–칵스 변환 수식은 다음과 같습니다.

$$x^\lambda = \begin{cases} \frac{x^\lambda - 1}{\lambda} & \text{if } \lambda \neq 0 \\ \log x & \text{if } \lambda = 0 \end{cases}$$

여–존슨 변환 수식은 다음과 같습니다.

$$x^\lambda = \begin{cases} \frac{x^\lambda - 1}{\lambda} & \text{if } \lambda \neq 0, x_i \geq 0 \\ \log(x + 1) & \text{if } \lambda = 0, x_i \geq 0 \\ \frac{-[(-x+1)^{2-\lambda} - 1]}{2 - \lambda} & \text{if } \lambda \neq 2, x_i < 0 \\ -\log(-x + 1) & \text{if } \lambda = 2, x_i < 0 \end{cases}$$

다음은 박스–칵스 변환과 여–존슨 변환의 예제 코드와 적용 예시입니다. 또한 [그림 3–3]과 [그림 3–4]는 각각 박스–칵스 변환을 적용하기 전과 후의 분포도입니다.

(박스-칵스 변환: ch03/ch03-01-numerical.py 참조)

```python
# 양의 정숫값만을 취하는 변수를 변환 대상으로 목록에 저장
# 결측값을 포함하는 경우 (~(train_x[c] <= 0.0)).all() 등으로 해야 하므로 주의
pos_cols = [c for c in num_cols if (train_x[c] > 0.0).all() and (test_x[c] > 0.0).all()]

from sklearn.preprocessing import PowerTransformer

# 학습 데이터를 기반으로 복수 열의 박스-칵스 변환 정의
pt = PowerTransformer(method='box-cox')
pt.fit(train_x[pos_cols])

# 변환 후의 데이터로 각 열을 치환
train_x[pos_cols] = pt.transform(train_x[pos_cols])
test_x[pos_cols] = pt.transform(test_x[pos_cols])
```

(여-존슨 변환: ch03/ch03-01-numerical.py 참조)

```python
from sklearn.preprocessing import PowerTransformer

# 학습 데이터를 기반으로 복수 열의 여-존슨 변환 정의
pt = PowerTransformer(method='yeo-johnson')
pt.fit(train_x[num_cols])

# 변환 후의 데이터로 각 열을 치환
train_x[num_cols] = pt.transform(train_x[num_cols])
test_x[num_cols] = pt.transform(test_x[num_cols])
```

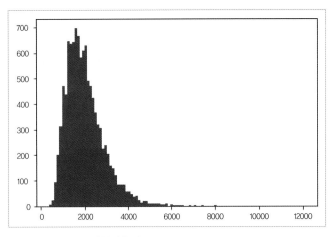

그림 3-3 박스–칵스 변환 적용 전

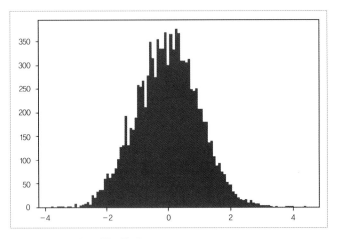

그림 3-4 박스–칵스 변환 적용 후

일반화 로그 변환

일반화 로그 변환generalized log transformation이라는 변환 방법도 있습니다. 이 방법을 이용하는 사례는 많지 않지만 참고로 소개합니다.

$$x^{(\lambda)} = \log(x + \sqrt{x^2 + \lambda})$$

기타 비선형변환

그 밖에도 다음과 같은 간단한 변환을 고려할 수 있습니다. 이외에도 다양한 변환이 있겠지만, 데이터의 특징이나 변수의 의미에 따라 유효한 변환 방법을 찾아내는 게 중요합니다.

- 절댓값 구하기

- 제곱근 구하기

- 제곱하기, 거듭제곱(n제곱)하기

- 두 값(0 또는 1)의 이진변수화하기

- 수치의 끝수 얻기(소숫점 이하 등)

- 반올림, 올림, 버림하기

3.4.4 클리핑

수치형 변수에는 이상치가 포함되기도 하지만, 상한과 하한을 설정한 뒤 해당 범위를 벗어나는 값은 상한값과 하한값으로 치환함으로써 일정 범위를 벗어난 이상치를 제외할 수 있습니다. 즉 클리핑clipping 방법입니다. 분포를 확인한 뒤 적당한 임곗값을 설정할 수도 있지만, 분위점quartile point을 임곗값으로 삼아 기계적으로 이상치를 치환할 수도 있습니다.

pandas 모듈이나 numpy 모듈의 clip 함수를 이용할 수 있습니다. 학습 데이터의 1%점을 하한, 99%점을 상한으로 삼고 이상치를 그 값들로 치환하는 예제 코드는 다음과 같습니다.

(ch03/ch03-01-numerical.py 참조)

```python
# 열마다 학습 데이터의 1%, 99% 지점을 확인
p01 = train_x[num_cols].quantile(0.01)
p99 = train_x[num_cols].quantile(0.99)

# 1%점 이하의 값은 1%점으로, 99%점 이상의 값은 99%점으로 클리핑
train_x[num_cols] = train_x[num_cols].clip(p01, p99, axis=1)
test_x[num_cols] = test_x[num_cols].clip(p01, p99, axis=1)
```

다음 [그림 3-5]와 [그림 3-6]은 각각 클리핑 적용 전과 후의 분포도를 나타냅니다.

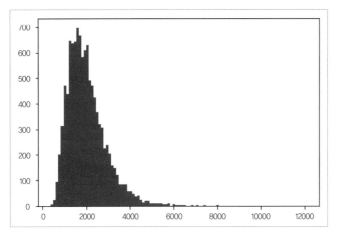

그림 3-5 클리핑 적용 전

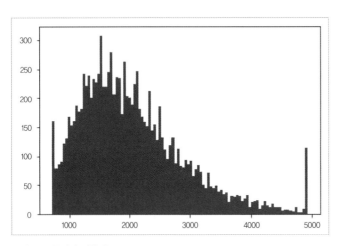

그림 3-6 클리핑 적용 후

3.4.5 구간분할

구간분할^{binning}은 수치형 변수를 구간별로 나누어 범주형 변수로 변환하는 방법입니다. 같은 간격으로 분할하는 방법, 분위점을 이용하여 분할하는 방법, 구간 구분을 지정하여 분할하는 방법 등 여러 방법이 있습니다. 데이터에 대한 사전 지식이 있고 어떤 구간으로 나누어야 하는지 알고 있다면 더 효과적인 방법입니다.

구간분할을 하면 순서가 있는 범주형 변수가 되므로, 순서를 그대로 수치화할 수도 있고 범주형 변수로서 원-핫 인코딩 등을 적용할 수도 있습니다. 또한 구간의 범주마다 다른 변숫값을 집계할 수 있는 범주형 변수로 사용할 수 있습니다.

pandas 모듈의 cut 함수로 수행할 수 있으며 numpy 모듈의 `digitize` 함수도 쓸 수 있습니다.

(ch03/ch03-01-numerical.py 참조)

```
x = [1, 7, 5, 4, 6, 3]

# 팬더스 라이브러리의 cut 함수로 구간분할 수행

# bin의 수를 지정할 경우
binned = pd.cut(x, 3, labels=False)
print(binned)
# [0 2 1 1 2 0] - 변환된 값은 세 구간(0, 1, 2)을 만들고
# 원본 x의 값이 어디에 해당 되는지 나타냄

# bin의 범위를 지정할 경우(3.0 이하, 3.0보다 크고 5.0보다 이하, 5.0보다 큼)
bin_edges = [-float('inf'), 3.0, 5.0, float('inf')]
print(bin_edges)
binned = pd.cut(x, bin_edges, labels=False)
print(binned)

# [-inf, 3.0, 5.0, inf] 구간의 기준이 되는 값들을 활용하여 구간별 값 지정
# -inf ~ 3.0 → 0, 3.0 ~ 5.0 → 1, 5.0 ~ inf → 2로 구간 분할
# [0 2 1 1 2 0]: 변환된 값은 세 구간을 만들고 원본 x의 값이 어디에 해당되는지 나타냄
```

캐글 Coupon Purchase Prediction 대회에 필자가 제출한 솔루션에서는 식사 쿠폰의 단가(변수명: `DISCOUNT_PRICE`)를 일본 엔화 기준 1,500엔 이하, 1,500~3,000엔, 3,000엔 이상으로 구간분할하고 해당 구간들을 이용하여 다른 변숫값의 그룹 통계를 구했습니다. 같은 식사라도 금액의 범위마다 이용 목적이 서로 다른 것을 반영합니다.

3.4.6 순위로 변환

수치형 변수를 대소 관계에 따른 순위로 변환하는 방법입니다. 단순히 순위로 바꾸는 것 외에, 순위를 행 데이터의 수로 나누면 0부터 1의 범위에 들어가고, 값의 범위가 행 데이터의 수에 의존하지 않으므로 다루기 쉽습니다. 수치의 크기나 간격 정보를 버리고 대소 관계만을 얻어내는 방법입니다.

예를 들어 매장별 일일 방문자 수가 기록된 데이터에서 1주 간 방문자 실적을 기준으로 매장 인기도를 정량화하려 할 때, 휴일 방문자가 많으면 당연히 휴일의 중요도가 올라갈 것입니다. 방문자 수가 적은 평일과 방문자 수가 많은 휴일에 대해 같은 가중치를 적용하여 평가에 활용하려 한다면, 각 날짜의 방문자 수를 순위로 변환한 뒤 집약합니다.

이후 3.4.7절에서 소개할 RankGauss는 순위로 변환한 뒤 다시 정규분포 형태로 변환하는 방법입니다. 순위 변환은 pandas 모듈의 rank 함수를 사용합니다. 또는 numpy 모듈의 argsort 함수를 2회 적용하는 방법도 있습니다.

(ch03/ch03-01-numerical.py 참조)

```
x = [10, 20, 30, 0, 40, 40]

# 팬더스의 rank 함수로 순위 변환
rank = pd.Series(x).rank()
print(rank.values)
# 시작이 1, 같은 순위가 있을 경우에는 평균 순위가 됨
# [2. 3. 4. 1. 5.5 5.5]

# 넘파이의 argsort 함수를 2회 적용하는 방법으로 순위 변환
order = np.argsort(x)
rank = np.argsort(order)
print(rank)
# 시작이 0, 같은 순위가 있을 경우에는 어느 한 쪽이 상위가 됨
# [1 2 3 0 4 5]
```

3.4.7 RankGauss

수치형 변수를 순위로 변환한 뒤 순서를 유지한 채 반강제로 정규분포가 되도록 변환하는 방법입니다. 캐글 그랜드마스터인 마이클 야러^{Michael Jahrer}가 이용한 방법으로 캐글 Porto Seguro's Safe Driver Prediction 대회의 1위 솔루션에서 소개되었습니다.[10] 신경망에서 모델을 구축

....

10 *https://www.kaggle.com/c/porto-seguro-safe-driver-prediction/discussion/44629*

할 때의 변환으로서 일반적인 표준화보다 좋은 성능을 나타낸다고 합니다.[11]

사이킷런 preprocessing 모듈의 QuantileTransformer 클래스에서 n_quantiles을 충분히 크게 한 뒤 output_distribution='normal'로 지정하면 이 변환을 실시할 수 있습니다.

(ch03/ch03-01-numerical.py 참조)

```
from sklearn.preprocessing import QuantileTransformer

# 학습 데이터를 기반으로 복수 열의 RankGauss를 통한 변환 정의
transformer = QuantileTransformer(n_quantiles=100, random_state=0, output_
distribution='normal')
transformer.fit(train_x[num_cols])

# 변환 후의 데이터로 각 열을 치환
train_x[num_cols] = transformer.transform(train_x[num_cols])
test_x[num_cols] = transformer.transform(test_x[num_cols])
```

다음 [그림 3-7]의 분포에 RankGauss를 적용하면 [그림 3-8]과 같이 변환됩니다.

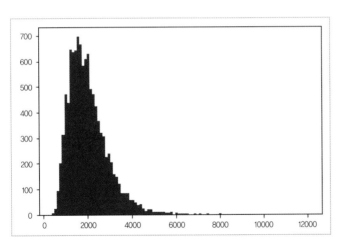

그림 3-7 RankGauss 적용 전

---

11 *http://fastml.com/preparing-continuous-features-for-neural-networks-with-rankgauss/*

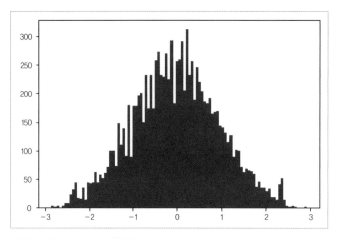

그림 3-8 RankGauss 적용 후

만일 원래의 변수분포에 봉우리 수가 많더라도 변환 후의 분포는 정규분포에 가까운 형태가 됩니다. 참고로 `output_distribution='uniform'`이라고 하면 균등분포uniform distribution에 가깝게 변환되는데, 이는 앞에서 언급한 순위 변환과 거의 같습니다.

3.5 범주형 변수 변환

지금까지 수치형 변수의 변환을 살펴보았습니다. 앞으로 살펴볼 범주형 변수는 수치형 변수와 더불어 또 하나의 대표적인 변수입니다. 범주형 변수는 많은 머신러닝 모델에서 그대로 분석에 활용할 수 없으므로 모델마다 적합한 형태로 변환해야 합니다.

변수가 문자열로 나타날 때뿐만 아니라, 데이터상으로는 수치라 하더라도 값의 크기나 순서에 의미가 없을 때는 범주형 변수로 취급해야 하므로 주의해주세요.

또한 학습 데이터에는 없고 테스트 데이터에만 존재하는 레벨level[12]이 있을 때, 범주형 변수의 변환 도중 에러가 발생하거나 변환에는 성공하더라도 모델이 그 레벨의 내용을 학습할 수 없으므로 해당 레벨을 포함하는 행 데이터의 예측값이 정확하지 않을 가능성이 있습니다. 따라서 범주형 변수를 변환하기 전에 테스트 데이터에만 존재하는 범주가 있는지부터 확인하고, 만일

---

12 범주형 변수가 담을 수 있는 값의 목록, 즉 카테고리(범주)를 레벨이라고 합니다(수준이라고 부르기도 합니다).

있다면 다음 방법 중 하나를 선택합니다.

- **특별히 대응하지 않아도 영향이 적음을 확인**

  테스트 데이터에만 존재하는 범주를 갖는 행 데이터가 적을 때, 그들을 잘못 예측해도 점수에는 거의 영향을 미치지 않습니다. 이런 경우에는 그대로 두어도 괜찮습니다.

- **최빈값이나 예측으로 보완**

  가장 높은 빈도를 갖는 레벨값으로 보완하거나, 결측값으로 간주하고 3.3.3절에서 소개한 방법으로 보완할 수 있습니다.

- **변환할 때 해당 변환의 평균에 가까운 값 입력**

  예를 들면 타깃 인코딩일 때, 테스트 데이터에만 존재하는 레벨값을 학습 데이터 전체의 목적변수의 평균으로 채울 수 있습니다.

그럼 지금부터 범주형 변수를 변환하는 대표적인 방법을 소개하겠습니다.

> **NOTE**
> **모델별 범주형 변수의 변환 팁**
> GBDT와 같이 결정 트리에 기반을 두는 모델에서는 레이블 인코딩으로 범주형 변수를 변환하는 게 가장 편리하지만, 필자 경험상 타깃 인코딩이 더 효과적일 때가 많습니다. 다만 타깃 인코딩은 데이터 정보 누출의 위험이 있으므로 상급자에게 적절합니다.
>
> 그 외 모델에서는 원-핫 인코딩이 가장 전통적인 방식입니다. 신경망의 경우에는 임베딩 계층embedding layer을 변수별로 구성하는 게 조금 번거롭지만 어쨌든 임베딩도 유효합니다.

3.5.1 원-핫 인코딩

원-핫 인코딩one-hot encoding은 범주형 변수의 가장 대표적인 처리 방법입니다(그림 3-9). 범주형 변수의 각 레벨에 대해 해당 레벨인지 여부를 나타내는 0과 1 두 값을 갖는 변수를 각각 생성합니다. 따라서 n개의 레벨를 갖는 범주형 변수에 원-핫 인코딩을 적용하면 두 값$(0,1)$을 갖는 변수의 특징이 n개 만들어집니다. 이들 두 값의 변수를 가변수dummy variable라고 합니다.

변환 전	변환 후				
	(A1)	(A2)	(A3)	(B1)	(B2)
A1	1	0	0	0	0
A2	0	1	0	0	0
A3	0	0	1	0	0
B1	0	0	0	1	0
B2	0	0	0	0	1
A1	1	0	0	0	0
A2	0	1	0	0	0
A1	1	0	0	0	0

그림 3-9 원-핫 인코딩

pandas 모듈의 get_dummies 함수에서 원-핫 인코딩을 수행할 수 있습니다. 매개변수 columns에 지정한 열이 모두 원-핫 인코딩되고, 변환 대상이 되는 열 이외의 나머지 열과 결합된 데이터프레임을 반환합니다. get_dummies 함수에서는 원래의 컬럼명과 범주형 변수의 레벨명을 이용하여 새로운 컬럼명을 자동 생성하고 데이터프레임을 반환해주므로 편리합니다.

한편 원-핫 인코딩의 대상이 되는 열은 매개변수 columns로 지정할 수 있습니다. 매개변수 columns를 생략하면 변숫값의 자료형을 기준으로 자동 판별되지만, 명시적으로 지정하는 게 무난합니다.

(ch03/ch03-02-categorical.py 참조)

```
# 학습 데이터와 테스트 데이터를 결합한 뒤, get_dummies를 통한 원-핫 인코딩을 수행
all_x = pd.concat([train_x, test_x])
all_x = pd.get_dummies(all_x, columns=cat_cols)

# 학습 데이터와 테스트 데이터로 재분할
train_x = all_x.iloc[:train_x.shape[0], :].reset_index(drop=True)
test_x = all_x.iloc[train_x.shape[0]:, :].reset_index(drop=True)
```

get_dummies 함수가 아닌 사이킷런 preprocessing 모듈의 OneHotEncoder 클래스를 사용할 수도 있습니다.

OneHotEncoder 클래스에서 transform 메서드의 반환값은, 입력이 데이터프레임이라도 numpy 배열로 변환되므로 원래의 컬럼명이나 레벨 정보가 사라집니다. 따라서 나머지 변수와 결합할 때 다시 데이터프레임으로 변환해야 하므로 다루기가 조금 까다롭습니다. 한편으로는 sparse 매개변수의 값을 True로 지정하여 희소행렬sparse matrix로 반환하므로, 다수의 레벨을 갖는 범주형 변수의 원-핫 인코딩을 이용해 메모리를 절약할 수도 있습니다.

get_dummies와 OneHotEncoder는 각각 장단점이 있으므로 상황에 맞게 선택해주세요.

(ch03/ch03-02-categorical.py 참조)

```python
from sklearn.preprocessing import OneHotEncoder

# OneHotEncoder로 인코딩
ohe = OneHotEncoder(sparse=False, categories='auto')
ohe.fit(train_x[cat_cols])

# 가변수의 컬럼명 생성
columns = []
for i, c in enumerate(cat_cols):
 columns += [f'{c}_{v}' for v in ohe.categories_[i]]

# 생성된 가변수를 데이터프레임으로 변환
dummy_vals_train = pd.DataFrame(ohe.transform(train_x[cat_cols]), columns=columns)
dummy_vals_test = pd.DataFrame(ohe.transform(test_x[cat_cols]), columns=columns)

# 나머지 변수와의 결합
train_x = pd.concat([train_x.drop(cat_cols, axis=1), dummy_vals_train], axis=1)
test_x = pd.concat([test_x.drop(cat_cols, axis=1), dummy_vals_test], axis=1)
```

원-핫 인코딩에는 특징의 개수가 범주형 변수의 레벨 개수에 따라 증가한다는 중대한 결점이 있습니다. 레벨의 개수(종류)가 많을 때는 대부분의 값이 0인, 정보가 적은 특징이 대량 생성됩니다. 이러한 변수가 지나치게 많아지면 학습에 필요한 계산 시간이나 메모리가 급증하거나 모델의 성능에 악영향을 줄 수 있습니다.

이처럼 범주형 변수의 레벨이 너무 많을 때는 다음과 같이 대응할 수 있습니다.

- 원-핫 인코딩 이외의 다른 인코딩 방법 검토하기

- 임의의 규칙을 활용한 그룹화로 범주형 변수의 레벨 개수(종류) 줄이기

- 빈도가 낮은 범주를 모두 '기타 범주'로 한데 모아 정리하기

한편, 범주형 변수의 레벨이 n개일 때 가변수를 해당 레벨 개수만큼 만들어버리면 다중공선성 multicollinearity이 생기므로, 이를 방지하려면 $n-1$개의 가변수를 만드는 방법을 쓸 수 있습니다.[13] 하지만 경진 대회에 주로 이용되는 모델은 처음부터 다중공선성이 문제가 되지 않거나 정규화한 모델이므로 다중공선성은 대부분 문제가 되지 않습니다. 따라서 별다른 고민 없이 n개의 가변수를 만드는 경우가 대부분입니다. 그 편이 특징의 중요도를 확인하는 등의 분석에도 도움이 됩니다.

3.5.2 레이블 인코딩

레이블 인코딩label encoding은 각 레벨을 단순히 정수로 변환합니다(그림 3-10). 예를 들어 5개의 레벨이 있는 범주형 변수를 레이블 인코딩하면 각 레벨이 0에서 4까지의 수치로 바뀝니다. 보통은 레벨을 문자열로 보고 사전 순으로 나열한 인덱스로 변경합니다.

변환 전	변환 후
A1	0
A2	1
A3	2
B1	3
B2	4
A1	0
A2	1
A1	0

그림 3-10 레이블 인코딩

사전 순으로 나열했을 때의 인덱스 수치는 대부분 본질적인 의미가 없습니다. 따라서 결정 트리 모델에 기반을 둔 방법이 아닐 경우 레이블 인코딩으로 변환한 특징을 학습에 직접 이용하는 건 그다지 적절하지 않습니다. 한편, 결정 트리에서는 범주형 변수의 특정 레벨만 목적변수에 영향을 줄 때도 분기를 반복함으로써 예측값에 반영할 수 있으므로 학습에 활용할 수 있습니다. 특히 GBDT 모델에서 레이블 인코딩은 범주형 변수를 변환하는 기본적인 방법입니다.

---

13 옮긴이_ 통계학의 회귀 분석에서 (예측하려는 대상인 목적변수를 제외한) 설명변수 간에 강한 상관관계가 나타나는 문제입니다. 해결 방법으로는 상관관계가 높은 하나 또는 일부의 변수를 제거하거나 PCA를 이용하는 방법이 있습니다.

파이썬에서는 사이킷런의 **LabelEncoder** 클래스에서 레이블 인코딩[14]을 수행할 수 있습니다.

(ch03/ch03-02-categorical.py 참조)

```python
from sklearn.preprocessing import LabelEncoder

# 범주형 변수를 for문 루프하여 반복적으로 레이블 인코딩 수행
for c in cat_cols:
    # 학습 데이터에 근거하여 정의한 후에 데이터 변환
    le = LabelEncoder()
    le.fit(train_x[c])
    train_x[c] = le.transform(train_x[c])
    test_x[c] = le.transform(test_x[c])
```

여담으로, 레이블 인코딩이라는 명칭 자체가 파이썬의 **LabelEncoder**에서 유래했다는 의견도 있습니다. 한편으로는 순서형 인코딩^{ordinal encoding}이라고 부르기도 합니다.

3.5.3 특징 해싱

원-핫 인코딩으로 변환한 뒤 특징의 수는 범주의 레벨 수와 같아지는데, 특징 해싱^{feature hashing}은 그 수를 줄이는 변환입니다(그림 3-11). 변환 후의 특징 수를 먼저 정해두고, 해시 함수를 이용하여 레벨별로 플래그^{flag}를 표시할 위치를 결정합니다. 원-핫 인코딩에서는 레벨마다 서로 다른 위치에 플래그를 표시하지만 특징 해싱에서는 변환 후에 정해진 특징 수가 범주의 레벨 수보다 적으므로, 해시 함수에 따른 계산에 의해 다른 레벨에서도 같은 위치에 플래그를 표시할 수 있습니다.

---

14 옮긴이_ 사이킷런 공식 문서에서는 특징(feature)에는 OrdinalEncoder를 사용하고 타깃(target)에 대해서만 LabelEncoder를 사용하는 것을 권장하고 있습니다.

변경 전	변경 후				
	(1)	(2)	...	(99)	(100)
A1001	1	0	...	0	0
X7154	0	1	...	0	0
B4185	0	0	...	0	0
D5009	0	0	...	1	0
A4844	0	0	...	0	0
Y4198	0	0	...	0	1
A1874	0	0	...	0	0
A1001	1	0	...	0	0
D5009	0	0	...	1	0
E3584	0	1	...	0	0

그림 3-11 특징 해싱

범주형 변수의 레벨 수가 많고 원-핫 인코딩에서 생성되는 특징의 수가 지나치게 많을 때 이용할 수 있습니다. 다만 경진 대회에서는 레벨의 수가 많아도 레이블 인코딩으로 변환한 뒤 GBDT로 학습함으로써 어느 정도 대응할 수 있으므로 이 방법은 그다지 널리 쓰이지는 않습니다.

scikit-learn.feature_extraction 모듈의 FeatureHasher에서 특징 해싱을 수행할 수 있습니다. 한편 변환에 의해 생성된 특징은 희소행렬로서 반환됩니다.

(ch03/ch03-02-categorical.py 참조)

```python
from sklearn.feature_extraction import FeatureHasher

# 범주형 변수를 반복적으로 특징 해싱 처리
for c in cat_cols:

  # FeatureHasher의 사용법은 다른 encoder와 조금 달라짐
  fh = FeatureHasher(n_features=5, input_type='string')

  # 변수를 문자열로 변환한 후 FeatureHasher 적용
  hash_train = fh.transform(train_x[[c]].astype(str).values)
  hash_test = fh.transform(test_x[[c]].astype(str).values)

  # 데이터프레임으로 변환
  hash_train = pd.DataFrame(hash_train.todense(), columns=[f'{c}_{i}' for i in
range(5)])
```

```
hash_test = pd.DataFrame(hash_test.todense(), columns=[f'{c}_{i}' for i in
range(5)])

    # 원래의 데이터프레임과 결합
    train_x = pd.concat([train_x, hash_train], axis=1)
    test_x = pd.concat([test_x, hash_test], axis=1)

# 원래의 범주형 변수 삭제
train_x.drop(cat_cols, axis=1, inplace=True)
test_x.drop(cat_cols, axis=1, inplace=True)
```

3.5.4 프리퀀시 인코딩

프리퀀시 인코딩frequency encoding은 각 레벨의 출현 횟수 혹은 출현 빈도로 범주형 변수를 대체하는 방법입니다. 각 레벨의 출현 빈도와 목적변수 간에 관련성이 있을 때 유효합니다. 또한 레이블 인코딩의 변형으로서, 사전순으로 나열한 순서 인덱스가 아닌 출현 빈도순으로 나열하는 인덱스를 만들기 위해 사용할 수도 있습니다. 다만 동률의 값이 발생할 때도 있으니 주의하세요.

수치형 변수 스케일링과 마찬가지로, 학습 데이터와 테스트 데이터를 따로따로 정의하여 변환해버리면 다른 의미의 변수가 되므로 조심해야 합니다.

(ch03/ch03-02-categorical.py 참고)

```
# for문을 이용한 변수를 반복하여 프리퀀시 인코딩 수행
for c in cat_cols:
    freq = train_x[c].value_counts()
    # 카테고리 출현 횟수로 치환
    train_x[c] = train_x[c].map(freq)
    test_x[c] = test_x[c].map(freq)
```

3.5.5 타깃 인코딩

타깃 인코딩target encoding은 목적변수를 이용하여 범주형 변수를 수치형 변수로 변환하는 방법입니다. 기본적인 개념은 다음 [그림 3-12]와 같이 범주형 변수의 각 레벨 그룹에서 목적변수의 평균값을 학습 데이터로 집계하고 그 값으로 치환합니다.

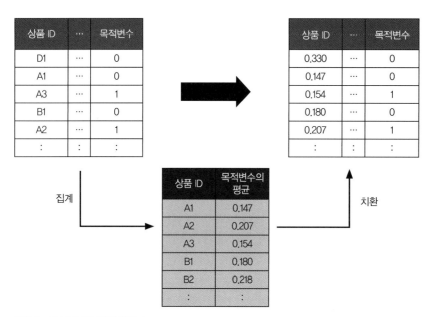

그림 3-12 타깃 인코딩의 개념도

타깃 인코딩의 기법과 구현 (1)

뒤에서 설명하겠지만, 단순히 데이터 전체에서 평균을 구해버리면 변환 대상인 행 데이터의 목적변수 값이 포함된 채 범주형 변수로 변환되므로 정보 누출이 됩니다. 따라서 변환할 행 데이터의 목적변수를 사용하지 않도록 변환해야 합니다.

학습 데이터를 타깃 인코딩용 폴드[fold]로 분할하고, 각 폴드마다 자신의 폴드 이외의 데이터로 계산하는 아웃 오브 폴드[out-of-fold] 방법으로 목적변수의 평균값을 계산하면 변환 대상인 행 데이터의 목적변수의 값을 계산에 포함시키지 않고 변환할 수 있습니다(그림 3-13 위). 타깃 인코딩용 폴드 수는 4개에서 10개 정도가 좋습니다. 한편 테스트 데이터에서는 학습 데이터 전체의 목적변수의 평균값을 계산하고 변환합니다(그림 3-13 아래).

타깃 인코딩의 학습 데이터 변환

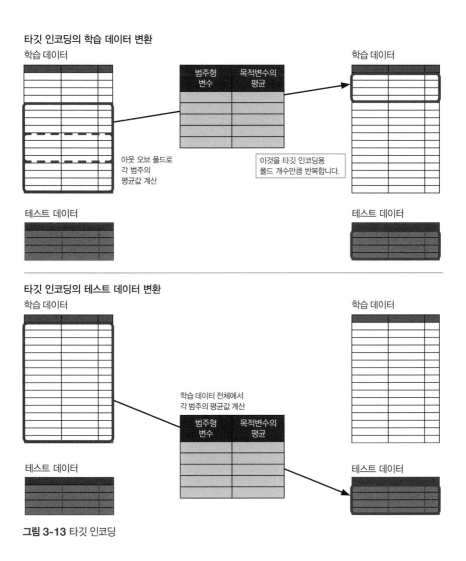

타깃 인코딩의 테스트 데이터 변환

그림 3-13 타깃 인코딩

학습 데이터를 타깃 인코딩용 폴드로 분할하여 타깃 인코딩을 적용하는 예제 코드는 다음과 같습니다.

(ch03/ch03-02-categorical.py 참조)

```python
from sklearn.model_selection import KFold

# for문을 이용한 변수를 반복하여 타깃 인코딩 수행
for c in cat_cols:
    # 학습 데이터 전체에서 각 범주별 타깃 평균을 계산
    data_tmp = pd.DataFrame({c: train_x[c], 'target': train_y})
    target_mean = data_tmp.groupby(c)['target'].mean()

    # 테스트 데이터의 카테고리 변경
    test_x[c] = test_x[c].map(target_mean)

    # 학습 데이터 변환 후 값을 저장하는 배열을 준비
    tmp = np.repeat(np.nan, train_x.shape[0])

    # 학습 데이터 분할
    kf = KFold(n_splits=4, shuffle=True, random_state=72)
    for idx_1, idx_2 in kf.split(train_x):
        # 아웃 오브 폴드로 각 범주형 목적변수 평균 계산
        target_mean = data_tmp.iloc[idx_1].groupby(c)['target'].mean()
        # 변환 후의 값을 날짜 배열에 저장
        tmp[idx_2] = train_x[c].iloc[idx_2].map(target_mean)

    # 변환 후의 데이터로 원래의 변수를 변경
    train_x[c] = tmp
```

타깃 인코딩의 기법과 구현 (2)

이번에는 교차 검증을 실시할 경우를 살펴보겠습니다.[15] 교차 검증할 때 앞에서 설명한 것처럼 타깃 인코딩을 하려면 교차 검증의 폴드마다 다시 변환해야 합니다. 검증 데이터의 목적변수가 변수에 포함되지 않도록 하려면 변환을 다시 걸어야 하기 때문입니다.

즉, 교차 검증의 각 폴드에서는 검증 데이터를 제외한 학습 데이터를 타깃 인코딩용 폴드로 분할하여 다음 [그림 3-14]와 같이 변환합니다. 이 작업을 교차 검증의 폴드 수만큼 반복합니다.

---

15 교차 검증은 교차타당성(검사)라고도 합니다. 교차 검증에 관해서는 5.2.2절을 참조해주세요.

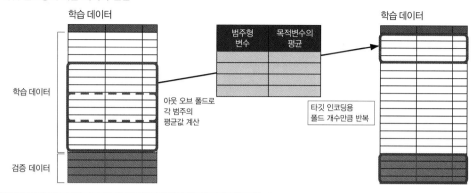

타깃 인코딩의 학습 데이터 변환

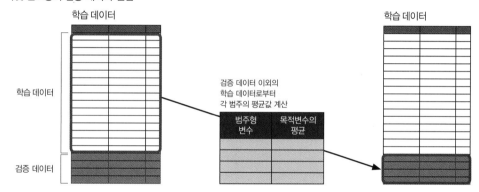

타깃 인코딩의 검증 데이터 변환

그림 3-14 교차 검증에서 타깃 인코딩

교차 검증에서 타깃 인코딩을 적용하는 예제 코드는 다음과 같습니다.

(ch03/ch03-02-categorical.py 참조)

```
from sklearn.model_selection import KFold

# 교차 검증 폴드마다 타깃 인코딩 다시 적용
kf = KFold(n_splits=4, shuffle=True, random_state=71)
for i, (tr_idx, va_idx) in enumerate(kf.split(train_x)):

    # 학습 데이터에서 학습 데이터와 검증 데이터 구분
    tr_x, va_x = train_x.iloc[tr_idx].copy(), train_x.iloc[va_idx].copy()
    tr_y, va_y = train_y.iloc[tr_idx], train_y.iloc[va_idx]
```

```python
# 변수를 반복하여 타깃 인코딩 수행
for c in cat_cols:
    # 학습 데이터 전체에서 각 범주별 타깃 평균을 계산
    data_tmp = pd.DataFrame({c: tr_x[c], 'target': tr_y})
    target_mean = data_tmp.groupby(c)['target'].mean()
    # 검증 데이터의 카테고리 치환
    va_x.loc[:, c] = va_x[c].map(target_mean)

    # 학습 데이터 변환 후 값을 저장하는 배열 준비
    tmp = np.repeat(np.nan, tr_x.shape[0])
    kf_encoding = KFold(n_splits=4, shuffle=True, random_state=72)
    for idx_1, idx_2 in kf_encoding.split(tr_x):
        # 아웃 오브 폴드에서 각 범주별 목적변수 평균 계산
        target_mean = data_tmp.iloc[idx_1].groupby(c)['target'].mean()
        # 변환 후 값을 날짜 배열에 저장
        tmp[idx_2] = tr_x[c].iloc[idx_2].map(target_mean)

    tr_x.loc[:, c] = tmp
# 필요에 따라 encode된 특징을 저장하고 나중에 읽을 수 있도록 해둠.
```

---

16 이 방법을 더 쉽게 이해하려면 먼저 스태킹부터 알아야 합니다.

```
# 변수를 루프하여 타깃 인코딩 수행
for c in cat_cols:

    # 타깃을 추가
    data_tmp = pd.DataFrame({c: train_x[c], 'target': train_y})
    # 변환 후 값을 저장하는 배열을 준비
    tmp = np.repeat(np.nan, train_x.shape[0])

    # 학습 데이터에서 검증 데이터를 나누기
    for i, (tr_idx, va_idx) in enumerate(kf.split(train_x)):
        # 학습 데이터에 대해 각 범주별 목적변수 평균 계산
        target_mean = data_tmp.iloc[tr_idx].groupby(c)['target'].mean()
        # 검증 데이터에 대해 변환 후 값을 날짜 배열에 저장
        tmp[va_idx] = train_x[c].iloc[va_idx].map(target_mean)

    # 변환 후의 데이터로 원래의 변수를 변경
    train_x[c] = tmp
```

목적변수의 평균 구하기

회귀나 분류와 같은 문제에 따라 다음과 같이 목적변수의 평균을 구합니다.

- **회귀**: 목적변수의 평균을 구합니다.

- **이진 분류**: 양성일 때 1, 음성일 때 0으로 하여 평균을 구합니다(양성의 출현 빈도 수를 구합니다).

- **다중 클래스 분류**: 클래스 수만큼 이진 분류가 있다고 가정하고, 클래스 수만큼 타깃 인코딩에 의한 특징을 만듭니다.

목적변수의 평균을 취하는 몇 가지 방법이 있습니다. 이상치가 존재할 경우 등 목적변수의 분포에 따라서는 평균값이 아닌 중앙값 등을 취하는 편이 나을 때도 있습니다. 또한 평가지표가 RMSLE일 경우와 같이 로그 변환으로 평가될 때는 로그를 취한 뒤 목적변수의 평균을 계산해야 합니다.

타깃 인코딩과 데이터 정보 누출 (1)

단순하게 전체 데이터에서 평균을 구할 경우 타깃 인코딩을 시행하면 데이터 정보 누출이 일어날 수 있습니다. 그 이유를 지금부터 설명하겠습니다.

학습 데이터 전체에서 단순하게 타깃 인코딩을 하면 오류가 발생합니다. 예를 들어 특정 레벨에 속하는 행 데이터가 1개뿐일 때, 해당 레벨의 타깃 인코딩 결과는 목적변수의 값 자체가 되어버립니다. 극단적인 예로 각 행에서 유일값인 ID와 같은 열에 대해 타깃 인코딩을 적용할 경우를 가정해보겠습니다. 이때 변환 결과는 목적변수의 열에 완전히 일치하므로, 이 상태에서 모델을 구축하더라도 해당 변수만 보고 그대로 반환하는 모델이 될 뿐입니다. 물론 테스트 데이터에 이러한 변환은 적용할 수 없으므로 결국 이 모델은 무의미합니다.

방금 설명한 내용은 물론 극단적인 예이지만, 만약 특정 수준의 행 데이터 수가 적다면 변환할 행의 목적변숫값이 강하게 반영된 변환 결과가 되고 맙니다. 즉 학습 과정에서 본래는 가려져야 할 목적변수가 타깃 인코딩 결과 누출되면서 학습 데이터의 답이 일부 보이게 된 상태이므로, 이대로 학습을 진행하면 과적합으로 이어집니다.

다시 말하자면, 본래 다른 변수를 사용해서 추출해야 할 목적변수의 경향을 타깃 인코딩으로 커닝하여 부당하게 모델에 적용하는 것입니다. 그러면 학습 과정에서 다른 변수로부터 유효한 특징을 추출하기 어려워지고 미지의 데이터에 관한 예측 능력이 떨어집니다.

타깃 인코딩과 데이터 정보 누출 (2)

이번에는 리브-원-아웃leave-one-out에서의 문제를 살펴봅니다.[17] 변환할 행 데이터의 목적변숫값을 사용하지 않도록 아웃 오브 폴드로 변환한다고 설명했지만, 폴드 수가 지나치게 늘어나도 문제가 됩니다. 예를 들어 이진 분류 문제에서 범주형 변수를 리브-원-아웃으로 타깃 인코딩할 경우를 가정해보겠습니다. 즉, 폴드 수를 행의 수와 같게 하여 아웃 오브 폴드하는 예로, 각 행에서 자신 이외의 행 데이터를 이용해 목적변수의 평균값을 계산합니다.

다음 [그림 3-15]의 데이터셋에서 범주형 변수의 값이 A일 경우, 목적변수 5개 중 2개의 값이 1이고 나머지 값이 0이라면 5개 값의 평균을 구했을 때 0.4가 됩니다. 이에 대해 리브-원-아웃에서 타깃 인코딩을 실시하면 다음과 같이 바뀝니다.

---

17 리브-원-아웃(leave-one-out)은 5.2.5절에서 자세히 설명합니다.

- 변환할 행의 목적변숫값이 0일 경우, 그 외의 행 4개 중 2개의 목적변숫값은 1이 되고 0.5로 바뀝니다([그림 3-15]의 ID 1, ID 2, ID 10).

- 변환할 행의 목적변숫값이 1일 경우, 그 외의 행 4개 중 1개의 목적변숫값은 1이 되고 0.25로 바뀝니다([그림 3-15]의 ID 3, ID 5).

이처럼 변환을 적용할 행의 목적변숫값을 제외한 나머지 행의 목적변숫값을 이용하여 변환하면, 이후 결과가 명확하게 갈리는 현상이 발생합니다. 변환할 행만 집계에 포함시키지 않지만, 반대로 해당 행의 목적변수를 강하게 반영한 변환으로 이어져버리는 현상이 나타납니다.

그뿐만 아니라 원래는 타깃 인코딩된 결괏값이 1에 가까울수록 목적변수가 1이 될 확률이 높아지는 변환이지만, 다음 [그림 3-15]를 보면 알 수 있듯이 그 관계성이 역전되었다는 점도 주목할 만합니다. 모델은 변환 이후의 값이 0.25일 경우 1이 되고, 0.50일 경우 0이 되는 방향으로 학습해버리므로 심각한 문제가 될 수 있습니다.

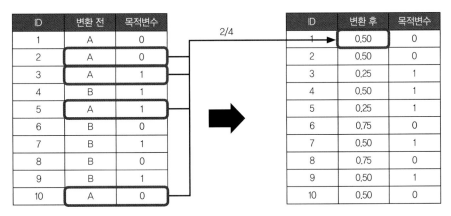

그림 3-15 폴드 수가 많을 때 타깃 인코딩 문제

따라서 학습 데이터에 타깃 인코딩을 적용할 때의 폴드 수는 적당한 게 좋습니다(필자는 4~10개 정도를 권장합니다).

그 밖의 타깃 인코딩

그 밖에도 데이터 정보 누출을 방지하기 위해 변환된 값에 노이즈를 더하는 방법이나, 데이터

수가 적은 레벨이 극단적인 값을 취하지 않도록 데이터 전체의 평균값과 가중치를 부여하는 등의 방법이 있습니다.[18]

3.5.6 임베딩

자연어 처리에서 단어나 범주형 변수와 같은 이산적인 표현을 실수 벡터로 변환하는 방법을 임베딩embedding이라고 합니다(그림 3-16). 다른 말로 분산 표현distributed representation이라고도 합니다.

자연어 처리에서는 대량의 단어들이 갖는 특징을 어떻게 모델에 반영할 것인지가 문제가 됩니다. 범주형 변수를 다룰 때도 레벨의 수가 많으면 원-핫 인코딩 등의 방법으로 해당 변수가 지닌 정보를 모델에 충분히 학습시키기 어려울 수 있습니다. 이때 단어나 범주형 변수를 의미와 성질이 표현된 실수 벡터로 변환하면 편리합니다.

변환 전	변환 후 (실수 벡터)		
A1	0.200	0469	0.019
A2	0.115	0.343	0.711
A3	0.240	0.514	0.991
B1	0.760	0.002	0.444
B2	0.603	0.128	0.949
A1	0.200	0.469	0.019
A2	0.115	0.343	0.711
A1	0.200	0.469	0.019

그림 3-16 임베딩

18 관련 내용은 다음 문서들을 참고하세요.
  1) https://www.coursera.org/learn/competitive-data-science/
  2) https://www.kaggle.com/ogrellier/python-target-encoding-for-categorical-features
  3) https://contrib.scikit-learn.org/category_encoders/
  4) Micci-Barreca, Daniele. 「A preprocessing scheme for high-cardinality categorical attributes in classification and prediction problems」 ACM SIGKDD Explorations Newsletter 3.1 (2001): 27-32.

자연어 처리의 단어 임베딩

자연어 처리에서 단어에 대한 학습이 이미 끝난 단어 임베딩word embedding 종류에는 word2Vec, GloVe, fastText 등이 있습니다. 이들은 각각 어떤 모델로 단어를 표현하는 벡터를 학습했는지가 다릅니다.

임베딩을 이용한 학습

신경망에서는 임베딩 계층에서 단어나 범주형 변수를 실수 벡터로 변환합니다. 원-핫 인코딩을 하지 않아도 임베딩 계층에 범주형 변수를 부여하여 학습할 수 있습니다. 또한, 반대로 학습한 후에 임베딩 계층의 가중치, 즉 각 범주형 변수를 어떤 실수 벡터로 변환할지를 추려냄으로써 모델이 학습한 범주형 변수의 각 레벨이 지니는 의미와 성질을 추출할 수 있습니다.

반대로 임베딩 계층의 가중치를 외부에서 설정할 수도 있습니다. 자연어 처리 문제에서는 앞에서 설명한 '학습이 끝난 임베딩'을 가중치로 부여함으로써 단어의 의미를 어느 정도 이해한 상태로 모델 학습을 시작할 수 있어 효율적입니다.

이처럼 임베딩을 통해 단어나 범주형 변수를 실수 벡터로 변환해 특징으로 부여하는 것은 신경망뿐만 아니라 GBDT나 선형 모델에서도 할 수 있습니다.

3.5.7 순서변수의 취급

순서변수ordinal variable란 측정 대상에 서열(순서)를 부여하여 크고 작음, 높고 낮음, 순위 등을 파악하는 변수로, 값의 순서는 의미를 지니지만 값의 간격은 무의미합니다. 예를 들면 1위, 2위, 3위와 같이 어떤 순위를 나타내거나 A, B, C 등 평가 결과를 매기는 지표입니다. 결정 트리 기반 모델에서는 본래 변수의 순서에만 의존하므로 서열을 그대로 정수로 치환해 수치형 변수로 다루면 됩니다. 그 밖의 모델에서는 수치형 변수라 볼 수도 있고, 순서 정보를 무시하고 범주형 변수로 볼 수도 있는 만큼 이들 두 가지 변환 기법을 모두 사용할 수 있습니다.

3.5.8 범주형 변숫값의 의미 추출

범주형 변수의 레벨이 무의미한 기호가 아닌 어떤 의미를 지닐 때, 단순히 임베딩하면 정보가 사라져버립니다. 이때 다음과 같이 그 의미를 추출하는 처리를 통해 특징을 만들 수 있습니다.

- ABC-00123이나 XYZ-00200와 같은 형태일 때는 앞쪽의 영문 3글자와 뒷쪽의 숫자 5글자로 분할합니다.

- 3이나 E와 같이 숫자와 영문이 섞였을 때는 숫자인지 아닌지를 특징으로 생성합니다.

- AB, ACE, BCDE와 같이 문자의 수가 서로 다를 때는 문자 수를 특징으로 생성합니다.

3.6 날짜 및 시간변수 변환

3.6절에서는 날짜 및 시간변수를 변환할 때의 포인트와 이들 변수로 생성되는 월, 연도 등의 특징에 관해 살펴보겠습니다.

3.6.1 날짜변수와 시간변수의 변환 포인트

날짜와 시각 정보는 년, 월, 일을 분리하거나 요일을 변수에 추가하는 등 다양하게 활용할 수 있습니다. 여기서는 먼저 날짜와 시각 데이터로부터 특징을 만들 때 고려할 점을 설명합니다.

학습 데이터와 테스트 데이터 분할

다음 [그림 3-17]의 위쪽처럼 학습 데이터와 테스트 데이터가 나뉘었을 때는 날짜와 시간의 특징을 학습 데이터로 학습시키면 테스트 데이터에도 같은 효과를 주므로 별다른 문제는 없습니다.

그러나 시계열 데이터에서는 미래의 데이터를 예측하는 문제를 풀기 위해 [그림 3-17]의 아래쪽처럼 특정 시간을 기준으로 데이터를 분할할 때가 종종 있습니다. 이럴 때는 주의해야 합니다.

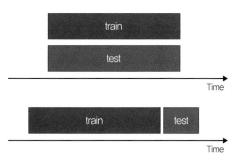

그림 3-17 학습 데이터와 테스트 데이터 분할

연도 데이터의 경우 예를 들어 2017년까지가 학습 데이터이고 2018년부터 테스트 데이터라고 한다면 2018년부터의 데이터에 대해서는 아무것도 학습할 수 없습니다. 연 데이터를 단순하게 하나의 특징(변수)이라 가정하면, 학습 데이터 범위 내에서 학습된 모델은 해당 범위 이외의 값을 현재 모델 기준으로 예측합니다. 이때 방법에 따라 모델 성능이 떨어질 가능성이 있습니다.

이러한 경우 연도 정보를 특징에 포함하지 않고 모델을 구축하는 방법 외에, 테스트 데이터에만 있는 연도 정보를 학습 데이터의 최신 연도 정보로 바꾸는 방법을 고려해볼 수 있습니다. 이러한 방법은 우리가 예측하려는 목적변수의 경향이 가장 최신 연도의 경향에 가까울 것이라는 가정에 근거합니다. 이 방법이 효과가 있을지 여부는 데이터가 지니는 성질에 따라 달라지겠지만, 적어도 기존 지식을 토대로 한 예측에서는 예상 외의 상황을 피할 수 있습니다.

연도 정보를 특징으로 삼는 대신 학습 데이터의 기간 한정용으로 활용하는 방법도 있습니다. 예를 들어 지난 10년간의 학습 데이터를 사용할 수 있다고 해도, 해당 기간의 전체 학습 데이터를 사용하는 게 가장 좋은 선택지는 아닐 수 있습니다. 최신 경향을 모델화하는 과정에서 10년 전 데이터는 큰 도움이 되지 않고 오히려 노이즈 현상으로 악영향을 미칠 수 있기 때문입니다. 이처럼 연도 등의 시간 정보를 이용해 학습 데이터 기간을 한정했을 때 오히려 미래 예측을 위한 좋은 모델을 얻기도 합니다.

날짜나 시간변수에 국한된 이야기는 아니지만, 학습 데이터에서 얻은 특징과 목적변수의 관계성을 테스트 데이터에도 똑같이 적용할 수 있을지 여부는 문제가 됩니다. 학습 데이터 기간과 테스트 데이터 기간의 변수 관계성이 서로 다르게 적용될 경우, 학습 데이터의 기간 내 성질을 올바르게 파악했더라도 테스트 데이터의 예측에는 악영향을 미칠 수 있습니다. 예를 들어 겨울에 매출이 떨어지는 지점의 특정 연도부터 방침을 바꾸면서 더 이상 겨울 매출이 떨어지지 않게 되었다고 가정합니다. 다만 해당 방침을 시행하기 이전의 겨울 매출 데이터를 이용한 학습 모델은 (새로운 방침 적용 이후의 결과를 적용하지 않아) 이후로도 겨울에 매출이 떨어진다고 예측하므로, 결국 모델 성능을 떨어뜨릴 것입니다.

주기적인 동향 파악을 위한 충분한 데이터 확보

예를 들어 1년간 월 단위의 주기적인 변동을 파악하려 한다면 월 데이터를 특징으로 삼을 수 있습니다. 만약 수년간의 데이터가 있다면 월을 특징에 추가하여 주기적인 변동을 어느 정도 자연스럽게 파악할 수 있을 것입니다.

반대로 누적된 학습 데이터가 2년 미만 분량일 경우, 특정 월의 목적변수 경향에 움직임이 보여도 데이터가 적은 만큼 이것이 월의 변동에 따른 결과인지, 아니면 다른 요인이 있는지 데이터만으로는 확인하기 어렵습니다. 만약 월 정보를 그대로 특징으로 삼게 되면 월 정보가 미치는 영향을 잘못 파악하는 모델이 만들어지므로 테스트 데이터의 예측 능력이 떨어질 가능성이 있습니다.

이럴 때는 목적변수에 영향을 미치는 더 영향력 있는 변수를 찾거나, 데이터가 부족하더라도 굳이 잘못된 영향을 줄 수 있는 월 정보를 특징으로 포함시키지 않는 방법이 있습니다.

그보다 더 자세한 시간 정보인 일 정보나 시 정보 등은 충분한 주기의 수가 있으므로 특징으로 사용할 수 있습니다. 다만 이때도 주기적인 변동이 있는지, 변동은 안정되었는지, 더 의미 있는 요소를 추출할 수는 없는지 등을 고려하면 좋습니다.

주기성 변수 다루기

주기성을 지니는 변수란 무엇이며 어떤 의미가 있을까요? 예를 들어 월의 경우 1월부터 시작해 12월에 도달하면 다시 1월로 돌아가므로 주기성이 있는 변수입니다. 이러한 변수를 어떻게 다룰지 지금부터 살펴보겠습니다.

예를 들어 월 데이터를 그대로 수치로만 다룬다면 1월과 12월은 겨우 1개월 차이 나는 이웃 정보임에도 가장 멀리 떨어진 수치 정보가 되어버립니다. 이러한 상황에서 월의 경향이 명확한 경우에도 수단에 따라서는 그 경향이 올바르게 파악되지 못할 가능성이 있습니다.

GBDT 등의 트리 기반 모델에서는 분기의 반복에 따라 1월과 12월의 경향을 각각 따로 추출할 수 있으므로 그나마 나은 편입니다. 즉, 동절기인 11월~2월의 경향이 바뀔 때 '11월부터 2월 사이'라는 조건을 '11월 이후'와 '2월 이전'이라는 분기의 조합으로 표현할 수 있습니다. 또한 때에 따라서는 분기 경계선을 1월~12월 사이에 계절 변동이 더 적은 시기로 전환함으로써 연도별 경계에 의한 부정합의 영향을 최소화할 수 있습니다.

한편, 선형 모델에서는 주기적인 변수의 경향을 잘 파악하지 못할 때가 있습니다. 예를 들어 목적변수가 연도의 중간 지점인 6~7월 즈음 피크를 맞아서 좌우 대칭의 경향을 보일 때, 월을 그대로 특징으로 하면 월의 회귀계수가 0에 가까운 값이 되어버립니다.

이런 문제를 피하고 싶다면 원-핫 인코딩을 적용합니다. 다만 그럴 경우 '월 사이의 간격(가까움)'이라는 개념은 사라지고 각각의 월 정보가 독립적으로 다루어집니다. 또한 타깃 인코딩을 하는 방법도 있습니다. 목적변수의 값이 관계성을 가지도록 월을 정렬하는 방식으로 다룹니다.

한편, 주기성을 지니는 변수를 원형으로 배치했을 때의 위치를 2개의 변수로 나타내는 방법이 있습니다. 즉 시계의 문자판처럼 1~12를 배치하고 x좌표와 y좌표를 통해 각 월을 나타내는 방법입니다. 그 과정에서 1월과 12월의 근접성도 반영한 두 개의 변수로 변환할 수 있습니다.

이는 꽤 괜찮은 변환 방법으로 보일 수도 있지만, 모델이 매번 반드시 입맛에 맞게 해석해줄 거라고 장담할 수는 없습니다. 예를 들면 결정 트리 모델에서는 각 분기마다 변수를 하나씩밖에 보지 않으므로 두 개의 변수로 표현한 근접성의 개념을 잘 잡아낼 수 있을지 의문입니다. 세로 좌표만 놓고 보면 3과 9는 같은 레벨에 있으므로 자칫 잘못하면 두 개의 값을 비슷하게 취급할 수도 있습니다.

3.6.2 날짜변수와 시간변수로 만드는 특징

이번에는 날짜변수와 시간변수로 만들 수 있는 특징을 구체적으로 살펴보겠습니다.

연도

앞에서 살펴본 바와 같이, 연도 정보가 예측에 유효하게 작용할지 여부는 데이터의 분할 방식과 특징에 크게 의존합니다. 이때 다음과 같은 선택지를 고려할 수 있습니다.

- 연도 정보를 특징에 단순하게 추가

- 연도 정보를 특징에 추가하되, 테스트 데이터에만 존재하는 연도를 학습 데이터의 최신 연도로 치환

- 연도 정보를 특징에 포함시키지 않음

- 연도 정보와 월 정보를 사용하여 학습 데이터로서의 사용 기간을 제한

월

월 정보를 특징에 포함하면 1년간의 계절성을 파악할 수 있습니다. 다만 앞서 '주기적인 동향 파악을 위한 충분한 데이터 확보'에서 설명했듯이 2년 미만의 학습 데이터밖에 없는 경우라면 주의해야 합니다.

월 정보는 그대로 수치 데이터로서 특징으로 사용해도 되겠지만, 앞서 '주기성 변수 다루기'에서 설명한 바와 같이 경계선을 계절 변동이 적은 월로 변경하거나 또는 원-핫 인코딩 및 타깃 인코딩 등의 방법을 활용할 수 있습니다.

일

일 정보를 수치 정보로서 그대로 특징으로 삼으면, 월에 주기적인 경향이 있을 때 일 정보를 토대로 그러한 경향을 파악할 수 있습니다.

일 정보는 1~31까지 연속적으로 변화할 뿐만 아니라 월초, 월말, 월급날 등 특정 날짜에 특징이 나타나는 경우가 많습니다. 이때 원-핫 인코딩을 하면 변수의 수가 지나치게 많아지므로, 특징이 있을 법한 날에만 해당 일인지 아닌지의 두 개 값만 갖는 변수를 만드는 게 좋습니다.

한편 월말에 특정 사용자 행동이 한꺼번에 이루어질 경우, 월말까지의 일 수를 비롯해 월초는 0.0, 월말은 1.0이 되도록 변환한 값을 특징으로 하는 방법도 있습니다(월의 첫날은 0.0이고 말일은 1.0으로 하는 변환은, 예를 들면 1월 1일은 $(1 - 1) / (31 - 1) = 0.0$, 1월 3일은 $(3 - 1) / (31 - 1) = 0.067$, 1월 31일은 $(31 - 1) / (31 - 1) = 1.0$과 같이 일에서 1을 뺀 결과를 월의 일수에서 1을 뺀 결과로 계산할 수 있습니다).

연월, 월일

연월 및 월일 정보는 시간적인 경향을 더 세세하게 파악하거나 또는 시간 정보를 24시간이 아닌 몇 시간 단위의 구간으로 그룹화하여 과적합을 피하게 해주는 특징입니다.

다음 계산은 연도에 월일 정보를 추가하여 주기성이 없는 시간적 경향을 더 세세하게 파악하고자 할 때 사용합니다. 다만 학습 데이터와 테스트 데이터의 기간이 겹치지 않을 때는 이용 범위가 한정적입니다.

- 연월: 연 × 12 + 월

- 연월일: 연 × 10000 + 월 × 100 + 일

다음은 연도를 세세하게 나누어 주기적인 경향을 더 자세히 파악하려는 계산입니다. 주수로는 계절적인 경향 등을 더 잘 파악할 수 있지만 과적합의 위험도 그만큼 커집니다. 월일에서는 특정 날짜에 경향이 있는 경우를 파악할 수도 있지만, 보통 날짜와 마찬가지로 연도가 달라지면 같은 날짜라도 요일이 다르고 경향이 바뀌므로 제대로 학습할 수 없는 경우도 많습니다.

- 주수 : 연초부터 카운팅한 주의 수(1~53)

- 월일 : 월×100+일

- 일수 : 연초부터 카운팅한 날짜 수(1~366)

반대로 다음과 같이 월을 4분기에 포함시켜 표시하는 방법도 있습니다. 데이터양이 적고 과적합을 억제하고 싶을 때 유효할 수 있습니다.

- 사분기: 1~3월은 1, 4~6월은 2, 7~9월은 3, 10~12월은 4

- 상순 · 중순 · 하순: 1~10일은 1, 11~20일은 2, 21~31일은 3

요일, 공휴일, 휴일

특히 사람의 행동과 관련된 데이터는 주로 '요일'에 일련의 경향이 나타날 때가 많습니다. 요일을 0~6과 같은 정숫값으로 레이블 인코딩하는 방법도 있고, 레벨이 7개뿐인 데다 경향이 요일별로 다를 수 있어 원-핫 인코딩할 수도 있습니다.

그 밖에 다음과 같은 특징도 생각할 수 있습니다.

- 토요일 · 일요일 · 공휴일에 해당하는가 아닌가?

- 다음 날과 다음다음 날이 휴일인가 아닌가? 전날과 전전날이 휴일인가 아닌가?

- 연휴의 몇 번째 날인가?

특정 기념일

설날이나 크리스마스, 골든위크와 같은 특별한 날이나 그 전후일을 기준으로 일련의 경향이 두드러질 때가 있습니다. 이때는 해당일인지 여부를 나타내는 두 개 값의 변수를 만들면 유효할 수 있습니다. 또한 지정된 날짜가 아닌, 블랙 프라이데이나 슈퍼볼 등 연도에 따라 날짜가 달라질 경우에는 우선 각 연도에 해당일의 날짜를 일련의 정보로 특정한 뒤에 특징을 만듭니다.

예를 들어 캐글의 Walmart Recruiting II: Sales in Stormy Weather 대회는 슈퍼마켓 상품의 매출을 예측하는 문제였는데, 당시 필자의 솔루션에서는 기본적으로 가게 문을 닫는 크리스마스를 비롯해 소매업의 매상에 큰 영향을 미치는 블랙 프라이데이의 전후 며칠간을 특별한 날짜로 보고 특징으로 만들었습니다.

시, 분, 초

시간를 특징으로 활용하면 하루 중 주기적인 움직임을 반영할 수 있어 상당히 유효합니다. 24개의 이진변수를 만들고 싶지 않을 때나 시간이 지나치게 세밀하다고 생각될 때는 몇 시간 단위로 반올림하거나 특정 시간대인지 여부를 나타내는 이진변수만 만들어도 좋습니다.

분과 초의 경우 데이터에 특별한 성질이 없는 한 그 부분만을 잘라내 특징으로 삼는 건 큰 의미가 없습니다. 다만 시간을 수치로 다룰 경우나 1시간 단위가 세밀하지 않다고 판단될 경우, 분이나 초를 소수로 포함하는 게 효과적일 경우에는 사용합니다.

시간차

예측하려는 데이터와 어느 시점에서의 시간차를 특징으로 삼는 방법이 있습니다. 예를 들어 주택 가격을 예측하는 문제라면 건축 년수, 즉 건축한 뒤 몇 년이 지났는지 여부가 예측에 유효할 것입니다. 마찬가지로 주가일 경우에는 전회 배당이 있고 난 뒤로 며칠이 지났는지, 혹은 배당의 권리 확정일까지 앞으로 며칠 더 남았는지가 유효할 것입니다.

이러한 예들은 데이터별로 다른 시점을 기준으로 삼아 시간차를 산출하는 방법입니다. 한편으로는 연초부터의 날짜를 카운팅하는 방법처럼, 데이터의 공통된 시점을 기준점으로 삼아 시간차를 계산하는 패턴도 있습니다.

3.7 변수의 조합

여러 개의 변수를 조합함으로써 변수 간 상호작용을 표현하는 특징을 만들 수 있습니다.

다만, 변수끼리 기계적으로 무작정 조합하면 의미가 없는 변수가 대량 생성됩니다. 그렇다고 변수 간에 가능한 모든 조합을 망라하기도 어렵습니다. 이때는 데이터에 관한 배경 지식을 활용하여 어떤 식의 조합이 의미가 있을지 연구하고 특징을 만들어나갑니다. 또한 모델에서 출력되는 특징이나 상호작용의 중요도를 토대로 삼아 특징 생성의 지침으로 삼을 수도 있습니다 (특징의 중요도는 6.2.2절에서 설명합니다).

수치형 변수 × 범주형 변수

범주형 변수의 레벨별로 수치형 변수의 평균이나 분산과 같은 통계량을 취해 새로운 특징으로 삼을 수 있습니다. 이와 관련해 3.9절에서 다른 데이터셋의 데이터를 집약하여 특징을 만드는 방법을 소개하겠습니다. 한편 이 방법은 자신의 데이터셋을 집약하여 특징을 만들 수도 있으므로 다른 통계량을 구하거나 조건을 좁히는 등의 아이디어를 적용할 수 있습니다.

수치형 변수 × 수치형 변수

수치형 변수를 사칙연산하여 새로운 특징을 만들 수 있습니다. 그 밖에도 나머지 값을 구하는 연산이나 두 개의 변수가 서로 같은지 여부를 확인하는 연산도 생각해볼 수 있습니다.

캐글의 Zillow Prize: Zillow's Home Value Prediction(Zestimate) 대회에서는 집의 면적과 방의 개수라는 변수에 나눗셈을 적용하여, 방 하나의 면적이라는 목적변수에 영향을 줄 수 있는 특징을 생성해 성능을 개선했습니다.

> **NOTE**
> 다음과 같이 단순화한 예를 살펴보겠습니다. GBDT 모델은 덧셈·뺄셈보다 곱셈·나눗셈의 관계성을 파악하기 더 어려우므로, 모델이 미처 반영하지 못한 부분을 보완하려면 덧셈·뺄셈보다는 곱셈·나눗셈의 특징을 추가하기를 권합니다.
>
> - 목적변수 y와 변수 x_1, x_2가 있다고 가정합니다.
> - $x_1 + x_2$에 비례하여 y의 값이 바뀔 경우에는 x_1과 x_2 각각에 비례하는 부분으로 분리할 수 있습니다. GBDT 모델은 둘 이상의 수와 식을 더하여 합을 구하는 모델이므로 변수 x_1과 x_2의 영향을 따로 분리한 뒤 그 합을 표현할 수 있습니다.

한편 x_1 × x_2에 비례하여 y의 값이 비뀔 경우에는 변수 x_1과 x_2의 분기 조합으로 나타내야 하므로 GBDT 모델로는 그 영향을 표현하기 어렵습니다.

범주형 변수 × 범주형 변수

여러 개의 범주형 변수를 조합하여 새로운 범주형 변수로 만들 수 있습니다. 결합한 뒤의 최대 레벨 수는 본래의 변수 레벨 수의 곱이 됩니다. 예를 들면 변수 A는 [1, 2]의 레벨을 갖고 변수 B는 [3, 4]의 레벨을 가질 때, 새로운 범주형 변수의 레벨은 A와 B 각각의 레벨의 경우를 확인하여 [1, 3], [2, 4], [2, 3], [2, 4]의 4개 레벨을 갖는 변수를 만들 수 있습니다. 즉 두 변수의 레벨이 많을 경우, 결합하면 레벨 개수가 매우 많은 범주형 변수가 될 수 있으므로 주의해야 합니다. 만드는 방법은 변수를 문자열로서 서로 연결한 뒤에 3.5절에서 설명했던 '범주형 변수 변환'을 적용합니다.

> **NOTE**
>
> 범주형 변수를 서로 조합하여 만든 변수를 변환할 때는 타깃 인코딩이 효과적입니다. 목적변수의 평균을 계산하는 그룹이 더 세분화되는 만큼, 더 특징적인 일련의 경향을 파악할 가능성이 높아지기 때문입니다. 물론 세분화될수록 평균을 계산하는 모집단이 줄어들고 과적합의 위험이 높아지는 점은 주의해야 합니다. 이 방법으로 기존에는 얻을 수 없었던 새로운 경향을 파악할 가능성이 있습니다. 한편 원-핫 인코딩 변환은 레벨이 너무 많아져 적합하지 않으며 레이블 인코딩은 변수들을 일부러 조합하는 의미가 없습니다.
>
> 필자는 캐글의 BNP Paribas Cardif Claims Management 대회에서 범주형 변수 조합에 타깃 인코딩을 적용하여 극적으로 점수를 올릴 수 있었습니다. 15개의 범주형 변수 중에서 최대 11개 범주형 변수의 결합을 선택 방법을 바꿔서 다수 생성하였습니다. 자세한 내용은 'XGBOOST with combination of factors'[19]를 참조해주세요.

행의 통계량 구하기

행의 방향, 즉 행 데이터별로 여러 변수의 통계량을 구하는 방법이 있습니다. 모든 변수를 대상으로 할 수도 있겠지만, 의미를 고려해서 일부 변수로 범위를 좁히는 편이 효과적입니다. 결측

---

19 *https://www.kaggle.com/rsakata/xgboost-with-combination-of-factors*

값, 제로, 마이너스 값의 수를 계산하거나 평균, 분산, 최대, 최소 등의 통계량 계산을 생각해볼 수 있습니다.[20]

3.8 다른 정형 데이터와의 결합

지금까지 어느 한 종류의 데이터셋에서 변수를 어떻게 변환하는지 살펴보았습니다. 그러나 경진 대회에 따라서는 학습 데이터와 테스트 데이터 이외의 데이터가 주어질 수도 있습니다. 예를 들면 상품의 개체entity나 속성property 같은 상세 정보를 가진 상품 마스터 등의 마스터 데이터master data와, 사용자 행동의 로그 데이터 등 특정 시점에 발생하는 이벤트 내역을 기록한 트랜잭션 데이터transaction data가 있습니다.

이 데이터를 학습에 사용하려면 먼저 학습 데이터와 결합해야 합니다. 이때 학습 데이터의 행과 대상 데이터의 행이 서로 일대일 대응하거나 또는 일대다 대응하는지 여부가 중요합니다.

일대일 대응하는 경우는 간단합니다. 예를 들어 다음 [그림 3-18)와 같이 상품 ID가 상품 마스터와 일대일 대응할 때는 단순하게 상품 ID를 키로 삼아 데이터셋을 결합하면 됩니다.

사용자와 상품의 결합 관련,
구매 여부를 예측하는 문제의 학습 데이터

사용자 ID	상품 ID	(기타 정보)	목적변수
1	P1	…	0
1	P2	…	0
2	P1	…	0
2	P2	…	1
2	P4	…	1
…			…
1000	P1	…	1
1000	P2	…	1
1000	P10	…	0
1000	P11	…	0

상품 마스터

상품 ID	상품 구분	가격	(기타 상품 정보)
P1	C1	550	…
P2	C1	100	
P3	C2	300	
…	…	…	…
P98	C1	200	
P99	C5	1000	
P100	C5	1500	

그림 3-18 상품 ID와 상품 마스터가 일대일 대응

....
20 'FEATURE ENGINEERING' 슬라이드 40
   https://www.slideshare.net/HJvanVeen/feature-engineering-72376750

일대다 대응하는 경우는 조금 복잡합니다. 예를 들어 [그림 3-19]와 같은 사용자의 행동 로그 데이터가 있을 때 각 사용자의 로그 행은 여러 개입니다. 이럴 때는 로그 데이터의 통계량을 구하는 등 집약하고, 각 사용자에 대해 하나의 행으로 만든 뒤 결합해야 합니다. 통계량을 구하는 방법이 여러 가지인 만큼 다양한 특징을 만들 수 있습니다. 이 통계량을 구하는 방법은 다음 절에서 더 자세히 소개합니다.

사용자 행동 로그

사용자 ID	날짜	이벤트	상품 ID	(기타 로그 정보)
2	2018/1/1 XX:XX:XX	페이지 조회	P1	…
2	2018/1/1 XX:XX:XX	문의	P1	…
2	2018/1/1 XX:XX:XX	페이지 조회	P2	…
7	2018/1/1 XX:XX:XX	로그인	–	…
7	2018/1/1 XX:XX:XX	페이지 조회	P5	…
7	2018/1/1 XX:XX:XX	페이지 조회	P6	…
7	2018/1/1 XX:XX:XX	페이지 조회	P2	…
…	…	…	…	…
2	2018/6/30 XX:XX:XX	로그인	–	…
2	2018/6/30 XX:XX:XX	페이지 조회	P4	…
2	2018/6/30 XX:XX:XX	페이지 조회	P10	…
2	2018/6/30 XX:XX:XX	페이지 조회	P4	…
1000	2018/6/30 XX:XX:XX	페이지 조회	P1	…
1000	2018/6/30 XX:XX:XX	페이지 조회	P5	…

그림 3-19 사용자 행동 로그 데이터

다음은 데이터셋을 결합 처리하는 예제 코드입니다.

(ch03/ch03-03-multi_tables.py 참조)

```
# 앞에서 설명한 그림 형식의 데이터프레임이 있다고 가정
# train: 학습 데이터(사용자 ID, 상품 ID, 목적변수 등의 열이 있음)
# product_master: 상품 마스터(상품 ID와 상품의 정보를 나타내는 열이 있음)
# user_log: 사용자 행동의 로그 데이터
# (사용자 ID와 각 행동의 정보를 나타내는 열이 있음)

# 학습 데이터와 상품 마스터 데이터의 결합
train = train.merge(product_master, on='product_id', how='left')
```

```
# 로그 데이터의 사용자별 행의 수를 구하여, 학습 데이터와 결합
user_log_agg = user_log.groupby('user_id').size().reset_index().rename(columns={0:
'user_count'})
train = train.merge(user_log_agg, on='user_id', how='left')
```

실제 경진 대회의 사례를 몇 가지 소개하겠습니다. 경진 대회에서는 다양한 종류의 데이터가 주어지는데, 여러 개의 데이터셋이 주어졌을 때는 해당 데이터셋들이 서로 어떤 관계인지를 이해한 뒤 정보가 적절히 유지되도록 집약하고 결합합니다.

캐글의 Instacart Market Basket Analysis 대회에서는 학습 데이터에 상품 ID가 있었고, 상품 마스터로서 상품명과 상품 분류가 다른 데이터셋으로 주어졌습니다.

캐글의 Zillow Prize: Zillow's Home Value Prediction(Zestimate) 대회에서는 사용자가 구매한 부동산의 상세한 정보가 별도 데이터셋으로 부여되었습니다. 다만 부동산 정보가 매년 갱신되므로 대상이 되는 연도만큼의 정보가 존재했습니다. 사용자는 어느 연도의 정보를 사용할지 선택할 수 있었지만, 부동산 구매 시점 이후의 상세 정보는 목적변수에 가까운 정보가 포함되어 있었으므로 데이터 누출이 발생하지 않도록 주의해야 했습니다.

캐글의 PLAsTiCC Astronomical Classification 대회는 천체의 관측 결과를 통해 천체 종류를 분류하는 문제였습니다. 각 천체까지의 거리 등 메타 정보와 더불어 시계열에서의 관측 결과가 별도의 데이터셋으로 주어졌으므로, 해당 시계열 정보를 천체마다 집약한 뒤 모델을 구축해야 했습니다. 이 경진 대회에서는 해당 시계열의 관측 데이터를 어떻게 다룰 것인지가 문제 해결의 열쇠였습니다.

3.9 집약하여 통계량 구하기

지금부터 일대다 대응하는 데이터를 집약하여 어떤 특징을 생성할 수 있을지 생각해보겠습니다.

어떤 온라인 쇼핑몰에 가입일이나 나이 등의 사용자 정보와 함께 상품 구매 이력과 사이트 열람 사용자의 행동 로그가 있습니다. 이 사용자 행동 로그를 집약하여 사용자 속성이나 행동을 예측하는 특징을 만든다고 가정합니다. 구체적인 예측 대상으로는 향후 구매 금액, 탈퇴할지 여부, 옵션 서비스에 가입할지 여부 등이 있겠지만 여기서 특별히 정해두지는 않겠습니다.

이때 사용하는 데이터 이미지는 다음 [그림 3-20] 및 [그림 3-21]과 같습니다.

사용자 마스터

사용자 ID	나이	성별	가입일	직업	(기타 사용자 속성)
1	40	M	2016/1/28	A	…
2	32	F	2016/2/5	B	…
3	24	M	2016/2/7	A	…
4	17	M	2016/2/9	B	…
5	43	F	2016/2/9	D	…
…	…	…	…	…	…
997	22	M	2018/10/28	A	…
997	42	M	2018/10/28	C	…
998	21	F	2018/10/29	A	…
999	26	M	2018/10/30	F	…
1000	27	M	2016/10/30	E	…

그림 3-20 온라인 쇼핑몰의 사용자 마스터 데이터

사용자 행동 로그

사용자 ID	날짜	이벤트	상품 분류	상품	가격
114	2018/1/1 XX:XX:XX	페이지 조회	서적	파이썬 도서	1800
114	2018/1/1 XX:XX:XX	페이지 조회	서적	R 도서	2500
114	2018/1/1 XX:XX:XX	페이지 조회	서적	파이썬 도서	1800
114	2018/1/1 XX:XX:XX	장바구니 추가	서적	R 도서	2500
114	2018/1/1 XX:XX:XX	구매	서적	R 도서	2500
3	2018/1/1 XX:XX:XX	페이지 조회	식품	사과	150
4	2018/1/1 XX:XX:XX	페이지 조회	의류	구두	8000
…	…	…	…	…	…
3	2018/12/31 XX:XX:XX	구매	식품	귤	100
997	2018/12/31 XX:XX:XX	페이지 조회	서적	파이썬 도서	1800
3	2018/12/31 XX:XX:XX	페이지 조회	식품	사과	200
3	2018/12/31 XX:XX:XX	페이지 조회	식품	바나나	150
997	2018/12/31 XX:XX:XX	장바구니 추가	서적	파이썬 도서	1800
997	2018/12/31 XX:XX:XX	구매	서적	파이썬 도서	1800
997	2018/12/31 XX:XX:XX	페이지 조회	식품	귤	100

그림 3-21 온라인 쇼핑몰의 사용자 행동 로그 데이터

3.9.1 단순 통계량 구하기

먼저 사용자 ID마다 다음과 같은 통계량을 구할 수 있습니다.

- **카운트(행 데이터 수)**

  단순하게 사용자별 로그가 몇 행 있는지 확인

- **카운트(유일값 수)**

  구매한 상품의 종류 수, 로그 이벤트의 종류 수, 이용한 일수(=같은 날 이용은 중복 카운팅 제외) 등과 같이 행의 수가 아닌 종류의 수를 특징으로 삼는 방법

- **존재 여부**

  로그인 오류가 있는지, 특정 페이지를 방문한 기록이 있는지 등 어떤 종류의 로그가 존재하는지 여부를 두 개 값을 갖는 이진변수로 나타내는 방법

- **합계, 평균, 비율**

  구매 건수 및 구매 금액의 합계나 평균, 웹사이트 체류 시간의 총합이나 이용일별 평균 체류시간, 범주형 변수의 각 레벨의 비율 등

- **최대, 최소, 표준편차, 중앙값, 분위점, 첨도, 왜곡도**

  다양한 통계량을 구할 수 있음. 값의 편차가 심해 평균이 큰 값으로 기울어질 경우에는 중앙값이나 분위점이 유효

3.9.2 시간 정보 통계량 구하기

로그 등의 데이터는 시간 정보를 포함하므로 이를 이용해 특징을 만들 수 있습니다.

- **최초 또는 최근 행 데이터의 정보**

  가장 가까운 시점에 구매한 상품이나 행동, 또는 가입 후 최초로 구매한 상품 등

- **간격 또는 빈도 정보**

  상품의 구매 빈도나 구매 사이클, 사이트의 열람 빈도 등

- **포인트 시점, 이벤트 발생 간격, 다음 행 데이터의 정보**

  장바구니에 상품을 넣고 바로 구매했는지 여부나 신상품 출시 후 열람까지 걸리는 시간 등, 포인트가 되는 시점에서 이벤트가 발생할 때 다음 예상 행동의 행 데이터 정보나 다음

행동까지 걸리는 시간 간격 정보

- **순서, 추이, 동시출현, 연속 관련 정보**
  - 2가지 행동 중에 먼저 발생한 행동
  - 연속되는 행동의 종류를 조합해 카운팅(자연어 처리의 n-gram과 비슷한 개념)
  - 특정 웹페이지의 열람 추이나 체류 시간 등
  - 동시 구매 상품, 대체 구매 상품
  - 3일 이상 연속 로그인 여부, 연속 로그인한 일수의 최댓값 등

이번에는 실제 경진 대회에서 만들어진 특징을 소개합니다.

캐글의 Facebook Recruiting IV:Human or Robot? 대회는 옥션 사이트의 입찰이 인간과 봇 중 어느 쪽에 의한 것인지를 판별하는 문제였습니다. 봇이 더 빠르게, 많이 입찰한다는 점에서 입찰 횟수의 평균과 입찰 간격의 중앙값을 특징으로 삼는 방법이 채택되었습니다.

캐글의 Rossmann Store Sales 대회에서는 장기 휴가가 일정 기간 지속될 때 그것이 며칠간 지속되는지를 특징으로 삼았습니다.[21]

캐글의 Instacart Market Basket Analysis 대회에서는 어떤 상품의 가장 최근 주문 여부를 보여주는 배열을 주고, 그 배열에 가장 최근 기록부터 중요도를 매겨 수치로 변환하는 기술을 사용했습니다.[22]

구체적으로는 가장 최근부터 1.0, 0.1, 0.01, …과 같이 가중치를 부여하여 [1, 1, 0, 0]을 1.100, [0, 1, 0, 1, 0, 1]을 0.10101과 같이 변환합니다. 참고로 가장 최근부터 0.5, 0.25, 0.125, …와 같이 가중치를 부여할 수도 있겠지만, GBDT 모델의 특징으로 삼을 때는 대소 관계가 유지된다면 가중치의 크기에 영향을 받지 않습니다.

....
21 *https://www.kaggle.com/c/rossmann-store-sales/discussion/18024*
22 *https://medium.com/kaggle-blog/instacart-market-basket-analysis-feda2700cded*

3.9.3 조건 변경하기

특정 행동이나 특정 시간대의 움직임에 주목하는 등 조건을 바꾸어가며 통계량을 구할 수 있습니다. 예를 들면 다음과 같은 방법이 있습니다.

- **특정 종류의 로그 조건 설정**
  - 구매 완료, 상품 찜하기 등의 특정 이벤트로 조건 설정
  - 특정 상품이나 카테고리 구매, 특정 웹페이지 열람 등으로 조건 설정
- **집계 대상의 시간 및 기간 조건 설정**
  - 아침, 점심, 저녁 등 시간대를 나누어 집계하거나, 특정 요일 또는 휴일 여부로 집계
  - 최근 1주나 1개월, 가입일로부터 1주 등 기간을 좁혀 집계

3.9.4 집계 단위 변경하기

사용자 ID 단위뿐만 아니라 소속 그룹 단위로도 집계할 수 있습니다. 예를 들어 같은 지역의 사용자 또는 같은 성별, 연령층, 직업 등으로 그룹화할 수 있습니다. 또한 이용 목적이 같다고 판단되는 사용자를 군집화^{clustering}하여 그룹으로 묶을 수도 있습니다.

이후 3.12.3절에서 설명하겠지만, 해당 사용자가 집계한 값과 소속 그룹에서 집계한 값의 차이나 비율을 특징으로 할 수도 있습니다.

3.9.5 아이템이나 이벤트에 주목하기

지금까지는 사용자 속성이나 행동을 예측하기 위해 주로 사용자 측에 주목했습니다. 그와 반대로 아이템이나 이벤트에 주목했을 때 얻을 수 있는 특징도 있습니다.

아이템 또는 이벤트 중심으로 로그 집계

해당 상품이 인기 상품인지, 이벤트가 자주 발생하는지, 구매한 요일과 시간대는 언제인지, 계절 등의 주기적인 움직임은 있는지 등을 집계를 통해 파악할 수 있습니다.

로그에 사용자 정보를 추가한 뒤 집계할 수도 있습니다. 그러면 예를 들어 여성에게 인기 있는 상품인지 여부와 같은 성질을 파악할 수 있습니다. 목적변수에도 부가 정보를 추가해 집계할

수는 있으나, 해당 시점에는 사용할 수 없는 정보를 사용하는 데이터 누출로 이어지지 않도록 주의해야 합니다.

아이템 중심으로 그룹화

예를 들어 사과와 귤이 있을 때 과일이라는 범주로 묶어서 다룰 수 있습니다. 경진 대회에 따라서는 아이템이 속하는 범줏값의 정보가 주어지기도 하지만, 범주의 정도가 지나치게 세밀할 때는 몇 가지로 범주를 묶어보는 것을 고려해볼 수 있습니다.

특별 상품에 주목

사용자 행동이나 속성의 포인트가 될 만한 상품이 있다면 거기에 주목해도 좋습니다. 실제로 캐글의 Instacart Market Basket Analysis 대회에서 2위를 차지한 솔루션은 유기농, 글루텐 프리, 아시아의 아이템에 주목했습니다.

아이템 중심의 특징 생성

이들 방법을 바탕으로 다음과 같은 흐름에 따라 특징을 만들 수 있습니다.

① 앞에서 설명한 방법으로 아이템 또는 이벤트의 성질이나 속성을 수치 데이터 또는 두 개 값을 갖는 플래그로 표현

② 특징과 속성을 표현하는 값을 로그 데이터에 추가

③ 추가된 값을 바탕으로 조건을 구체화하거나, 해당 값을 대상으로 사용자별 통계량을 구하여 특징화

3.10 시계열 데이터 처리

지금부터 시계열 데이터time-series data를 설명합니다. 시계열 데이터에는 특유의 성질이나 주의점이 있어서, 시간적인 정보를 적절하게 다루지 않을 경우 본래대로라면 예측에 사용할 수 없는 정보를 이용해 특징을 만들어버릴 때도 있습니다.

먼저 시계열 데이터의 종류나 성질과 주의점, 데이터 조작을 설명합니다. 이어서 시계열 데이

터에서 특징을 생성하는 방법을 설명합니다. 마지막으로 경진 대회의 데이터 형식상 사용할 수 있는 데이터의 기간에 관한 주의사항을 소개합니다.

3.10.1 시계열 데이터란?

시간의 추이와 함께 순차적으로 관측한 데이터를 시계열 데이터라고 합니다. 경진 대회에도 자주 등장하는데, 실제로 시계열 문제나 데이터라 불리는 대상의 형식은 다양하며 그 형식에 따른 취급 방식도 여러 가지입니다.

시계열 데이터를 다루는 방식은 다음과 같은 관점에서 파악할 수 있습니다.

① 시간 정보를 가지는 변수가 있는지 여부

② 학습 데이터와 테스트 데이터가 시계열로 나뉘어 있는지, 시간에 따라 분할하고 검증해야 할지 여부

③ 사용자나 매장 등 계열별로 시계열의 목적변수가 있는지, lag 특징을 취할 수 있는 형식이 있는지 여부(lag 특징은 3.10.4절 참조)

①에 해당할 경우에는 3.9.2절에서 설명했듯이 시간 정보를 적절히 활용하여 특징을 만들 수 있습니다.

②에 해당할 경우에는 시간에 따라 분할한 검증을 실시함과 동시에 특징에 관해서도 미래 정보를 부적절하게 사용하지 않도록 주의해야 합니다. 시계열 데이터의 검증은 5.3절에서 다시 설명합니다.

③에 해당할 경우에는 과거의 목적변수가 미래 예측에 중요한 정보가 되므로 lag 특징을 만들게 됩니다. 그럼, 더 구체적인 경진 대회의 문제 사례를 살펴보겠습니다.

Case A: ①에 해당할 경우

- 사용자 속성과 과거 행동 로그를 제공
- 예측 대상이 1개월 이내에 해지할지 여부
- 특정 시점을 기준으로 사용자를 나누고, 학습 데이터와 테스트 데이터를 작성

Case B: ①과 ②에 해당할 경우

- 사용자 속성과 과거 행동 로그를 제공

- 예측 대상이 1개월 이내에 해지할지 여부

- 테스트 데이터는 특정 시점의 사용자 전체이며, 학습 데이터로는 과거 매월 초마다 현존하던 사용자 정보와 해당 월에 탈퇴했는지 여부를 제공

Case C: ①, ②, ③에 전부 해당할 경우

- 사용자 속성과 과거의 행동 로그 외에, 사용자의 과거 이용 시간을 일별 데이터로 제공

- 예측 대상은 일별 이용 시간

- 테스트 데이터는 특정 시점의 사용자 전체 정보와 미래의 일정 기간 내 일별 데이터의 조합이며, 사용자의 과거 이용 시간으로부터 학습 데이터를 작성할 수 있음

Case A의 데이터는 다음 [그림 3-22]와 같습니다. 문제로서는 시계열 요소가 희박하지만, 과거의 행동 로그에서 특징을 생성한다는 점에서 시간 정보를 이용할 수 있습니다.

사용자 속성과 목적변수
(학습 데이터)

사용자 ID	나이	성별	(기타 사용자 속성)	목적변수
1	M	42	…	0
2	F	34	…	1
3	M	5	…	1
…	…	…	…	…
999	M	10	…	0
1000	F	54	…	0

(테스트 데이터)

사용자 ID	나이	성별	(기타 사용자 속성)	목적변수
1001	F	20	…	NULL
1002	F	25	…	NULL
1003	M	21	…	NULL
…	…	…	…	…
1999	F	37	…	NULL
2000	M	29	…	NULL

사용자 행동 로그

사용자 ID	날짜	이벤트	(기타 이벤트 정보)
1996	2018/1/1 XX:XX:XX	로그인	…
1996	2018/1/1 XX:XX:XX	서비스 이용	…
7	2018/1/1 XX:XX:XX	로그인	…
7	2018/1/1 XX:XX:XX	서비스 이용	…
7	2018/1/1 XX:XX:XX	과금	…
7	2018/1/2 XX:XX:XX	서비스 이용	…
7	2018/1/2 XX:XX:XX	서비스 이용	…
…	…	…	…
1	2018/12/31 XX:XX:XX	서비스 이용	…
1	2018/12/31 XX:XX:XX	서비스 이용	…
1	2018/12/31 XX:XX:XX	서비스 이용	…
1	2018/12/31 XX:XX:XX	서비스 이용	…
11	2018/12/31 XX:XX:XX	로그인	…
11	2018/12/31 XX:XX:XX	과금	…
11	2018/12/31 XX:XX:XX	서비스 이용	…

그림 3-22 시계열 데이터 A

Case B의 데이터는 다음 [그림 3-23]과 같습니다. 사용자 속성을 결합하거나 과거의 행동 로그로부터 특징을 작성함과 동시에, 시간으로 분할한 검증을 시행합니다.

이 문제에서는 미래 정보를 부적절하게 사용하면, 예를 들어 어떤 월의 행동 로그가 없다는 미래 정보를 알고 있다면 그 이전에 해지했다는 사실을 예측할 수 있습니다. 그러나 테스트 데이터 기간 이후의 로그는 없으므로 그러한 정보를 테스트 데이터 예측에 사용할 수는 없습니다.

사용자, 대상년월, 목적변수
(학습 데이터)

사용자 ID	대상년월	목적변수
1	2018/1	0
1	2018/2	0
1	…	0
1	2018/12	0
2	2018/9	0
2	2018/10	1
…	…	…
1999	2018/1	0
1999	2018/2	0
1999	2018/3	1
2000	2018/11	0
2000	2018/12	0

사용자 속성

사용자 ID	나이	성별	(기타 사용자 정보)
1	M	42	…
2	F	34	…
3	M	5	…
4	M	10	…
5	F	54	…
…	…	…	…
1996	F	20	…
1997	F	25	…
1998	M	21	…
1999	F	37	…
2000	M	29	…

사용자 행동 로그(케이스 A와 동일)

사용자 ID	날짜	이벤트	(기타 이벤트 정보)
1996	2018/1/1 XX:XX:XX	로그인	…
1996	2018/1/1 XX:XX:XX	서비스 이용	…
7	2018/1/1 XX:XX:XX	로그인	…
7	2018/1/1 XX:XX:XX	서비스 이용	…
7	2018/1/1 XX:XX:XX	과금	…
7	2018/1/2 XX:XX:XX	서비스 이용	…
7	2018/1/2 XX:XX:XX	서비스 이용	…
…	…		
1	2018/12/31 XX:XX:XX	서비스 이용	…
1	2018/12/31 XX:XX:XX	서비스 이용	…
1	2018/12/31 XX:XX:XX	서비스 이용	…
1	2018/12/31 XX:XX:XX	서비스 이용	…
11	2018/12/31 XX:XX:XX	로그인	…
11	2018/12/31 XX:XX:XX	과금	…
11	2018/12/31 XX:XX:XX	서비스 이용	…

(테스트 데이터)

사용자 ID	대상년월	목적변수
1	2019/1	NULL
2	2019/1	NULL
3	2019/1	NULL
…	…	…
1999	2019/1	NULL
2000	2019/1	NULL

그림 3-23 시계열 데이터 B

Case C의 데이터는 다음 [그림 3-24]와 같습니다(사용자 속성이나 과거의 행동 로그는 Case B와 마찬가지로 부여된다고 가정합니다). 학습을 진행하려면 이 데이터를 변환하여 [그림 3-25]와 같이 사용자 및 날짜 조합에 대해 목적변수가 있는 형식으로 만들어야 합니다. 여기에 Case B와 마찬가지로 사용자 속성이나 과거의 행동 로그로부터의 특징을 추가하고, 사용자의 전날 이용 시간 등 lag 특징도 만들어 더하게 될 것입니다.

이용 시간 데이터셋(와이드 포맷)

(학습 데이터)

날짜/사용자 ID	1	2	3	...	2000
2018/1/1	31	0	41	...	0
2018/1/2	77	0	43	...	0
2018/1/3	81	0	71	...	0
2018/1/4	57	0	60	...	0
2018/1/5	62	0	67	...	0
...	...	...	...	...	...
2018/12/27	77	0	46	...	0
2018/12/28	0	0	41	...	0
2018/12/29	84	18	64	...	0
2018/12/30	46	7	64	...	32
2018/12/31	86	10	70	...	19

(테스트 데이터)

날짜/사용자 ID	1	2	3	...	2000
2019/1/1	NULL	NULL	NULL	...	NULL
2019/1/2	NULL	NULL	NULL	...	NULL
...	...	...	...	...	...
2019/1/30	NULL	NULL	NULL	...	NULL
2019/1/31	NULL	NULL	NULL	...	NULL

- 와이드 포맷에서 행 = 날짜, 열 = 사용자 ID, 값 = 일별 사용자 이용 시간
- 사용자 속성 및 사용자 행동 로그는 케이스 B와 마찬가지로 부여됨

그림 3-24 시계열 데이터 C(와이드 포맷)

이용 시간 데이터셋(롱 포맷)

(학습 데이터)

사용자 ID	날짜	이용 시간
1	2018/1/1	31
1	2018/1/2	77
1	...	...
1	2018/12/30	46
1	2018/12/31	86
2	2018/1/1	0
2	...	0
2	2018/12/30	7
2	2018/12/31	10
...	...	...
2000	2018/1/1	0
2000	2018/1/2	0
2000	...	...
2000	2018/12/30	32
2000	2018/12/31	19

(테스트 데이터)

사용자 ID	날짜	이용 시간
1	2019/1/1	NULL
1	2019/1/2	NULL
1	...	...
1	2019/1/31	NULL
2	2019/1/1	NULL
...	...	...
1999	2019/1/31	NULL
2000	2019/1/1	NULL
2000	2019/1/2	NULL
2000	...	...
2000	2019/1/31	NULL

그림 3-25 시계열 데이터 C(롱 포맷)

3.10.2 데이터 정보 누출에 대비한 제약사항

예측 시점보다 과거 정보만 사용

앞에서 살펴본 Case B와 Case C의 경우, 미래 데이터를 부적절하게 사용하면 목적변수의 데이터 정보 누출을 일으킬 가능성이 있습니다. 시계열 데이터에서 이러한 데이터 정보 누출이 일어나는 이유는 다음과 같습니다.

- **목적변수가 과거의 목적변수 정보를 포함할 경우**
  - 미래에 방문 횟수가 증가한다면 특정 시점까지의 방문 횟수 역시 증가할 가능성이 높습니다.
  - 10년 후의 평균 기온을 알고 있다면 8년 후의 평균 기온을 예측하기 쉽습니다.

- **목적변수 이외의 데이터가 과거의 목적변수 정보를 포함할 경우**
  - 어떤 월의 행동 로그가 없다면 그 이전에 해지했을 가능성이 있습니다(해지 여부라는 목적변수 정보를 포함).
  - 어떤 상품의 프로모션 증가는 그 이전에 해당 상품의 판매 상황이 좋았던 게 원인일 수 있습니다(상품의 판매 건수라는 목적변수 정보를 포함).

따라서 목적변수뿐만 아니라 목적변수 이외의 데이터도 눈여겨봐야 합니다. 즉, 시계열 데이터를 깔끔하게 다루려면 다음과 같이 예측 시점보다 과거 정보만을 사용한다는 제약사항을 지켜서 특징을 만들고 검증을 수행해야 합니다.

- 행의 특징을 생성할 때는 해당 시점보다 앞선 데이터를 쓰지 않습니다(3.10.4절 참조).
- 검증할 때 학습 데이터에 검증 데이터보다 미래의 행 데이터를 포함시키지 않습니다(5.3절 참조).

과거 정보만 사용하는 제약을 완화

한편, 분석 문제나 데이터에 따라서는 과거 정보만을 사용한다는 제약에서 벗어나고 싶을 때도 있습니다. 예를 들면 다음과 같은 경우입니다.

- 시계열적인 성질이 약해 목적변수가 과거의 목적변수 정보를 많이 포함하지 않는 경우

- 특징을 만들 때 사용하는 데이터 성질상 과거의 목적변수 정보를 별로 포함하지 않는 경우

- 데이터가 부족해 정보 누출의 위험보다는 충분한 데이터를 이용한 학습을 우선할 경우

이럴 때 시계열 데이터라고 알고 있어도 그와 상관없이 미래 정보를 포함하여 학습 데이터나 테스트 데이터의 기간 전체에서 일부 특징을 만들기도 합니다. 다만, 테스트 데이터에는 사용할 수 없는 정보를 사용하여 검증 데이터에 유리한 예측을 해버릴 가능성이 있으니 충분히 주의해야 합니다.

덧붙여, 검증 데이터에 유리한 예측이 너무 많아지면 테스트 데이터에 관한 예측 평가인 Public Leaderboard의 점수가 떨어진다는 점도 참고해주세요.

3.10.3 와이드 포맷과 롱 포맷

앞서 3.10.1절에서 살펴본 Case C일 경우의 데이터 처리 방법을 알아보겠습니다.

[그림 3-24]에서처럼 키^{key}가 되는 변수 A, B를 각각 행과 열로 하고, 관심 대상 변수 C를 값으로 하는 형식의 데이터셋을 여기서는 와이드 포맷$^{wide\ format}$이라고 하겠습니다.[23] 이 경우 키가 되는 변수는 날짜와 사용자이고 관심 대상 변수는 이용 시간입니다.

[그림 3-25]에서처럼 키가 되는 변수 A, B를 모두 열로 하고, 대상 변수뿐만 아니라 다른 변수도 열에 포함할 수 있는 형식의 데이터셋을 여기서는 롱 포맷$^{long\ format}$이라고 하겠습니다. 이 경우 키가 되는 변수인 날짜와 사용자별로 목적변수나 사용자 속성 등의 변수를 유지할 수 있습니다.

와이드 포맷은 주목 대상 변수만 유지할 수 있지만, 해당 변수의 시계열적인 변화를 알아보기 쉽고 뒤에서 설명할 lag 특징을 구할 때 다루기 쉽습니다. 한편 학습을 진행할 때는 날짜와 사용자별로 목적변수를 가지는 롱 포맷으로 만들어야 합니다.

롱 포맷으로 주어진 데이터를 와이드 포맷으로 변환한 뒤에 특징을 만들고, 변환된 데이터를

---

23 와이드 포맷은 다음 자료를 참고하세요.
　　1) `https://www.datacamp.com/community/tutorials/long-wide-data-R`
　　2) `https://seananderson.ca/2013/10/19/reshape/`

다시 롱 포맷으로 변환해 특징을 부가한 뒤 학습을 실시하는 경우가 있으므로 이러한 포맷 전환에 익숙해지면 편리합니다.

팬더스에서 이를 다룰 때는 다음 내용을 이해해두면 좋습니다. 구체적인 사용 방법은 이어서 소개하는 예제 코드를 참조하세요.

- 와이드에서 롱 포맷으로 바꾸려면 DataFrame의 stack 메서드를 사용

- 롱에서 와이드 포맷으로 바꾸려면 DataFrame의 pivot 메서드를 사용

그 외에도 몇 가지 선택지가 있습니다. 팬더스의 온라인 매뉴얼 항목에서 Reshapingand Pivot Tables[24]을 참고해주세요.

추가로, 다중 인덱스^{multiIndex}가 나오면 다루기 어려울 수 있으니 다음 내용을 참고하면 도움이 될 것입니다.

- 행의 다중 인덱스는 중복되는 인덱스를 DataFrame의 reset_index 메서드로 데이터셋의 인덱스 재설정을 통해 없애줍니다.

- 열의 다중 인덱스는 MultiIndex의 to_flat_index 메서드로 다중 인덱스를 레벨값들을 포함하는 튜플 형태의 인덱스로 만듭니다.

(ch03/ch03-04-time_series.py 참조)

```
# 와이드 포맷의 데이터 불러오기
df_wide = pd.read_csv('../input/ch03/time_series_wide.csv', index_col=0)
# 인덱스의 형태를 날짜형으로 변경
df_wide.index = pd.to_datetime(df_wide.index)

print(df_wide.iloc[:5, :3])
'''

            A    B    C
date
2016-07-01 532 3314 1136
2016-07-02 798 2461 1188
2016-07-03 823 3522 1711
```

----

[24] http://pandas.pydata.org/pandas-docs/stable/user_guide/reshaping.html

```
2016-07-04 937 5451 1977
2016-07-05 881 4729 1975
'''

# 롱 포맷으로 변환
df_long = df_wide.stack().reset_index(1)
df_long.columns = ['id', 'value']

print(df_long.head(10))
'''
          id  value
date
2016-07-01 A 532
2016-07-01 B 3314
2016-07-01 C 1136
2016-07-02 A 798
2016-07-02 B 2461
2016-07-02 C 1188
2016-07-03 A 823
2016-07-03 B 3522
2016-07-03 C 1711
2016-07-04 A 937
...
'''
# 와이드 포맷으로 되돌림
df_wide = df_long.pivot(index=None, columns='id', values='value')
```

3.10.4 lag 특징

앞서 살펴본 case C일 경우의 데이터에서는 과거 시점에서의 값을 그대로 특징으로 삼는 시차 lag 특징이 매우 효과적입니다(이 책에서는 이후 lag 특징으로 표기합니다). 여기에는 매장 × 날짜 × 목적변수라는 형식의 데이터가 있어서 미래의 날짜별 각 매장 매출을 예측하는 식의 문제를 생각해볼 수 있습니다.

과거의 매출 데이터는 다음 [그림 3-26)와 같이 와이드 포맷으로 주어졌다고 가정합니다.

날짜 및 매장별 매출 테이블

날짜/매장 ID	1	2	3	...	1000
2016/7/1	532	3,314	1,136	...	0
2016/7/2	798	2,461	1,188	...	0
2016/7/3	823	3,522	1,711	...	0
2016/7/4	937	5,451	1,977	...	0
2016/7/5	881	4,729	1,975	...	0
...	...	...	...	...	...
2018/6/26	796	2,871	1,232	...	1,415
2018/6/27	526	3,050	1,151	...	1,064
2018/6/28	842	3,420	1,576	...	1,430
2018/6/29	947	4,692	2,217	...	2,020
2018/6/30	1,455	5,546	2,785	...	1,904

(행 = 날짜, 열 = 매장 ID, 값 = 날짜별 각 매장 매출)
(매장 속성이나 날씨 등의 정보를 별도 부여)

그림 3-26 각 매장의 매출 예측 데이터

이러한 데이터에서는 예측 대상 값에 과거값, 특히 가장 최근값이 큰 영향을 미치므로 목적변수의 lag 특징이 단순하면서도 큰 효과를 갖습니다.

매장의 일별 매출을 예측한다면 당일 매출은 해당 매장의 전날 매출과 아마 비슷할 것입니다. 이때 단순히 그 매장의 1일 전 매출, 2일 전 매출과 같이 lag 특징을 만들어도 좋지만, 데이터에 주기적인 움직임이 보인다면 해당 주기에 따라 lag 특징을 구해도 효과적입니다. 예를 들면 사용자 행동이 요일의 영향을 받아 주 단위로 변화하는 주기가 있을 때 1주 전 매출, 2주 전 매출과 같이 lag 특징을 만들 수 있습니다.

단순한 lag 특징

shift 함수를 이용하면 시간적으로 변경된 값을 구하여 lag 특징을 만들 수 있습니다. 다음 코드에서 shift(1)의 경우 날짜 데이터는 1일 이전의 값을 현재 값으로 합니다. 예를 들면 첫 행의 데이터 날짜가 2016/07/01일 때 2016/07/02은 2016/07/01의 행의 값을 취합니다. 이때 2016/07/01의 행의 값은 이전 날짜의 값이 없으므로 전체 열 NaN의 값을 갖습니다. shift()의 입력을 7로 하면 변환할 날짜의 7일 이전의 값을 취합니다. shift(7)일 경우 2016/07/01부터 2016/07/07까지의 값은 NaN이 되고, 2016/07/08부터의 값은 2016/07/01의 값을 취하게 됩니다.

(ch03/ch03-04-time_series.py 참조)

```
# x는 와이드 포맷의 데이터프레임
# 인덱스 = 날짜 등 시간, 열 = 사용자나 매장 등, 값 = 매출 등 주목 대상 변수를 나타냄

# 1일 전의 값을 획득
x_lag1 = x.shift(1)

# 7일 전의 값을 획득
x_lag7 = x.shift(7)
```

이동평균과 기타 lag 특징

단순히 이동하는 것뿐만 아니라 이동평균$^{moving\ average}$, 즉 이동시켜 일정 기간의 평균값을 얻는 처리도 자주 이루어집니다.

주기적인 움직임이 있을 때는 해당 주기에 따라 이동평균을 구하면 그 영향을 없앨 수 있습니다. 예를 들어 날짜 데이터에 7일의 이동평균을 취하면 각 요일이 반드시 한 번씩 집계에 포함되므로, 요일에 따른 변동의 영향이 사라져 해당 주의 전체적인 경향을 파악할 수 있습니다.

팬더스의 rolling 함수와 mean 등의 요약 함수를 조합하면 다음과 같이 이동평균을 계산할 수 있습니다. 먼저 rolling 함수로 시계열에 따라 늦추어가면서 집계할 범위를 지정합니다. 이 범위를 window라고 부릅니다. window에는 평균을 계산하는 mean 함수를 적용합니다. 이러한 window를 집계하는 함수를 윈도 함수$^{window\ function}$라고 합니다.

(ch03/ch03-04-time_series.py 참조)

```
# shift() 함수로 각각의 날짜 데이터 값을 일정 기간 전 데이터로 치환(여기서는 1일 전)
# 첫 번째 행은 이전 날짜가 없어 NaN(빈 값)이 됨. 두 번째부터는 전날 데이터로 치환
# 변환된 데이터 기준으로 rolling() 함수를 이용. window=3(자신을 포함하여 3개 행)
# 3일 범위의 날짜 기간(자신 포함 이전 3일)의 데이터 평균을 구함
# 단, NaN이 하나라도 포함되면 NaN 반환

x_avg3 = x.shift(1).rolling(window=3).mean()
```

평균 이외에도 최댓값, 최솟값, 중앙값 등 다른 통계량을 이용할 수 있습니다. 그 밖에 또 어떤 통계량을 이용할 수 있을지 알아보려면 팬더스 문서에서 Window Functions[25] 항목과 Window[26] 항목을 참고하세요.

(ch03/ch03-04-time_series.py 참조)

```python
# 모든 날짜를 1일 이전 데이터로 치환한 뒤
# 변환된 데이터의 지정 시점부터 이전 날짜의 7일간의 범위에서 최댓값을 산출
x_max7 = x.shift(1).rolling(window=7).max()
```

한편, 처리가 조금 복잡하지만 주기에 따라 간격을 두고 데이터를 집계하는 아이디어도 있습니다.

(ch03/ch03-04-time_series.py 참조)

```python
# 7일 이전, 14일 이전, 21일 이전, 28일 이전의 합의 평균으로 치환
x_e7_avg = (x.shift(7) + x.shift(14) + x.shift(21) + x.shift(28)) / 4.0
```

과거 데이터의 집계 허용 범위

얼마나 먼 과거의 데이터까지 집계해서 평균을 구해야 하는지는 데이터의 성질에 따라 달라지므로 매번 확인해야 합니다. 오래된 정보 위주로 집계하면 최근 상황이 드러나지 않는 평균이 될 수 있습니다. 한편 장기간에 걸쳐 경향이 크게 변하지 않는 데이터라면 아예 장기간의 범위를 집계하는 편이 유리할 때도 있습니다. 그 밖에도 더 최신 정보에 가중치를 주는 가중이동평균weighted moving average이나 지수평활평균exponential smoothing average을 적용하는 방법도 있습니다.

다양한 단위나 조건으로 집계하여 lag 특징 생성

매장의 과거 매출뿐만 아니라 그 매장이 위치한 지역의 매출 평균과 같이 그룹화하여 집계한 결과로 lag 특징을 만들 수도 있습니다. 이때 앞서 살펴본 3.9.4절에서와 마찬가지로 다양한 집계 단위나 조건을 고려할 수 있습니다.

---

25 *https://pandas.pydata.org/pandas-docs/stable/user_guide/window.html#window-overview*
26 *https://pandas.pydata.org/pandas-docs/stable/reference/window.html*

목적변수 이외의 lag 특징 생성

목적변수가 아닌 변수의 시차[lag]를 특징으로 취할 수도 있습니다. 예를 들어 매출과 함께 그 날의 날씨도 부여될 수 있습니다. 당일 날씨뿐만 아니라 전날의 날씨도 당일 행동에 영향을 줄 수 있으므로 특징에 넣어봐도 좋겠습니다.

lead 특징

lag 특징과는 반대로, 날짜의 1일 뒤 값처럼 미래의 값을 특징으로 생성할 수도 있습니다. 이 것을 lead 특징이라고 합니다. 예를 들면 하루 뒤의 날씨 예보나 캠페인이 당일 행동에 영향을 줄 수 있습니다. 단, 기본적으로 미래의 목적변수는 알 수 없으므로 목적변수의 lead 특징을 구할 수는 없습니다.

(ch03/ch03-04-time_series.py 참조)

```
# 1일 이후의 값을 취득
x_lead1 = x.shift(-1)
```

3.10.5 시점 관련 특징 생성

데이터를 예측하는 시점보다 과거 정보만을 사용한다는 제약을 지키면서 학습하고 예측하려면, 시점과 연계된 특징을 만들고 해당 시점을 키로 삼아 학습 데이터와 결합하는 방법이 있습니다. 로그 데이터 등의 트랜잭션 데이터로부터 다음과 같이 특징을 만들 수 있습니다.

① 특징을 생성하는 원본 데이터의 집계 등을 통해 시점별 연계 변수를 구합니다.

② 필요에 따라 누적합이나 이동평균을 구하거나 다른 변수와의 차 또는 비율을 구하는 식의 처리를 합니다.

③ 시점을 키로 삼아 학습 데이터와 결합합니다.

예를 들어 부정기적으로 이벤트를 개최할 때 각 이벤트의 참신함 여부나 지속적인 인기 유무를 반영하기 위해 그 날이 몇 회째 이벤트 진행일인지를 특징으로 삼을 수 있습니다. 더 구체적으로는 세일 이벤트의 누적 진행 횟수를 나타내는 특징을 생성한 뒤 학습 데이터와 결합하기 위해 다음과 같은 흐름으로 실행합니다(그림 3-27).

① 각 날짜별로 세일을 진행했다면 1, 아니라면 0으로 설정합니다.

② 누적합을 구하여 날짜별 세일의 누적 진행 횟수를 구합니다.

③ 날짜를 키로 삼아 학습 데이터와 결합합니다.

누적 진행 횟수가 아닌, 특정 시점으로부터 과거 1개월 간의 진행 횟수나 또는 모든 이벤트 중에 해당 이벤트의 비율과 같은 값으로 지정할 수도 있습니다.

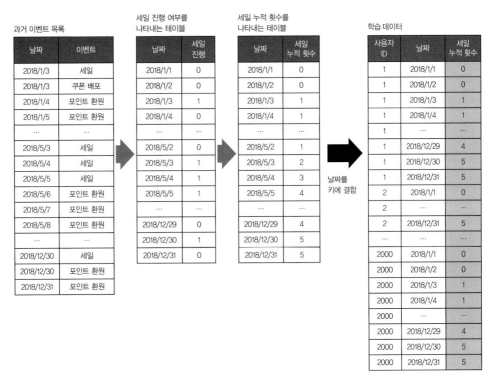

그림 3-27 시점과 결합한 누적 횟수를 나타내는 특징: 세일의 누적 진행 횟수

앞에서 설명한 특징을 만드는 예제 코드는 다음과 같습니다.

(ch03/ch03-04-time_series.py 참조)

```python
# train_x는 학습 데이터로 사용자 ID, 날짜를 열로 갖는 데이터프레임
# event_history는 과거에 개최한 이벤트의 정보로 날짜, 이벤트를 열로 가진 데이터프레임

# occurrences는 날짜, 세일 개최 여부를 열로 가진 DataFrame이 됨
dates = np.sort(train_x['date'].unique())
occurrences = pd.DataFrame(dates, columns=['date'])
sale_history = event_history[event_history['event'] == 'sale']
occurrences['sale'] = occurrences['date'].isin(sale_history['date'])

# 누적합을 얻어 각 날짜별 누적 출현 횟수를 표시
# occurrences는 날짜, 세일 누적 출현 횟수를 열로 갖는 데이터프레임이 됨
occurrences['sale'] = occurrences['sale'].cumsum()

# 날짜를 기준으로 학습 데이터와 결합
train_x = train_x.merge(occurrences, on='date', how='left')
```

이번에는 로그 데이터를 바탕으로 각 사용자의 지난 1주간 서비스 이용 횟수를 특징으로 삼는 예시를 살펴봅니다. 진행 순서는 다음과 같습니다(그림 3-28).

① 각 날짜의 사용자별 서비스 이용 횟수를 집계합니다.

② 각 날짜의 사용자별 과거 1주간 서비스 이용 횟수 합계[27]를 구합니다.

③ 날짜와 사용자 ID를 키로 삼아 학습 데이터와 결합합니다.

먼저 살펴봤던 예시와의 차이점은 날짜뿐만 아니라 사용자 ID도 키로 삼는다는 점입니다. 두 예시 모두 각 날짜마다 무언가 값을 나타내는 테이블을 만드는 게 포인트입니다. 이 형태대로라면 누적합이나 rolling 함수를 이용하는 등 다양한 집계를 시행할 수 있습니다.

---

27 집계 대상인 과거 1주일을 구할 수 없는 날짜일 때는 결측값이 됩니다. 이때 결측값이 되는 기간의 데이터를 학습에 사용하지 않는 방법과, 그대로 학습에 사용하는 방법 모두 쓸 수 있습니다.

사용자 행동 로그

사용자 ID	날짜	이벤트	(기타 정보)
1	2018/1/1 XX:XX:XX	로그인	...
1	2018/1/1 XX:XX:XX	서비스 이용	...
1	2018/1/1 XX:XX:XX	서비스 이용	...
1	2018/1/1 XX:XX:XX	서비스 이용	...
1	2018/1/1 XX:XX:XX	과금	...
1	2018/1/1 XX:XX:XX	서비스 이용	...
3	2018/1/1 XX:XX:XX	서비스 이용	...
4	2018/1/1 XX:XX:XX	로그인	...
4	2018/1/1 XX:XX:XX	서비스 이용	...
...	...	...	
1	2018/1/2 XX:XX:XX	서비스 이용	...
3	2018/1/2 XX:XX:XX	과금	...
3	2018/1/2 XX:XX:XX	서비스 이용	...
3	2018/1/2 XX:XX:XX	서비스 이용	...
...	...	...	
1	2018/12/31 XX:XX:XX	서비스 이용	...
3	2018/12/31 XX:XX:XX	서비스 이용	...

일별 서비스 이용 횟수를 나타내는 테이블

날짜/사용자 ID	1	2	3	...
2018/1/1	4	0	1	...
2018/1/2	1	0	2	...
2018/1/3	4	0	2	...
2018/1/4	3	0	0	...
2018/1/5	3	1	0	...
2018/1/6	2	0	2	...
2018/1/7	5	0	0	...
2018/1/8	6	0	1	...
2018/1/9	3	1	1	...
2018/1/10	3	1	0	...
...				
2018/12/29	5	0	2	...
2018/12/30	3	0	0	...
2018/12/31	1	0	1	...

이벤트 값이 '서비스 이용'인 행의 수를 날짜 및 사용자별로 카운트

지난 1주간 서비스 이용 횟수를 나타내는 테이블

날짜/사용자 ID	1	2	3	...
2018/1/1	NULL	NULL	NULL	...
2018/1/2	NULL	NULL	NULL	...
2018/1/3	NULL	NULL	NULL	...
2018/1/4	NULL	NULL	NULL	...
2018/1/5	NULL	NULL	NULL	...
2018/1/6	NULL	NULL	NULL	...
2018/1/7	NULL	NULL	NULL	...
2018/1/8	22	1	7	...
2018/1/9	24	1	7	...
2018/1/10	26	2	6	...
...	...	...	...	...
2018/12/29	22	3	4	...
2018/12/30	24	2	6	...
2018/12/31	25	2	4	...

날짜별 지난 1주간의 합계 계산
(지난 1주를 계산할 수 없는 날짜는 결측값으로 지정)

날짜, 사용자 ID를 키에 결합

학습 데이터

사용자 ID	날짜	지난 1주간의 서비스 이용 횟수
1	2018/1/1	NULL
1	...	...
1	2018/1/7	NULL
1	2018/1/8	22
1	2018/1/9	24
1	2018/1/10	26
1	...	...
1	2018/12/29	22
1	2018/12/30	24
1	2018/12/31	25
2	...	...
2	2018/1/7	NULL
2	2018/1/8	1
2	2018/1/9	1
2	2018/1/10	2
...	...	...
2000	2018/12/30	6
2000	2018/12/31	7

그림 3-28 시점과 결합된 누적 횟수를 나타내는 특징: 지난 1주일간 서비스 이용 횟수

3.10.6 예측용 데이터의 기간

특징 생성에 필요한 과거 기간

지금까지 데이터 정보 누출 없이 학습이나 예측을 실시하는 방법을 설명했습니다. 다만 경진 대회라는 형식의 제약상, 사용할 수 있는 데이터의 기간에도 주의해야 합니다. 예를 들면 테스트 데이터의 행 데이터 시점마다 사용할 수 있는 과거 기간이 서로 다른 경우입니다.

시계열 데이터를 다루는 경진 대회에서는 학습 데이터와 테스트 데이터가 시간적으로 구분되는데, 어떤 테스트 데이터의 기간 예측을 정리해서 제출하는 경우가 많습니다. 이런 경우 테스트 데이터의 특징을 만들 때 사용할 수 있는 데이터의 기간에는 제한이 있습니다.

테스트 데이터에는 목적변수의 값이 포함되지 않으므로 목적변수에 관해서는 분할 시점부터 과거의 값만 참조해야 합니다. 예를 들어 테스트 데이터의 기간이 1개월일 때 다음 [그림 3-29]와 같이 분할 시점 직후의 데이터에서는 하루 전의 목적변수를 참조할 수 있지만, 한 달 후의 데이터에서는 한 달 전의 목적변수만 참조할 수 있습니다. 그런 조건을 학습이나 검증에서도 고려하지 않으면 특징의 성질이 테스트 데이터와 달라져 그 결과 테스트 데이터의 일반화 성능이 떨어지거나 또는 검증에서 과적합의 문제가 발생할 수 있습니다.

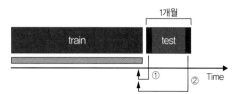

① : 1일 전 목적변수를 예측에 사용
② : 1개월 전 목적변수를 예측에 사용

그림 3-29 테스트 데이터의 시점과 사용할 수 있는 과거 기간

이런 경우 접근 방법 중 하나는 테스트 데이터의 기간이 분할 시점으로부터 며칠 앞에 있는지에 따라 개별적으로 모델을 만드는 방법입니다. 즉, 분할 시점의 다음 날 데이터에서는 1일 전의 lag 특징을 사용할 수 있으므로, 그 전제로 특징을 만들어서 모델의 학습/검증/테스트 데이터 예측을 실시합니다. 한편 분할 시점으로부터 1개월 후의 데이터로는 1개월 전의 lag 특징만 사용할 수 있다는 전제하에 마찬가지로 특징 및 모델을 만들고 예측합니다.

캐글의 Corporación Favorita Grocery Sales Forecasting 대회와 Recruit Restaurant Visitor Forecasting 대회에서 전자는 각 상품의 판매 개수를, 후자는 음식점의 방문자 수를 예측하는 문제였습니다. 이때 앞에서 설명했듯이 테스트 데이터가 시간적으로 학습 데이터 이후 기간일수록 목적변수의 lag 특징은 오래된 것만 사용할 수 있었습니다. 이때 상위권 솔루션의 접근 방식으로는 앞에서 기술한 개별적으로 모델을 만드는 방법이 채택되었습니다.

미래 정보 다루기

캘린더 정보 등은 예측 시점에 이미 알고 있는 정보이므로 괜찮지만, 그렇지 않은 미래의 정보를 사용한 모델은 실용적으로 적절하지 않습니다. 하지만 경진 대회에서는 테스트 데이터가 일괄적으로 주어지므로 예측 시점부터 미래의 정보를 이용할 수도 있습니다. 그로 인해 모델 성능이 올라간다면 lead 특징 등을 만들어 예측에 유용하게 활용해야 합니다.

한편 경진 대회에 따라서는 미래 정보를 사용하는 행동이 규칙으로 금지되거나 아예 활용 불가능할 수 있습니다. 실제로 일본의 데이터 과학 공모전 사이트인 시그네이트SIGNATE의 J리그 관중 동원수 예측 경진 대회에서는 예측 대상일 이전 정보만으로 예측한다는 규칙이 명시되었습니다. 또한 캐글의 Two Sigma Financial Modeling Challenge 대회에서는 참가자가 캐글 노트북으로 프로그램 코드를 제출하고, 학습 및 예측을 서버 환경에서 수행하는 과정을 통해 미래 정보를 사용할 수 없는 환경에서 예측한다는 제약을 두었습니다.

3.11 차원축소와 비지도 학습의 특징

지금부터 다양한 비지도 학습 알고리즘을 활용하여 특징을 생성하는 법을 살펴보겠습니다.

3.11.1 주성분분석(PCA)

주성분분석principal component analysis (PCA)은 차원축소의 가장 대표적인 기법입니다. 다차원 데이터를 분산이 큰 방향에서부터 순서대로 축을 다시 잡는 방법으로, 변수간 종속성이 클수록 더 소수의 주성분으로 원래 데이터를 표현할 수 있습니다. 다만 각 특징이 정규분포를 따르는 조건을 가정하므로, 왜곡된 분포를 가진 변수 등을 주성분분석에 적용하는 건 그다지 적절하지 않습니다. 한편 차원축소로서 특잇값분해^{singular value decomposition}(SVD)는 PCA와 거의 같은 의미가 됩니다.

참고로, 주성분분석을 비롯한 차원축소 기법은 데이터 전체에 반드시 적용할 필요는 없으며 일부 열에만 적용하는 방법도 고려할 수 있습니다.

주성분분석은 사이킷런 decomposition 모듈의 PCA 및 TruncatedSVD 클래스에서 시행할 수 있습니다. 희소행렬을 다룰 수 있다는 등의 이유 때문인지 PCA보다는 TruncatedSVD를 더 많이 사용하는 분위기입니다.

(ch03/ch03-05-reduction.py 참조)

```python
from sklearn.decomposition import PCA

# 데이터는 표준화 등의 스케일을 갖추기 위한 전처리가 이루어져야 함

# 학습 데이터를 기반으로 PCA에 의한 변환을 정의
pca = PCA(n_components=5)
pca.fit(train_x)

# 변환 적용
train_x = pca.transform(train_x)
test_x = pca.transform(test_x)

from sklearn.decomposition import TruncatedSVD

# 데이터는 표준화 등의 스케일을 갖추기 위한 전처리가 이루어져야 함

# 학습 데이터를 기반으로 SVD를 통한 변환 정의
svd = TruncatedSVD(n_components=5, random_state=71)
svd.fit(train_x)

# 변환 적용
train_x = svd.transform(train_x)
test_x = svd.transform(test_x)
```

다음 [그림 3-30]은 손으로 쓴 문자 이미지의 데이터셋인 MNIST의 일부 데이터에 주성분분석을 적용하여 제1 주성분과 제2 주성분을 산포도로 그린 결과를 보여줍니다. 이를 통해 클래스 간의 특징을 어느 정도 파악할 수 있음을 알 수 있습니다. 단, 주성분분석은 입력 변수가 정규분포를 따를 때 적합한 변환이므로 이 그림처럼 특수한 분포를 가지는 데이터에 적합하다고 할 수는 없습니다.

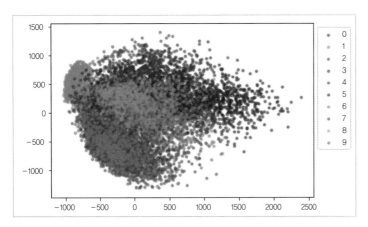

그림 3-30 주성분분석(PCA)의 적용 예

3.11.2 음수 미포함 행렬 분해(NMF)

음수 미포함 행렬 분해non-negative matrix factorization (NMF)[28]는 음수를 포함하지 않은 행렬 데이터를, 음수를 포함하지 않은 행렬들의 곱의 형태로 만드는 방법입니다. 음수가 아닌 데이터에만 사용할 수 있지만 PCA와는 달리 벡터의 합 형태로 나타낼 수 있습니다.

(ch03/ch03-05-reduction.py 참조)

```
from sklearn.decomposition import NMF

# 데이터는 음수가 아닌 값으로 구성

# 학습 데이터를 기반으로 NMF에 의한 변환 정의
model = NMF(n_components=5, init='random', random_state=71)
model.fit(train_x)
```

----
28 옮긴이_ 다른 말로 비음수 행렬 분해라고도 합니다.

```
# 변환 적용
train_x = model.transform(train_x)
test_x = model.transform(test_x)
```

3.11.3 잠재 디리클레 할당(LDA)

잠재 디리클레 할당Latent Dirichlet allocation (LDA)은 자연어 처리에서 문서를 분류하는 토픽 모델topic model에서 쓰이는 기법으로 확률적 생성 모델의 일종입니다. 뒤에서 서술할 **선형판별분석**(LDA)과 마찬가지로 축약어가 LDA이므로 정보를 검색할 때 주의해야 합니다. LDA 이론은 사이킷런 문서[29] 등을 참조해주세요.

각 문서를 행으로, 각 단어를 열로 하여 해당 문서에 해당 단어가 몇 번이나 나타나는지를 보여주는 단어–문서 카운트 행렬[30]을 미리 작성해둡니다. 또한 분류할 토픽의 수를 지정해둡니다 (여기에서 문서 수를 d, 단어 수를 w, 토픽 수를 k라고 합니다).

LDA는 베이즈 추론Bayesian inference을 이용하여 이 행렬에서 각 문서를 확률적으로 토픽으로 분류합니다. 즉, 각 문서를 요소 수 k의 벡터로 변환합니다. 이 벡터의 요소는 각 토픽에 속하는 확률을 나타냅니다. 또한 문서를 분류할 뿐만 아니라 각 토픽에 각 단어가 어느 정도의 확률로 출현하는지도 계산할 수 있습니다.

결국 LDA를 적용하면 단어–문서 카운트 행렬($d \times w$ 행렬)로부터 문서가 각 토픽에 소속될 확률을 나타내는 행렬($d \times k$ 행렬)과 각 토픽의 단어 분포를 나타내는 행렬($k \times w$ 행렬)을 작성할 수 있습니다.

이를 자연어 이외의 정형 데이터에 적용할 때는 데이터에서 단어–문서 행렬로 볼 수 있는 부분을 꺼내 적용하거나, 뒤에서 설명할 3.12.7절의 방법대로 적용합니다.

(ch03/ch03-05-reduction.py 참조)

```
from sklearn.decomposition import LatentDirichletAllocation
```

....

29 *https://scikit-learn.org/stable/modules/decomposition.html#latent-dirichlet-allocation-lda*

30 옮긴이_ 행이 각 문서, 열이 각 단어에 대응하고 단어가 해당 문서에 나타나는 빈도(카운트에 한정되지 않음)를 나타내는 행렬을 단어–문서 행렬(document-term matrix)이라고 합니다. 이 책에서 사용하는 '단어–문서 카운트 행렬'이라는 단어는 단어–문서 행렬의 일종이라고 할 수 있습니다.

```
# 데이터는 단어-문서의 카운트 행렬 등으로 함

# 학습 데이터를 기반으로 LDA에 의한 변환을 정의
model = LatentDirichletAllocation(n_components=5, random_state=71)
model.fit(train_x)

# 변환 적용
train_x = model.transform(train_x)
test_x = model.transform(test_x)
```

3.11.4 선형판별분석(LDA)

선형판별분석linear discriminant analysis(LDA)은 지도 학습의 분류 문제에서 차원축소를 실시하는 방법입니다.[31] 학습 데이터를 잘 분류할 수 있는 저차원의 특징 공간을 찾고, 원래 특징을 그 공간에 투영함으로써 차원을 줄입니다. 즉, 학습 데이터가 n행의 행 데이터와 f개의 특징으로 이루어진 $n \times f$ 행렬이라 할 때 $f \times k$의 변환 행렬을 곱함으로써 $n \times k$ 행렬로 변환합니다. 또한 차원축소 후의 차원 수 k는 클래스 수보다 줄어들고, 이진 분류일 때는 변환 후에 1차원 값이 됩니다.

(ch03/ch03-05-reduction.py 참조)

```
from sklearn.discriminant_analysis import LinearDiscriminantAnalysis as LDA

# 데이터는 표준화 등의 스케일을 갖추기 위한 전처리가 이루어져야 함

# 학습 데이터를 기반으로 LDA에 의한 변환을 정의
lda = LDA(n_components=1)
lda.fit(train_x, train_y)

# 변환 적용
train_x = lda.transform(train_x)
test_x = lda.transform(test_x)
```

---

31 *https://scikit-learn.org/stable/modules/lda_qda.html#dimensionality-reduction-using-linear-discriminant-analysis*

3.11.5 t-SNE, UMAP

t-SNE

t-SNE는 차원축소의 비교적 새로운 방법입니다. 데이터를 2차원 평면상에 압축하여 시각화 목적으로 쓰일 때가 많습니다. 원래의 특징 공간상에서 가까운 점이 압축 후에 2차원 평면으로 표현될 때도 가깝게 표현됩니다. 비선형 관계를 파악할 수 있으므로, 원래의 특징에 이들 t-SNE로 표현된 압축 결과를 더하면 모델 성능이 올라갈 수 있습니다. 다만 계산 비용이 높으며 2차원 또는 3차원을 초과하는 압축에는 적합하지 않습니다.

사이킷런의 `manifold` 모듈에도 TSNE가 있지만 아직은 활용이 어려우므로 python-bhtsne(pip 설치시 패키지명은 `bhtsne`)[32]를 사용하는 게 좋습니다. 그 밖에 매개변수 설정이나 압축 결과의 이해와 관련한 주의점은 관련 웹사이트(*https://distill.pub/2016/misread-tsne/*)를 참고해주세요.

다음은 t-SNE의 예제 코드입니다.

(ch03/ch03-05-reduction.py 참조)

```
import bhtsne

# 데이터는 표준화 등의 스케일을 갖추기 위한 전처리가 이루어져야 함

# t-sne에 의한 변환
data = pd.concat([train_x, test_x])
embedded = bhtsne.tsne(data.astype(np.float64), dimensions=2, rand_seed=71)
```

다중 클래스 분류의 대표적인 경진 대회인 캐글의 Otto Group ProductClassification Challenge 대회에서는 t-SNE로 얻은 특징을 더하는 것만으로도 모델 성능 향상에 크게 기여했기에 상위 솔루션을 비롯한 많은 솔루션에서 활용되었습니다.

t-SNE을 MNIST의 일부 데이터에 적용한 결과를 다음 [그림 3-31]에 나타냈습니다. 주성분 분석과 비교해 클래스별 비선형적 특징을 파악하여 더 명확하게 클래스를 분리했습니다.

---

32 *https://github.com/dominiek/python-bhtsne*

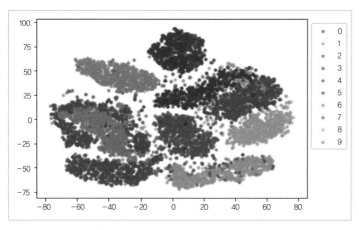

그림 3-31 t-SNE 적용 예

UMAP

UMAP는 2018년 제안된 새로운 기법으로, t-SNE와 마찬가지로 원래의 특징 공간상에서 가까운 점이 압축 후에도 가까워지도록 표현됩니다.[33] 실행 시간은 t-SNE의 수 분의 1 정도로 알려졌으며, 빠르다는 장점에 힘입어 자주 쓰이게 되었습니다. 또한 2차원이나 3차원을 넘는 압축도 가능하다고 알려졌습니다.

pip 인스톨을 실시할 때의 패키지명이 umap이 아닌 umap-learn인 점에 주의해주세요. 다음은 UMAP의 예제 코드입니다.

(ch03/ch03-05-reduction.py 참조)

```python
import umap

# 데이터는 표준화 등의 스케일을 갖추는 전처리가 이루어져야 함

# 학습 데이터를 기반으로 UMAP에 의한 변환을 정의
um = umap.UMAP()
um.fit(train_x)

# 변환 적용
train_x = um.transform(train_x)
test_x = um.transform(test_x)
```

---

33 *https://github.com/lmcinnes/umap*

이와 동일한 데이터에 UMAP를 적용한 결과가 다음 [그림 3-32]입니다. 여기서도 클래스가 잘 분리되었음을 알 수 있습니다.

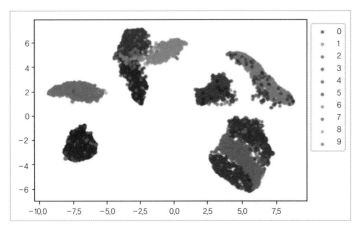

그림 3-32 UMAP 적용 예

3.11.6 오토인코더

오토인코더autoencoder는 신경망을 이용한 차원 압축 방법입니다. 입력 차원보다 작은 중간층을 이용하여 입력과 같은 값으로 출력하는 신경망을 학습함으로써, 원래의 데이터를 재현할 수 있는 더 저차원의 표현을 학습합니다.

오토인코더에는 몇 가지 종류가 있습니다. 그중에서도 잡음 제거 오토인코더denoising autoencoder는 캐글 Porto Seguro's Safe Driver Prediction 대회의 1위 솔루션에 사용된 적이 있습니다.[34] [35]

잡음 제거 오토인코더는 입력된 잡음(노이즈)를 얹어 해당 노이즈를 제거할 수 있도록 학습하는 방법입니다. 앞에서 언급한 솔루션에서는 스왑 노이즈swap noise라고 하는, 같은 특징의 값을 다른 행과 교환하는 방법으로 노이즈를 실었습니다.

---

34 *https://www.kaggle.com/c/porto-seguro-safe-driver-prediction/discussion/44629*

35 *https://blog.keras.io/building-autoencoders-in-keras.html*

3.11.7 군집화

클러스터링이라고도 부르는 군집화^{clustering}는 데이터를 여러 그룹으로 나누는 비지도 학습입니다. 데이터가 어느 클러스터(그룹)로 분류되었는지에 대한 값을 특징으로 할 수도 있고, 클러스터 중심으로부터의 거리를 특징으로 할 수도 있습니다. 실제로 캐글 Allstate Claims Severity 대회의 2위 솔루션은 클러스터 중심으로부터의 거리를 특징으로 사용했습니다.[36][37]

사이킷런의 **cluster** 모듈로 사용할 수 있습니다.[38][39] 군집을 수행하는 여러 가지 알고리즘 중에서도 특히 다음과 같은 알고리즘이 비교적 자주 쓰입니다.

- K–Means: 고속 계산할 때는 Mini–Batch K–Means도 사용

- DBSCAN

- 병합군집^{agglomerative clustering}: 응집형 계층 클러스터링

다음은 군집을 실시하는 예제 코드입니다.

(ch03/ch03-05-reduction.py 참조)

```
from sklearn.cluster import MiniBatchKMeans

# 데이터는 표준화 등의 스케일을 갖추는 전처리가 이루어져야 함

# 학습 데이터를 기반으로 Mini-Batch K-Means를 통한 변환 정의
kmeans = MiniBatchKMeans(n_clusters=10, random_state=71)
kmeans.fit(train_x)

# 해당 클러스터를 예측
train_clusters = kmeans.predict(train_x)
test_clusters = kmeans.predict(test_x)

# 각 클러스터의 중심까지의 거리를 저장
train_distances = kmeans.transform(train_x)
test_distances = kmeans.transform(test_x)
```

....

36 *https://medium.com/kaggle-blog/allstate-claims-severity-competition-2nd-place-winners-interview-alexey-noskov-f4e4ce18fcfc*

37 *https://github.com/alno/kaggle-allstate-claims-severity*

38 *https://scikit-learn.org/stable/modules/clustering.html*

39 *https://scikit-learn.org/stable/auto_examples/cluster/plot_cluster_comparison.html*

3.12 기타 기법

경진 대회에서는 다양한 문제와 데이터가 주어집니다. 이 절에서는 위치 정보, 텍스트 데이터, 이미지 데이터 그리고 데이터 간의 관계성 등을 활용한 특징을 생성하고 이를 활용하는 다양한 기법을 살펴보겠습니다.

3.12.1 배경 메커니즘의 이해

특징을 생성하는 방법은 다양하며 그 모든 기법을 활용하면 무수히 많은 특징을 생성할 수 있습니다. 이때 분석 대상 데이터에 관한 배경 지식을 사용하여 유효한 특징부터 만들어가는 게 효율적입니다.

사용자 행동에 주목

경진 대회의 문제에서는 사용자 행동과 목적변수 간의 관계가 강한 경우가 많습니다. 따라서 사용자 행동과 관련된 특징을 고려하는 게 중요합니다.

- 사용자 성격, 행동 특징, 행동 사이클을 표현하는 특징 만들기

- 이용 목적의 클러스터로 나눠 생각하기

- 특정 상품에 대한 선호도가 있을지 생각하기

- 같은 물건을 이미 구매한 경우 등 행동 저해 요소는 없을지 생각하기

- 사용자가 웹사이트에서 어떤 식으로 화면을 이동하여 상품을 구매했는지 살펴보기

이후 3.13.4절에서 살펴볼 예제에서는 온라인 강좌 사이트에서의 수강자 이탈을 예측하는데, 이때 수강자의 성실성 및 학습의 진척도를 표현하는 특징을 사용합니다.

서비스 제공 측의 동향 주목

서비스를 제공하는 측의 움직임에 주목하는 것도 하나의 접근 방식입니다.

- 어떤 상품의 판매 개수가 0이라 해도, 수요 자체가 없었다기보다는 무언가의 사정으로 재고가 없었던 경우일 가능성

- 휴가나 유지보수 작업이 그 전후 기간의 서비스 이용에 미치는 영향

- 앱/웹 서비스로 검색하면 맨 위에 표시될지 여부와 상관관계가 있을 법한 특징 생성

- 앱/웹 서비스에서의 검색이나 리스트 박스의 선택사항을 고려(역에서 5분 이내, 10분 이내, 그 이상 거리로 검색 등)

업계에서 주로 사용하는 분석 방법

업계에서 일반적으로 사용하는 분석을 찾아보는 것도 하나의 방법입니다.

- RFM 분석이라는 고객 분석 기법을 이용하여 사용자 분류와 특징을 생성(Recency: 최신 구매일, Frequency: 구매 빈도, Monetary: 구매 금액)

- 개인의 신용 리스크를 심사할 때 어떤 항목이 대상이 될 수 있을지 관련 단어로 조사(신용 점수, credit score와 같은 단어)

- 질병 진단 기준과 관련해 어떤 식의 점수 책정 방법이나 조건 분기 규칙으로 진단되는지, 어떤 특징과의 조합이 고려되는지 조사

필자는 캐글의 Prudential Life Insurance Assessment 대회에서 보험 인수 심사에 관한 컨설팅 펌의 자료를 참고하여 특징을 만들려 했습니다. 결국 잘 풀리지는 않았지만, 목적변수를 결정하는 담당자의 판단 기준을 추적할 수 있는 특징을 찾아내는 게 목적이었습니다.

여러 변수를 조합하여 지수 작성

신장이나 체중으로부터 BMI를 구하거나 기온 및 습도에서 불쾌지수를 구하는 등 여러 개의 변수를 조합한 지수를 작성하는 것도 유효할 수 있습니다.

캐글의 Recruit Restaurant Visitor Forecasting 대회에서는 병에 걸리기 쉬운 지수로써, 바이러스가 활동하기 쉬운 기온과 습도인지 여부를 나타낸 값에 7일간의 이동평균을 구한 특징을 레스토랑의 방문객 수 예측에 사용했습니다.[40]

---

40 https://www.kaggle.com/c/recruit-restaurant-visitor-forecasting/discussion/49328

자연 현상의 메커니즘에 주목

자연 현상의 메커니즘도 고려해볼 수 있습니다. 강우량 예측처럼 그 대상이 자연 현상인 문제에서는 해당 분야의 도메인 지식으로 유효한 특징을 생성할 때가 많습니다. 또한 날짜와 장소로부터 일출 및 일몰 시각을 계산하는 등의 지식이 언젠가 도움이 될 수도 있습니다.

캐글의 PLAsTiCC Astronomical Classification 대회는 천체의 관측 데이터를 분류하는 문제입니다. 천체를 관측했을 때의 밝기와 빛의 파장 데이터가 주어졌으나, 천문학이나 천체 관측의 지식을 살려 특징을 생성하거나 주어진 특징을 보완하는 편이 더 유효했습니다.

경진 대회의 대상 서비스 이용

경진 대회의 대상이 되는 서비스에 실제로 등록하거나 이용해보며 힌트를 얻을 수 있습니다. 웹사이트만 살펴보는 대신 실제로 사용자 등록을 하고 주문해보거나 오프라인 매장에 방문해보면서 새로운 점을 발견할 수도 있겠습니다.

캐글의 Coupon Purchase Prediction 대회에서는 웹사이트를 통해 분석 대상인 쿠폰이 무엇이고 어느 정도의 정보가 데이터로서 제공되는지 알 수 있었습니다. 쿠폰의 범주에 따라 먼 장소까지 서비스를 받으러 갈지 여부에 관한 사용자 행동이 다르다는 점, 제공된 데이터에는 그 쿠폰이 인기가 있는지 여부를 판단하기에 충분한 정보가 없고 대략적인 예측밖에 할 수 없다는 점이 분석의 힌트가 되었습니다.

3.12.2 행 데이터의 관계성에 주목

각 행 데이터가 독립적이고 상호 관계를 특정하기 어려운 데이터가 있는 반면, 행 데이터끼리 일부 강한 관계성을 지니는 데이터도 있습니다. 알기 쉬운 사례로는 같은 사용자의 행 데이터가 여러 개 있을 경우를 가정할 수 있습니다.

행 데이터 간에 일련의 관계성이 있다면 그에 주목하여 새로운 특징을 만들 수 있습니다. 몇몇 행의 관계성에 주목할 수도 있고, 행 전반에 걸쳐 어떤 패턴이 보이는지에 주목할 수도 있습니다. 예를 들어 조금 전 언급했던 것처럼 같은 사용자의 행 데이터가 여러 개일 때, 출현 횟수가 다르다면 그것이 어떤 성질을 나타내는지를 살펴보고, 사용자별 행 데이터의 수를 카운팅해 특징으로 삼을 수 있습니다.

그럼 지금부터 몇 가지 실제 경진 대회에서의 사례를 소개하겠습니다.

캐글 Caterpillar Tube Pricing 대회

이 대회의 문제는 기계용 튜브와 구매량^{quantity}의 조합별로 가격을 예측하는 것이었습니다. 튜브마다 여러 개의 구매량 행 데이터가 있었는데, 구매량 조합에서 그 패턴을 찾아볼 수 있었습니다. 즉 어떤 튜브에서는 [1, 2, 10, 20]과 같이 4개의 구매량 행 데이터가 나왔고, 또 다른 튜브에서는 [1, 5, 10]과 같이 3개의 구매량 행 데이터가 있는 상황이었습니다. 이때 어떤 구매량 패턴에 해당하는지를 특징으로 삼은 게 유효했습니다.

캐글 Quora Question Pairs 대회

이 대회는 쿼라^{Quora} 웹사이트에 올라오는 질문들을 두 개씩 비교해서 같은 질문 내용인지 여부를 판정하는 이진 분류 문제를 다룹니다. 하나의 질문이 같은 내용의 다른 질문과 반복될 때가 많았으므로 그 관계성을 파악하는 작업이 효율적으로 작용했습니다. 예를 들어 질문 A와 질문 B가 서로 같은 내용임을 아는 상황에서 질문 B와 질문 C가 서로 같은 내용임을 알 수 있다면, 질문 C와 질문 A도 결국 같은 내용임을 파악할 수 있습니다. 사실 이 부분은 데이터셋의 작성 방법에 문제가 있었을 것으로 보이지만, 많이 등장하는 질문일수록 다른 질문과 같은 내용일 확률이 높은 경향이 있었습니다.

따라서 이 대회에서는 질문들이 어떻게 쌍을 이루어 분류되는지 그 관계성을 파악함으로써 점수를 크게 올릴 수 있었습니다. 예를 들어 하나의 쌍을 이루는 두 개 질문에 대해 각각 다른 쌍으로 이루어진 질문을 전체 데이터에서 확인하고, 그중 공통된 내용이 어느 정도 있는지를 파악하는 특징은 매우 효율적으로 작용했습니다.

또한 그래프 이론을 이용한 특징으로서, 쌍을 이루는 질문을 변으로 하는 무향그래프^{undirected} ^{graph}로 나타냈을 때 각 질문이 포함되는 최대 클릭^{clique}(모든 가능한 변이 존재하고 꼭짓점끼리 직접 연결된 부분집합)의 크기라는 특징을 만들 수 있었습니다. 이를 이용하여 크게 점수를 올리는 데 성공한 tkm2261 씨가 이 대회에서 17위의 성적을 거두었습니다.

캐글 Bosch Production Line Performance 대회

이 경진 대회는 보쉬^{Bosch}의 생산 라인 전 과정에서 수집된 복잡한 데이터에 기반을 두고 각 제품의 불량품 여부를 예측하는 데이터 분석 문제를 다루었습니다. 각 제품이 여러 개의 센서를 통과하면 언제 어떤 센서를 통과했는지에 관한 정보가 주어집니다. 이때 각 센서의 통과 여부에 관한 패턴을 가시화함으로써, 몇 개의 센서 통과 패턴으로 나눌 수 있는지와 각 제품이 어떤 패턴에 속하는지를 특징으로 생성할 수 있었습니다.

또한 직전에 센서를 통과한 다른 제품의 정보를 특징으로 만드는 방법도 활용되었습니다. 각 제품의 정보는 독립된 하나의 행으로 이루어지는 대신 여러 정보(시간, 범주, 수치형 특징)를 담은 파일들로 나뉘어 제공됩니다. 어딘가의 공장에서 센서에 제품이 흘러가는 모습을 상상하는 과정에서 데이터 정보의 그러한 관계성을 이용하는 아이디어가 떠오를 수도 있습니다.

3.12.3 상댓값에 주목

어떤 사용자의 값과 그 사용자가 속한 그룹의 평균값의 차이 또는 비율을 구하는 것처럼, 다른 값과 비교했을 때의 차이나 비율과 같은 상댓값에 주목하는 것도 효과적입니다. 예를 들면 다음과 같습니다.

- 중요한 변수인 가격에 대해 상품명, 상품 분류(카테고리), 사용자나 지역 등 다양한 관점에서 평균과의 차와 비율을 확인(예: 캐글 Avito Demand Prediction Challenge 대회[41]).

- 한 사용자가 돈을 빌린 액수를, 같은 직업군의 사용자가 돈을 빌린 액수의 평균치와 비교 (예: 캐글 Home Credit Default Risk 대회)

- 시장 평균 리턴 대비 각 자산asset의 상대적 리턴을 계산(예: 캐글 Two Sigma Financial Modeling Challenge 대회)

3.12.4 위치 정보에 주목

위도나 경도 등의 위치 정보가 데이터에 포함될 경우 위치 간 거리를 특징으로 고려할 수 있습니다. 그 밖에도 주요 도시나 랜드마크로부터의 거리를 계산하거나 지역 정보와 같은 외부 데이터를 결합하여 특징을 만들 수도 있습니다.

---

41 https://www.slideshare.net/JinZhan/kaggle-avito-demand-prediction-challenge-9th-place-solution-124500050

필자는 캐글 Coupon Purchase Prediction 대회의 솔루션에서, 쿠폰을 제공하는 매장 위치와 사용자 위치 간 거리를 계산하여 특징으로 사용했습니다. 또한 쿠폰의 종류에 따라 위치 정보의 유효성이 다르다는 점을 이후 집계 및 예측 과정에 고려해 반영했습니다.

시그네이트SIGNATE의 J리그 관객 동원수 예측 대회에서는 대전 팀끼리의 본거지 거리를 계산해 특징으로 삼는 기법을 상위 입상자를 비롯한 많은 참가자가 채택했습니다. 그 결과 경기의 개최지가 멀어질수록 원정 팀의 관객이 감소하는 현상을 파악할 수 있어 모델 성능이 높아졌습니다.

한편, 전혀 다른 아이디어로서 위도와 경도를 메시mesh로 구분한 뒤 소속 영역을 나타내는 범주형 변수를 생성할 수도 있습니다. 구체적으로는 위도와 경도를 적당히 뭉쳐서 문자열로 연결하면 실현할 수 있습니다. 그 후에 타깃 인코딩을 적용함으로써 각 영역에서의 목적변수의 평균적인 경향을 파악할 수 있습니다. 실제로 필자는 이 방법을 캐글 Zillow Prize: Zillow's Home Value Prediction(Zestimate) 대회에 적용하여 모델 성능을 높였습니다.

3.12.5 자연어 처리 기법

자연어 처리는 이 책이 다루는 범위를 벗어나는 주제이지만, 일반적인 정형 데이터에도 사용할 수 있는 테크닉이 있으므로 간단하게 소개하겠습니다. 덧붙여 어간 추출stemming, 불용어stopwords, 표제어 추출lemmatization 등 자연어 처리 특유의 전처리는 설명하지 않습니다.

bag-of-words(BoW)

문장 등의 텍스트를 단어로 분할하고, 각 단어의 출현 수를 순서에 상관없이 단순하게 세는 방식입니다.

예를 들어 n개의 텍스트가 있고, 텍스트에 출현할 수 있는 단어의 종류를 k개라고 가정합니다. 이때 각 텍스트는 길이 k의 벡터가 됩니다. 벡터 각각의 값은 해당 텍스트에서의 각 단어의 출현 횟수로 하는 고정길이fixed-length 벡터로 변환합니다. 이렇게 하면 n개의 텍스트는 (데이터 수 n × 출현할 수 있는 단어의 종류 k)의 행렬로 변환됩니다.

다음 [그림3-33]을 살펴보면 총 4개의 텍스트가 있고($n = 4$), 출현 가능한 단어의 수는 8개 ($k = 8$)입니다. 이때 'it is a dog'라는 문장을 출현 가능 단어 수($k = 8$)의 벡터로 변환합니다. 그 값은 해당 문장에서 대상 단어가 몇번 출현했는가입니다. 다시 말하자면, 총 텍스트 개수가 4개($n = 4$), 텍스트의 출현 가능 단어의 수가 8개($k = 8$) 이므로 (4, 8)의 행렬로 변환합니다.

	a	and	cat	dog	is	it	that	this
it is a dog	1	0	0	1	1	1	0	0
it is a cat	1	0	1	0	1	1	0	0
is this a cat	1	0	1	0	1	0	0	1
this is a cat and that is a dog	2	1	1	1	2	0	1	1

그림 3-33 단어-문서 카운트 행렬

이렇게 작성한 행렬을 이 책에서는 단어-문서 카운트 행렬이라고 부릅니다. 그대로 특징으로 삼을 때도 있고 이후에 tf-idf나 LDA 등의 처리를 적용할 때도 있습니다.

사이킷런 `feature_extraction.text` 모듈의 `CountVectorizer`에서 처리할 수 있습니다.

n-gram

BoW에서 분할하는 단위를, 단어가 아닌 연속되는 단어 뭉치 단위로 끊는 방법입니다. 예를 들어 'This is a sentence.'라는 문장에서는 [this, is, a, sentence]라는 4개의 단어를 추출할 수 있지만 2-gram에서는 [This-is, is-a, a-sentence]라는 3개의 단어 뭉치를 추출합니다. 단어 분할에 비해 텍스트에 포함된 정보를 유지하기는 좋지만, 출현 가능한 종류의 수가 크게 늘어날 뿐만 아니라 희소 데이터sparse data가 됩니다.

tf-idf

BoW에서 작성한 단어-문서 카운트 행렬을 변환하는 기법입니다. tf-idf에서는 다음과 같이 정의되는 tf와 idf를 곱한 값으로 각각의 요소를 변환합니다. 일반적인 단어의 중요도를 낮추고, 특정 문서에만 나오는 단어의 중요도를 높이는 의미가 있습니다.

- 단어 빈도term frequency (TF) : 어떤 텍스트 (문서)에서의 특정 단어의 출현 비율

- 역문서 빈도inverse document frequency (IDF) : tf와 반대되는 개념으로 특정 단어가 나타나는 문서의 수. 특정 텍스트에서만 나타나는 단어의 중요성을 높이는 역할

CountVectorizer 클래스 등으로 작성된 행렬에 사이킷런 `feature_extraction.text` 모듈의 `Tfidf Transformer`를 적용함으로써 이 기법을 처리할 수 있습니다.

단어 임베딩

3.5.6절에서도 설명했듯이 단어를 수치 벡터로 변환하는 방법을 단어 임베딩word embedding이라고 합니다. 학습 완료된 임베딩을 사용하면 단어를 그들의 의미와 성질이 반영된 수치 벡터로 변환할 수 있습니다.

3.12.6 자연어 처리 기법의 응용

BoW나 n-gram, tf-idf와 같이 자연어 처리에서 많이 사용되는 기법은 실제 자연어와 관계 없는 데이터에도 적용할 수 있습니다. 예를 들면 어떠한 단어 등 요소 배열이 있을 때 이를 문장처럼 파악하고 자연어 처리 방법을 적용할 수 있습니다.

캐글의 Walmart Recruiting: Trip Type Classification 대회는 (각각 길이가 다른) 사용자의 구매 품목 배열을 주고 그것을 분류하는 문제[42]였습니다. 이 문제에서는 해당 배열을 문장으로 보고, 구매 품목을 단어로써 카운트 행렬을 만드는 게 기본적인 방법의 하나로 여겨졌습니다.[43] [44] 이 문제에서는 유효하지 않았던 듯하지만, 배열에 인접한 요소에 의미가 있을 때는 n-gram을 구해볼 수도 있습니다.

캐글의 Microsoft Malware Classification Challenge(BIG 2015) 대회에서는 바이너리 파일 내용을 16진수 형식으로 표현하는 헥사 덤프hex dump와 어셈블리 코드가 주어졌습니다. 이 문제에서는 헥사 덤프의 1바이트를 한 단어로 간주하고 단어나 n-gram을 구해서 카운트하는 방식이 사용되었습니다. 또한 1행을 한 단어로 간주하는 방법도 있었던 듯합니다. 마찬가지로 어셈블리 코드의 명령 코드operation code(opcode) 등에도 단어 카운터나 n-gram을 써서 카운팅하는 방법이 쓰였습니다.

캐글의 Otto Group Product Classification Challenge 대회에서 특징의 의미는 부여되지 않았지만 값이 모두 0 이상이었던 만큼, 주어진 특징을 '무언가의 출현 횟수를 계산한 행렬'로

---

42 분류 대상 클래스는 명시되지 않았지만 '애완용품 구입'이나 '매주의 식료품 구입'과 같은 쇼핑 목적

43 *https://www.kaggle.com/c/walmart-recruiting-trip-type-classification/discussion/18165*

44 *https://www.kaggle.com/c/walmart-recruiting-trip-type-classification/discussion/18163*

간주하고 tf-idf를 적용하는 기법이 활용되었습니다.

3.12.7 토픽 모델을 활용한 범주형 변수 변환

토픽 모델topic model이라는 문서 분류 기법을 응용하여, 다른 범주형 변수와의 동시출현co-occurrence 정보로부터 범주형 변수를 수치 벡터로 변환하는 방법이 있습니다.[45]

두 범주형 변수 중 하나를 문서, 다른 하나를 단어로 간주하면, 각 문서에 각 단어가 몇 번 등장하는지 동시출현 정보를 통해 단어–문서 카운트 행렬을 만들 수 있습니다. 여기에 잠재 디리클레 할당(LDA)을 적용하면, 첫 번째 변수를 문서가 속한 토픽에 대한 확률을 나타내는 수치 벡터로 변환할 수 있습니다.

캐글 TalkingData AdTracking Fraud Detection Challenge 대회의 1위 솔루션이 이 방법을 사용했습니다.[46] 이 대회는 사용자가 모바일앱 광고를 클릭한 후 실제로 내려받을지 여부를 예측하는 문제로, 주어진 데이터로는 사용자(IP주소), 광고 대상 앱, 접속 단말 등의 범주형 변수가 있었습니다.

예를 들어 사용자를 문서, 앱을 단어로 간주하고 이 기법을 적용하면, 어떤 앱의 광고를 클릭할지에 관한 경향에 근거하여 분류된 여러 그룹에 사용자가 속할 확률이 계산됩니다. 이 특징은 사용자가 내려받을 만한 앱을 추측할 때 효과적입니다. 한편 LDA 외에 PCA와 NMF도 사용했는데 그중 LDA가 가장 효과적이었다고 합니다. 이 대회의 1위 팀은 접속 단말을 제외한 4개의 범주형 변수의 모든 조합($4 \times 3 = 12$)에 대해 토픽 수 5로 LDA를 적용하여 총 60개의 특징을 생성했습니다.

3.12.8 이미지 특징을 다루는 방법

이미지 데이터를 특징으로 만들 때는 이미지넷ImageNet 데이터로 학습한 신경망으로 이미지를 예측하고, 출력층에 가까운 층의 출력값을 특징으로 하는 방법을 사용합니다. 또한 이미지 크기나 색상, 밝기와 같은 기본적인 이미지 특징, 딥러닝 이전에 많이 쓰이던 SIFT 등의 특징,

---

45 옮긴이_ 동시 출현은 언어학적 용어입니다. 구체적으로는 텍스트 말뭉치로부터 특정 순서로 두 용어가 서로 나란히 발생 또는 출현하는 것을 의미합니다.

46 https://www.kaggle.com/c/talkingdata-adtracking-fraud-detection/discussion/56475

EXIF 태그와 같은 메타 정보도 활용할 수 있습니다.[47] [48]

3.12.9 결정 트리의 특징 변환

결정 트리를 작성한 뒤, 각 행 데이터가 분기에 따라 어느 잎 노드^{leaf node}으로 떨어지는지를 범주형 변수의 특징으로 만들어 다른 모델에 투입하는 독특한 기술입니다. GBDT 모델에서 만들어진 일련의 결정 트리에 많이 쓰입니다.

캐글 Display Advertising Challenge 대회와 Click-Through Rate Prediction 대회의 1위 솔루션에서는 이 방법으로 생성한 특징을 FFM^{field-aware factorization machines}이라는 모델에 도입했습니다. 이 솔루션들의 코드와 문서가 공개되어 있으니[49] 참고하면 좋겠습니다. 덧붙여 이 두 솔루션의 팀 멤버는 거의 같습니다. 더 자세한 내용은 관련 논문[50]을 참고해주세오.

3.12.10 익명화 데이터의 원래 값 추측

경진 대회에서는 주최자의 의향에 따라 각 변수의 의미가 숨겨져 있거나 또는 값에 표준화와 같은 처리를 가한 상태의 데이터를 제공할 때가 있습니다. 그러나 데이터를 주의 깊게 관찰하면 변환 전 원래의 값으로 되돌릴 수 있기도 합니다.

예를 들어 '나이'가 표준화되어 주어졌다고 가정합니다. 이때 값의 간격으로부터 이산값^{discrete value}이라는 것을 대략 알 수 있으므로, 먼저 값 간격 중의 오차를 제외하고 가장 작은 값으로 나눗셈을 해봅니다. 그러면 거의 정수가 되므로 최댓값/최솟값이나 분포, 많이 출현하는 값 등을 바탕으로 해당 값이 나이인지 아닌지를 추측할 수 있습니다.

---

47 https://engineeringblog.yelp.com/2016/04/yelp-kaggle-photo-challenge-interview-1.html

48 https://www.slideshare.net/JinZhan/kaggle-avito-demand-prediction-challenge-9th-place-solution-124500050

49 참고 자료 목록은 다음과 같습니다.
https://www.kaggle.com/c/criteo-display-ad-challenge/discussion/10555
https://www.csie.ntu.edu.tw/~r01922136/kaggle-2014-criteo.pdf
https://github.com/guestwalk/kaggle-2014-criteo
https://www.csie.ntu.edu.tw/~r01922136/slides/kaggle-avazu.pdf
https://github.com/ycjuan/kaggle-avazu

50 He, Xinran, et al. 「Practical lessons from predicting clicks on ads at facebook.」 Proceedings of the Eighth International Workshop on DataMining for Online Advertising. ACM, 2014.

코세라Coursera가 제공하는 인기 강의[51]에서는 익명화된 데이터의 변환 전 값을 추측하는 기법을 소개합니다. 물론 언제든지 통하는 방법은 아니지만, 잘 풀릴 경우에는 데이터를 더 깊게 이해할 수 있어 유리할 수 있습니다.

3.12.11 데이터 오류 수정

일부 데이터가 사용자나 데이터 작성자의 입력 오류로 인해 잘못되었다고 추측될 경우, 수정을 거치면서 품질이 더 좋은 데이터로 학습시킬 수 있습니다.

캐글의 Airbnb New User Bookings 대회[52]에서는 나이를 나타내는 변수에 출생년도가 입력되어 있거나, 100세 이상의 부자연스러운 나이가 입력되어 있었으므로 값을 수정하여 모델 성능을 높일 수 있었습니다. 한편, 자연어 처리 문제에서는 전처리의 하나로서 스펠링 오류 수정이 자주 이루어집니다.

3.13 경진 대회의 특징 사례

지금부터 다양한 캐글 경진 대회에서 생성된 특징을 살펴보겠습니다.

3.13.1 캐글 Recruit Restaurant Visitor Forecasting 대회

이 대회는 다수의 음식점의 미래 방문객 수를 예측하는 문제였습니다. 2016/1/1부터 2017/4/22까지의 음식점별 방문객 수와 예약 건수가 학습 데이터로 주어지며 2017/4/23부터 2017/5/31까지의 방문객 수를 예측합니다. 즉 2017/4/23을 예측할 때는 전날까지의 데이터를 이용할 수 있지만 2017/5/31을 예측할 때는 그 39일 전까지의 데이터만 사용할 수 있습니다.

테스트 데이터에서의 이러한 제약을 학습할 때도 고려하지 않으면 검증 점수가 부당하게 높은 모델이 만들어지므로, 이와 같은 형태의 경진 대회에서는 특히 주의해야 합니다. 즉, 검증에서

---

51 https://www.coursera.org/learn/competitive-data-science
52 https://github.com/Keiku/kaggle-airbnb-recruiting-new-user-bookings

도 학습 데이터의 끝부분과 테스트 데이터의 예측 대상일의 일수 차이를 고려하여 특징을 만들어야 합니다(3.10.6절 참조).

이처럼 예측 대상일에 따라 제약 내용이 달라지므로, 필자는 각 날짜에 따른 39개의 개별 모델을 구축했습니다. 실제로 이 대회에서 1위를 차지한 팀에서도 같은 전략을 채택했습니다.

필자가 당시 대회에서 생성한 특징은 주로 다음과 같습니다.

- 예측 대상일로부터 7일 간격으로 50주간 일별 방문자 수의 로그(이용 불가능한 값은 제외)

- 앞의 방문자 수 로그로부터 만들어진 특징을 활용한 8주간의 평균

- 이용 가능한 최신 날짜로부터 20일간 일별 방문자 수의 로그(앞의 두 특징과 중복되는 데이터는 제외)

- 이용 가능한 최신 날짜로부터 5주간 주별 방문자 수의 로그 평균

- 예측 대상일을 포함한 과거 7일간 일별 예약 건수의 로그

이처럼 방문자 수와 예약자 수를 로그화하여 활용합니다. 다만, 모델로 GBDT 방식을 이용했으므로 로그 변환의 의미가 있는 변수는 집약하여 산출하는 두 번째와 네 번째 변수뿐입니다. 로그화하고 나서 평균을 구하는 이유는 공휴일 등 예외적으로 방문자 수가 많은 날의 영향을 완화하려는 것입니다. 또한 방문자 수가 0인 데이터도 있으므로 엄밀하게는 numpy의 log1p 함수와 같이 원래의 방문자 수에 1을 더한 후 로그 변환합니다.

보통 음식점의 손님 수는 요일에 따라 크게 달라집니다. 첫 번째 변수는 이러한 요일의 경향을 파악하기 위해 같은 요일의 과거 실적을 lag 특징으로서 추가했습니다. 또한 같은 요일이라도 날짜에 따른 편차가 존재하므로 두 번째 변수에서 이를 평균화했습니다.

한편, 다른 요일의 정보를 사용할 수도 있습니다. 다른 요일의 정보라 해도 최근 방문객 수에 관한 정보는 예측에 효율적으로 작용할 가능성이 높으므로 세 번째 변수에서처럼 lag 특징을 추가했습니다. 또한 네 번째 변수로는 요일의 영향을 배제한 평균적인 경향을 파악하고자 했습니다.

이러한 각각의 특징과 관련해 어느 정도까지 과거로 거슬러올라가 이용할 것인가에 대해서는 검증에서 수많은 패턴의 시행착오를 겪은 뒤 결정됩니다. 또한 학습 데이터의 범위가 그리 넓지 않을 수도 있으므로 연월 등의 정보는 변수에 추가하지 않습니다.

또 하나 중요한 사실은 테스트 데이터 기간에 골든 위크가 포함된다는 점입니다. 이처럼 특별한 기간에는 평상시와 크게 다른 경향이 나타나기 쉬운 만큼, 과거 동일 요일의 방문자 실적을 특징으로 사용하는 건 무리라고 판단했습니다. 예를 들면 2017/5/2는 화요일이지만 골든 위크가 시작되기 직전인 만큼 평상시의 금요일과 비슷한 경향이 나타나리라 예상하고 굳이 금요일로 가정한 후 특징을 만들어 학습했습니다. 마찬가지로 5/3부터 5/5까지는 토요일로 가정하고 특징을 만들어 학습했습니다. 이렇게 대처한 결과 더 현실적인 모델을 만들어내 점수를 크게 올릴 수 있었습니다.

필자는 앞에서 설명한 특징 생성에 추가로, 학습에 이용하는 데이터의 범위나 검증 방법을 연구하여 최종적으로 16위의 성적을 거두었습니다. 이 대회의 검증 방법에 관해서는 5장에서 다시 소개하겠습니다.

3.13.2 캐글 Santander Product Recommendation 대회

이 대회는 산탄데르 은행의 각 사용자별 금융상품 구매 이력이 월 단위로 주어지고 이를 바탕으로 최신 월의 구매 상품을 사용자별로 예측하는 문제였습니다. 금융 상품은 총 24종류이며 2015년 2월부터 2016년 5월까지의 상품별 구매 실적이 학습 데이터, 2016년 6월의 구매 상품이 예측 대상인 테스트 데이터입니다. 다만, 2016년 5월에는 구매하지 않았으나 2016년 6월에 구매한 상품만 예측해야 합니다. 또한 각 상품의 구매 여부가 아닌, 가장 구매 가능성이 높은 상품부터 상위 7개까지의 목록을 예측해 제출하는 MAP@7[mean average pricision] 함수[53]로 평가가 이루어졌습니다.

물론 전월까지의 구매 이력은 매우 중요한 정보이며 특징 생성의 핵심입니다. 각 상품의 구매 여부가 24개의 플래그 변수로 주어지는데, 필자가 실제로 생성한 변수는 주로 다음과 같습니다.[54]

- 전월의 각 상품별 구매 여부 플래그(사용자 전체에서 이용 빈도가 낮은 4개 상품 제외)

- 해당 플래그를 모두 연결한 문자열

- 각 상품의 구매 여부 플래그가 $0 \rightarrow 0$, $0 \rightarrow 1$, $1 \rightarrow 0$, $1 \rightarrow 1$로 전이된 횟수

----

53 옮긴이_ 총 24종류의 금융 상품(대상 변수) 중에 상품 구매 가능성이 가장 높은 순서대로 상위 7개를 선택하고, 고객마다 정답여부(precision)을 평가하여 전체 평균을 내 계산하는 함수입니다.

54 https://medium.com/kaggle-blog/santander-product-recommendation-competition-3rd-place-winners-interview-ryuji-sakata-ef0d929d3df

- 각 상품을 구매하지 않은 상태의 유지 기간(월 단위)

- 전월 구매한 상품 수

첫 번째 특징군은 각 상품의 구매 여부 플래그의 lag 특징입니다. 두 번째 특징은 이들 플래그를 연결한 것을 범주형 변수로써 타깃 인코딩합니다. 전월의 상품 구매 패턴에 따라 새롭게 구매하는 상품의 경향이 뚜렷하게 보였으므로 이는 유효한 특징으로 작용했습니다.

세 번째 특징군은 구매 여부의 값이 변경된 것을 확인하고 새롭게 구매하는 고객을 파악합니다. 상품 구매를 예측하는 문제이므로 직접적인 방법은 상품 구매 횟수나 비율을 집계하는 것입니다. 그러나 이 대회에서는 지난달 구매하지 않았던 사용자의 이번 달 신규 구매 여부를 예측하므로 오히려 0 → 1로 전이되는 확률이 본질이 됩니다. 따라서 필자는 단순히 플래그 1의 개수나 비율을 집계하는 대신 플래그 값의 변화에 주목하는 변수를 생성했습니다.

네 번째 특징군은 구매하지 않은 상태가 이어질수록 다음에도 구매하기 어려워지거나 또는 오히려 구매하기 쉬워지는 일련의 경향이 있으리라 기대하고 추가했으며 실제로 모델 성능 개선에 공헌했습니다. 다섯 번째 특징도 마찬가지로 지난달에 구매한 상품이 많을수록 새롭게 상품을 구매하기 쉬워지거나 반대로 어려워지는 경향이 있지 않을까 라는 기대에 근거합니다.

필자는 이러한 특징 생성뿐만 아니라 학습에 이용할 데이터 범위나 검증 방법 등도 고민한 결과 최종적으로 3위의 성적을 거두었습니다. 이 대회의 검증 방법도 5장에서 다시 소개하겠습니다.

3.13.3 캐글 Instacart Market Basket Analysis 대회

이 대회는 과거의 주문 내역을 바탕으로 다음 주문 시 재주문할 구매 상품을 예측하는 문제였습니다. 재주문한 상품이 없을 경우에는 None으로 예측하여 제출합니다.

이 대회에서 2위를 차지한 솔루션에서는 사용자 기반, 아이템(상품) 기반, 사용자 × 아이템 기반, 날짜와 시간 특징이 다음과 같은 아이디어를 바탕으로 생성되었습니다.[55][56]

---

55 https://medium.com/kaggle-blog/instacart-market-basket-analysis-feda2700cded
56 https://github.com/KazukiOnodera/Instacart

- **사용자 기반 특징**
  - 재주문 빈도
  - 주문 간격
  - 주문 시간대
  - 유기농, 글루텐프리, 아시아 아이템의 과거 주문 여부
  - 1회 주문 시 상품 수의 특징
  - 처음 구매하는 아이템을 포함하는 주문량

- **아이템 기반 특징**
  - 구매 빈도
  - 장바구니에서의 위치
  - 일회성 구매에 그칠 확률
  - 동시 구매 상품 수의 통계량
  - 같은 카테고리의 제품을 구매한 후 다른 제품의 추가 구매 여부에 관한 통계량(예: 지난 번 바나나를 샀을 경우 다음에 딸기를 구매할지 여부)
  - 끊김 없이 이어지는 연속 주문에 관한 통계량
  - N회 주문 중 재주문될 확률
  - 주문 발생 요일의 분포
  - 최초 주문 후 재주문될 가능성
  - 주문 간격 통계량

- **사용자 × 아이템 기반 특징**
  - 사용자가 해당 상품을 구매한 횟수
  - 사용자가 해당 상품을 마지막으로 구매한 이후 경과 시간
  - 연속 주문
  - 장바구니에서의 위치
  - 당일에 해당 사용자가 이미 그 아이템을 주문했는지 여부
  - 동시 구매되는 상품에 관한 통계량
  - 어떤 상품 대신 구매되는 상품의 통계량(=주문 이후 추가로 연속 구매되지 않은 상품에 주목한 결과)

- **날짜 기반 특징**
  - 요일별 주문 건수, 주문된 상품 개수
  - 시간당 주문 건수, 주문된 상품 개수

또한 다음과 같은 사항들도 중요하게 고려해야 합니다.

- '콜라 하나'와 '12캔 콜라팩'과 같이 어떤 상품 대신 구매되는 상품이 있습니다.

- 'A 사용자가 B 상품을 주문하는 간격의 최대치'와 'A 사용자가 B 상품을 마지막으로 주문한 날로부터의 경과'의 차이를 구하면 해당 상품을 재주문할 준비가 되어 있는지 여부를 나타낼 수 있습니다.

- 자주 재주문되는 상품과 그렇지 않은 상품이 있습니다.

3.13.4 KDD Cup 2015 대회

KDD Cup 2015 대회에서 2위 입상한 팀 'FEG&NSSOL@Data Varaci'의 접근 방법을 소개합니다. 이 대회에서 다룬 문제는 중국의 온라인 공개수업$^{Massive\ Open\ Online\ Course}$(MOOC) 사이트에서 수강자의 이탈을 예측하는 것이었습니다. 접속 로그가 부여되고, 그것을 기반으로 이수 등록 및 사용자별 이탈 여부를 예측합니다.

이때 접속 로그를 그대로 모델의 입력으로 삼을 수는 없으므로 집약하여 특징을 만들어야 합니다. 이 팀에서는 주로 두 가지 방법으로 특징을 생성했는데 하나는 데이터 구조를 기점으로 하는 방법, 다른 하나는 사용자 행동을 기점으로 하는 방법입니다.

데이터 구조를 기점으로 특징 생성

접속 로그의 데이터 구조를 바탕으로 특징을 만드는 방법입니다.

- 대상 범위: 모든 기간, 특정 요일, 시간대 및 기간, 특정 이벤트 등

- 집약 방법: 이수 등록 단위, 사용자 단위, 코스 단위 등

- 지표: 로그 건수, 접속 일수 등

이러한 대상 범위나 집약 방법, 지표를 조합하면 '이수 등록 정보별 주말 접속 일수'나 '사용자별 수업 과제 중임을 나타내는 값의 로그 건수'와 같은 다양한 특징을 추출할 수 있습니다.

사용자 행동을 기점으로 유효한 특징 탐색

사용자 행동으로부터 특징을 생성하는 방법입니다. 상상력이 필요한 만큼 매우 효과적인 특징을 추출할 때가 있습니다. 이 대회에서는 다음과 같은 특징이 만들어졌습니다.

① **사용자의 성실도**

방문 일수나 동영상 시청 건수 등 사용자의 성실도를 나타내는 특징

② **사용자의 학습 진척도**

접속 로그로부터 사용자의 수업 진척도와 평균적인 진척도와의 차이를 산출하여 만드는 특징

③ **미래의 로그**

어떤 코스에서는 사용자 활동이 관측되지 않는 미래 기간에, 사용자가 다른 코스에서 활동할지 여부를 관측하여 알아낸 정보로 만드는 특징(이 정보는 실무에서 예측을 실시할 때는 사용할 수 없으며, 데이터 누출을 이용한 특징이라고 할 수 있음)

3.13.5 경진 대회의 각종 기법 사례

마지막으로 경진 대회에서 사용되는 기타 다양한 기법들을 소개합니다.

바코드 정보 복원

캐글의 Walmart Recruiting: Trip Type Classification 대회에서는 바코드 정보가 숫자로 주어졌으나 그 상태로는 기존 상품과 맞지 않았습니다. 바코드 바로 뒤에 붙는 판독 오류용 수치인 체크 디지트check digit가 삭제되었기 때문인데, 그것을 복원하면 상품과 매칭할 수 있습니다. 외부 데이터를 사용할 수 없으므로 그렇게 얻은 상품의 정보를 직접 사용할 수는 없지만, 바코드 정보의 구조에 기반을 둔 특징은 생성할 수 있습니다. 또한 체크 디지트를 눈치채지 못했다 해도, 위쪽 몇 자리나 아래쪽 몇 자리를 단순하게 잘라냄으로써 유용한 특징을 만들 가능성이 있었습니다.[57]

---

57 https://www.kaggle.com/c/walmart-recruiting-trip-type-classification/

데이터 압축률로 특징 생성

캐글의 Microsoft Malware Classification Challenge(BIG 2015) 대회에서는 멀웨어 파일이 주어졌으므로, 파일이나 그 일부를 압축했을 때의 압축률을 특징으로 이용하는 기법이 사용되었습니다.[58]

그 밖의 압축을 이용한 아이디어로는 파일 A와 B를 각각 압축했을 때의 압축률과 결합했을 때의 압축률을 비교함으로써 두 파일에 공통된 정보가 얼마나 포함되었는지를 파악해보는 방법도 있습니다.

곡선접합과의 차이 예측

캐글의 Walmart Recruiting II: Sales in Stormy Weather 대회는 각 매장 및 상품별로 학습용 데이터에 듬성듬성 빠진 부분의 판매량을 예측하는 문제였습니다. 각 매장 및 상품마다 매출 추이가 크게 달랐기에 필자는 곡선접합curve fitting을 실시하여 베이스라인을 작성하고, 목적변수와 베이스라인의 차이를 대상으로 학습하고 예측하는 방법을 사용했습니다.[59]

리지 회귀의 트렌드 추정

캐글의 Rossmann Store Sales 대회에서는 중요한 특징을 포함한 상태에서 리지 회귀ridge regression를 통해 트렌드를 추정하고, 그것을 특징으로 사용하는 기법이 이용되었습니다.[60]

과거 전적에서 평점을 계산하여 특징 생성

캐글의 Google Cloud & NCAA® ML Competition 2018-Men's 대회는 농구 토너먼트의 승패를 예측하는 문제입니다(이 대회는 매년 개최되며 운의 요소가 강해 주로 즐길 목적으로 참가합니다). 과거의 전적으로부터 엘로 평점Elo rating이라는 방법을 이용하여 각 시점의 각 팀별 역량을 계산하고 그것을 특징으로 하는 방법이 쓰입니다.[61]

---

58 https://medium.com/kaggle-blog/microsoft-malware-winners-interview-2nd-place-gert-marios-aka-kazanova-e342635440da

59 https://www.kaggle.com/c/walmart-recruiting-sales-in-stormy-weather/discussion/14452

60 https://www.kaggle.com/c/rossmann-store-sales/discussion/18024

61 https://www.kaggle.com/lpkirwin/fivethirtyeight-elo-ratings

같은 값이 있는지 여부 확인

캐글의 Home Credit Default Risk 대회에서는 학습 데이터와 테스트 데이터에 같은 사용자가 존재한다는 내용(정보 누출)이 있었습니다. 이들 데이터에 같은 유저가 존재한다는 사실은 다음과 같은 과정을 통해 알 수 있었습니다.

먼저 학습용 데이터셋의 생일 및 고용일부터의 일수(DAYS_BIRTH, DAYS_EMPLOYED), 등록일부터의 일수(DAYS_REGISTRATION)와 같은 특징의 값의 차를 구했을 때, 테스트셋에 그 값과 일치하는 행 데이터가 있었습니다. 생일, 고용일, 등록일은 달랐지만 확인한 결과 같은 유저이고, 다만 시점이 다른 데이터였습니다. 이와 같은 데이터 정보 누출을 발견하려면 여러 가지 방법으로 같은 값이 있는지 여부를 확인해야 할 수 있습니다.[62]

....

62 *https://speakerdeck.com/hoxomaxwell/home-credit-default-risk-2nd-place-solutions*

모델 구축

4.1 모델의 기본 이해

4.1.1 모델이란?

이 책에서는 특징feature을 입력 데이터로 하여 예측값을 만들어내는 것을 모델[1]이라고 부릅니다. 이러한 모델로는 랜덤 포레스트(RF)나 신경망 등이 있습니다.

경진 대회의 대부분은 지도 학습[2]에 해당됩니다. 모델에 학습 데이터와 함께 목적변수를 제공하여, 목적변수가 없는 데이터의 목적변수를 적절하게 예측할 수 있도록 학습시킵니다. 모델 학습이 끝나면 테스트 데이터를 이용하여 예측값을 출력합니다.

모델에는 학습 전에 사용자가 지정할 수 있는 하이퍼파라미터가 있습니다. 하이퍼파라미터로 학습 방법과 속도, 얼마나 복잡한 모델로 만들 것인지를 결정합니다. 이 요소들은 모델의 성능에 영향을 줍니다. 하이퍼파라미터의 튜닝은 6장에서 다시 설명하겠습니다(이 책에서는 명확하게 하이퍼파라미터를 가리킬 경우 매개변수parameter라 부르기도 합니다).

---

1 옮긴이_ 수학적 표현으로 정의되기도 하는 모델은 학습 프로세스의 결과물입니다. 모델은 데이터로부터 통찰력을 추출하여 비즈니스 결정의 개선에 사용할 수 있습니다.

2 머신러닝의 지도 학습과 준지도 학습, 비지도 학습을 간단히 설명하면 다음과 같습니다.
- 지도 학습: 목적변수가 있는 데이터에서 모델을 학습하여 목적변수가 없는 데이터에 대해 예측
- 준지도 학습: 목적변수가 있는 데이터뿐만 아니라 목적변수가 없는 데이터도 모델 학습에 활용
- 비지도 학습: 목적변수가 없는 데이터에서 데이터 내부 패턴을 추측(클러스터링 기법 등)

4.1.2 모델 구축의 흐름

이 절에서는 경진 대회에 한정하지 않고 일반적으로 모델을 학습, 예측하고 평가하는 방법을 설명합니다. 이어서 경진 대회에서 모델을 구축하고 평가하며 개선해나가는 흐름을 설명하겠습니다.

모델 학습과 예측

모델 학습과 예측은 다음과 같은 순서로 실시합니다.

① 모델 종류를 선택하고 하이퍼파라미터를 지정[3]

② 학습 데이터와 목적변수를 제공하여 학습 진행

③ 테스트 데이터를 제공하여 예측

예제 코드는 다음과 같습니다.

(ch04/ch04-01-introduction.py 참조)

```
# 모델의 하이퍼파라미터를 지정
params = {'param1': 10, 'param2': 100}

# Model 클래스를 정의
# Model 클래스는 fit로 학습하고 predict로 예측값 확률을 출력

# 모델 정의
model = Model(params)

# 학습 데이터로 모델 학습
model.fit(train_x, train_y)

# 테스트 데이터에 대해 예측 결과를 출력
pred = model.predict(test_x)
```

이때 학습 데이터의 행 개수를 n_{tr}개, 테스트 데이터의 행 개수를 n_{te}개, 특징의 열 개수를 n_f개 라고 하면 다음과 같습니다.

---

3 여기서는 하이퍼파라미터로 적절한 값이 이미 결정되었다고 가정합니다.

- 학습 데이터 = $n_{tr} \times n_f$ 행렬

- 목적변수 = n_{tr}개의 배열

- 테스트 데이터 = $n_{te} \times n_f$ 행렬

- 예측값 = n_{te}개의 배열

다음은 [그림 4-1]과 같은 학습 데이터와 테스트 데이터가 있을 때 [그림 4-2]처럼 모델에 학습 데이터를 제공하여 학습시키고 테스트 데이터를 이용하여 예측값을 예측하는 이미지입니다.

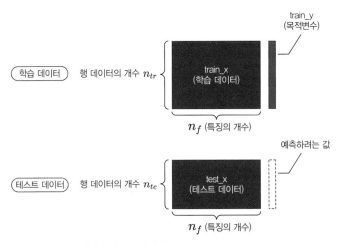

그림 4-1 학습 데이터와 테스트 데이터

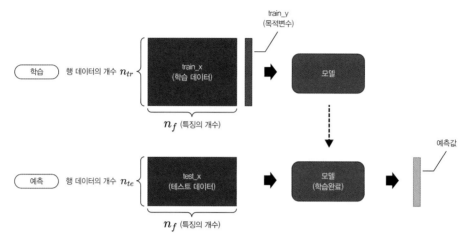

그림 4-2 학습과 예측

모델 검증

모델을 만들어가면서 그 모델이 좋은지 나쁜지를 평가해야 합니다. 이때 이미 학습에 이용한 데이터로 평가하려 해도 모델은 그 정답을 다 알고 있는 상황이므로 미지의 데이터에 대한 예측 능력을 평가할 수 없습니다.

즉, 학습 데이터 전체로 학습시키면 모델을 평가할 데이터가 사라져버리므로 일부 데이터를 평가용 데이터로 분류해두었다가 사용합니다. 이런 식으로 모델을 평가하는 것을 검증^{validation}이라고 합니다. 검증에 대한 자세한 내용은 5장에서 설명합니다.

모델에 따라서는 학습할 때 학습 데이터와 함께 검증 데이터를 제공할 수 있고, 학습이 진행되면서 학습 데이터에 대한 점수와 검증 데이터에 대한 점수가 어떻게 달라지는지를 모니터링할 수 있습니다.

(ch04/ch04-01-introduction.py 참조)

```python
from sklearn.metrics import log_loss
from sklearn.model_selection import KFold

# 학습 데이터 검증 데이터를 나누는 인덱스를 작성
# 학습 데이터를 4개로 나누고 그중 하나를 검증 데이터로 지정
kf = KFold(n_splits=4, shuffle=True, random_state=71)
```

```
tr_idx, va_idx = list(kf.split(train_x))[0]

# 학습 데이터와 검증 데이터로 구분
tr_x, va_x = train_x.iloc[tr_idx], train_x.iloc[va_idx]
tr_y, va_y = train_y.iloc[tr_idx], train_y.iloc[va_idx]

# 모델 정의
model = Model(params)

# 학습 데이터에 이용하여 모델 학습 수행
# 모델에 따라서는 검증 데이터를 동시에 제공하여 점수 모니터링
model.fit(tr_x, tr_y)

# 검증 데이터에 대해 예측하고 평가 수행
va_pred = model.predict(va_x)
score = log_loss(va_y, va_pred)
print(f'logloss: {score:.4f}')
```

이처럼 일부 데이터를 검증용으로 나누는 방법을 홀드아웃hold-out이라고 합니다. 다만 이 방법을 쓰면 모델의 학습이나 평가에 사용할 수 있는 데이터가 그만큼 줄어드는 만큼, 효율적인 데이터 사용을 위해 교차 검증cross validation이라는 방법을 자주 사용합니다(그림 4-3).

교차 검증은 다음과 같은 순서로 실시합니다.

① 학습 데이터를 여러 개로 분할합니다(각각 폴드fold라고 부릅니다).

② 그중 하나를 검증 데이터, 나머지를 학습 데이터로 삼아 학습 및 평가를 실시하고 검증 데이터에서의 점수를 구합니다.

③ 분할한 횟수만큼 검증 데이터를 바꿔가며 ②의 내용을 반복하여 점수를 구합니다.

④ 검증 데이터의 평균 점수로 모델의 좋고 나쁨을 평가합니다.

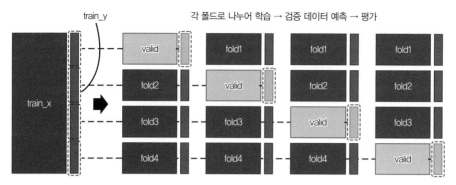

그림 4-3 교차 검증

(ch04/ch04-01-introduction.py 참조)

```python
from sklearn.metrics import log_loss
from sklearn.model_selection import KFold

# 학습 데이터를 4개로 나누고 그중 1개를 검증 데이터로 지정
# 분할한 검증 데이터를 바꾸어가며 학습 및 평가를 4회 실시
scores = []
kf = KFold(n_splits=4, shuffle=True, random_state=71)

for tr_idx, va_idx in kf.split(train_x):
    tr_x, va_x = train_x.iloc[tr_idx], train_x.iloc[va_idx]
    tr_y, va_y = train_y.iloc[tr_idx], train_y.iloc[va_idx]
    model = Model(params)
    model.fit(tr_x, tr_y)
    va_pred = model.predict(va_x)
    score = log_loss(va_y, va_pred)
    scores.append(score)

# 교차 검증의 평균 점수를 출력
print(f'logloss: {np.mean(scores):.4f}')
```

경진 대회에서의 학습·검증·예측

경진 대회에서는 모델을 평가하는 검증 구조를 구축하고 평가 피드백을 모델 선택 및 개선에 활용합니다. 모델 구축부터 평가까지의 사이클은 다음과 같습니다.

① 모델 종류를 선택하고 하이퍼파라미터를 지정하여 모델을 구축합니다.

② 학습 데이터를 제공하여 모델을 학습시킴과 동시에 검증 데이터로 모델을 평가합니다.

③ 학습한 모델로 테스트 데이터를 예측하고 예측값을 제출합니다(검증 데이터에서의 점수가 좋지 않아 제출할 필요가 없다면 제출하지 않을 수도 있습니다).

이어서 다음 내용을 반영하며 사이클을 반복하고, 검증에서의 평가를 참고하여 더 좋은 모델을 찾습니다.

- 특징의 추가 및 변경(학습 데이터와 테스트 데이터의 열을 추가하거나 새로 생성)

- 하이퍼파라미터 변경

- 모델 종류를 변경

검증에서의 평가뿐만 아니라, 예측값을 제출함으로써 Public Leaderboard의 점수도 참고할 수 있습니다. 다만 (테스트 데이터의 행 데이터 개수나 학습 데이터와의 분포 차이에 따라 다르기는 하지만) Public Leaderboard의 점수에 지나치게 의지하면 Leaderboard에 과적합^{overfitting}됩니다. 그 결과 Private Leaderboard의 순위가 큰 폭으로 떨어지기도 하므로 주의해야 합니다.

경진 대회의 흐름은 다음 [그림 4-4]와 같이 나타낼 수 있습니다.

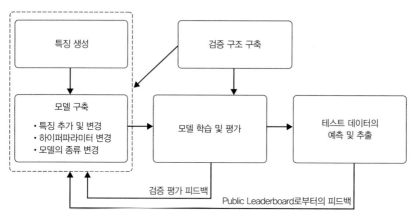

그림 4-4 경진 대회의 흐름

검증은 보통 교차 검증을 실시합니다. 데이터가 충분하다면 일부 데이터를 검증 데이터로 삼는 홀드아웃 방법을 써도 되겠지만, 스태킹 등 앙상블(7장 참조)을 실시한다는 점을 생각하면 결국 교차 검증이 필요합니다.

여기서 문제는 교차 검증으로 모델을 학습시키고 평가한 뒤 테스트 데이터를 예측하는 방법입니다. 이때 테스트 데이터를 예측하는 방법은 다음과 같은 2가지 방법을 참고합니다.

- 각 폴드에서 학습한 모델을 저장해두고 해당 모델들의 예측값 평균 등을 구합니다(그림 4-5 좌).

- 학습 데이터 전체로 다시 모델을 학습시킨 뒤 해당 모델로 예측합니다(그림 4-5 우).

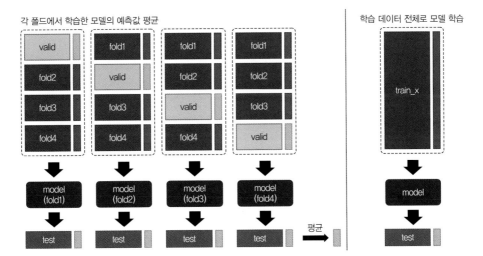

그림 4-5 테스트 데이터의 예측

4.1.3 모델 관련 용어와 팁

경진 대회에서 사용하는 개별 모델을 설명하기에 앞서, 모델이나 그 사용 방법을 이해하는 데 유용한 용어와 팁을 소개합니다.

과적합

학습 데이터의 랜덤한 노이즈까지 과하게 학습되어 학습 데이터에서는 점수가 좋지만 그 외의 데이터에서는 점수가 좋지 않은 현상을 과대적합overfitting이라고 합니다(보통 과적합이라 부릅니다). 반대로, 학습 데이터의 성질이 충분히 학습되지 않아 학습 데이터에서든 기타 데이터에서든 점수가 좋지 않으면 과소적합underfitting이라고 합니다.

경진 대회에서 만드는 것처럼 성능을 중시하는 모델에서는 학습 데이터의 점수와 검증 데이터의 점수가 서로 달라도 문제가 없습니다. 그 차이를 바탕으로 모델이 과적합인지 과소적합인지를 확인하고 하이퍼파라미터 조정에 참고할 수 있습니다.

한편, 검증 데이터와 테스트 데이터의 점수(= 테스트 데이터의 예측값을 제출한 Public Leaderboard의 점수)가 다를 때는 주의해야 합니다. 이들 데이터의 분포가 서로 다르고 테스트 데이터의 행 개수가 적다는 등의 이유로 어쩔 수 없을 때도 많지만, 특별한 이유가 따로 없다면 검증이 제대로 이루어지지 않았을 가능성이 있습니다.

정규화

학습 모델이 복잡할 때 제약(벌칙)을 부과하는 것을 정규화regularization라고 합니다. 정규화를 거치면 일정 수준으로 모델의 복잡도가 줄어들어 과적합을 억제할 수 있습니다. 대부분의 모델에는 정규화항regularization term이 포함되어, 정규화의 강도를 지정하는 하이퍼파라미터를 조정함으로써 모델의 복잡함을 제어할 수 있습니다.

학습 데이터와 검증 데이터의 점수 모니터링

GBDT나 신경망 등 학습이 순차 진행되는 모델에서는, 학습 데이터와 그 목적변수 외에도 모니터링할 평가지표 및 검증 데이터와 그 목적변수를 전달함으로써 학습 데이터와 검증 데이터 각각의 점수 추이를 볼 수 있습니다. 모델이 잘 학습하고 있는지 정보를 얻음과 동시에, 이후 설명할 조기 종료early stopping에도 사용합니다.

경진 대회에서는 GBDT나 신경망이 주역이 되므로 모델을 학습할 때 검증 데이터도 기본적으로 제공한다면 작업하기 수월할 것입니다.

조기 종료

GBDT와 신경망 등의 라이브러리에는 조기 종료early stopping라는 기능이 있습니다. 학습 시 검증 데이터의 점수를 모니터링하다가 일정 시간 동안 점수가 오르지 않으면 중간에 학습을 중단하는 기능입니다. 학습 데이터에 대한 점수는 학습이 진행될수록 차츰 좋아지는데, 그게 지나치면 학습 데이터에 과적합되어 일반화 성능이 떨어지므로 이를 방지하려는 목적입니다.

특징이나 기타 하이퍼파라미터에 따라 최적의 학습 반복iteration 횟수는 달라집니다. 원래라면 반복 횟수를 순차적으로 재설정해야 하지만, 조기 종료를 사용하면 최적의 반복 횟수에서 자동 중단되므로 편리합니다.

한편, 검증에서 적절한 평가를 하려면 학습 시 검증 데이터의 정보를 사용해서는 안 됩니다. 다만 조기 종료할 경우에는 반복 횟수를 결정하는 참고 자료로 사용하는 만큼 공정한 평가에 비해 검증의 점수가 조금 더 좋아질 수 있다는 점은 주의해야 합니다.

학습 데이터의 점수는 계속 좋아지는 반면 검증 데이터의 점수는 어느 정도 선에서 멈추므로, 학습의 진행과 점수를 플롯하면 대부분의 경우 [그림 4-6]과 같은 그래프가 됩니다(이 그래프에서는 평가 점수로서 로그 손실log loss 등이 작은 쪽을 좋은 평가지표로 봅니다).

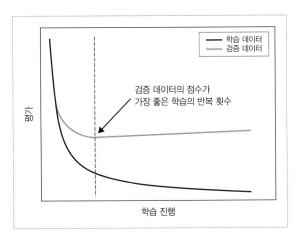

그림 4-6 학습 데이터와 검증 데이터의 점수 추이

배깅

배깅bagging은 여러 모델을 조합하여 모델을 구축하는 방법 중 하나입니다. 같은 종류의 모델을 여러 개 병렬로 구축하고, 이들 예측값의 평균 또는 최빈값을 이용해 예측합니다. 각각의 모델에서 데이터나 특징의 일부만 랜덤 선택하여 추출하는 샘플링을 실시함으로써 일반화 성능을 더 높이려는 경우가 많지만, 학습에 사용하는 난수 시드random seed[4]만 바꿔서 평균을 구할 때도 있습니다.

배깅이라는 명칭은 'bootstrap aggregating'이라는 단어에서 유래한 것으로, 좁은 의미로는 중복을 허용하는 복원 추출로 데이터를 샘플링하는 부트스트랩 샘플을 이용하는 방법을 가리킵니다. 또한 앞에서 설명한 것처럼 조금 더 넓은 의미로도 쓰이는데, 랜덤 포레스트 등의 모델이 배깅을 이용합니다.

부스팅

부스팅boosting 역시 여러 모델을 조합하여 모델을 구축하는 방법 중 하나입니다. 부스팅으로 같은 종류의 모델을 직렬 조합하고 학습을 통해 예측값을 보정하면서 순서대로 하나씩 모델을 학습시킵니다. GBDT에서는 그 용어에서도 짐작할 수 있듯이 부스팅을 이용하고 있습니다.

4.2 경진 대회에서 사용하는 모델

표 형태의 정형 데이터를 다루는 경진 대회에서 사용하는 모델은 다음과 같습니다.

- 그레이디언트 부스팅 결정 트리(GBDT)

- 신경망

- 선형 모델

- 기타 모델

  - k−최근접 이웃 알고리즘k−nearest neighbor algorithm(KNN)

---

4 옮긴이_ 난수 시드는 데이터를 지정된 동일한 패턴으로 샘플링할 때 사용합니다. 데이터를 샘플링할 때마다 다른 데이터가 샘플링된다면 평가와 검증이 어려울 것입니다. 따라서 일정 숫자의 시드를 사용해서 데이터를 샘플링합니다. 시드의 값을 바꾸는 과정에서 조금씩 다른 데이터를 가지게 되므로 약간 다른 모델을 생성할 수 있습니다.

- 랜덤 포레스트random forest (RF)
- 익스트림 랜덤 트리extremely randomized trees (ERT)
- RGFregularized greedy forest
- FFMfield-aware factorization machines

경진 대회에서는 다음와 같은 관점에서 모델을 선택합니다.

- 모델 성능

- 연산 속도

- 사용 편의성

- 다양성으로 앙상블에서의 모델 성능 향상에 기여하는지 여부

모델 성능이 최우선이지만, 다양한 시행착오를 거치는 만큼 연산 속도나 사용 편의성도 중요한 포인트입니다. 모델 자체의 성능이 높지 않더라도 모델 성능이 높은 다른 모델과는 조금 다른 관점에서 예측하여 앙상블 모델의 성능 향상에 기여할 수 있다면 채택됩니다.

GBDT는 모델 성능과 계산 속도, 사용 편의성 모두 뛰어나므로 보통 가장 먼저 만들어지는 모델입니다. 신경망은 다소 다루기 어려울 때도 있지만 문제에 따라서는 좋은 선택지가 될 수 있습니다. 선형 모델은 과적합하기 쉬운 특수 대회에서의 선택지입니다. 앞의 '기타 모델'에서 꼽은 모델들은 주로 다양성에 공헌하여 앙상블에서 모델 성능을 올리는 게 목표입니다.

GBDT, 랜덤 포레스트(RF), 익스트림 랜덤 트리(ERT), RGF 모두 결정 트리에 기반을 두는 모델입니다. 결정 트리로 학습하고 예측할 때 하나의 결정 트리만으로는 충분한 예측이 어려우므로 여러 개를 조합하지만, 그 조합의 구조나 학습 알고리즘은 각각 다릅니다.

한편 지도 학습 모델로서 자주 소개되는 모델 중 하나인 서포트 벡터 머신support vector machine (SVM)은 모델 성능과 계산 속도가 떨어지므로 그다지 자주 쓰이지는 않습니다.

> **NOTE**
> 경진 대회에서 모델을 선택하는 방법은 다음 [그림 4-7]과 같이 나타날 수 있습니다.

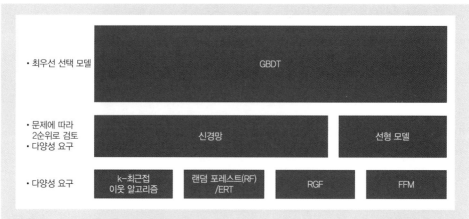

• 최우선 선택 모델	GBDT
• 문제에 따라 2순위로 검토 • 다양성 요구	신경망 / 선형 모델
• 다양성 요구	k-최근접 이웃 알고리즘 / 랜덤 포레스트(RF)/ERT / RGF / FFM

그림 4-7 경진 대회에서의 모델 선택 방법

한편 사이킷런 문서에 따르면 모델 선택 방법은 다음 [그림 4-8]과 같습니다. 다만, 데이터가 충분한 정형 데이터의 회귀 및 분류 문제는 대부분 GBDT 모델로도 충분한 만큼 이처럼 세세한 조건으로 모델을 선택할 필요는 거의 없습니다.

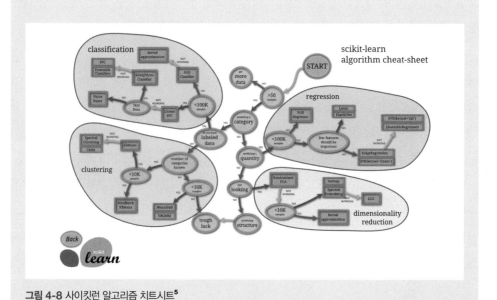

그림 4-8 사이킷런 알고리즘 치트시트[5]

---

5 https://scikit-learn.org/stable/tutorial/machine_learning_map/index.html

4.3 GBDT

이 절에서는 GBDT의 개요와 특징, 주요 라이브러리와 활용 방법 등을 살펴봅니다. 그리고 GBDT에서 많이 사용되는 xgboost, lightgbm, catboost를 알아보겠습니다.

4.3.1 GBDT의 개요

그레이디언트 부스팅 결정 트리gradient boosting decision tree(GBDT)는 모델의 사용 편의성과 모델 성능이 높다 보니 경진 대회에서 차지하는 존재감이 매우 강합니다. 경진 대회에서 가장 처음 만드는 모델은 대부분 GBDT이며, GBDT만으로 상위 입상하는 사례도 많습니다.

GBDT는 다수의 결정 트리로 이루어집니다. 학습은 다음과 같은 순서로 진행되며 각 결정 트리의 분기 및 잎leaf의 가중치가 정해집니다(그림 4-9).

① 목적변수와 예측값으로부터 계산되는 목적함수를 개선하고자 결정 트리를 작성하여 모델에 추가합니다.

② 하이퍼파라미터에서 정한 결정 트리의 개수만큼 ①을 반복합니다.

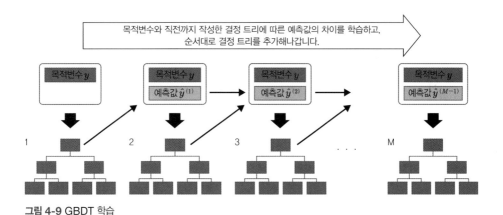

그림 4-9 GBDT 학습

여기서 두 번째 이후의 트리는 목적변수와 직전까지 작성한 결정 트리에 따른 예측값의 차이를 학습하는 이미지입니다. 트리를 작성하는 동안 모델의 예측값이 목적변수의 실젯값에 가까워지므로, 작성되는 결정 트리의 가중치는 차츰 작아집니다.

최종 예측값은 예측 대상 데이터를 각각의 결정 트리에서 예측한 결과(즉, 각 결정 트리의 예측된 잎의 가중치)를 합산한 결과입니다(그림 4-10).

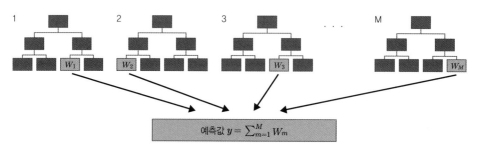

그림 4-10 GBDT의 예측

다음 [그림 4-11]은 '컴퓨터 게임을 좋아하는가?'라는 이진 분류 문제에서 결정 트리를 두 개만 작성한 예입니다. 여기서는 15세 미만의 여성이면서 일상적으로 컴퓨터를 사용할 경우의 예측값은 0.1 + 0.5 = 0.6이 됩니다(분류 문제이므로 다시 이것을 확률로 변환해 예측 확률로서 출력됩니다).

또한 첫 번째 결정 트리의 첫 분기에서는 연령이 15세 미만이면 왼쪽, 15세 이상 또는 결측값이면 오른쪽으로 나뉩니다. 이처럼 분기에서는 어떤 값보다 큰지 작은지를 파악하며 결측값일 때는 어느 쪽으로 나뉘는지도 결정됩니다.

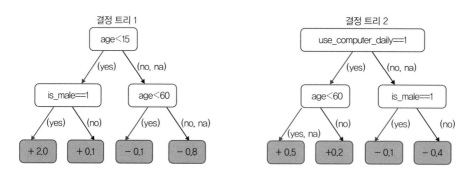

(yes는 그 조건식에 해당할 때, no는 해당하지 않을 때, na는 결측값일 때)

그림 4-11 GBDT의 예측 사례

랜덤 포레스트에서는 결정 트리를 병렬로 작성하지만 GBDT에서는 직렬로 작성하며, 직전까지 작성한 결정 트리의 예측값을 새로운 결정 트리의 예측값에 반영해가면서 조금씩 수정합니다.

4.3.2 GBDT의 특징

GBDT와 관련 라이브러리의 특징은 다음과 같습니다.

- **특징은 수치로 표현해야 합니다.**

  어떤 특징이 어떤 값보다 큰지 작은지에 따라 결정 트리의 분기에서 나뉘므로 특징은 수치로 나타내야 합니다.[6]

- **결측값을 다룰 수 있습니다.**

  결측값일 때는 결정 트리의 분기에서 어느 한 쪽으로 나뉠 수 있으므로 결측값을 채우지 않고 그대로 사용할 수 있습니다.

- **변수 간 상호작용이 반영됩니다.**

  분기 반복에 따라 변수 간 상호작용이 반영됩니다.

한편, 필자 개인적인 경험으로는 다른 모델에 비해 다음과 같은 인상을 받았습니다.

- 모델 성능이 높습니다.

- 매개변수 튜닝을 하지 않아도 모델 성능이 잘 나옵니다.

- 불필요한 특징을 추가해도 모델 성능이 떨어지지 않습니다.

사용 편의성 측면에서도 다음과 같은 특징이 있습니다.

- **특징값의 범위를 스케일링할 필요가 없습니다.**

  결정 트리에서는 각각의 특징에서 값의 크고 작은 관계만이 문제가 되므로 표준화 등의 스케일링을 할 필요가 없습니다.

---

6   라이브러리에 따라서는 문자열 등을 범주형 변수로 받아들일 수 있습니다.

- **범주형 변수를 원–핫 인코딩하지 않아도 됩니다.**

  수치화해야 하므로 레이블 인코딩은 필요하지만, 대부분의 경우 원–핫 인코딩은 필요없습니다. 예를 들어 어떤 범주형 변수 c가 1부터 10까지 있을 때 c가 5일 때만 효과가 있다면, 결정 트리의 분기를 $(c < 5, 5 <= c)$와 $(c <= 5, 5 < c)$로 거듭함으로써 c가 5라는 특징이 추출되기 때문입니다.

- **희소행렬에 대응합니다.**

  scipy-sparse 모듈의 csr_matrix나 csc_matrix 등의 희소 행렬을 입력input할 수 있습니다.

4.3.3 GBDT의 주요 라이브러리

GBDT에서 자주 쓰는 라이브러리는 다음과 같습니다.[7]

- xgboost[8]

- lightgbm[9]

- catboost[10]

이 책에서는 오래 사랑받아 왔고 자료도 많은 xgboost 라이브러리를 설명합니다. xgboost는 2014년에 공개되었으며 그 모델 성능과 편의성으로 경진 대회를 석권했습니다.

2016년 공개된 lightgbm 라이브러리는 xgboost의 영향을 받아 학습이나 예측 알고리즘이 xgboost에 상당히 가까운 모델입니다. 고속이라는 점에서 지지를 받아 xgboost와 함께 경진 대회에서 인기가 높습니다. 2017년 공개된 catboost 라이브러리는 범주형 변수의 취급 방법 등 몇몇 측면에서 연구가 이루어졌으며 xgboost나 lightgbm과는 조금 다른 모델입니다. lightgbm와 catboost는 나중에 설명하겠습니다.

---

7 라이브러리명은 기본적으로 소문자로 표현해야 합니다.

8 https://xgboost.readthedocs.io/en/latest/

9 https://lightgbm.readthedocs.io/en/latest/

10 https://catboost.ai/docs/

한편, 사이킷런 ensemble 모듈의 GradientBoostingRegressor 클래스와 GradientBoosting Classifier 클래스 역시 GBDT 기반 모델입니다. 다만 결정 트리의 분기나 잎의 가중치를 구하는 방법, 정규화 등이 달라 모델 성능과 계산 속도 모두 xgboost보다 떨어지므로 많이 쓰이지는 않습니다.

4.3.4 GBDT의 구현

제공된 샘플 데이터를 활용하여 xgboost로 모델링을 해보겠습니다.

(ch04/ch04-02-run_xgb.py 참조)

```python
import xgboost as xgb
from sklearn.metrics import log_loss

# 특징과 목적변수를 xgboost의 데이터 구조로 변환
dtrain = xgb.DMatrix(tr_x, label=tr_y)
dvalid = xgb.DMatrix(va_x, label=va_y)
dtest = xgb.DMatrix(test_x)

# 하이퍼파라미터 설정
# xgboost가 이전 버전인 경우 'verbosity':0을 'silent':1로 변경 후 실행
params = {'objective': 'binary:logistic', 'verbosity': 0, 'random_state': 71}
num_round = 50

# 학습의 실행
# 검증 데이터도 모델에 제공하여 학습 진행과 함께 점수가 어떻게 달라지는지 모니터링
# watchlist로 학습 데이터 및 검증 데이터를 준비
watchlist = [(dtrain, 'train'), (dvalid, 'eval')]
model = xgb.train(params, dtrain, num_round, evals=watchlist)

# 검증 데이터의 점수를 확인
va_pred = model.predict(dvalid)
score = log_loss(va_y, va_pred)
print(f'logloss: {score:.4f}')

# 예측: 두 값(0 or 1)의 예측이 아닌 1일 확률을 출력
pred = model.predict(dtest)
```

4.3.5 xgboost 사용 팁

booster

booster 매개변수에서 모델을 선택할 수 있습니다. GBDT를 사용하고 싶다면 디폴트값인 gbtree로 설정합니다. gblinear로 설정하면 선형 모델이 되고 dart로 설정하면 정규화에 DART라는 알고리즘을 사용한 GBDT가 됩니다.

> **NOTE**
> gblinear는 모델의 표현력이 선형 모델과 같으므로 잘 쓰이지 않습니다. DART는 경진 대회에 따라 효과를 볼 때가 있어 간혹 사용됩니다.

> **INFORMATION**
> **DART**
> 그레이디언트 부스팅에서는 초반에 만들어지는 트리의 영향이 강하다 보니 마지막에 작성되는 트리는 소소한 부분에 맞춰집니다. DART는 이처럼 소소한 부분에 적합한 트리 작성을 억제하고자 신경망에서 사용되는 드롭아웃dropout을 GBDT에 적용하는 방법입니다.[11] [12] 결정 트리를 작성할 때마다 드롭아웃 방법처럼 일정 비율의 트리가 존재하지 않는 셈 치고 학습시킵니다. 한편 존재하지 않는 트리와 새롭게 작성된 트리의 가중치를 그대로 더하면 과적합이 되므로 이들 트리의 가중치를 약하게 조정합니다.

목적함수

목적함수를 최소화하도록 학습이 진행됩니다. 기본적으로는 매개변수 objective를 다음과 같이 설정합니다.

- 회귀: reg:squarederror(옛 버전은 reg:linear)를 설정함으로써 평균제곱오차를 최소화하도록 학습합니다.

- 이진 분류: binary:logistic를 설정함으로써 로그 손실을 최소화하도록 학습합니다.

---

11 *https://xgboost.readthedocs.io/en/latest/tutorials/dart.html*
12 K. V. Rashmi, Ran Gilad-Bachrach, 「DART: Dropouts meet Multiple Additive Regression Trees」 AISTATS, 2015

- 다중 클래스 분류: multi:softprob를 설정함으로써 다중 클래스 로그 손실을 최소화하도록 학습합니다.

하이퍼파라미터

학습률, 결정 트리의 깊이, 정규화 강도 등을 하이퍼파라미터로 지정할 수 있습니다. 상세한 내용은 6장에서 설명합니다.

학습 데이터와 검증 데이터의 점수 모니터링

train 메서드의 evals 매개변수에 학습 데이터와 검증 데이터를 넘김으로써 결정 트리를 추가할 때마다 이들 데이터에 대한 점수를 출력해나갑니다. 디폴트로는 목적함수에 따라 적합한 평가지표가 설정되지만, 매개변수 eval_metric를 지정함으로써 모니터링하고 싶은 평가지표로 변경하거나 복수의 평가지표를 설정할 수 있습니다.

또한 train 메서드의 early_stopping_rounds 매개변수를 지정함으로써 조기 종료를 할 수 있습니다. 조기 종료했을 때는 예측 시 ntree_limit 매개변수를 설정하지 않으면 (최적이 아닌) 학습이 멈춘 지점까지의 트리 개수로 계산되므로 주의해야 합니다.

(ch04/ch04-02-run_xgb.py 참조)

```python
# 모니터링을 logloss로 수행. early_stopping_rounds를 20라운드로 설정
# xgboost가 이전 버전인 경우 'verbosity':0을 'silent':1로 변경 후 실행
params = {'objective': 'binary:logistic', ''verbosity': 0, 'random_state': 71,
    'eval_metric': 'logloss'}
num_round = 500
watchlist = [(dtrain, 'train'), (dvalid, 'eval')]
model = xgb.train(params, dtrain, num_round, evals=watchlist,
        early_stopping_rounds=20)

# 최적의 결정 트리의 개수로 예측
pred = model.predict(dtest, ntree_limit=model.best_ntree_limit)
```

Learning API와 Scikit-Learn API 중에 선택

xgboost 문서의 파이썬 API 레퍼런스[13]에는 xgboost의 모델 구축 및 학습 방법으로 Learning API의 train 메서드를 사용하는 방법과 Scikit-Learn API의 scikit-learn과 같은 클래스를 사용하는 방법이 나와 있습니다. 이 책에서는 주로 Learning API로 설명합니다(1장에서는 Scikit-Learn API로 설명합니다). 어느 쪽을 사용할지 여부는 취향을 타기도 하지만, Scikit-Learn API는 Learning API의 train 메서드 등을 래핑한 것이므로 간혹 정상적으로 동작하지 않을 때가 있습니다.

4.3.6 lightgbm

lightgbm은 xgboost의 영향을 받아 몇몇 연구가 이루어진 GBDT의 라이브러리입니다. 빠른 속도를 인정받아 최근 경진 대회에서 xgboost와 함께 많이 사용됩니다.

> **NOTE**
> xgboost와 비교했을 때 속도는 분명히 빠르며 모델 성능은 거의 비슷한 정도로 평가받습니다.

이 라이브러리와 관련해 다음과 같은 응용이 이루어지고 있습니다.[14] [15] [16]

- **히스토그램 기반의 결정 트리 분기에 따른 고속화**

  분기가 될 수 있는 모든 수치를 살펴보는 대신, 히스토그램을 만들고 수치를 일정한 그룹별로 나누어 해당 그룹에서 분기하도록 합니다. 즉 xgboost에서도 매개변수 tree_method를 변경함으로써 히스토그램 기반으로 만들 수 있습니다.

- **깊이 단위가 아닌 잎 단위에서의 분기 추가에 따른 모델 성능 향상**

  결정 트리의 분기를 추가할 때 xgboost에서는 [그림 4-12]와 같이 트리의 깊이 단위로 늘려나갔지만, lightgbm에서는 [그림 4-13]과 같이 잎 단위에서 모델의 평가 기준이 되는 목적함수의 값을 줄이는 방향으로 분기를 추가해갑니다.

---

13 *https://xgboost.readthedocs.io/en/latest/python/python_api.html*
14 *https://lightgbm.readthedocs.io/en/latest/Features.html*
15 *https://www.slideshare.net/tkm2261/nips2017-lightgbm-a-highly-efficient-gradient-boosting-decision-tree*
16 Ke, Guolin, et al. 「ightgbm: A highly efficient gradient boosting decision tree.」 dvances in Neural Information Processing Systems, 2017.

- **범주형 변수의 분할 최적화로 모델 성능 향상**

범주형 변수의 분기와 관련해 보통 xgboost에서는 레이블 인코딩을 실시한 결과를 단순히 수치로 보고 분할시킵니다. lightgbm에서는 범주형 변수를 매개변수로 지정할 경우 각 분기에서 경사gradient나 이계도함수second derivative의 값을 보고 최적의 집합 두 개로 나눕니다.[17] 덧붙여, 이 기능을 사용하면 과적합하기 쉬워진다는 의견도 있습니다.[18] 그게 신경쓰인다면 이 기능을 쓰는 대신 xgboost와 같은 방법으로 분할할 수도 있습니다.

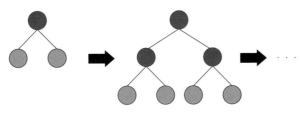

Level–wise tree growth

그림 4-12 깊이 단위의 트리 성장[19]

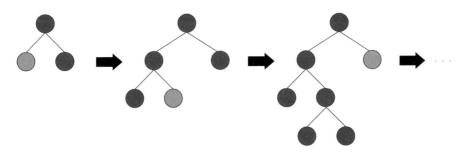

Leaf–wise tree growth

그림 4-13 잎 단위의 트리 성장[20]

샘플 데이터에 대해 lightgbm으로 모델링하면 다음과 같습니다.

---

17 옮긴이_ 이계도함수는 미분한 함수를 한 번 더 미분한 함수를 말합니다. $f(x)$ 의 이계도 함수는 $f(x) = \dfrac{d}{dx}\dfrac{df}{dx}$ 입니다. 이를 보통 $f(x) = \dfrac{d^2 f}{dx^2}$ 라고 씁니다.

18 https://github.com/Microsoft/LightGBM/issues/1934

19, 20 https://lightgbm.readthedocs.io/en/latest/Features.html

(ch04/ch04-03-run_lgb.py 참조)

```python
import lightgbm as lgb
from sklearn.metrics import log_loss

# 특징과 목적변수를 lightgbm의 데이터 구조로 변환
lgb_train = lgb.Dataset(tr_x, tr_y)
lgb_eval = lgb.Dataset(va_x, va_y)

# 하이퍼파라미터 설정
params = {'objective': 'binary', 'seed': 71, 'verbose': 0, 'metrics': 'binary_
logloss'}
num_round = 100

# 학습 실행
# 범주형 변수를 파라미터로 지정
# 검증 데이터도 추가 지정하여 학습 진행과 힘께 점수가 어떻게 달라지는지 모니터링
categorical_features = ['product', 'medical_info_b2', 'medical_info_b3']
model = lgb.train(params, lgb_train, num_boost_round=num_round,
        categorical_feature=categorical_features,
        valid_names=['train', 'valid'], valid_sets=[lgb_train, lgb_eval])

# 검증 데이터에서의 점수 확인
va_pred = model.predict(va_x)
score = log_loss(va_y, va_pred)
print(f'logloss: {score:.4f}')

# 예측
pred = model.predict(test_x)
```

4.3.7 catboost

GBDT의 라이브러리인 catboost는 범주형 변수 지원, 과적합 해소를 위한 정렬된 부스팅, GPU를 활용한 트리 모델에서의 부스팅 성능 향상과 같은 몇몇 기능을 지원합니다.[20][21][22] 현재 다음과 같은 연구가 진행중입니다.

----

20 *https://catboost.ai/docs/concepts/algorithm-main-stages.html*

21 Prokhorenkova, Liudmila, et al. 「CatBoost: unbiased boosting with categorical features」 Advances in Neural Information Processing Systems, 2018

22 Dorogush, Anna Veronika, Vasily Ershov, and Andrey Gulin. 「CatBoost: gradient boosting with categorical features support」 arXiv preprint arXiv:1810.11363 (2018).

범주형 변수의 타깃 인코딩

범주형 변수로서 지정한 특징을 자동으로 타깃 인코딩하여 수치로 변환합니다. 타깃 인코딩을 잘못 사용하면 목적변수의 정보를 부적절하게 사용하게 됩니다. 따라서 랜덤하게 데이터를 정렬하면서 적용하는 식의 연구가 이루어지고 있습니다. 또한 결정 트리를 작성하는 과정에서 동적으로 범주형 변수의 조합에 대해 타깃 인코딩이 이루어집니다. 즉, 어떤 분기에서 범주형 변수가 사용되었을 때 그 범주형 변수와 다른 범주형 변수와의 조합에 대해 타깃 인코딩 연산이 이루어지며 그보다 깊은 분기에서 그 결과가 사용됩니다.

망각 결정 트리

각 깊이별 분기 조건식이 모두 망각 결정 트리[oblivious decision tree]라 불리는 결정 트리를 사용합니다. 다음 [그림 4-14]는 '컴퓨터 게임을 좋아하는가?'라는 이진 분류 문제에 대해 망각 결정 트리를 작성한 예입니다.

정렬 부스팅

데이터 수가 적을 때는 정렬 부스팅[ordered boosting]이라는 알고리즘이 사용됩니다. 속도는 느리지만 데이터 수가 적을 때는 모델 성능이 높다고 합니다.

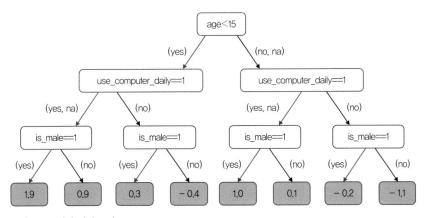

그림 4-14 망각 결정 트리

COLUMN

xgboost의 알고리즘 해설

여기에서는 xgboost의 알고리즘을 설명하겠습니다.[26]

문제의 목적함수를 변경하면 분류나 회귀 문제 모두 같은 구조로 계산할 수 있습니다. 보통은 회귀 문제일 때 제곱오차squared error, 이진 분류일 때 로그 손실, 다중 클래스 분류일 때 다중 클래스 로그 손실을 목적함수로 합니다. 다음 설명에서 행 데이터의 개수는 N개, 결정 트리는 M개 있다고 가정합니다. 또한 행 데이터의 첨자는 $i(1 \leq i \leq N)$, 결정 트리의 첨자는 $m(1 \leq m \leq M)$으로 나타냅니다.

a. 결정 트리에 따른 부스팅

모델은 결정 트리에 따른 부스팅으로 만들어집니다. 또한 결정 트리 중 회귀 트리 종류를 사용합니다. 분류 문제도 회귀 트리를 써서 예측값을 예측 확률로 변환해 사용합니다.

결정 트리를 순서대로 학습시켜나갑니다. m 번째 트리를 학습시킬 때는 $m-1$번째 트리까지의 예측 오차를 보정하도록 m 번째 트리를 결정합니다. 학습이 진행되면서 보정이 필요한 정도가 줄어들기 때문에 결정 트리의 가중치는 점차 작아집니다.

GBDT에서는 각 결정 트리의 행 데이터가 속하는 잎의 가중치를 합계한 결과가 모델의 예측값이 됩니다. 즉, 어떤 행 데이터의 i 특징들을 $\mathbf{x_i}$라 하고, 어떤 결정 트리 m에서 그 행이 속하는 잎의 가중치를 $w_m(\mathbf{x_i})$ 라고 하면, 예측값은 $\sum_{m=1}^{M} w_m(\mathbf{x_i})$로 표시됩니다(이진 분류일 때는 $\sum_{m=1}^{M} w_m(\mathbf{x_i})$에 시그모이드 함수를 적용한 결과가 예측 확률이 됩니다).

전체적인 흐름은 다음과 같습니다.

---

23 *https://www.kaggle.com/c/PLAsTiCC-2018/discussion/75131#441520*

24 *https://github.com/catboost/tutorials/blob/master/competition_examples/kaggle_paribas.ipynb*

25 Chen, Tianqi, and Carlos Guestrin. 「Xgboost: A scalable tree boosting system.」 Proceedings of the 22nd acm sigkdd international conference on knowledge discovery and data mining. ACM, 2016.

① 결정 트리를 M개 작성합니다. 다음 ②~④ 과정을 반복하며 결정 트리를 작성해나갑니다.

② 결정 트리는 분기 작성을 반복하며 작성합니다. 분기를 작성하려면 어느 특징의 어떤 값으로 분기할지 선택해야 합니다.

③ 어느 특징의 어떤 값으로 분기할지는 기본적으로 모든 후보를 조사하고 분기시켜 최적의 잎의 가중치를 설정했을 때 목적함수가 가장 크게 감소하는 걸로 결정합니다.

④ 결정 트리가 만들어지면 그에 기반하여 예측값을 갱신합니다. 예를 들어 어떤 행 데이터가 분기에 따라 가중치 w인 잎에 떨어질 경우, 그 행 데이터의 예측값에 $w \times \eta$ (η는 학습률)을 더합니다.

b. 정규화된 목적함수

- 목적변수를 y_i, 예측값을 $\hat{y}_i$로 했을 때의 목적함수를 $l(y_i, \hat{y}_i)$로 합니다.
- 각각의 결정 트리를 f_m이라 했을 때, 결정 트리에 대해 벌칙이 계산되는 정규화항을 $\Omega(f_m)$이라고 합니다.
- T를 잎의 개수, j를 잎의 첨자, w_j를 잎의 가중치라고 하면 정규화항 $\Omega(f_m) = \gamma T + \frac{1}{2}\lambda \sum_j w_j^2 + \alpha \sum_j |w_j|$가 됩니다(논문에는 1차 정규화항 $\alpha \sum_j |w_j|$는 없지만 구현상으로는 사용됩니다. 또한 계수는 각각 매개변수 γ, λ, α 와 대응합니다).

그러면 목적함수 L은 다음과 같이 나타납니다.

$$L = \sum_{i=1}^{N} l(\hat{y}_i, y_i) + \sum_{m=1}^{M} \Omega(f_m)$$

정규화는 모델이 필요 이상으로 복잡해지는 것을 방지합니다. xgboost에서는 정규화항을 계산에 포함하여 결정 트리의 가중치를 정하지만 간단한 내용이므로 다음 설명에서는 생략하겠습니다.

c. 결정 트리 작성

각각의 결정 트리는 하나의 잎에서 시작해 분기를 반복함으로써 작성합니다. 경사, 즉 그레이디언트gradient를 사용해 결정 트리를 어떻게 분기할지 결정합니다. 그레이디언트를 사용하는 최적화 방법 중 경사하강법gradient descent에서는 기울기만 이용하지만 xgboost에서는 뉴턴 방법Newton's method처럼 그레이디언트에 더하여 이계도함수의 값도 이용합니다.

c-1 최적의 잎 가중치와 분기로 얻을 수 있는 목적함수의 감소 계산

어떤 특징으로 분기할지, 어떤 값보다 크고 작은 기준으로 분기할지를 결정하면, 분기 앞쪽의 잎에 포함되는 데이터 집합을 얻을 수 있습니다. 이때 그들에게 전달해야 할 최적의 가중치와 그때의 목적함수의 변화를 구하려 합니다.

직전까지의 결정 트리에 의한 예측값이 $\hat{y}_i$에 주어졌다고 가정합니다. 분기를 결정했을 때 어떤 잎의 행 데이터 집합을 I_j라 하고 가중치를 w_j라고 하면, 해당 행 데이터 집합의 목적함수 합계는 다음과 같습니다.

$$L_j = \sum_{i \in I_j} l(y_i, \hat{y_i} + w_j)$$

이를 직접 최적화하기는 어려우므로 2차 근사합니다. 각각의 행 데이터에서 목적함수를 이차함수^{quadratic function}로서 근사하고 그 합을 최적화합니다. 각 행 데이터의 예측값 $\hat{y_i}$의 주변 경사 $g_i = \frac{\partial l}{\partial \hat{y_i}}$, 이계도함수 $h_i = \frac{\partial^2 l}{\partial \hat{y_i}^2}$ 으로 하면, 목적함수의 합은 다음과 같이 나타납니다(이차함수의 합이므로 $\tilde{L}_j$는 이차함수가 됩니다).

$$\tilde{L}_j = \sum_{i \in I_j}(l(y_i, \hat{y_i}) + g_i w_j + \frac{1}{2} h_i w_j^2)$$

상수가 되는 부분 $l(y_i, \hat{y_i})$은 가중치를 정하는 과정에 영향을 주지 않으므로 제거합니다.

$$\tilde{L}_j' = \sum_{i \in I_j}(g_i w_j + \frac{1}{2} h_i w_j^2)$$

이 식에서 계산하면 목적함수 $\tilde{L}_j'$를 최소로 하는 가중치 w_j 및 그때의 값은 다음과 같습니다.

$$w_j = -\frac{\sum_{i \in I_j} g_i}{\sum_{i \in I_j} h_i}, \tilde{L}_j' = -\frac{1}{2}\frac{(\sum_{i \in I_j} g_i)^2}{\sum_{i \in I_j} h_i}$$

미리 g_i와 h_i를 구해두면 어떤 집합이 주어졌을 때 이 식으로 목적함수의 값을 구할 수 있습니다. 그로부터 분기를 실시했을 때의 목적함수의 감소도 구할 수 있습니다. 즉, 분기 이전 집합의 목적함수를 $\tilde{L}_j'$, 분기 이후 왼쪽 잎과 오른쪽 잎의 목적함수를 각각 $\tilde{L}_{jL}'$과 $\tilde{L}_{jR}'$이라고 하면, 분기에 의한 목적함수의 감소를 $\tilde{L}_j' - (\tilde{L}_{jL}' + \tilde{L}_{jR}')$이라는 식으로 구합니다.

이번에는 목적함수가 제곱오차일 때 목적함수의 감소를 계산하는 방법을 살펴보겠습니다. 목적함수는 $l(y_i, \hat{y_i}) = \frac{1}{2}(\hat{y_i} - y_i)^2$입니다. 따라서 경사나 이계도함수 값은 다음과 같습니다.

- 경사: $g_i = \frac{\partial l}{\partial \hat{y_i}} = \hat{y_i} - y_i$
- 이계도함수 값: $h_i = \frac{\partial^2 l}{\partial \hat{y_i}^2} = 1$

이것을 2차 근사한 목적함수의 합산식에 대입하면 목적함수의 합 $\tilde{L}_j$은 다음과 같은 식으로 나타납니다.

$$\tilde{L}_j = \sum_{i \in I_j} \left(\frac{1}{2}(\hat{y}_i - y_i)^2 + (\hat{y}_i - y_i)w_j + \frac{1}{2}w_j^2 \right)$$

$$= \sum_{i \in I_j} \left(\frac{1}{2}((\hat{y}_i + w_j) - y_i)^2 \right)$$

제곱오차의 함수는 이차함수이므로 당연한 말이지만, 이 괄호 안은 $l(y_i, \hat{y}_i + w_j)$에 동일하게 2차 근사가 엄밀히 계산되었음을 알 수 있습니다.

또한 목적함수 $\tilde{L}_j'$를 최소로 하는 가중치 w_j는 다음과 같으므로 (정규화항을 고려하지 않는다면) 목적변수와 그때까지의 결정 트리에 의한 예측값 차의 평균이 됩니다.

$$w_j = -\frac{\sum_{i \in I_j} g_i}{\sum_{i \in I_j} h_i} = -\frac{\sum_{i \in I_j}(\hat{y}_i - y_i)}{\sum_{i \in I_j} 1}$$

c-2 분기 특징과 기준이 되는 값 결정

어느 변수를 사용하여 분기할지, 어느 값보다 크고 작은지를 기준으로 분기할지는 기본적으로 모든 후보를 조사한 후에 정규화된 목적함수가 가장 작은 것으로 선택합니다. 그러나 데이터 건수가 많을 때는 일정한 분위수quantile만을 후보로 삼아 조사합니다. 또한 희소 데이터sparse data를 효율적으로 계산하려는 연구가 이루어지고 있습니다.

d. 과적합을 방지하는 방법

정규화 외에 과적합을 방지할 방법은 다음과 같습니다.

- **학습률**
  앞에서 구한 최적의 가중치까지 단번에 예측값을 보정해버리면 과적합으로 이어집니다. 따라서 각각의 결정 트리에서 구한 가중치의 일정 비율을 실제로 적용하며 조금씩 보정해 나갑니다. 그 비율은 매개변수 eta에서 지정합니다.

- **샘플링**
  각각의 결정 트리를 만들 때 특징이 되는 변수의 열을 샘플링합니다. 그 비율은 매개변수 colsample_bytree에서 지정합니다. 또한 각각의 결정 트리를 만들 때 학습 데이터의 행도 샘플링합니다. 그 비율은 매개변수 subsample에서 지정합니다.

- **잎 구성에 필요한 최소한의 데이터 확보**
  잎 구성에 최소한으로 필요한 이계도함수 값의 합을 매개변수 min_child_weight로 지정할 수 있으며, 이를 밑돌 때는 잎이 분할되지 않습니다. 여기서 이계도함수 값이 나오는 것은 분기와 가중치를 결정히는 계산에서 중요한 역할을 담당히기 때문입니다. 한편 목적함수기 제곱오차일 때는 이계도함수 값이 1이므로 그 값의 합은 데이터의 개수와 같아집니다.

- **결정 트리의 깊이 제한**
  트리 깊이의 최댓값을 매개변수 `max_depth`로 제한할 수 있으며 디폴트값은 6입니다. 깊게 만들면 복잡한 모델이 되어 데이터의 성질을 더 좋게 표현할 가능성이 있지만, 한편으로는 과적합이 일어나기 쉽습니다.

4.4 신경망

이 절에서는 신경망의 개요와 특징, 주요 라이브러리를 알아보고 케라스 라이브러리의 활용 방법과 주요 팁을 살펴보겠습니다.

4.4.1 신경망의 개요

정형 데이터는 딥러닝에 사용되는 10층 이상의 신경망이 아닌, 은닉 계층이 2~4층 정도의 완전연결 계층fully connected layer[26]으로 이루어지는 다층 퍼셉트론multi layer perceptron (MLP)이라는 구조를 자주 사용합니다. 은닉 계층이 2층인 다층 퍼셉트론은 [그림 4-15]와 같은 구조가 됩니다.

---

26 옮긴이_ 완전연결 계층은 한 계층의 모든 입력이 다음 계층의 모든 활성화 유닛에 연결되는 계층을 말합니다. 밀집계층(dense layer) 이라고 부르기도 합니다.

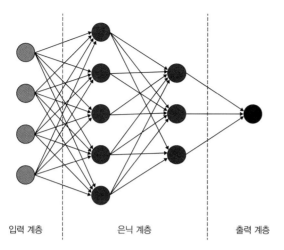

입력 계층   은닉 계층   출력 계층

그림 4-15 다층 퍼셉트론(MLP)

다층 퍼셉트론 모델은 다음과 같습니다.

① 입력 계층에서는 특징이 입력으로 주어집니다.

② 은닉 계층에서는 앞 층의 값을 가중치로 부가한 합을 구하여 결합한 뒤에 활성화 함수를 적용합니다(활성화 함수로는 렐루[rectified linear unit](ReLU)가 자주 쓰입니다).

③ 출력 계층에서는 앞 층의 값을 가중치로 부가한 합을 구하여 결합한 뒤에 문제에 맞게 활성화 함수를 적용합니다(출력 계층의 활성화 함수는 회귀 문제일 때는 특별히 부가하지 않고(항등[identity] 함수), 이진 분류일 때는 시그모이드[sigmoid] 함수를, 다중 클래스 분류일 때는 소프트맥스[softmax] 함수를 보통 사용합니다).

계층의 각 요소는 유닛이라고 합니다. 입력 계층의 유닛 수는 특징의 수와 같으며 은닉 계층의 유닛 수는 하이퍼파라미터로 설정합니다. 출력 계층의 유닛 수는 회귀나 이진 분류라면 1개, 다중클래스 분류라면 클래스의 수만큼입니다.

은닉 계층의 계산은 다음과 같습니다. 어떤 계층의 유닛 i의 출력값 z_i는 다음과 같이 계산됩니다.

- 먼저, 앞 계층에서 각 유닛의 출력(앞 계층의 유닛 j의 출력 z'_j × 가중치 $w_{i,j}$)의 합을 구해 결합합니다(편향[bias]에 관한 설명은 생략합니다).

$$u_i = \sum_j z'_j w_{i,j}$$

- 다음으로, 활성화 함수인 렐루 함수를 적용하면 출력 $z_i = \text{Max}(u_i, 0)$ 이 됩니다(이때 $f(x) = \text{Max}(x, 0)$ 를 렐루라고 합니다).

이와 같이 단순한 계산이기는 하지만 렐루와 같은 활성화 함수를 적용하여 여러 계층을 겹침으로써 비선형성을 표현할 수 있습니다.

출력 계층에 시그모이드 함수나 소프트맥스 함수를 적용하면 출력값은 이진 분류 및 다중 클래스 분류에서의 확률(0~1 사이)을 나타내는 값이 됩니다.

시그모이드 함수는 다음 함수에서 출력값을 $(0,1)$로 제한합니다.

$$f(x) = \frac{1}{1 + exp(-x)}$$

소프트맥스 함수는 다음 함수에서 출력값을 $(0,1)$로 제한하고 출력 계층의 각 출력의 합은 1이 되도록 변환합니다(다음 함수에서 K는 클래스 수).

$$f_i(x_1, x_2, .., x_k) = \frac{exp(x_i)}{\sum_{k=1}^{K} exp(x_k)}$$

학습하는 것은 은닉 계층과 출력 계층의 가중치입니다. 학습은 경사하강법이라는 기법을 쓰며, 출력 계층에서 입력 계층으로 오차를 전파시켜 가중치를 갱신하는 역전파backpropagation를 이용합니다. (옵티마이저optimizer라고도 하는) 경사하강법의 최적화 알고리즘이 몇 가지 제안되며 하이퍼파라미터로서 지정할 수 있습니다.

학습 데이터를 미니배치mini batch라는 소수의 샘플로 나누고 미니배치 별로 각 계층의 가중치를 갱신해나갑니다. 학습 데이터를 끝까지 학습하는 것을 1에폭epoch이라고 합니다. 이 과정을 충분히 학습이 진행될 때까지 반복합니다. 이처럼 미니배치 별로 업데이트하는 방법을 확률적 경사하강법stochastic gradient descent (SGD)이라고 합니다. 학습 데이터 전체를 학습하여 가중치를 갱신하는 것보다 계산 효율이 높아지기 쉽고 지역 최솟값local minimum에 잘 빠지지 않는다는 이점이 있습니다.

4.4.2 신경망의 특징

신경망의 특징은 다음과 같습니다.

- **변숫값은 수치로 표현**

- **결측값을 다룰 수 없음**

  신경망의 연산 구조상 결측값을 다룰 수 없습니다.

- **비선형성과 변수 간의 상호작용을 반영**

  신경망의 구조로부터 어느 정도의 비선형성과 변수 간 상호작용을 반영할 수 있습니다.

- **변숫값을 표준화 등으로 스케일링**

  기본적으로 변숫값의 크기가 고르지 않으면 학습이 제대로 진행되지 않을 수 있습니다.

- **하이퍼파라미터에 따른 모델 성능의 편차**

  하이퍼파라미터의 조정이 비교적 어렵습니다. 하이퍼파라미터에 따라서는 모델이 과적합하거나 반대로 전혀 학습이 진행되지 않을 수 있습니다.

- **다중 클래스 분류에 강점**

  구조상 다중 클래스 분류를 자연스럽게 모델링할 수 있으므로 GBDT와 비교해 손색없는 모델 성능이 나올 수 있습니다.

- **GPU로 고속화**

  GPU는 신경망에서 필요로 하는 행렬 연산에 적합하여 고속으로 계산할 수 있습니다.

한편, 신경망은 GBDT에 비해 모델링이나 튜닝에 시간과 수고가 많이 듭니다.

4.4.3 신경망의 주요 라이브러리

신경망의 주요 라이브러리는 다음과 같습니다.

- 케라스keras [27]

- 파이토치pytorch [28]

---

27 https://keras.io/
28 https://pytorch.org/

- 체이너chainer [29]

- 텐서플로tensorflow [30]

이 책에서는 케라스로 설명합니다. 케라스는 텐서플로 등의 라이브러리를 백엔드로 삼아 다루기 편한 API를 제공하는 래퍼wrapper 패키지입니다. 알기 쉽게 기술할 수 있으므로 경진 대회에서 자주 사용됩니다.

4.4.4 신경망의 구현

샘플 데이터를 케라스로 모델링해봅니다. 또한 신경망에 학습시키는 데이터는 범주형 변수를 레이블 인코딩이 아닌 원-핫 인코딩한 것으로 사용합니다.

(ch04/ch04-04-run_nn.py 참조)[31]

```python
from keras.layers import Dense, Dropout
from keras.models import Sequential
from sklearn.metrics import log_loss
from sklearn.preprocessing import StandardScaler

# 데이터 스케일링
scaler = StandardScaler()
tr_x = scaler.fit_transform(tr_x)
va_x = scaler.transform(va_x)
test_x = scaler.transform(test_x)

# 신경망 모델 구축
model = Sequential()
model.add(Dense(256, activation='relu', input_shape=(train_x.shape[1],)))

model.add(Dropout(0.2))
model.add(Dense(256, activation='relu'))
model.add(Dropout(0.2))
model.add(Dense(1, activation='sigmoid'))
```

----

29 *https://docs.chainer.org/en/stable/*

30 *https://www.tensorflow.org/*

31 옮긴이_ 이 코드를 실행하려면 자신의 개발 환경에 텐서플로와 케라스 라이브러리가 설치되어 있어야 합니다(명령어 예: pip install tensorflow, pip install keras). 설치가 어려운 환경이라면 캐글에서 제공하는 노트북이나 구글 코랩 환경을 이용할 수 있습니다.

```
model.compile(loss='binary_crossentropy', optimizer='adam', metrics=['accuracy'])

# 학습의 실행
# 검증 데이터도 모델에 제공하여 학습 진행과 함께 점수가 어떻게 달라지는지 모니터링
batch_size = 128
epochs = 10
history = model.fit(tr_x, tr_y,
            batch_size=batch_size, epochs=epochs,
            verbose=1, validation_data=(va_x, va_y))

# 검증 데이터의 점수를 확인
va_pred = model.predict(va_x)
score = log_loss(va_y, va_pred, eps=1e-7)
print(f'logloss: {score:.4f}')

# 예측
pred = model.predict(test_x)
```

4.4.5 케라스 사용 팁

목적함수

모델을 컴파일할 때는 매개변수 loss에 목적함수를 설정하고 목적함수가 최소화하도록 학습이 진행됩니다.

- **회귀**: mean_squared_error를 설정함으로써 평균제곱오차를 최소화하도록 학습합니다.

- **이진 분류**: binary_crossentropy를 설정함으로써 로그 손실을 최소화하도록 학습합니다.

- **다중 클래스 분류**: categorical_crossentropy를 설정함으로써 다중 클래스 로그 손실을 최소화하도록 학습합니다.

하이퍼파라미터

모델의 상당수는 하이퍼파라미터 종류가 정해져 있으며 사용할 때는 이들 파라미터를 설정하기만 하면 됩니다. 이에 반해 신경망에서는 계층의 구성 등 자유로운 부분이 많으므로, 매개변수에 따라 은닉 계층의 계층 수나 유닛 수가 서로 다른 네트워크를 구현하는 코드를 먼저 작성한 뒤에 매개변수를 설정하고 조정합니다. 옵티마이저 종류와 학습률 등 매개변수, 은닉 계층의 계층 수와 유닛 수, 드롭아웃 강도 등을 하이퍼파라미터로 튜닝합니다. 더 자세한 내용은 6장에서 설명합니다.

드롭아웃

학습할 때는 드롭아웃 대상 계층에서 일부 유닛을 랜덤으로 사용하지 않고 역전파로 가중치를 갱신합니다. 여러 네트워크를 학습시킨 결과를 평균내는 것과 같은 효과를 기대할 수 있으며 과적합을 방지하는 효과도 있습니다. 매개변수로 유닛 중에 몇 %를 드롭할지 지정할 수 있습니다.

학습 데이터와 검증 데이터의 점수 모니터링

각 에폭마다 학습 데이터와 검증 데이터의 점수를 출력할 수 있습니다. 조기 종료는 지금부터 설명할 콜백으로 실시합니다.

콜백

콜백callback을 쓰면 학습할 때 미니배치의 처리별 또는 에폭별로 지정한 처리를 빠르게 진행할 수 있습니다. 콜백을 사용하는 목적은 다음과 같습니다.

- 조기 종료

- 모델의 정기적인 저장(검증 데이터에서의 평가가 가장 좋은 모델을 남길 수도 있음)

- 학습률 스케줄링(연산 진행에 따른 학습률 조정)

- 로그 및 가시화

다음은 콜백을 이용해 조기 종료를 실시하는 예제 코드입니다.

(ch04/ch04-04-run_nn.py 참조)

```
from keras.callbacks import EarlyStopping

# early stopping의 round를 20으로 설정
# restore_best_weights을 설정하므로 최적의 압축 모델을 사용
epochs = 50
early_stopping = EarlyStopping(monitor='val_loss', patience=20, restore_best_
```

```
weights=True)

history = model.fit(tr_x, tr_y,
            batch_size=batch_size, epochs=epochs,
            verbose=1, validation_data=(va_x, va_y), callbacks=[early_stopping])
pred = model.predict(test_x)
```

임베딩 계층

임베딩 계층embedding layer은 양의 정수를 밀집 벡터dense vector로 변환하는 계층으로, 모델의 첫 번째 층으로만 설정할 수 있습니다. 이 계층은 범주형 변수를 입력으로 할 때 사용할 수 있습니다. 이진 변수가 아닌 범주형 변수는 본래 원-핫 인코딩에서 전처리가 이루어졌지만, 레이블 인코딩에서 임베딩 계층을 적용하는 방법이 활용되기 시작했습니다. 또한 자연어를 다룰 때 Word2Vec이나 Glove와 같이 학습이 끝난 임베딩(단어를 그에 대응하는 밀집 벡터로 표현한 것)을 가중치로 설정할 수도 있습니다.

배치 정규화

배치 정규화batch normalization 계층(이하 BN 계층)을 이용해 각 계층의 출력 편차를 미니배치 단위로 표준화함으로써 적절히 억제하는 방법으로, 효과가 높아 널리 쓰입니다.[32] [33]

BN 계층에 대한 입력은 우선 미니배치 단위로 표준화됩니다(평균 = 0, 표준편차 = 1). 그후 표준화된 값을 $\hat{x}$로 두면 $\gamma\hat{x} + \beta$로 변환해 출력됩니다. 이 γ와 β는 BN 계층에서 학습되는 매개변수입니다. 이 계산은 각각의 입력마다 이루어지며 γ와 β 역시 입력 수만큼 존재합니다.

덧붙여 학습 중에 BN 계층으로의 입력 평균과 표준편차는 유지됩니다. 예측할 때는 그 값들을 이용해 표준화가 이루어지므로 미니배치의 선택 방법에 따라 결과가 바뀌는 일은 없습니다.

---

32 Ioffe, Sergey, and Christian Szegedy. 「Batch normalization: Accelerating deep network training by reducing internal covariate shift.」 arXiv preprint arXiv:1502.03167 (2015)

33 Bjorck, Nils, et al. 「Understanding batch normalization.」 Advances in Neural Information Processing Systems. 2018.

4.4.6 참고 솔루션: 다층 퍼셉트론

신경망의 경우 계층을 어떻게 구성할지 또는 최적화 함수(옵티마이저)로 무엇을 사용할지 등의 선택지가 많다 보니 모델을 만들 때 고민이 되기 마련입니다. 이때 캐글의 과거 솔루션을 바탕으로 필요에 따라 수정해나가면 좋습니다. 다음 솔루션에는 다층 퍼셉트론 모델이 포함되어 있으니 참고해주세요.

- 캐글 Recruit Restaurant Visitor Forecasting 대회의 5위 솔루션[34]

- 캐글 Corporación Favorita Grocery Sales Forecasting 대회의 1위 팀 노트북[35]

- 캐글 Otto Group Product Classification Challenge 대회에서 puyokw 씨가 대회 종료 뒤에 상위 입상자의 솔루션을 참고로 작성한 솔루션[36]

- 캐글 Home Depot Product Search Relevance 대회의 3위 솔루션.[37] 이 솔루션은 hyperopt에서 자동으로 매개변수를 튜닝하여 모델을 구축합니다. 매개변수는 `Chenglong/model_param_space.py`를, 신경망 구축은 `Chenglong/utils/keras_utils.py`을 참조해주세요.

- 캐글 Mercari Price Suggestion Challenge 대회의 1위 팀 솔루션.[38] 이 대회는 상품명이나 설명 문구 등 자연어 중심 데이터로 해당 상품의 가격을 예측하는 문제로, 캐글 노트북에 코드를 제출하는 형태로 진행되었습니다. 희소 데이터를 인풋으로 하는 다층 퍼셉트론의 솔루션이 주를 이룹니다.

4.4.7 참고 솔루션: 최근 신경망의 발전

정형 데이터를 다룰 때 예전에는 대부분 다층 퍼셉트론을 활용했습니다. 이후 순환 신경망 recurrent neural network (RNN)과 같은 구조를 이용한 신경망을 활용하는 솔루션이 경쟁 대회 상위에 입상했습니다. 사용자가 직접 특징을 생성한 GBDT와 따로 생성하지 않은 신경망을 비교했을 때 거의 손색없는 모델 성능을 보이는 경우도 있어 주목할 만합니다.

----

34 *https://github.com/dkivaranovic/kaggledays-recruit*
35 *https://www.kaggle.com/shixw125/1st-place-nn-model-public-0-507-private-0-513*
36 *https://github.com/puyokw/kaggle_Otto*
37 *https://github.com/ChenglongChen/Kaggle_HomeDepot*
38 *https://www.kaggle.com/c/mercari-price-suggestion-challenge/discussion/50256*

다음으로 몇 가지 솔루션 사례를 소개하겠습니다.

- **캐글 Instacart Market Basket Analysis 대회의 3위 솔루션[39]**

  고객의 시계열적인 주문 데이터로부터 다음에는 어떤 상품이 판매될지 예측하는 대회입니다. 이 솔루션에서는 순환 신경망(RNN)과 합성곱 신경망(CNN)을 이용하여 어느 상품을 구매할지, 어떤 상품 카테고리 중 하나를 선택해 구매할지, 주문할 상품의 수는 얼마나 될지와 같은 항목을 예측하는 모델을 구축하고 그들을 앙상블합니다.

- **캐글 Web Traffic Time Series Forecasting 대회의 6위 솔루션[40]**

  위키피디아 기사의 일별 조회 수를 예측하는 대회입니다. 이 솔루션은 음성 파형을 생성하기 위해 고안된 웨이브넷WaveNet이라는 신경망에 기반을 두고 있습니다.[41]

- **캐글 Mercari Price Suggestion Challenge 대회의 4위 솔루션[42]**

  이 솔루션은 FMfactorization machine이라는 모델의 골조를 네트워크 구조에 짜 넣은 DeepFM이라는 신경망에 기반을 두고 있습니다.[43]

4.5 선형 모델

이 절에서는 선형 모델의 개요와 특징을 살펴보고 주요 라이브러리와 이를 활용한 모델의 구현 등을 알아보겠습니다.

4.5.1 선형 모델의 개요

간단한 모델 중 하나로 선형 모델linear model이 있습니다. 모델 자체만으로는 모델 성능이 그리 높지 않고 GBDT나 신경망을 뛰어넘는 특장점이 거의 없습니다. 앙상블에서 하나의 모델이나 스태킹의 최종 계층에 적용하는 식의 용도로 주로 쓰이며 경진 대회의 성격에 따라 드물게 활약합니다.

---

39 *https://github.com/sjvasquez/instacart-basket-prediction*

40 *https://github.com/sjvasquez/web-traffic-forecasting*

41 Oord, Aaron van den, et al. 「Wavenet: A generative model for raw audio.」 arXiv preprint arXiv:1609.03499 (2016)

42 *https://github.com/ChenglongChen/tensorflow-XNN*

43 Guo, Huifeng, et al. 「DeepFM: a factorization-machine based neural network for CTR prediction.」 arXiv preprint arXiv:1703.04247 (2017)

회귀 문제일 때는 다음과 같은 선형 회귀linear regression 모델이 됩니다. 뒤에서 설명할 L1 정규화를 실시하는 선형 회귀 모델을 라소Lasso 회귀, L2 정규화를 실시하는 선형 회귀 모델을 리지Ridge 회귀라고 합니다.

다음 식에서 y는 예측값이고 x_0, x_2, $\cdots$는 특징입니다.

$$y = b_0 + b_1 x_1 + b_2 x_2 + \ldots$$

이때 각 변수에 대한 계수 b_0, b_1, b_2, $\cdots$를 학습합니다.

분류 문제일 때는 로지스틱logistic 회귀 모델이 사용됩니다. 로지스틱 회귀란 선형 회귀에 시그모이드 함수를 적용함으로써 예측값이 가질 수 있는 범위를 $(0, 1)$로 제한하고 확률을 예측하는 모델로 삼는 것입니다(다음 식에서 y는 예측 확률입니다).

$$y' = b_0 + b_1 x_1 + b_2 x_2 + \ldots$$

$$y = \frac{1}{1 + exp(-y')}$$

선형 모델에서는 계수의 절댓값이 큰 만큼 벌칙(제약)을 주는 정규화가 이루어집니다. 그러면 지나치게 큰 계수로 학습 데이터에 과적합하는 걸 방지할 수 있습니다. 계수의 절댓값에 비례하여 벌칙을 주는 것을 L1 정규화L1 regularization, 계수의 제곱에 비례하여 벌칙을 주는 것을 L2 정규화L2 regularization라고 합니다.

4.5.2 선형 모델의 특징

선형 모델의 특징은 다음과 같습니다.

- **특징값은 수치로 표현**

- **결측값을 다룰 수 없음**

- **GBDT나 신경망에 비해 낮은 모델 성능**

- **비선형성 표현을 위한 명시적인 특징 생성**

  예를 들어 특징 x_f가 있고, 이 특징의 $log(x_f)$값이 예측값에 비례하는 관계일 때 이를 표현하려면 $log(x_f)$라는 특징을 생성해야 합니다.

- **상호작용 표현을 위한 명시적인 변수 생성**

  예를 들어 플래그 1과 플래그 2의 관련성을 표현하려면 '플래그 1이 참인지 아니면 플래그 2가 참인지'와 같은 특징을 생성해야 합니다.

- **특징은 기본적으로 표준화**

  특징값의 범위가 균일하지 않으면 정규화의 효과가 특징에 따라 달라지므로 학습이 제대로 진행되지 않을 수 있습니다.

- **특징 생성 시 세심한 처리**

  이와 같은 이유로 비선형성이나 상호작용을 나타내는 특징을 일부러 만들거나, 최댓값/최솟값을 제한하거나, 구간분할을 하거나, 그들을 조합하는 등 다양한 변환이나 처리를 실시합니다.

- **L1 정규화에서 예측에 기여하지 않은 특징의 계수는 0**

  이 성질을 이용하여 선형 모델을 특징 선택에 활용하기도 합니다.

  일부 특징의 계수가 0이 되는 성질을 이용하여 계수가 0이 되는 특징은 삭제됩니다. 선형 모델에서 특징 선택에 활용되기도 합니다.

4.5.3 선형 모델의 주요 라이브러리

신형 모델의 주요 라이브러리는 다음과 같습니다.

- 사이킷런의 `linear_model` 모듈

- vowpal wabbit[44]

이 책에서는 사이킷런의 `linear_model` 모듈로 설명합니다. 이 모듈에는 다양한 클래스가 있는데 그중 다음 클래스를 선택하기를 권합니다.

- **회귀 문제에서는 `Ridge` 클래스**
  `Ridge` 클래스에서는 L2 정규화를 적용합니다. L1 정규화를 적용하는 `Lasso` 클래스나, L1 정규화와 L2 정규화를 함께 사용할 수 있는 `ElasticNet` 클래스를 대신 사용해도 좋습니다.

- **분류 문제에서는 `LogisticRegression` 클래스**
  디폴트로 L2 정규화를 적용합니다.

4.5.4 선형 모델의 구현

샘플 데이터에 대해 사이킷런의 로지스틱 회귀 모델로 모델링해봅니다. 또한 선형 모델에 학습시킬 데이터도 범주형 변수를 원-핫 인코딩한 것을 사용합니다.

(ch04/ch04-05-run_linear.py 참조)

```
from sklearn.linear_model import LogisticRegression
from sklearn.metrics import log_loss
from sklearn.preprocessing import StandardScaler

# 데이터의 스케일링
scaler = StandardScaler()
tr_x = scaler.fit_transform(tr_x)
va_x = scaler.transform(va_x)
test_x = scaler.transform(test_x)
```

---

44 *https://github.com/VowpalWabbit/vowpal_wabbit/wiki*

```
# 선형 모델의 구축 및 학습
model = LogisticRegression(C=1.0)
model.fit(tr_x, tr_y)

# 검증 데이터의 점수 확인
# predict_proba로 확률 출력이 가능(predict에서는 두 값(0 or 1)의 예측값을 출력)
va_pred = model.predict_proba(va_x)
score = log_loss(va_y, va_pred)
print(f'logloss: {score:.4f}')

# 예측
pred = model.predict(test_x)
```

4.5.5 선형 모델의 사용 팁

목적함수

기본적으로는 모델에 따라 최소화할 목적함수가 정해져 있습니다.

- **회귀: 리지 모델 등**

  평균제곱오차를 최소화하도록 학습합니다.

- **분류: 로지스틱 회귀 모델 등**

  이진 분류일 때는 로그 손실을 최소화하도록 학습합니다. 다중 클래스 분류일 때는 어떤 클래스와 그 외의 클래스의 이진 분류를 반복하는 OvR[one-vs-rest] 방법으로 학습합니다(다중 클래스 로그 손실을 최소화하는 방법으로 학습하는 옵션도 있습니다).

하이퍼파라미터

튜닝이 필요한 매개변수는 기본적으로 정규화의 강도를 나타내는 계수뿐입니다.

4.6 기타 모델

지금까지 설명한 모델 외에도 다양한 모델이 있으며 대부분 앙상블 모델의 하나로서 활용됩니다.

4.6.1 k-최근접 이웃 알고리즘(KNN)

k 최근접 이웃 알고리즘k-nearest neighbor algorithm(KNN)은 행 데이터 간 거리를 그들 특징값의 차이로 정의하고, 그 거리가 가장 가까운 행 데이터 k개의 목적변수로부터 회귀 및 분류를 실시합니다. 사이킷런 `neightbors` 모듈의 `KNeighborsClassifier` 클래스와 `KNeighborsRegressor` 클래스를 사용합니다.

기본적으로는 유클리드 거리Euclidean distance 기준으로 거리를 정의합니다.[45] 회귀일 때는 가장 가까운 행 데이터 k개의 목적변수의 평균, 분류일 때는 가장 가까운 k개의 행 데이터에서 가장 많은 클래스를 예측값으로 합니다. 이때 값의 규모가 큰 특징이 지나치게 중요시되지 않도록 특징에 표준화 등의 스케일링을 해두어야 합니다.

4.6.2 랜덤 포레스트(RF)

랜덤 포레스트(RF)는 다수의 결정 트리의 조합으로 예측하는 모델로, GBDT와는 달리 병렬로 결정 트리를 작성합니다(그림 4-16). 각 결정 트리의 학습에서 행 데이터나 특징을 샘플링해 전달함으로써 다양한 결정 트리를 작성하고, 이들을 앙상블하여 일반화 성능이 높은 예측을 실시합니다. 모델을 구축하는 순서는 다음과 같습니다.

① 학습 데이터에서 행 데이터를 샘플링하여 추출합니다.

② ①을 학습하고 결정 트리를 작성합니다. 분기를 작성할 때는 특징의 일부만을 샘플링하여 추출하고 특징의 후보로 삼습니다. 그 후보들로부터 데이터를 가장 잘 분할하는 특징과 임곗값을 선택해 분기로 삼습니다.

③ ①과 ②의 과정을 결정 트리의 개수만큼 병렬로 수행합니다.

---

45 옮긴이_ 수학에서 두 점 사이의 거리를 계산할 때 흔히 쓰이는 방법입니다. L2거리(L2 distance)라고도 합니다. 직교 좌표계로 나타낸 점 $p = (p_0, p_1, \cdots, p_n)$와 $q = (q_0, q_1, g, q_n)$의 유클리드 거리는 $d(p,q) = \sqrt{\sum_{i=1}^{n}(p_i - q_i)^2}$ 로 표현됩니다. 두 점 p, q 사이의 거리를 유클리드 거리로 구하면 보통 최단 거리가 됩니다.

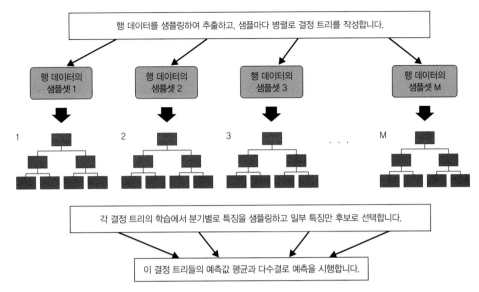

행 데이터를 샘플링하여 추출하고, 샘플마다 병렬로 결정 트리를 작성합니다.

행 데이터의 샘플셋 1 행 데이터의 샘플셋 2 행 데이터의 샘플셋 3 행 데이터의 샘플셋 M

1 2 3 . . . M

각 결정 트리의 학습에서 분기별로 특징을 샘플링하고 일부 특징만 후보로 선택합니다.

이 결정 트리들의 예측값 평균과 다수결로 예측을 시행합니다.

그림 4-16 랜덤 포레스트

랜덤 포레스트는 사이킷런 ensemble 모듈의 RandomForestClassifier 클래스와 Random ForestRegressor클래스를 사용합니다(다음은 이 클래스들의 기본 매개변수에서의 설명입니다). 랜덤 포레스트의 결정 트리 작성에 관한 몇 가지 포인트는 다음과 같습니다.

- 회귀 문제일 때는 제곱오차, 분류 문제일 때는 지니 불순도Gini Impurity가 가장 감소하도록 분기를 시행합니다.

- 결정 트리마다 원래 개수와 같은 수만큼 행 데이터를 복원 추출하는 부트스트랩 샘플링 bootstrap sampling을 실시합니다. 부트스트랩 샘플링에서는 중복 추출되는 행 데이터가 있는 한편, 평균적으로 행 데이터의 ⅓ 정도는 추출되지 않습니다.

- 분기마다 특징의 일부를 샘플링한 것을 후보로 삼고 그중 분기의 특징을 선택합니다. 회귀 문제에서는 샘플링하지 않고 모든 특징을 후보로 삼습니다. 분류 문제에서는 특징 개수의 제곱근 개수만큼 추출하여 후보로 삼습니다.

그 밖에도 다음과 같은 몇 가지 포인트를 참고할 수 있습니다.

- **결정 트리의 개수와 모델 성능의 관계**

  결정 트리를 병렬로 작성하므로, GBDT와는 달리 결정 트리의 개수가 지나치게 증가하여 모델 성능이 낮아지는 일은 없습니다. 다만 어느 정도 증가한 후에는 성능이 더 이상 올라가지 않습니다. 결정 트리의 개수는 계산 시간과 성능의 트레이드 오프로 결정합니다.

- **OOB(out-of-bag)**

  부트스트랩 샘플링에서 추출되지 않은 행을 OOB(out-of-bag)라고 합니다. OOB 데이터를 사용하면 검증 데이터를 준비하지 않아도 일반화 성능을 가늠할 수 있습니다.

- **예측 확률 타당성**

  분류 작업 시 GBDT에서는 가중치에 기반을 둔 예측 확률의 로그 손실을 최소화하려는 반면, 랜덤 포레스드에서는 지니 불순도를 최소화하려는 각 결정 트리의 예측값의 평균을 구합니다. 다만 랜덤 포레스트 방법으로는 예측 확률의 타당성이 보증되지 않으므로 자칫 왜곡될 수 있습니다(2.5.4절 참조).

4.6.3 익스트림 랜덤 트리(ERT)

익스트림 랜덤 트리$^{extremely\ randomized\ trees}$(ERT)는 랜덤 포레스트와 거의 같은 방법으로 모델을 구축합니다. 다만 분기를 작성할 때 각 특징으로 데이터를 가장 잘 분할할 수 있는 임곗값을 이용하는 대신, 랜덤 설정한 임곗값을 이용한다는 점이 다릅니다. 랜덤 포레스트보다는 과적합하기 조금 어려운 모델입니다. 사이킷런 `ensemble` 모듈의 `ExtraTreesClassifier` 클래스와 `ExtraTreesRegressor` 클래스를 사용합니다.

4.6.4 RGF

RGF$^{regularized\ greedy\ forest}$는 목적함수에 정규화항을 명시적으로 포함한다는 점에서는 GBDT와 같지만, 다른 방법으로 결정 트리를 작성하고 성장시킵니다. 목적함수의 값이 줄어들도록 다음과 같은 과정을 반복하여 결정 트리의 집합을 만듭니다.

- 잎을 분기시키거나 새로운 트리를 만듭니다.

- 지금까지 작성한 결정 트리 전체에 대해 잎의 가중치를 수정합니다. 이때 계산 비용이 많이 드는 만큼, 잎의 분기나 트리 작성을 일정 횟수만큼 시행할 때마다 정기적으로 실시합니다.

RGF^{regularized greedy forest} 라이브러리[46]를 이용합니다(pip을 설치할 때의 패키지명은 `rgf_python`입니다).

4.6.5 FFM

FFM^{field-aware factorization machines}은 FM^{factorization machines}을 발전시킨 모델로 추천 문제와 잘 어울립니다. 캐글의 Display Advertising Challenge 대회와 Outbrain Click Prediction 대회 등에서 입상한 솔루션의 주요 모델입니다. `libffm`이라는 라이브러리[47]를 사용하며 그 밖에 `xlearn`와 같은 라이브러리[48]도 있습니다.

INFORMATION

FFM

범주형 변수(사용자, 상품, 장르)의 조합을 평가한 값이 목적변수로 주어지는 문제를 가정합니다. 사용자, 상품, 장르를 원-핫 인코딩으로 나타내면 '사용자 수 + 상품 수 + 장르 수'를 특징의 개수로 삼고 희소 데이터로 나타낼 수 있습니다(그림 4-17).

··

46 *https://github.com/RGF-team/rgf*
47 *https://github.com/ycjuan/libffm*
48 *https://github.com/aksnzhy/xlearn*

사용자	상품	장르	평가
A	c	y	4
A	a	x	3
B	c	y	3
C	b	x	1

사용자, 상품, 장르 조합의
평가를 목적변수로 지정

사용자			상품			장르		평가
A	B	C	a	b	c	x	y	
1	0	0	0	0	1	0	1	4
1	0	0	1	0	0	1	0	3
0	1	0	0	0	1	0	1	3
0	0	1	0	1	0	1	0	1

FM이나 FFM에서는
사용자, 상품, 장르를 각각
원-핫의 특징으로 표현

그림 4-17 FM에서의 데이터 표현

FM은 특징 간 상호작용을 특징에 대응하는 벡터의 내적으로 표현하는 선형 모델입니다. 각각의 특징은 그 성질을 나타내는 요소 수 k의 벡터를 가지며 이러한 벡터가 학습 대상이 됩니다. 요소 수 k는 하이퍼파라미터로서 지정됩니다. 예측값은 i번째 특징의 벡터를 v_i라고 했을 때 모든 특징의 조합에 대한 벡터 v_i와 v_j의 내적 × 특징 i의 값 x_i × 특징 j의 값 ×j의 합으로 표현됩니다(다음 식과 같이 상수항 w_o나 가중치 w_i × 특징 i의 값 x_i에 따른 항도 있습니다. 또한 n_f는 특징의 수입니다).

$$y = w_0 + \sum_{i=1}^{n_f} w_i x_i + \sum_{i=1}^{n_f} \sum_{j=i+1}^{n_f} \langle v_i v_j \rangle x_i x_j$$

또한, 평가를 실시한 시점부터의 경과기간 등 범주형 변수가 아닌 수치 변수를 특징으로 가질 수도 있습니다.

이를 확장한 FFM은 조합 상대의 종류별로 다른 벡터를 가집니다. 그 종류를 필드라고 하는데 이 예에서는 사용자, 상품, 장르가 됩니다(다음 식에서는 조합 상대인 j번째 특징이 속한 필드가 f_j일 경우 사용되는 i번째 특징의 벡터를 v_{i,f_j}로 나타냅니다.

$$y = w_0 + \sum_{i=1}^{n_f} w_i x_i + \sum_{i=1}^{n_f} \sum_{j=i+1}^{n_f} \langle v_{i,f_j} v_{j,f_i} \rangle x_i x_j$$

FM에서 학습 대상인 벡터의 수는 특징의 수이지만 FFM에서는 특징 수 × 필드 수가 됩니다. 다만 특정 필드와의 관계성만 고려하면 되므로 필요한 벡터의 요소 수는 줄어듭니다.

4.7 모델의 기타 팁과 테크닉

여기서는 모델을 다룰 때 어려운 부분의 대응 방법과 기타 테크닉을 소개합니다(다른 장과 중복되는 내용도 있습니다).

4.7.1 결측값이 있는 경우

결측값이 있어도 GBDT에서는 문제없이 다룰 수 있습니다. 반대로 결측값을 다룰 수 없는 모델은 어떻게든 결측값을 채워야 합니다. 결측값을 잘 다루는 방법은 3.3절을 참조해주세요.

4.7.2 특징의 수가 많은 경우

특징의 수가 지나치게 많으면 학습을 아무리 오래 진행해도 끝나지 않거나 메모리가 부족해 학습하지 못하게 될 수 있습니다. 또한 필요 없는 특징이 학습에 포함되면 모델의 성능이 올라가지 않기도 합니다.

GBDT에서는 학습만 잘 진행되면 그 나름의 결과가 나올 수 있으므로 조금씩 특징의 수를 늘려가면서 어느 정도까지 학습이 가능한지 먼저 확인해보는 게 좋습니다. 특징이 수천 개씩 있는 경우라 해도 희소 데이터일 때나 값이 두 개뿐인 특징이 많을 때는 분기 후보로서 고려할 점이 많지 않으므로 학습이 무사히 이루어지고 성능도 제대로 나올 수 있습니다.

그래도 불필요한 특징은 없애는 편이 좋습니다. 모델 성능에 기여하지 않는다고 판단되는 특징을 없애고 싶을 때는 6.2절에서 설명할 '특징 선택'을 진행합니다.

4.7.3 목적변수에 일대일 대응하는 정형 데이터가 아닌 경우

지도 학습을 실시하려면 다음과 같은 형태가 되어야 합니다. 이때 n_{tr}은 행 데이터 수를 나타내고 n_f는 특징 수를 나타냅니다.

- 학습 데이터는 $n_{tr} \times n_f$ 행렬
- 목적변수는 n_f개의 배열

처음부터 이러한 형태로 되어 있다면 좋겠지만, 대회에 따라서는 목적변수 하나에 여러 행이 대응하는 형태로 제공될 수도 있습니다.

예를 들어 캐글의 Walmart Recruiting: Trip Type Classification 대회에서는 목적변수에 대응하는 데이터로서 여러 행으로 이루어진 구매 상품 이력이 제공되었습니다. 이대로는 예측할 수 없으므로 행의 수와 구매량의 합계, 특정 상품의 재고 유무 등 목적변수에 일대일 대응하는 특징으로 변환해야 합니다.

이러한 경우 특징을 생성하는 방법은 3.8절과 3.9절에서 설명하므로 참고해주세요.

4.7.4 유사 레이블링

테스트 데이터에 대한 예측값을 목적변수의 값으로 간주하고 학습 데이터에 더하여 다시 학습하는 유사 레이블링pseudo labeling이라는 기술이 있습니다.[49] 목적변수가 없는 데이터도 학습에 이용하는 준지도 학습 방법 중 하나입니다. 이미지 계열의 경진 대회에서 비교적 자주 활용하지만 정형 데이터에서 효과를 볼 때도 있습니다. 테스트 데이터의 수가 학습 데이터 수보다 많은 경우 등 목적변수가 없더라도 테스트 데이터의 정보를 사용하고 싶을 때 유효할 수 있습니다. 유사 레이블링은 다음과 같은 순서로 실행합니다.

① 학습 데이터로 학습하고 모델을 구축합니다.

② ①에서 구축한 모델로 테스트 데이터를 예측합니다.

③ 학습 데이터에 ②의 예측값을 목적변수로 삼은 테스트 데이터를 더합니다(이렇게 사용하는 예측값을 유사 레이블pseudo label이라고 합니다).

④ 테스트 데이터가 추가된 학습 데이터로 다시 학습하고 모델을 생성합니다.

⑤ ④에서 구축한 모델로 테스트 데이터를 예측하고 이를 최종 예측값으로 삼습니다.

---

49 *https://www.analyticsvidhya.com/blog/2017/09/pseudo-labelling-semi-supervised-learning-technique/*

유사 레이블의 세세한 부분의 기법에는 차이가 있으며 그에 관해 다음과 같은 연구가 이루어지고 있습니다. [50] [51] [52]

- 학습에 이용하는 데이터의 품질을 유지하기 위해, 예를 들어 분류 문제라면 예측 확률이 충분히 높은 테스트 데이터만 추가합니다.

- 여러 모델의 앙상블 예측값을 유사 레이블로써 이용합니다.

- 테스트 데이터를 몇 개의 그룹으로 나누고, 어떤 그룹의 최종 예측값은 해당 그룹 이외의 테스트 데이터를 더하여 학습한 모델로 작성합니다.

COLUMN
경진 대회용 클래스 및 폴더 구성

필자가 경진 대회 당시 준비한 클래스와 폴더 구성을 소개합니다. 사람에 따라 방법은 다양하므로 어디까지나 참고용입니다. 깃허브에도 샘플 코드를 공개하고 있으니 참고해주세요. 경진 대회에서 때로는 다소 지저분한 코딩을 쓸 때도 있고 다른 코드와의 일관성이 유지되지 않는 방법을 선택할 때도 있으므로, 필요 이상으로 예쁘게 쓰는 게 오히려 마이너스가 될 수 있습니다. 예를 들면 다음과 같은 코딩 스타일로 쓰는 참가자도 있습니다.

- 파일명을 a01_run_xgb.py, a02_run_nn.py처럼 일련번호로 시작합니다.
- 파일을 여러 차례 분할하지 않고, 수정할 때는 파일을 복사한 다음 수정함으로써 과거의 코드 내역을 남기고 계산 결과를 재현하기 쉽게 만듭니다.

필자는 나름대로 클래스를 정리해서 진행할 때가 많습니다. 다음과 같이 **Model** 클래스와 **Runner** 클래스를 만들고 run(계산)을 시행합니다. 또한 **Util** 클래스나 **Logger** 클래스도 작성합니다. 다음은 각 클래스의 내용과 폴더 구성에 관한 설명입니다.

1) Model 클래스

xgboost와 사이킷런의 각 모델을 래핑한 클래스로서 학습이나 예측을 합니다. **Model** 클래스를 상속하여 **ModelXgb(xgboost)**나 **ModelNN(신경망)**과 같은 클래스를 작성해 사용합니다. xgboost나 사이킷런의 모델은 각각 인터페이스가 다르므로 그 차이를 여기에 반영하고 그 밖에도 필요에 따라 편리한 처리를 추가할 수 있습니다.

---

50 https://speakerdeck.com/iwiwi/kaggle-state-farm-distracted-driver-detection
51 https://www.kaggle.com/c/jigsaw-toxic-comment-classification-challenge/discussion/52557
52 http://ruder.io/semi-supervised/

보통은 사이킷런의 `BaseEstimator` 클래스를 상속하는 편이 나을 수 있습니다. 하지만 필자는 GBDT나 신경망에서 학습할 때 검증 데이터도 제공하고자 했고 **GridSearchCV** 클래스를 이용한 처리는 스스로 커스터마이징해서 작성하고 싶었기에 사이킷런을 기준으로 삼지 않았습니다.

2) Runner 클래스

교차 검증을 포함하여 학습하고 예측하는 일련의 흐름을 실시하는 클래스입니다. 데이터 읽어 들이기도 이 클래스에서 대응합니다. **Model** 클래스를 유지하면서 학습 및 예측은 **Model** 클래스에 실행시킵니다. 상속하지 않고 사용하지만 데이터를 읽어 들이는 처리를 변경하려 할 때는 상속을 받아 해당 부분만 변경하여 사용할 수 있습니다.

3) Util 클래스와 Logger 클래스

`Util` 클래스와 **Logger** 클래스에서는 다음과 같은 내용을 실행합니다.

- **유틸리티 메서드**
  파일 입출력 등의 유틸리티 메서드를 기술합니다.

- **로그 출력 및 표시**
  처리 로그를 파일과 콘솔로 출력합니다. 도중에 이상 종료했을 때의 원인을 파악하거나 처리 소요 시간을 추측하고 싶을 때는 실행 시각을 붙여서 로그를 남겨두면 편리합니다.

- **계산 결과 출력 및 표시**
  각 모델의 검증 점수를 파일과 콘솔로 출력하여 집계할 수 있도록 해둡니다.

4) 폴더 구성

폴더는 다음 [표 4-1]과 같이 구성합니다. 이때 코드는 **code**와 **code-analysis**에만 저장합니다[54]

표 4-1 폴더 구성

폴더명	설명
input	train.csv나 test.csv 등 입력 파일을 넣는 폴더
code	계산용 코드 폴더
code-analysis	분석용 코드나 주피터 노트북 폴더
model	모델의 특징을 저장하는 폴더
submission	제출용 파일을 저장하는 폴더

4-1) Model 클래스

Model 클래스의 역할은 학습, 예측, 모델 저장, 읽기 등입니다. Model 클래스를 계승하여 ModelXgb (xgboost)나 ModelNN(신경망)과 같은 클래스를 작성해 사용합니다. 클래스 실행(run)의 교차 검증의 각 폴드마다 인스턴스를 생성합니다. 클래스를 생성할 때는 run의 함수명과 어느 폴드인지를 나타내는 정보를 조합한 이름(예를 들면 xgb-param1-fold1)을 전달합니다. 이것을 저장된 경로path에 사용하여 모델을 저장하거나 읽습니다. train 메서드에는 검증 데이터를 넘겨줄 수도 있지만, 학습 데이터 전체에서 모델을 학습할 때를 고려해서 검증 데이터를 제공하지 않을 경우에도 대응시킵니다. 배깅 등을 모델에 포함하고 싶을 때도 이 클래스로 대응할 수 있습니다.

다음 [표 4-2]는 각 메서드를 정의합니다(인수의 self는 생략).

표 4-2 Model 클래스의 메서드

매개변수	설명
__init__(run_fold_name, prms)	생성자constructor입니다. run의 함수명과 어느 폴드인지를 조합한 이름 및 매개변수를 건네줍니다.
train(tr_x, tr_y, va_x, va_y)	학습 데이터와 목적변수, 검증 데이터와 목적변수를 입력으로 하여 모델을 학습하고 저장합니다.
predict(te_x)	검증 데이터와 테스트 데이터를 입력하고, 학습이 끝난 모델의 예측값을 반환합니다.
save_model()	모델을 저장합니다.
load_model()	모델을 읽어 들입니다.

4-2) Runner 클래스

Runner 클래스의 역할은 교차 검증 등을 포함한 학습, 평가, 예측입니다. 따라서 데이터 가져오기는 물론 교차 검증 폴드의 인덱스 가져오기도 관리합니다. 클래스를 생성할 때는 run의 함수명, 사용하는 Model 클래스, 특징 목록, 매개변수를 건네줍니다. 교차 검증의 폴드 인덱스는 난수 시드를 고정하거나 파일에 저장하여 정해둡니다. 각 폴드의 모델의 평균으로 예측할 때는 run_train_all 메서드와 run_predict_all 메서드는 필요하지 않습니다.

외부에서 사용하는 메서드는 [표 4-3]과 같습니다.

표 4-3 외부에서 사용하는 메서드

매개변수	설명
__init__(run_name, model_cls, features, prms)	생성자입니다. run의 함수명, 모델 클래스, 변수명 목록, 매개변수 (dict 형)를 전달합니다.
run_train_fold(i_fold)	교차 검증에서의 폴드를 지정하여 학습하거나 평가합니다. 다른 메서드에서 호출하기도 하지만, 하나의 개체로서도 확인 및 매개변수의 조정에 활용합니다.
run_train_cv()	교차 검증에서 학습하거나 평가합니다. 각 폴드의 모델을 저장하며 모델 성능의 로그 출력도 실시합니다.
run_predict_cv()	교차 검증에서 학습한 각 폴드의 모델 평균에 따라 테스트 데이터를 예측합니다. 미리 run_train_cv()를 실행해두어야 합니다.
run_train_all()	학습 데이터 전체에서 학습하고 그 모델을 저장합니다.
run_predict_all()	학습 데이터 전체에서 학습한 모델로 테스트 데이터를 예측합니다. 미리 run_train_all()을 실행해두어야 합니다.

외부에서 사용하지 않는 메서드는 다음 [표 4-4]와 같이 정의합니다.

표 4-4 외부에서 사용하지 않는 메서드

매개변수	설명
build_model(i_fold)	폴드를 지정하여 모델을 구축합니다.
load_x_train()	학습 데이터를 읽어 들입니다.
load_y_train()	학습 데이터의 목적변수를 읽어 들입니다.
load_x_test()	테스트 데이터를 읽어 들입니다.
load_index_fold(i_fold)	폴드를 지정하고 대응하는 인덱스를 반환합니다.

모델 평가

5.1 모델 평가란?

예측 모델을 구축하는 주된 목적은 미지의 데이터를 높은 모델 성능으로 예측하는 것입니다. 실무에서는 예측 성능 외에 모델의 경량성이나 해석 가능 여부 등을 중요시하기도 하지만, 그러한 점은 이 책이 다루는 범위를 벗어나는 내용이므로 여기서는 예측 성능에 한정하여 설명합니다. 미지의 데이터에 대한 예측 능력을 여기서는 모델의 일반화 성능^{generalization performance}이라고 부릅니다.

모델의 일반화 성능을 개선하려면 당연히 그 모델의 일반화 성능을 알 수 있는 방법이 필요합니다. 보통은 학습 데이터를 학습 데이터와 검증 데이터로 다시 나누고, 검증 데이터 예측 성능을 평가지표에 기반한 점수로 나타내 평가합니다. 검증 데이터는 몇 가지 방법으로 나눌 수 있습니다. 이때 적절한 평가를 진행하려면 학습 데이터와 테스트 데이터의 성질을 고려한 방법으로 나눠야 합니다. 이 책에서는 이처럼 데이터를 적절히 나누어 모델의 일반화 성능을 평가하는 작업 자체를 검증이라고 부릅니다.

5.2절과 5.3절에서는 주요 검증 방법을 설명합니다. 이후 5.4절에서는 다양한 사례에 폭넓게 적용할 수 있는, 적절한 검증에 필요한 내용을 설명합니다.

5.2 검증 방법

지금부터 주요 검증 방법을 설명하겠습니다.

5.2.1 홀드아웃 검증

가장 단순한 방법은 학습 데이터의 일부를 학습에 사용하지 않고 검증용으로 남겨두는 것입니다. 학습용 데이터로 모델을 학습시키고, 아까 따로 남겨둔 검증용 데이터로 모델을 평가합니다. 이를 통해 미지의 테스트 데이터를 예측할 수 있습니다. 이 방법을 홀드아웃hold-out 검증이라고 합니다.

train으로 학습한 모델에서 valid를 예측하고 그 점수로 평가합니다.
• train: 학습 데이터 중에서 검증에 사용하는 데이터
• valid: 검증 데이터

그림 5-1 홀드아웃 검증

홀드아웃 검증은 학습 데이터와 테스트 데이터가 랜덤하게 분할되어 있다는 전제 하에 성립되는 방법입니다. 반면 시계열 데이터의 경우, 학습 데이터와 테스트 데이터는 랜덤이 아닌 시계열에 따라 추출되고 분할될 때가 많습니다. 이때는 다른 방법을 구해야 합니다. 시계열 데이터의 분할 방법은 다음 절에서 설명하겠습니다.

다음 예제 코드와 같이 사이킷런 model_selection 모듈의 train_test_split 함수를 이용하면 홀드아웃 검증으로 데이터를 분할할 수 있습니다(이후 이 책에서 사이킷런 model_selection 모듈의 함수와 클래스를 다룰 때 해당 모듈명은 기술하지 않습니다).

(ch05/ch05-01-validation.py 참조)

```
from sklearn.model_selection import train_test_split
```

```
# train_test_split()함수를 이용한 홀드아웃 방법으로 분할
tr_x, va_x, tr_y, va_y = train_test_split(train_x, train_y,
                        test_size=0.25, random_state=71, shuffle=True)
```

데이터를 분할한 뒤에 학습 데이터로 학습하고 검증 데이터를 예측한 후 점수를 계산합니다.
예제 코드는 다음과 같습니다.

(ch05/ch05-01-validation.py 참조)

```
from sklearn.metrics import log_loss
from sklearn.model_selection import train_test_split

# Model 클래스를 정의
# Model 클래스는 fit으로 학습하고 predict로 예측값 확률을 출력

# train_test_split 함수를 이용하여 홀드아웃 방법으로 분할
tr_x, va_x, tr_y, va_y = train_test_split(train_x, train_y,
                        test_size=0.25, random_state=71, shuffle=True)

# 학습 실행, 검증 데이터 예측값 출력, 점수 계산
model = Model()
model.fit(tr_x, tr_y, va_x, va_y)
va_pred = model.predict(va_x)
score = log_loss(va_y, va_pred)
print(score)
```

train_test_split 함수가 아닌, 이후 설명할 교차 검증용 분할을 수행하는 KFold 클래스로
여러 차례 분할한 것 중 하나를 써서 학습용 데이터와 검증 데이터를 나눌 수도 있습니다.

(ch05/ch05-01-validation.py 참조)

```
from sklearn.model_selection import KFold

# KFold 클래스를 이용하여 홀드아웃 방법으로 분할
kf = KFold(n_splits=4, shuffle=True, random_state=71)
tr_idx, va_idx = list(kf.split(train_x))[0]
tr_x, va_x = train_x.iloc[tr_idx], train_x.iloc[va_idx]
tr_y, va_y = train_y.iloc[tr_idx], train_y.iloc[va_idx]
```

한편, 데이터가 어떠한 규칙에 따라 나열된 경우에는 데이터를 섞어야 하므로 주의합니다. 예를 들어 다중 클래스 분류 문제에서 데이터가 출력 등급순으로 나열될 수 있습니다.

이때 단순하게 위에서부터 순서대로 몇 %는 학습용, 나머지는 테스트용과 같은 식으로 분할하면 올바른 학습이나 평가를 할 수 없습니다. 다른 검증 방법에서도 마찬가지지만, 랜덤하게 데이터가 나열된 듯 보이더라도 만약을 위해 데이터를 섞는^{shuffle} 게 좋습니다. `train_test_split` 함수에서는 `shuffle` 인수에 True를 지정하면 데이터를 섞은 후에 나눌 수 있습니다.

홀드아웃 검증은 다음에 설명할 교차 검증과 비교해 데이터를 효율적으로 사용하지 못하는 단점이 있습니다. 검증 데이터가 적으면 평가를 신뢰할 수 없지만, 검증 데이터가 늘어나면 학습용 데이터가 줄어들어 원래 모델의 예측 성능이 떨어집니다.

테스트 데이터를 예측할 때는 학습 데이터 전체에서 모델을 다시 구축할 수 있지만, 학습할 때의 모델과 최종 모델의 데이터 수가 다르면 최적의 하이퍼파라미터나 특징이 달라질 수도 있으므로, 검증에서도 학습 데이터는 어느 정도 확보하는 편이 바람직합니다.

5.2.2 교차 검증

학습 데이터를 분할하고 홀드아웃 검증 절차를 여러 번 반복함으로써 매회 검증 학습에 이용할 데이터의 양을 유지하면서도 검증 평가에 필요한 데이터를 학습 데이터 전체로 할 수 있습니다. 예를 들어 [그림 5 - 2]와 같이 데이터를 4개로 분할하고 4회의 홀드아웃 검증을 반복하면 모든 행 데이터가 1회씩 검증 데이터에 포함됩니다. 이 방법을 교차 검증^{cross validation} (CV)이라고 합니다.[1]

---

1 캐글의 Discussion 페이지에서는 CV라는 단어가 교차 검증뿐만 아니라 다른 방법도 포함하는 검증을 의미하기도 합니다

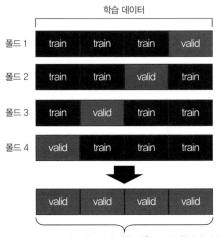

학습 데이터

폴드 1	train	train	train	valid
폴드 2	train	train	valid	train
폴드 3	train	valid	train	train
폴드 4	valid	train	train	train

| valid | valid | valid | valid |

각 폴드의 검증 데이터에 대한 예측 점수를 합쳐서 평가

그림 5-2 교차 검증(4 폴드)

다음 예제 코드를 활용하면 **KFold** 클래스를 활용한 교차 검증에서의 데이터 분할을 할 수 있습니다.

(ch05/ch05-01-validation.py 참조)

```python
from sklearn.model_selection import KFold

# KFold 클래스를 이용하여 교차 검증 분할을 수행
kf = KFold(n_splits=4, shuffle=True, random_state=71)
for tr_idx, va_idx in kf.split(train_x):
    tr_x, va_x = train_x.iloc[tr_idx], train_x.iloc[va_idx]
    tr_y, va_y = train_y.iloc[tr_idx], train_y.iloc[va_idx]
```

교차 검증으로 나눈 각 분할별로 학습 데이터에서의 학습, 검증 데이터에 대한 예측, 점수 계산을 수행합니다. 다음 예제 코드를 참고하세요.

(ch05/ch05-01-validation.py 참조)

```python
from sklearn.metrics import log_loss
from sklearn.model_selection import KFold

# Model 클래스를 정의
```

```
# Model 클래스는 fit으로 학습하고, predict로 예측값 확률을 출력

scores = []

# KFold 클래스를 이용하여 교차 검증 방법으로 분할
kf = KFold(n_splits=4, shuffle=True, random_state=71)
for tr_idx, va_idx in kf.split(train_x):
  tr_x, va_x = train_x.iloc[tr_idx], train_x.iloc[va_idx]
  tr_y, va_y = train_y.iloc[tr_idx], train_y.iloc[va_idx]

  # 학습 실행, 검증 데이터의 예측값 출력, 점수 계산
  model = Model()
  model.fit(tr_x, tr_y, va_x, va_y)
  va_pred = model.predict(va_x)
  score = log_loss(va_y, va_pred)
  scores.append(score)

# 각 폴더의 점수 평균을 출력
print(np.mean(scores))
```

이때 분할된 데이터를 폴드fold라 하고 분할된 수를 폴드 수라고 부릅니다.[2]

교차 검증의 폴드 수는 n_splits 인수로 지정합니다. 폴드 수를 늘릴수록 학습 데이터의 양을 더 확보할 수 있으므로 데이터 전체로 학습시켰을 때와 유사한 모델 성능으로 평가할 수 있습니다. 한편 연산 시간이 늘어나므로 트레이드 오프가 됩니다. 예를 들어 폴드 수를 2에서 4로 늘리면 연산의 횟수는 두 배가 되지만 학습 데이터는 전체의 50%에서 75%로 1.5배 증가합니다.

학습 데이터가 1.5배 증가하면 모델 성능 개선을 기대할 수 있습니다. 단, 폴드 수를 4에서 8로 늘려 설정해도 학습 데이터는 전체의 75%에서 87.5%로 약 1.17배만 증가합니다. 다시 말해 교차 검증의 폴드 수를 무작정 늘리더라도 연산 시간에 비해 실제 개선으로 바로 이어지지는 않습니다. 경진 대회에서 주어지는 데이터에는 교차 검증의 폴드 수가 4 혹은 5로 적절히 설정된 경우가 많습니다. 연산 시간과 학습 데이터의 비율, 검증 점수의 관계를 살펴보고 때에 따라서는 폴드 수를 바꾸는 게 좋습니다.

---

2 임의의 폴드 하나를 검증 데이터, 그 밖의 폴드를 학습 데이터로 분할하고 이를 바탕으로 검증을 수행하는 절차를 반복합니다. 이러한 회차별 분할 및 수속 절차 역시 이 책에서는 폴드(fold)라고 부릅니다(split이라고 쓰기도 합니다).

한편, 주어진 학습 데이터가 충분히 큰 상황에서 검증에 이용하는 학습 데이터의 비율을 변경해도 모델의 성능이 거의 변화하지 않을 때가 있습니다. 데이터가 크면 연산 시간도 길기 때문에 그런 경우에는 폴드 수를 2로 하거나 홀드아웃 검증을 선택할 수 있습니다.

교차 검증에서 모델의 일반화 성능을 평가할 때는 보통 각 폴드의 점수를 평균내지만, 각 폴드의 목적변수와 예측값을 모아 데이터 전체로 연산하는 방법도 있습니다. 또한 평가지표에 따라서는 각 폴드 점수의 평균과, 데이터 전체에서 목적변수와 예측값으로부터 연산한 점수가 서로 일치하지 않습니다. 예를 들면 MAE나 로그 손실에서는 일치하지만 RMSE에서는 각 폴드 점수의 평균이 데이터 전체로 연산한 결과보다 낮아집니다.

5.2.3 층화 k-겹 검증

분류 문제에서 폴드마다 포함되는 클래스의 비율을 서로 맞출 때가 자주 있는데 이것을 층화추출stratified sampling이라고 부릅니다.

테스트 데이터에 포함되는 각 클래스의 비율은 학습 데이터에 포함되는 각 클래스의 비율과 거의 같을 것이라는 가정에 근거하여 검증의 평가를 안정화하려는 방법입니다. 특히 다중 클래스 분류에서 극단적으로 빈도가 적은 클래스가 있을 때, 랜덤으로 분할했을 때는 각 클래스의 비율이 달라져 평가의 불균형이 커질 가능성이 있으므로 층화추출을 하는 게 중요합니다. 반대로 이진 분류에서 양성과 음성 중 어느 하나에 치우치지 않을 때는 클래스의 비율에 별로 영향이 없으므로 층화추출을 사용하지 않아도 됩니다.

다음 예제 코드처럼 StratifiedKFold 클래스로 층화추출을 통한 검증을 수행할 수 있습니다. KFold 클래스와 달리 층화추출을 위해 split 메서드의 인수에 목적변수를 입력해야 합니다. 한편, 홀드아웃 검증으로 층화추출을 하고 싶을 때는 train_test_split 함수의 stratify 인수에 목적변수를 지정합니다(5장의 이후 예제 코드에서는 검증 데이터의 분할을 실행하는 부분만 기술합니다).

(ch05/ch05-01-validation.py 참조)

```
from sklearn.model_selection import StratifiedKFold

# StratifiedKFold 클래스를 이용하여 층화추출로 데이터 분할
```

```
kf = StratifiedKFold(n_splits=4, shuffle=True, random_state=71)
for tr_idx, va_idx in kf.split(train_x, train_y):
  tr_x, va_x = train_x.iloc[tr_idx], train_x.iloc[va_idx]
  tr_y, va_y = train_y.iloc[tr_idx], train_y.iloc[va_idx]
```

5.2.4 그룹 k-겹 검증

경진 대회에 따라서는 학습 데이터와 테스트 데이터가 랜덤으로 분할되지 않을 때도 있습니다. 예를 들어 각 고객에게 여러 행동 이력이 있고 각각의 행동을 예측하는 문제일 때는 고객 단위로 데이터가 분할되는 경우가 많습니다. 즉, 학습 데이터와 테스트 데이터에 동일한 고객 데이터가 포함되지 않도록 분할됩니다. 이는 학습 데이터의 고객 데이터만을 사용하여 새로운 고객을 예측하는 상황을 상정한 것입니다.

이러한 경우 단순히 랜덤하게 데이터를 분할하여 검증하면 본래의 성능보다 과대 평가될 우려가 있습니다. 검증 데이터와 동일한 고객 데이터가 학습 데이터에 포함되면 해당 고객의 속성과 목적변수의 관계를 어느 정도 알 수 있으므로 예측하기 쉬워지는 것입니다. 따라서 이럴 때는 검증에서도 고객 단위로 데이터를 분할해야 합니다.

다음 예제 코드처럼 KFold 클래스에서 고객 ID와 같이 그룹을 나타내는 변수를 분할하고 이를 이용하여 원래 데이터를 분할하는 게 좋습니다. 사이킷런에는 GroupKFold 클래스가 준비되어 있으나 분할을 섞는 기능과 분할의 난수 시드를 설정하는 기능이 없어서 사용하기 어렵습니다.

(ch05/ch05-01-validation.py 참조)

```
from sklearn.model_selection import KFold, GroupKFold

# user_id열의 고객 ID 단위로 분할
user_id = train_x['user_id']
unique_user_ids = user_id.unique()

# KFold 클래스를 이용하여 고객 ID 단위로 분할
scores = []
kf = KFold (n_splits=4, shuffle=True, random_state=71)
for tr_group_idx, va_group_idx in kf.split(unique_user_ids):
  # 고객 ID를 train/valid(학습에 사용하는 데이터, 검증 데이터)로 분할
  tr_groups, va_groups = unique_user_ids[tr_group_idx], unique_user_ids[va_group_idx]
```

```
# 각 샘플의 고객 ID가 train/valid 중 어느 쪽에 속해 있느냐에 따라 분할
is_tr = user_id.isin(tr_groups)
is_va = user_id.isin(va_groups)
tr_x, va_x = train_x[is_tr], train_x[is_va]
tr_y, va_y = train_y[is_tr], train_y[is_va]

# (참고)GroupKFold 클래스에서는 셔플과 난수 시드를 지정할 수 없으므로 사용이 어려움
kf = GroupKFold(n_splits=4)
for tr_idx, va_idx in kf.split(train_x, train_y, user_id):
  tr_x, va_x = train_x.iloc[tr_idx], train_x.iloc[va_idx]
  tr_y, va_y = train_y.iloc[tr_idx], train_y.iloc[va_idx]
```

5.2.5 LOO 검증

경진 대회에서는 드문 경우이지만 학습 데이터의 데이터 수가 극히 적을 때가 있습니다. 데이터가 적으면 가능한 한 많은 데이터를 사용하려 하고 학습에 걸리는 연산 시간도 짧으므로 폴드 수를 늘리는 방법을 고려할 수 있습니다. 가장 극단적일 때는 폴드 수가 학습 데이터의 행의 수와 동일하며 검증 데이터는 각각 1건입니다. 이 방법을 LOO$^{leave-one-out}$ 검증이라고 합니다.

KFold 클래스에서 n_splits 인수에 데이터 행의 수를 지정하기만 하면 되지만 LOO 검증을 수행하는 LeaveOneOut 클래스도 있습니다.

(ch05/ch05-01-validation.py 참조)

```
from sklearn.model_selection import LeaveOneOut

loo = LeaveOneOut()
for tr_idx, va_idx in loo.split(train_x):
  tr_x, va_x = train_x.iloc[tr_idx], train_x.iloc[va_idx]
  tr_y, va_y = train_y.iloc[tr_idx], train_y.iloc[va_idx]
```

추가로, LOO 검증의 경우 GBDT나 신경망과 같이 순서대로 학습을 진행하는 모델에서 조기 종료를 사용하면 검증 데이터에 가장 최적의 포인트에서 학습을 멈출 수 있어 모델의 성능이 과대 평가됩니다.

LOO 검증이 아니더라도 폴드 수가 많아지면 과적합 문제가 발생할 수 있습니다. 대처 방법 중 하나로는 각 폴드에서 한 번 조기 종료를 하고, 그 평균 등으로부터 적절한 반복iteration 수의 견적을 낸 뒤에 해당 반복 수를 고정하여 다시 교차 검증을 실행하는 방법이 있습니다.

5.3 시계열 데이터의 검증 방법

시계열 데이터 문제에서는 시간상으로 미래의 데이터를 예측하는 모델이 요구될 때가 많으므로, 학습 데이터와 테스트 데이터를 시계열에 따라 분할하는 경우가 많습니다. 즉, 학습 데이터에는 테스트 데이터와 같은 기간의 데이터가 포함되지 않습니다. 이러한 경우에는 더 주의 깊게 검증해야 합니다.

단순하게 데이터를 랜덤 분할하면 검증 데이터와 같은 기간의 데이터로 학습할 수 있습니다. 시계열 데이터에서는 시점상 가까운 데이터는 비슷한 경향을 지닐 때가 많습니다. 따라서 학습 데이터와 검증 데이터가 시간상 비슷한 데이터가 섞이면 예측하기 쉬워져 모델의 성능을 과대 평가할 위험성이 커지므로 주의해야 합니다.

이후로는 앞에서 설명한 시계열 데이터의 특성을 적절히 감안하여 검증하는 방법을 살펴보겠습니다.

5.3.1 시계열 데이터의 홀드아웃 검증

시계열을 고려하여 검증하는 간단한 방법은 [그림 5-3]과 같이 학습 데이터 중에 테스트 데이터와 가장 가까운 기간을 검증 데이터로 삼는 방법입니다. 시계열에 따른 홀드아웃 검증이라고 할 수 있습니다.

train으로 학습한 모델에서 valid를 예측하고 그 점수로 평가합니다.
· train: 학습 데이터 중에 검증에서의 학습에 사용하는 데이터
· valid: 검증 데이터

그림 5-3 시계열 데이터에서의 홀드아웃 검증

테스트 데이터에 가장 가까운 기간의 데이터를 검증 데이터로 삼음으로써 테스트 데이터에 대한 예측 성능이 높아질 것을 기대합니다. 이것은 시점이 가까운 데이터일수록 우리가 예측할 데이터의 경향을 더 가깝게 반영한다는 가정에 기반을 둔 것입니다. 시점이 가장 가까운 데이터를 검증 데이터로 사용하므로, 모델 최적화를 통해 만들어진 모델은 테스트 데이터에 대해 좋은 성능을 보여줄 가능성이 커집니다. 다만 데이터가 주기성을 갖는다면 데이터 나눌 때 이를 고려해야 합니다. 예를 들면 1년 단위로 주기성이 강한 데이터일 때는 가장 최근 데이터보다 테스트 데이터의 1년 전 기간을 검증 데이터로 삼는 편이 더 나을 수 있습니다.

어느 경우이든지 간에 테스트 데이터를 예측하는 모델을 구축할 때 경향이 가장 가까운 데이터를 학습에 사용하지 않는 것은 아깝습니다. 따라서 최종적으로는 검증 데이터를 활용하여 찾은 최적의 특징과 매개변수를 그대로 사용하고, 검증 데이터를 포함해 재학습하여 모델을 구축합니다. 이렇게 재학습한 모델을 평가할 수는 없지만, 특징이나 매개변수는 그대로인 채 학습 데이터의 기간만 조금 바뀌었을 뿐이므로 큰 문제는 없을 것입니다.

이 방법은 홀드아웃 검증의 응용이므로 마찬가지로 데이터를 유효하게 사용하지 못한다는 단점이 있습니다. 검증 데이터는 어느 기간으로 한정되는 만큼 그 밖의 기간을 적절히 예측할 수 있는 모델인지 여부를 확인하기 어렵고, 단순히 검증 데이터의 수가 부족하여 결과가 안정되지 않을 수도 있습니다.

시계열 데이터의 홀드아웃 검증을 실행할 때는 함수 등이 특별히 준비되어 있지는 않으므로 다음 예제 코드처럼 직접 지정하고 나눕니다.

(ch05/ch05-02-timeseries.py 참조)

```python
# 변수 period를 기준으로 분할(0부터 2까지 학습 데이터, 3이 테스트 데이터)
# 여기에서는 학습 데이터 중에 변수 period가 3인 데이터를 검증 데이터로 하고
# 0부터 2까지인 데이터를 학습에 이용합니다.
is_tr = train_x['period'] < 3
is_va = train_x['period'] == 3
tr_x, va_x = train_x[is_tr], train_x[is_va]
tr_y, va_y = train_y[is_tr], train_y[is_va]
```

5.3.2 시계열 데이터의 교차 검증 (1)

시계열 데이터의 홀드아웃 검증의 단점을 해결하는 방법으로 교차 검증의 개념을 도입한 방법이 있습니다. [그림 5-4]와 같이 시계열에 따라 데이터를 분할한 뒤 학습 데이터와 검증 데이터의 시간적인 관계성을 유지하면서 평가를 반복하는 방법입니다.

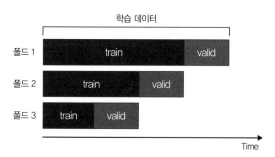

그림 5-4 시계열 데이터에서의 교차 검증 (1): 시계열에 따른 분할

이러한 시계열에 따른 분할 방법에서는 시점의 근접성 외에 시간적인 순서에도 주의합니다. 학습 데이터와 테스트 데이터가 시간 기준으로 분할된 경우, 테스트 데이터를 예측하는 모델은 그보다 과거 데이터로 학습하여 구현하므로 검증에서도 마찬가지로 과거 데이터에서 미래 데이터를 예측하는 상황을 재현합니다.

각 폴드에서의 학습 데이터 기간은 제공된 학습 데이터의 가장 처음부터 지정할 수도 있고 검증 데이터 직전의 1년간으로 지정할 수도 있습니다. 제공된 학습 데이터의 처음부터 지정할 때는 폴드마다 학습 데이터의 길이가 다르다는 점에 유의해야 합니다(그림 5-5).

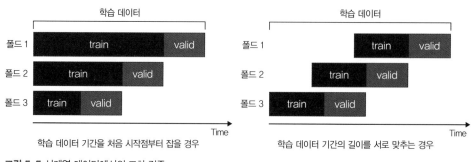

그림 5-5 시계열 데이터에서의 교차 검증

이 방법에서 우려되는 문제는 일정 시점 이상의 오래된 데이터를 검증 데이터로 삼으면 해당 검증 데이터보다 과거의 학습 데이터만 쓸 수 있는 만큼 실제로 사용할 학습 데이터가 적어진다는 점입니다. 학습 데이터가 적은 부분의 검증 점수는 참고가 되지 않으므로 어딘가에서 중단해야 합니다. 또한 오래된 데이터는 테스트 데이터와 성질이 달라 참고가 되지 않을 수도 있습니다.

시간상 얼마나 오래된 데이터까지 검증할지, 학습 데이터나 검증 데이터의 기간을 어느 정도로 잡을지는 데이터의 특성이나 연산량 등을 고려하여 결정합니다.

이번에도 다음 예제 코드처럼 분할 방법을 스스로 지정해 나눕니다. 매월 검증 데이터를 분할하는 등 데이터 성질에 따라 정의할 것입니다. 덧붙여 사이킷런에는 TimeSeriesSplit 클래스가 준비되어 있으나 데이터의 나열 순서만으로 나눌 뿐 시간 정보로 나눠주지는 않으므로 사용할 수 있는 부분은 한정적입니다.

(ch05/ch05-02-timeseries.py 참조)

```
# 변수 period를 기준으로 분할(0부터 2까지가 학습 데이터, 3이 테스트 데이터)
# 변수 period가 1, 2, 3의 데이터를 각각 검증 데이터로 하고 그 이전 데이터를 학습에 사용

va_period_list = [1, 2, 3]
for va_period in va_period_list:
  is_tr = train_x['period'] < va_period
  is_va = train_x['period'] == va_period
  tr_x, va_x = train_x[is_tr], train_x[is_va]
  tr_y, va_y = train_y[is_tr], train_y[is_va]

# (참고)periodSeriesSplit은 데이터 정렬 순서밖에 사용할 수 없으므로 쓰기 어려움
from sklearn.model_selection import TimeSeriesSplit

tss = TimeSeriesSplit(n_splits=4)
for tr_idx, va_idx in tss.split(train_x):
  tr_x, va_x = train_x.iloc[tr_idx], train_x.iloc[va_idx]
  tr_y, va_y = train_y.iloc[tr_idx], train_y.iloc[va_idx]
```

5.3.3 시계열 데이터의 교차 검증 (2)

데이터에 따라서는 행 데이터의 시간적인 전후 관계보다는 행 데이터 간의 시간상 가까운 정도에만 주의해도 충분할 때가 있습니다. 그런 경우 검증 데이터보다 미래의 데이터를 학습 데이터에 포함해도 문제가 없으므로 다음 [그림 5-6]과 같이 단순히 시간상으로 구분해 분할하는 방법을 채택할 수 있습니다.

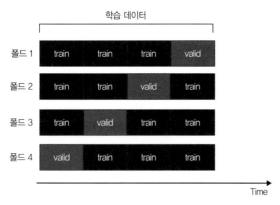

그림 5-6 시계열 데이터에서의 교차 검증 (2): 단순히 시간으로 분할

다음 예제 코드처럼 실행할 수 있습니다. 시계열에 따라 실행하는 방법과의 차이점은 검증 데이터 이전의 데이터가 아닌, 검증 데이터 이외의 학습 데이터 전체를 사용한다는 점입니다.

(ch05/ch05-02-timeseries.py 참조)

```
# 변수 period를 기준으로 분할(0부터 2까지가 학습 데이터, 3이 테스트 데이터)
# 변수 period가 0, 1, 2, 3인 데이터를 각각 검증 데이터로 하고
# 그 이외의 학습 데이터를 학습에 사용

va_period_list = [0, 1, 2, 3]
for va_period in va_period_list:
    is_tr = train_x['period'] != va_period
    is_va = train_x['period'] == va_period
    tr_x, va_x = train_x[is_tr], train_x[is_va]
    tr_y, va_y = train_y[is_tr], train_y[is_va]
```

5.3.4 시계열 데이터 검증의 주의점

시계열 데이터에서는 문제의 설계나 데이터 성질, 분할되는 방법에 따라 수행할 검증이 달라집니다. 뒤에서 설명할 실제 경진 대회의 사례처럼 문제에 따라서는 특수한 검증이 유효할 때도 있습니다.

또한 (3.10.5절과 5.4.6절에서도 설명하듯이) 검증 방법뿐만 아니라 특징 생성도 주의해야 합니다. 테스트 데이터에 이용할 수 있는 정보가 무엇인지를 의식하고 검증 데이터에 대해서도 종합적인 조건으로 특징을 생성하지 않으면 해당 데이터에만 유리한 검증이 되므로 올바르게 평가할 수 없습니다.

> **NOTE**
> **'시계열에 따라 시행하는 방법'과 '단순히 시간으로 분할하는 방법' 중 어느 쪽을 선택해야 할까?**
>
> 시계열 데이터에서 목적변수는 해당 시점보다 과거의 목적변수 정보를 포함할 때가 많습니다. 그러한 경우 미래 데이터를 학습에 포함시켜버리면 (정도의 차이는 있지만) 데이터 정보 누출로 이어집니다. 따라서 만약 '단순히 시간으로 분할하는 방법'을 택한다면 1) 과거 정보로부터 미래 경향을 예측할 수 있어서 모델 성능이 높은 모델과 2) 단순히 과거와 미래의 목적변수와의 평균적인 예측을 수행함으로써 모델 성능이 높은 모델 간의 구별이 어려울 수 있습니다.
>
> 즉 '시계열에 따라 시행하는 방법'이 더 안전하므로 이 방법을 권장합니다. 다만 목적변수가 과거의 목적변수 정보를 많이 갖지 않는 데이터일 때나, 이 방법으로는 사용 가능한 데이터가 적어 충분한 데이터로 학습하지 못할 때는 '단순히 시간으로 분할하는 방법'이 더 효과적일 수 있습니다.
>
> **시계열 데이터 검증의 대략적인 방침**
>
> 데이터가 충분하다면 '시계열에 따라 시행하는 방법'의 교차 검증이 좋겠습니다. 검증 기간을 구분할 때는 주 단위나 월 단위 등 데이터의 시간적인 크기(단위)를 보고 설정합니다. 구분하는 기간의 단위가 지나치게 크면, 검증 점수의 불균형의 원인이 검증 데이터 때문인지 아니면 학습 데이터의 기간 차이 때문인지를 판단하기 어려워집니다. 반대로 단위가 너무 작으면 연산 시간이 그만큼 오래 걸립니다.
>
> 예측값과 실젯값을 플롯하여 예측 성능이 안정되었는지를 확인하거나, 검증 점수와 Public Leaderboard의 상관관계를 보면서 어디까지의 검증 기간을 참고할 것인지, 학습 데이터 기간은 어디까지 지정할지를 고려합니다. 또한 일부러 같은 검증 데이터에 대해 사용할 학습 데이터 기간을 겹치지 않게 해보고, 어느 정도 예측이나 점수가 바뀌는지 살펴봐도 좋습니다.
>
> 한편, 데이터가 충분하지 않으면 간단하게 풀리지 않는 문제가 있습니다. 데이터가 충분하지 않다는 것은 곧 데이터 수가 적고 안정적이지 않으며 데이터 기간이 짧고 주기적인 경향을 파악할 수 없는 상황이라는 뜻입

니다. 추가로 최근 기간에만 경향이 바뀌었거나, 큰 영향을 미치는 이벤트가 수 차례 발생하는 등의 상황도 여기에 포함됩니다. 이럴 때는 대응이 쉽지 않고 경우에 따라 상황이 매번 달라집니다. 이때는 단순히 시간으로 분할하는 방법으로 검증하거나 또는 데이터에 관한 도메인 지식으로부터 가설을 세우고 특징을 잘 만들어서 테스트 데이터를 제대로 예측하는 방법을 고려할 수 있습니다.

5.3.5 캐글의 Recruit Restaurant Visitor Forecasting 대회

지금부터 실제 경진 대회에서의 사례를 소개합니다. 3장에서도 소개했듯이 캐글의 Recruit Restaurant Visitor Forecasting 대회는 음식점의 미래 방문객 수를 예측하는 문제입니다. 학습 데이터 기간은 2016/1/1부터 2017/4/22까지이고 테스트 데이터 기간은 2017/4/23부터 2017/5/31까지입니다. 테스트 데이터의 예측 대상 날짜에 따라 사용할 수 있는 과거 데이터의 범위가 달라지므로, 필자는 날짜에 따라 개별적으로 (39개의) 모델을 구축했습니다. 여기서는 이들 모델의 검증 방법을 설명하겠습니다.

기본적으로는 학습 데이터의 마지막 4주간 데이터 중에 예측일의 요일과 일치하는 날짜만 검증 데이터로써 이용했습니다. 예를 들어 2017/4/23을 예측하는 모델을 구축할 때는 3/26, 4/9, 4/16을 검증 데이터로 삼아 모델을 평가했습니다. 이처럼 검증 데이터와 요일을 서로 맞출 뿐만 아니라 같은 요일의 여러 날짜를 검증 대상으로 삼음으로써 날짜에 따른 평가의 격차를 줄였습니다.

다만 시간적인 경향 변화가 큰 데이터에서는 지나치게 먼 과거의 데이터까지 검증 대상에 포함하면 과거 데이터에 대한 평가 비중이 커지므로 테스트 데이터에서의 일반화 성능이 떨어질 우려가 있습니다. 이러한 문제의 균형을 잡으려면 시행착오를 겪으면서 결정해야 합니다. 필자도 여러 패턴을 시험한 끝에 마지막 4주의 데이터에 한정하기로 했습니다.

테스트 데이터의 예측 모델을 최종 구현할 때는 예측 대상에 더 가까운 날짜도 학습 데이터에 포함하기 위해 검증 데이터로 정한 기간의 데이터도 포함하여 모델을 다시 구현했습니다. 물론 이때는 검증 데이터가 포함된 모델이므로 검증을 할 수 없지만, 모델의 매개변수는 검증에 최적화된 것을 사용하므로 큰 문제는 없다고 판단했습니다.

5.3.6 캐글의 Santander Product Recommendation 대회

또 다른 실제 경진 대회에서의 사례를 소개하겠습니다. 이 대회도 3장에서 이미 소개했듯이 산탄데르 은행Santander Bank의 고객별 구매 금융 상품을 예측하는 문제입니다.

학습 데이터 기간은 2015년 2월부터 2016년 5월까지이고 예측 대상 월은 2016년 6월이므로 그 시점의 이전 월까지의 이력을 학습에 사용할 수 있습니다. 이런 경우 기본 전략은 2016년 4월까지의 데이터로 학습하고 2016년 5월 데이터로는 검증을 진행하는 것입니다. 1개월분의 평가로 충분하지 않다면 2016년 3월까지의 데이터로 학습하고 2016년 4월 데이터로 검증하는 식으로 1개월씩 거슬러 올라가면 더 신뢰할 수 있는 평가가 됩니다.

그러나 필자는 그와 다른 전략을 취했습니다. 이 대회는 월별 데이터의 양이 비교적 커서 1개월 분량의 데이터만으로 학습해도 충분한 성능을 발휘할 수 있었습니다. 필자의 학습 환경에 제약이 걸려 있었으므로 과거 데이터를 한꺼번에 사용하는 대신 2016년 4월, 3월의 월별 데이터를 활용해 여러 개의 모델을 만들고 마지막으로 그들을 앙상블 했습니다. 이때 예측 대상에 가장 가까운 2016년 5월 데이터를 검증 데이터로 이용했습니다.

이때 예측 대상에 가장 가까운 2016년 5월 데이터로도 모델을 구축하여 앙상블에 추가하면 모델 성능을 높일 수 있지 않느냐는 아이디어는 자연스러운 발상일 것입니다. 필자는 시간적인 순서가 역전되는 것을 알면서도 2016년 4월 데이터를 검증 데이터로 삼아 2016년 5월 데이터로 학습하고 앙상블에 추가했습니다. 얼핏 위험해 보이기도 하지만 데이터 정보 누출이 일어나지 않도록 주의하면 이런 작업도 가능합니다.

이 경진 대회의 가장 큰 포인트는 복수의 금융 상품을 각각 예측해야 하며 상품에 따라서는 연 단위의 주기성이 강하게 나타나기도 한다는 점입니다. 실제로 과거 구매 실적을 살펴보면 6월에 극단적으로 구매가 집중된 상품이 있으며, 예측 대상 월인 2016년 6월에도 그러한 정점이 존재한다는 것을 Public Leaderboard에서도 쉽게 추측할 수 있었습니다. 이러한 경우 학습 데이터나 검증 데이터에 가장 최근의 데이터를 사용하는 건 오히려 적절한 전략이 아닙니다.

예측 대상 월의 1년 전인 2015년 6월의 데이터를 학습 데이터에 이용하면 더 효과적인 모델을 구축할 수 있을 것 같지만, 그러면 적절한 검증 데이터가 없다는 게 문제가 됩니다. 조금 더 과거의 데이터가 있다면 2014년 6월 데이터로 모델을 구축하고 2015년 6월 데이터로 검증하고 싶지만, 데이터가 없는 이상 어쩔 수 없습니다.

그래서 필자는 고육지책으로 2015년 6월의 데이터를 학습 데이터로 삼고 2015년 7월의 데이터로 검증하기로 했습니다. 이 방법으로는 아무래도 테스트 데이터에 대한 모델 성능을 올바르게 추측할 수 없지만, 특징 선택이나 매개변수 튜닝의 지침으로는 삼을 수 있다고 판단했습니다. 물론 이것만으로는 위험이 존재하지만 Public Leaderboard의 점수도 참조함으로써 적절한 성능을 낼 수 있을지를 어느 정도 판단할 수 있었습니다.

이 분석대회에서는 학습과 검증의 설계가 제대로 이루어졌는지 여부가 최종 결과에 상당한 영향을 미쳤다고 생각합니다.

5.4 검증 포인트와 기술

이번 절에서는 적절한 검증을 수행하기 위한 개념이나 관점 및 기술을 설명합니다.

5.4.1 검증의 목적

경진 대회에서 검증을 수행하는 목적은 주로 다음과 같습니다.

- 모델의 성능을 향상시키는 기준이 될 점수를 보여줍니다.

- 테스트 데이터에 대한 점수와 그 편차를 추측합니다.

첫 번째 목적은 모델을 개선하는 기준으로 삼기에 참고할 만한 적합한 검증 점수를 보여주는 것입니다. 경진 대회에서는 특징의 취사선택과 하이퍼파라미터 조정을 통해 모델을 몇 개씩 구축해 나갑니다. 모델을 비교하고 점수가 좋아지는 방향으로 수정하면서 일반화 성능이 향상되기를 기대합니다. 따라서 만약 검증이 제대로 되지 않으면 모델을 잘못된 방향으로 수정하게 됩니다. 또한 올바르게 작성했더라도 행 데이터의 수가 적다는 등의 이유로 편차가 커지면 모델에 따라 성능이 달라지고 일반화 성능이 개선되지 않을 수 있습니다.

한편으로는 해당 경진 대회에서의 평가지표와 다른 지표를 사용할 수도 있습니다. 2.6.5절에서 자세하게 설명했듯이, 점수가 안정되지 않는 평가지표일 때는 더 안정적인 지표를 사용하는 게 좋습니다. 예를 들어 이진 분류 문제라면 경진 대회에서의 평가지표에 관계없이 로그 손실이나 AUC를 참고하는 방법이 있습니다.

두 번째 목적은 검증 점수를 이용하여 테스트 데이터에 대한 해당 경진 대회의 평가지표에서의 점수를 견적 내는 것입니다. 그렇게 견적을 낸 점수와 자신 또는 다른 참가자의 Public Leaderboard의 점수를 비교하고 해당 정보를 새로운 연구나 전략에 활용할 수 있습니다. 더 자세한 내용은 5.4.4절에서 설명합니다.

덧붙여 이러한 개념은 경진 대회뿐만 아니라 실무에서도 도움이 될 것입니다. 적절한 평가를 통해 성능이 더 높은 모델을 만들어나감과 동시에, 실전 예측에서도 비즈니스 관점에서 설정한 평가지표로 어느 정도의 점수가 나오는지, 점수의 편차는 어느 정도로 예상되는지를 파악해두는 게 중요합니다.

5.4.2 학습 데이터와 테스트 데이터의 분할을 모방

검증의 주된 방법은 설명했지만, 대회의 문제나 데이터의 성질에 따라서는 어떠한 검증을 해야 할지 망설여질 수 있습니다. 이러한 경우 효과적인 지침은 '학습 데이터와 테스트 데이터의 분할을 모방'하는 것입니다.

즉, 학습 데이터와 테스트 데이터를 분할한 것과 비슷한 방법으로 학습 데이터를 분할하여 검증 데이터를 만듭니다. 이러한 개념이 효과적인 이유는 다음과 같습니다. 우리는 예측하려는 테스트 데이터와 유사한 정보로 검증 데이터를 예측합니다. 이 경우에는 학습된 모델이 테스트 데이터에 대해 적절한 평가를 기대할 수 있습니다. 반면 테스트 데이터와 유사하지 않은 다른 정보를 사용한다면 학습 시에만 유리한 예측이 되고, 테스트 데이터에 대해서는 적절한 평가가 되지 않을 우려가 있습니다. 다음에 자세히 설명하겠습니다.

학습 데이터와 테스트 데이터의 분할을 모방한다는 개념은, 일반적인 데이터 분할이 이루어지는 경우와 다양한 방법으로 복잡하게 데이터 분할이 이루어져 검증이 어려운 경우에 모두 적용할 수 있습니다.

이 개념을 활용하면, 일반적인 데이터 분할일 경우에는 5.2절과 5.3절에서 설명한 주요 검증 방법에 들어맞을 때가 많습니다. 한편 데이터가 복잡하게 분할되었을 때는 완전히 모방할 수 없을 때도 있지만 가능한 한 그러한 분할 방법에 가까운 검증을 고려해볼 수 있습니다.

예를 들어 사용자의 계약 해지를 예측하는 문제를 가정합니다. 학습 데이터와 테스트 데이터가 어떻게 분할되는지에 따라 다음과 같이 서로 다른 문제가 되고 실시해야 할 검증 방식도 비껍니다(그림 5-7).

① 2018년 12월 말 시점의 사용자가 1개월 이내에 해지할지 여부를 예측합니다. 랜덤하게 추출된 절반의 사용자가 테스트 데이터로, 나머지 절반의 사용자가 학습 데이터로 목적 변수를 부여받습니다.

② 2018년 12월 말 시점의 사용자가 1개월 이내에 해지할지 여부를 예측합니다. 그 시점의 모든 사용자가 테스트 데이터가 됩니다. 과거 매월 말의 사용자 정보와 그 다음 달에 해지했는지에 관한 정보가 주어지며 이를 기반으로 학습 데이터를 만듭니다.

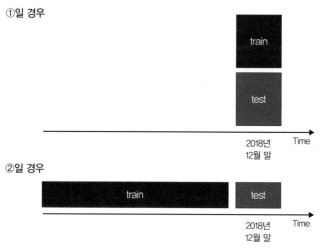

그림 5-7 학습 데이터와 테스트 데이터의 분할 및 검증 (1)

이와 관련해 '학습 데이터와 테스트 데이터의 분할을 모방'하여 검증 데이터를 만들면 [그림 5-8]과 같습니다.

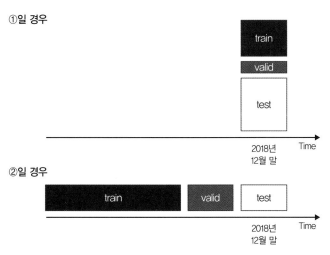

그림 5-8 학습 데이터와 테스트 데이터의 분할 및 검증 (2)

여기서 ①일 때는 검증 데이터를 만들 때도 학습 데이터를 랜덤으로 분할하면 되므로 일반적인 교차 검증을 수행합니다.

한편, 추출이 랜덤인지 여부는 고려해야 할 부분입니다. 예를 들어 학습 데이터와 테스트 데이터가 지역으로 분할된 경우에는 검증에서도 지역으로 그룹 k-겹 검증을 수행할지 검토해야 합니다. 각 지역별로 목적변수에 관련된 어떠한 성질이 있다고 가정합니다. 일부 지역의 데이터가 없는 테스트 데이터에서는 그 성질을 배울 수 없지만, 랜덤으로 학습 데이터를 분할한 경우에는 지역에 대한 검증 데이터의 성질을 배울 수 있어 공정하지 못한 평가가 되기 때문입니다.

한편 ②일 때는 월말 시점의 사용자 유무나 매월 해약 이력을 시계열로 나열한 뒤 특정 시점을 기준으로 학습 데이터와 테스트 데이터를 나눕니다. 이때도 마찬가지로 데이터를 분할하고 '시계열에 따른 방법'으로 시계열의 교차 검증을 실시하는 게 기본입니다. 예를 들면 10월 말까지의 사용자를 학습 데이터로 하고 11월 말의 사용자를 검증 데이터로 하거나, 9월 말까지를 학습 데이터로 하고 10월 말을 검증 데이터로 하는 것과 같은 형태입니다.

이때 랜덤하게 검증해버리면 같은 시기의 데이터가 학습 데이터와 검증 데이터에 섞이거나 또는 시간적인 순서가 역전되어 학습 데이터 쪽에 더 앞선 시점의 데이터가 들어가기도 합니다. 이러한 상황을 테스트 데이터에 적용시키면 12월 말의 사용자나 1월 말의 사용자 데이터도 학습 데이터에 포함된다는 전제로 예측하는 셈이 됩니다. 같은 시점과 미래 시점의 데이터가 예측에 유용한 정보를 가지면 공정하지 못한 평가가 됩니다.

추가로, 실무에서 예측 모델을 만들 때 데이터 정보 누출이 일어나지는 않는지도 고려하면 좋습니다. 이는 평가에 사용한 검증 데이터와 학습 데이터의 관계가, 예측 대상 데이터와 확보 가능한 학습 데이터의 관계인가 라는 시점에 기반을 둡니다. 이렇게 생각하면, 시점에 따라 데이터를 확보할 수 없는 상황이 발생하여 실제로 예측하고 싶은 시점에는 유효한 특징을 취득할 수 없거나, 값이 갱신되기 전이라는 등의 상황이 보이기도 합니다.

> **NOTE**
> '학습 데이터와 테스트 데이터의 분할 모방'은 널리 사용할 수 있는 매우 효과적인 개념으로, 망설여질 경우에는 이와 같은 개념을 사용하기를 권합니다.

5.4.3 학습 데이터와 테스트 데이터의 분포가 다른 경우

학습 데이터와 테스트 데이터의 분포가 서로 같을 때와 다를 때가 있습니다.

분포가 같다는 건 동일한 분포로부터의 샘플로 학습 데이터와 테스트 데이터가 주어진 것으로 생각할 수 있습니다. 동일한 분포의 샘플을 두 개로 랜덤하게 분할하고 하나를 학습 데이터, 다른 하나를 목적변수가 없는 테스트 데이터로 만든 것을 분포가 같다고 할 수 있습니다.

한편, 분포가 다르다는 것은 시간이나 지역 기준으로 학습 데이터와 테스트 데이터를 분할한 결과, 각각 어떠한 특징이 다른 분포로부터 샘플로 주어졌다고 여겨지는 것입니다. 전형적인 사례는 시계열 데이터에서 기준이 되는 변수가 시간에 따라 분할된 경우입니다. 시간이 따라 예측 대상인 상품이나 매장의 인기, 신규 사용자의 유입량, 성질과 같은 데이터가 여러 가지 요인으로 바뀔 것입니다. 따라서 데이터의 특징이나 목적변수를 생성하는 분포가 배후에 있다고 여겨질 때 그 어떠한 특징이 다를 것입니다.

분포가 같은 경우 머신러닝 문제로서는 비교적 다루기 쉽습니다. 그리고 적절한 검증이 되어 있다는 전제에서 학습 데이터를 가장 잘 예측할 수 있는 모델을 찾아내면 좋을 것입니다. 한편 분포가 다를 경우에는 학습 데이터와 같은 분포의 데이터를 예측하는 것만으로는 불충분하며, 테스트 데이터의 분포 데이터로 좋은 예측을 해야 합니다. 분포의 차이에 잘 적용할 수 있는 적합한 모델을 만드는 게 이상적입니다. 단, 주어진 데이터만으로는 꽤 어려운 작업이기에

Public Leaderboard의 점수 등을 참고하여 테스트 데이터에 맞춰 나가야 할 수도 있습니다.

분포가 다를 경우에는 다음과 같은 대응책을 고려할 수 있습니다(적대적 검증은 뒤에서 설명합니다).

- 학습 데이터와 테스트 데이터의 경향 차이를, 데이터 작성 과정과 탐색적 데이터 분석exploratory data analysis(EDA)을 바탕으로 살펴봅니다.

- 적대적 검증 결과와 Public Leaderboard 점수를 참고하여 Leaderboard 점수에 적절한 검증 방법을 찾습니다.

- 모델을 너무 복잡하게 하지 않거나, 유효한 이유를 설명할 수 있는 특징을 사용합니다.

- 다양한 모델의 평균을 구하는 앙상블로 예측을 안정화합니다(극단적인 예측값을 구하기 어렵게 만듭니다).

- 적대적 검증의 점수가 낮아지도록 특징을 변환합니다. 이를 통해 분포에 차이에 영향을 받지 않도록 합니다.[3]

적대적 검증

학습 데이터와 테스트 데이터를 결합하고 테스트 데이터인지 아닌지를 목적변수로 하는 이진 분류를 시행함으로써 학습 데이터와 테스트 데이터의 분포가 동일한지를 판단하는 기법이 있습니다. 같은 분포라면 그들을 구분할 수 없으므로 이진 분류에서의 AUC는 0.5에 가까워집니다. 한편 AUC가 1에 가까워질 때는 그들을 거의 확실히 알아볼 수 있는 정보가 있는 것입니다.

앞에서 언급한 이진 분류에서 AUC가 0.5를 충분히 웃도는, 즉 학습 데이터와 테스트 데이터가 서로 다른 분포일 경우를 가정해보겠습니다. '테스트 데이터다운' 학습 데이터를 검증 데이터로 함으로써 테스트 데이터를 잘 본뜬 데이터로의 평가를 기대할 수 있습니다. 이 방법을 적대적 검증adversarial validation이라고 부르며 다음과 같이 실행합니다.[4][5]

① 학습 데이터와 테스트 데이터를 결합하고, 테스트 데이터인지 아닌지를 목적변수로 하는 이진 분류를 수행하는 모델을 구축합니다.

---

3 https://www.kaggle.com/c/microsoft-malware-prediction/discussion/84069

4 http://fastml.com/adversarial-validation-part-one/

5 http://fastml.com/adversarial-validation-part-two/

② ①의 이진 분류 모델에 따라 각 행이 테스트 데이터일 확률의 예측값을 출력합니다.

③ 테스트 데이터일 확률이 높다고 예측된 학습 데이터를 일정 개수만큼 선택해 검증 데이터로 삼습니다.

④ ③에서 작성한 데이터로 본래의 문제를 검증합니다.

> **NOTE**
> 학습 데이터와 테스트 데이터의 분포가 크게 다를 경우 그 차이의 요인을 밝힐 수 있다면 적대적 검증보다 더 확실한 검증 방법을 구축할 수 있으므로 다른 참가자들보다 우위에 설 수 있습니다. 대회 초반 EDA에서 차이를 발견하지 못하더라도, 적대적 검증에서 판별이 잘 되는 특징을 확인하고 그 특징을 중심으로 다양한 가설을 세워 다시 EDA를 진행해보기를 권합니다.
>
> 또한 정보 누출 등의 문제로 학습 데이터와 테스트 데이터에서 서로 다른 성질을 갖는 특징을 만들면 적대적 검증에서 유용하게 작용해버리는 만큼, 학습 네이터와 테스트 네이터의 차이를 살필 목적이라면 주어신 데이터를 그대로 결합해서 입력하는 게 좋습니다. 반대로, 사용자가 평가한 검증과 실제 Leaderboard 점수가 서로 들어맞지 않을 때는 자신이 작성한 특징의 어디에 문제가 있는지를 찾아낸다는 의미에서 적대적 검증을 이용하는 방법도 고려할 수 있습니다.

5.4.4 Leaderboard의 정보 활용

캐글의 'trust your CV'라는 문구를 직역하면 '교차 검증을 신용하라'는 뜻입니다. 문구가 의미하듯이 Public Leaderboard의 점수에 현혹되지 않고, 검증에 의해 모델을 적절히 평가하고 일반화 성능이 좋은 모델을 찾아내는 게 중요합니다. 하지만 Public Leaderboard로 얻을 수 있는 정보는 잘 참고하면 도움이 될 수 있습니다.

검증과 Leaderboard 점수의 차이를 고찰

검증에 따른 점수와 Public Leaderboard의 점수가 잘 들어맞는다면 학습 데이터와 테스트 데이터의 성질이 서로 가깝고 검증도 잘 진행되었다고 추측할 수 있습니다. 이때는 안심하고 검증을 진행할 수 있습니다.

그렇지 않다면 원인을 찾습니다. 검증에 따른 점수와 Public Leaderboard에서의 점수에 서로 차이가 있다면 다음과 같은 가능성을 고려해볼 수 있습니다.

① 우연에 의한 점수의 편차

② 검증 데이터와 테스트 데이터의 분포가 다름

③ 검증 설계가 부적절하여 일반화 성능을 제대로 평가하지 못함

먼저 ①에 해당하는지를 확인하는 게 좋습니다. 퍼블릭 테스트 데이터와 같은 행 데이터 수의 홀드아웃 데이터를 서로 다른 분할로 여러 번 평가하여 어느 정도 점수에 편차가 있는지 파악합니다. 그러면 점수의 차이가 단순한 우연의 결과인지 아닌지를 어느 정도 판단할 수 있습니다. 우연에 의한 결과라고 판단되면 Public Leaderboard의 점수에 크게 신경쓰지 않아도 됩니다.

또한 점수의 편차로부터 상위권 점수와 본인의 점수 간 차이가 오차 범위 내인지, 아니면 실질적으로 차이가 나는지 확인할 수 있습니다. 만약 오차 범위 내라면 순위가 낮아도 신경 쓰지 않고 모델을 개선해나가면 됩니다.

데이터의 분포가 다른 ②일 경우에는 우선 데이터의 성질이나 분할 방법을 살펴봅니다. 예를 들어 시계열 데이터가 시간에 따라 분할된 경우에는 데이터 분포가 다를 가능성이 높습니다. 이때 예를 들어 매월 검증을 실시함으로써 월별 점수의 차이를 짐작할 수 있습니다.

또한 이러한 경우라면 다른 참가자들도 마찬가지 상황이므로 캐글에서는 Discussion 페이지에서 검증 점수와 Leaderboard 점수의 차이를 논의하는 글들을 볼 수 있습니다. 반대로 말하면, 이러한 토픽이 없다면 검증 설계가 부적절한 ③일 경우를 의심하고 더 정밀하게 자신의 솔루션을 검토하는 게 좋겠습니다.

①이나 ②에 모두 해당하지 않는다면 ③에 해당할 가능성이 높습니다. 이때는 당연히 적절한 검증을 실시할 수 있도록 다시 설계해야 합니다.

데이터 분할과 Leaderboard 점수 다루기

다음 [그림 5-9]는 캐글 그랜드 마스터인 Owen 씨의 슬라이드에서 인용했습니다(슬라이드의 12p 참고).[6] 여기에서 데이터 분할과 Leaderboard의 정보를 사용해야 하는지에 대한 가이드를 얻을 수 있습니다.

---

6 https://www.slideshare.net/OwenZhang2/tips-for-data-science-competitions

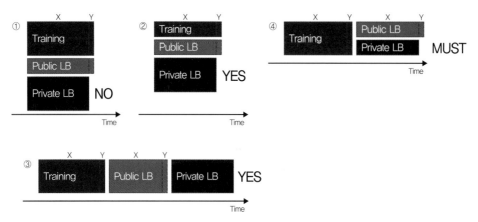

그림 5-9 데이터 분할과 Leaderboard의 점수 다루기

필자는 [그림 5-9]를 다음과 같이 해석했습니다.

- 그림 ①은 데이터가 랜덤 분할되어 있고 퍼블릭 테스트 데이터에 비해 학습 데이터가 충분히 많은 경우입니다. 이때는 Public Leaderboard(이하 Public LB)보다 검증 점수를 신뢰할 수 있으므로 Public LB의 점수는 크게 신경 쓰지 않아도 됩니다.

- 그림 ②는 데이터가 랜덤 분할되어 있고 퍼블릭 테스트 데이터에 비해 학습 데이터가 그다지 많지 않은 경우입니다. 이때는 검증뿐만 아니라 Public LB의 점수도 고려함으로써 퍼블릭 테스트 데이터도 평가에 추가하게 되므로 더 안정적으로 평가할 수 있습니다.

- 그림 ③은 데이터가 시계열 분할되어 있고 기간이 학습 데이터, 퍼블릭 테스트 데이터, 프라이빗 테스트 데이터의 순서로 나열된 경우입니다. 이때는 학습 데이터보다 퍼블릭 테스트 데이터 쪽이 프라이빗 테스트 데이터에 시간적으로 더 가깝기 때문에 Public LB의 점수가 좋으면 프라이빗 테스트 데이터의 예측도 좋을 가능성이 조금 높아집니다. 다만 단순히 퍼블릭 테스트 데이터에 과적합했을 뿐인 경우도 가끔 있습니다.

- 그림 ④는 데이터가 시계열 분할되어 있고 기간이 학습데이터와 테스트 데이터의 순서로 나열되었으며 퍼블릭과 프라이빗 테스트 데이터가 랜덤으로 분할된 경우입니다. 이때는 퍼블릭과 프라이빗 테스트 데이터의 분포가 거의 같을 것으로 추정됩니다. 퍼블릭 테스트 데이터를 잘 예측할 수 있다면 프라이빗 테스트 데이터 역시 마찬가지일 가능성이 높으므로 Public LB의 점수를 참고하기를 강력히 권합니다.

셰이크 업

경진 대회 종료 시 공개되는 Private Leaderboard의 순위와 Public Leaderboard의 순위가 서로 크게 뒤바뀌는 것을 셰이크 업shake up이라고 합니다.

셰이크 업은 퍼블릭 테스트 데이터의 행 데이터 수가 적은 등의 이유로 Public Leaderboard의 순위나 점수에 신뢰가 가지 않거나, 퍼블릭과 프라이빗의 테스트 데이터 분포가 서로 다를 때 자주 발생합니다. 또한 점수는 좋지만 단순히 퍼블릭 테스트 데이터에 과적합된 노트북에 낚여버리면 비참한 결과로 이어질 수 있습니다.

캐글의 Santander Customer Satisfaction 대회와 Mercedes-Benz Greener Manufacturing 대회에서는 Public Leaderboard와 Private Leaderboard 사이에 2,000위 이상의 순위 변동이 발생했습니다. Public Leaderboard를 지나치게 신용한 나머지 Private Leaderboard에서의 순위가 크게 떨어지는 일이 없도록 점수의 차이가 우연에 의한 것인지 아닌지를 판단하는 게 중요합니다.

5.4.5 검증 데이터와 Public Leaderboard에 과적합

지나친 시도에 따른 과적합

매개변수 튜닝으로 수많은 시도를 반복하는 등 검증 데이터의 점수를 참조하여 지나치게 취사 선택하면 검증 데이터에 과적합할 수 있습니다. 즉, 이것저것 많이 시도하다 보면 단순한 랜덤성으로 점수가 좋은 것이 나오기 마련인데 그것을 실력으로 오인해 평가하는 일이 발생합니다.

예측값을 지나치게 많이 제출했을 때도 마찬가지로, 랜덤성에 의해 퍼블릭 테스트 데이터에 우연히 들어맞는 예측값이 되어 Public Leaderboard의 점수가 실력 이상으로 높게 나와버릴 수 있습니다. 이러한 상황을 이 책에서는 '검증 데이터나 Public Leaderboard에 과적합'했다고 표현합니다.

이러한 상황에 적절히 대처하려면 매번 제출할 때 현재의 검증 점수와 Public Leaderboard의 점수를 플롯함으로써 감각적으로 불균형의 영향을 파악해야 합니다. 또한 지금부터 설명할 교차 검증의 분할을 바꾸는 방법도 유효합니다.

교차 검증의 분할을 변경

지나친 매개변수 튜닝에 따른 검증 데이터로의 과적합을 방지하기 위해 내개변수 튜닝에 이용하는 교차 검증의 분할과 모델의 좋고 나쁨을 평가하는 분할을 서로 바꾸는 방법이 있습니다. KFold 클래스 등에 부여하는 난수 시드를 변경하면 분할을 바꿀 수 있습니다.

이때 다음과 같은 방법을 따릅니다.

① 어느 분할에 의한 교차 검증에 따라 매개변수를 튜닝하여 최적의 매개변수를 선택합니다.

② ①과는 다른 분할을 이용한 교차 검증에 따라 ①에서 선택한 매개변수로 모델을 평가합니다.

분할이 다르다고는 해도 검증에 사용한 데이터 전체가 같다는 점은 조금 신경이 쓰입니다. 다만, Public Leaderboard 점수를 검증에 이용하지 않은 홀드아웃 데이터에 익한 평가로서 참조할 수 있는 만큼 대부분은 이 방법으로 충분합니다.

더 보수적인 방법으로는 홀드아웃 데이터를 분리해두고 나머지 학습 데이터로 교차 검증을 통해 매개변수를 튜닝하여 홀드아웃 데이터로 평가하는 방법도 있습니다. 다만 학습이나 검증에 사용하는 데이터가 줄어드는 단점 때문에 경진 대회에서는 많이 쓰이지 않는 방법입니다.

5.4.6 교차 검증 폴드별로 특징 재생성

경우에 따라서는 교차 검증 폴드마다 특징을 다시 만들어야 할 수 있습니다. 몇 가지 예를 들어 설명하겠습니다.

시계열 데이터가 아닌 경우

시계열 데이터가 아닌 일반적인 교차 검증일 때 폴드마다 특징을 다시 만드는 전형적인 사례가 타깃 인코딩입니다. 학습 데이터를 인코딩할 때 당연히 테스트 데이터의 목적변수는 사용할 수 없지만, 이 제약을 검증에서도 재현하려면 폴드마다 그때의 학습 데이터의 목적변수만으로 타깃 인코딩을 다시 해야 합니다(그림 5-10). 이처럼 목적변수를 연결하여 특징을 생성할 때는 폴드별로 특징을 다시 만들어야 할 수 있습니다.

테스트 데이터 예측에 사용할 수 있는 데이터

어떤 폴드의 검증 데이터 예측에 사용할 수 있는 데이터

그림 5-10 폴드마다 특징 재생성

시계열 데이터인 경우

시계열 데이터일 때는 3.10.5절에서 설명한, 시점과 연계된 특징을 생성하는 방법을 선택한다면 알기 쉽습니다. 하지만 시점과 연관된 값을 만들기 어렵거나 연산량이 부담될 때도 있습니다. 이때 폴드마다 특징을 다시 만들 수 있습니다.

여기에서는 특징 생성의 기초가 되는 데이터로부터 특징을 만들고 그 후에 학습한다고 가정합니다. 예를 들어 로그 데이터를 집계해서 특징을 만든다고 하겠습니다. [그림 5-11]의 왼쪽 그림에서는 다음과 같이 검증과 테스트 데이터의 예측에 사용할 데이터의 기간을 조율합니다.

- 테스트 데이터 예측에 사용하는 특징은 테스트 데이터 기간의 마지막 시점까지의 로그 데이터를 집계하여 생성합니다.

- 검증에 사용하는 특징은 검증 데이터 기간의 마지막 시점까지의 로그 데이터를 집계하여 생성합니다.

각각의 행 데이터를 예측하는 시점에서 알 수 있는 정보만을 사용하는 제약은 반드시 지킬 수 있다고 장담할 수 없지만, 테스트 데이터와 검증 데이터에서 사용하는 데이터의 기간을 맞춰서 평가의 일관성을 유지하려 합니다. 이처럼 검증의 폴드마다 사용하는 로그 데이터의 기간을 다르게 하여 특징을 생성하게 됩니다.

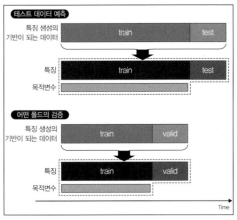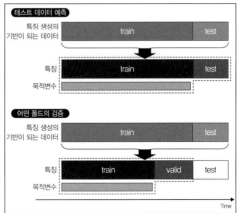

평가의 일관성이 유지되는 예   좋지 않은 예

그림 5-11 시계열 데이터로 폴드마다 특징 재생성

한편 [그림 5-11] 오른쪽의 좋지 않은 예에서는 검증에서 이용하는 특징을 테스트 데이터 기간의 마지막 시점까지의 로그 데이터를 집계하여 생성합니다. 이렇게 하면 폴드마다 특징을 다시 만들 필요는 없지만, 평가 대상 이전 시점의 로그 데이터를 사용하므로 테스트 데이터의 예측보다 유리한 상황에서 검증을 진행하게 됩니다.

5.4.7 사용할 수 있는 학습 데이터 추가

데이터에 따라서는 주어진 데이터에서 새로운 데이터를 생성하여 학습 데이터를 늘릴 수 있습니다. 이 기술을 데이터 증식(data augmentation)이라고 합니다. 검증의 틀의 측면에서는 조금 이야기가 어긋나지만, 데이터의 성질을 먼저 이해해야 어떻게 학습 데이터를 부여하고 모델을 학습할 것인지를 알 수 있다는 공통점이 있으므로 이 절에서 소개하겠습니다.

이미지 데이터를 다루는 문제에서는 주어진 이미지를 반전 및 회전시키거나 왜곡하여 다른 이미지를 생성하고 학습 데이터를 늘리는 일이 잦습니다. 정형 데이터일 때는 보통 그처럼 알기 쉬운 데이터 변환이 없으므로 이미지 데이터와 같은 데이터 생성은 어렵지만, 문제나 데이터에 따라 가능한 경우가 있습니다. 그 실제 사례를 다음과 같이 소개하겠습니다.

캐글의 Instacart Market Basket Analysis 대회

3장에서도 소개했듯이 캐글의 Instacart Market Basket Analysis 대회는 식료품 배달 온라인 서비스에서 지난 주문에 이어 주문될 상품을 예측하는 문제였습니다.

주문 데이터는 다음 [그림 5-12]와 같이 train(tr), test(te), prior(p)라는 키워드로 분류됩니다. 각 고객의 최신 주문이 tr과 te로 분할되었으며 그 이전의 주문은 모두 p로 할당되었습니다. 그러나 이 문제에서 최신 주문만을 학습 데이터로 할 필요는 없으며 p로 분류된 과거 주문도 학습 데이터로 사용할 수 있습니다.

window1	order_number										
	1	2	3	4	5	6	7	8	9	10	11
userA	p	p	p	p	p	tr					
userB	p	p	p	p	p	p	p	tr			
userC	p	p	p	p	p	p	p	te			
userD	p	p	p	p	p	p	p	p	p	p	tr

window2	order_number										
	1	2	3	4	5	6	7	8	9	10	11
userA	p	p	p	p	p	tr					
userB	p	p	p	p	p	p	p	p	tr		
userC	p	p	p	p	p	p	te				
userD	p	p	p	p	p	p	p	p	p	p	tr

window3	order_number										
	1	2	3	4	5	6	7	8	9	10	11
userA	p	p	p	p	p	tr					
userB	p	p	p	p	p	p	p	p	p	tr	
userC	p	p	p	p	p	p	te				
userD	p	p	p	p	p	p	p	p	p	p	tr

그림 5-12 캐글의 Instacart Market Basket Analysis 대회: 학습 데이터 추가

고객 데이터가 충분히 축적되지 않은 기간의 데이터나 지나치게 오래된 주문 데이터를 사용하면 테스트 데이터를 예측할 때의 상황과 달라져 모델 성능이 떨어질 가능성이 있습니다. 그 점을 고려해서 얼마나 먼 과거의 데이터까지를 학습 데이터에 도입할지 결정합니다.

이 대회의 2위 솔루션에서는 고객마다 이용할 수 있는 최신 주문 데이터(그림의 짙은 회색 부분) 3개를 학습 데이터에 추가하여 학습 데이터를 늘렸습니다.[7]

또한, 예를 들어 각 고객의 가장 최근 주문으로부터 역순으로 2번째 주문을 사용할 때는 그것이 최신 주문이라고 간주하고 그보다 미래의 주문 정보는 포함하지 않은 채 특징을 생성해야 합니다(미래 정보를 포함해도 데이터 정보 누설로 이어지지 않는다고 판단했을 때는 해당 정보를 포함해 특징을 생성할 수도 있습니다).

7 https://medium.com/kaggle-blog/instacart-market-basket-analysis-feda2700cded

캐글의 Recruit Restaurant Visitor Forecasting 대회

캐글의 Recruit Restaurant Visitor Forecasting 대회에서 20위 입상한 솔루션에서는 랜덤하게 데이터의 일부를 깎은 뒤 특징을 생성함으로써 새롭게 학습 데이터를 만들어 학습 데이터를 늘렸습니다. 지금부터 그 방법을 설명하겠습니다.[8]

이 경진 대회에서 각 음식점의 최초 데이터 날짜는 개점일이 아닌, 해당 음식점이 서비스에 등록한 날이라는 가설을 세울 수 있었습니다. 그 가설에 근거하면, 만약 그 매장의 서비스 등록일이 더 뒤쪽으로 어긋나 있었다고 해도 손님 수의 경향에 변화는 없다고 할 수 있습니다. 그리고 그러한 상황은 [그림 5-13]과 같이 각 음식점의 데이터 앞부분을 삭제함으로써 가상으로 만들어낼 수 있습니다.

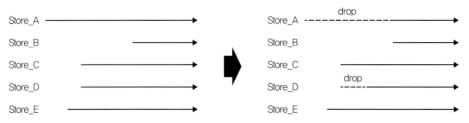

그림 5-13 캐글의 Recruit Restaurant Visitor Forecasting 대회: 데이터 일부를 삭제

이처럼 랜덤하게 데이터를 삭제한 뒤에 타깃 인코딩 등의 특징 생성을 수행하면, 데이터를 삭제하지 않은 경우에 비해 특징이 조금 다른 학습 데이터를 새로 생성할 수 있습니다. 이 솔루션에서는 이처럼 늘어난 학습 데이터를 원래의 데이터에 추가해 학습하는 대신 다른 모델의 학습용으로 사용했으며 그러한 모델에 의한 예측을 앙상블 했습니다.

한편 이 프로세스는 테스트 데이터에서도 이루어졌습니다. 이는 이미지 데이터에서 자주 쓰이는, 테스트 데이터에서도 변환하여 이미지를 늘리고 그 이미지에 대한 예측값의 평균을 예측하는 TTA$^{\text{test-time augmentation}}$와 유사한 방법이라 할 수 있습니다.

---

8 https://www.kaggle.com/c/recruit-restaurant-visitor-forecasting/discussion/49328

모델 튜닝

6.1 매개변수 튜닝

6장에서는 모델의 하이퍼파라미터 튜닝과 특징 선택을 통해 모델 성능을 높이는 기술을 소개하겠습니다. 또한 분류 문제에서 클래스의 분포가 편중되었을 때의 대처 방법도 설명합니다.

6.1.1 하이퍼파라미터 탐색 방법

모델의 하이퍼파라미터를 탐색하는 방법은 다음과 같습니다.

수동으로 매개변수 조정

매개변수를 잘 아는 상황에서 하이퍼파라미터를 수동으로 조정하면 착실하게 성능을 올릴 수 있습니다. 그리고 매개변수를 바꿨을 때의 점수 변화로 데이터를 더 깊게 이해할 수도 있습니다. 예를 들어 의미 없는 특징이 지나치게 많이 쓰인다고 판단되면 정규화 매개변수를 강화한다든가, 상호작용의 반영이 부족하다면 결정 트리의 분기 수를 늘리는 식의 방법을 생각할 수 있습니다.

계산 시간은 비교적 짧은 편이지만 작업자가 튜닝하는 시간이 꽤 걸리는 것이 단점입니다.

그리드 서치와 랜덤 서치

그리드 서치grid search는 각 매개변수의 후보를 정하고 이들 조합을 모두 계산하는 방법입니다. 탐색할 매개변수의 후보를 파악하기 쉽지만, 조합에 따른 탐색점search point 수가 방대해지므로 탐색할 매개변수나 그 후보의 수를 많이 지정할 수는 없습니다.

랜덤 서치random search는 각 매개변수의 후보를 정하고 매개변수별로 랜덤하게 선택한 조합을 만듭니다. 그리고 계산하는 과정에서 설정한 횟수만큼 반복하는 방법입니다. 매개변수의 후보로 분포를 지정할 수 있고, 어떤 매개변수에 대해 일정 범위의 균등분포에서 선택할 수 있습니다. 탐색할 매개변수나 그 후보의 수가 많을 때도 탐색할 수 있지만 모든 조합을 탐색하지는 않기에 이상적인 매개변수의 조합을 탐색하지 못할 수 있습니다.

이들을 구현하려면 사이킷런 model_selection 모듈의 GridSearchCV 클래스나 RandomizedSearchCV 클래스를 사용하는 방법도 있고 복잡한 처리가 아닌 만큼 스스로 관련 구조를 작성해도 됩니다.

그리드 서치와 랜덤 서치로 탐색하는 매개변수를 코드로 나타내면 다음과 같습니다.

(그리드 서치와 랜덤 서치로 탐색하는 매개변수)

```
# 매개변수 1, 매개변수 2의 후보
param1_list = [3, 5, 7, 9]
param2_list = [1, 2, 3, 4, 5]

# 그리드 서치로 탐색하는 매개변수의 조합
grid_search_params = []
for p1 in param1_list:
  for p2 in param2_list:
    grid_search_params.append((p1, p2))

# 랜덤 서치로 탐색하는 매개변수의 조합
random_search_params = []
trials = 15
for i in range(trials):
  p1 = np.random.choice(param1_list)
  p2 = np.random.choice(param2_list)
  random_search_params.append((p1, p2))
```

어느 논문[1]에 따르면 그리드 서치보다 랜덤 서치의 효율이 더 높다고 합니다. 문제마다 어떤 매개변수가 중요한지는 서로 다르며, 또한 각 문제에서 중요한 매개변수가 소수인 상황에서는 [그림 6-1]과 같이 동일한 탐색 횟수일 때 랜덤 서치 쪽이 중요한 매개변수에 대해 더 많은 후보를 탐색할 수 있기 때문입니다.

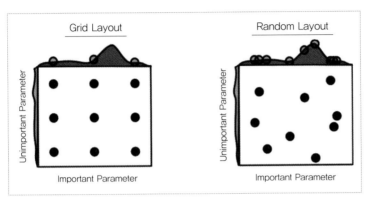

그림 6-1 그리드 서치와 랜덤 서치

베이즈 최적화

베이즈 최적화Bayesian optimization (BO)는 이전에 계산된 매개변수의 이력에 근거하여 다음에 탐색할 매개변수를 베이즈 확률로 선택하는 방법입니다. 랜덤 서치에서는 전혀 성능이 나오지 않았던 매개변수 주변도 탐색합니다. 하지만 베이즈 최적화에서는 탐색 이력을 사용함으로써 성능이 좋을 가능성이 높은 매개변수를 효율적으로 탐색하는 것을 시도합니다.

hyperopt라는 라이브러리를 비교적 많이 사용합니다. 한편 2018년 말에는 optuna라는 라이브러리가 공개되었으며 그 외에 gpyopt, spearmint, scikitoptimize와 같은 라이브러리도 있습니다.

---

1 Bergstra, James, and Yoshua Bengio. 「Random search for hyper-parameter optimization.」 Journal of Machine Learning Research 13.Feb (2012): 281–305.[Figure1]
https://jmlr.csail.mit.edu/papers/volume13/bergstra12a/bergstra12a.pdf

6.1.2 매개변수 튜닝으로 설정

매개변수 튜닝을 실시할 때는 다음 사항들을 설정해야 합니다.

　① 베이스라인이 될 매개변수

　② 탐색 대상이 될 매개변수와 그 범위

　③ 수동 조정할지 자동 탐색할지 여부

　④ 평가 시스템(교차 검증 등 폴드 분할 방법)

먼저, 처음에 베이스라인이 될 하이퍼파라미터를 설정합니다. 수동으로 조정할 때는 베이스라인이 없으면 시작되지 않으며, 자동 탐색할 때는 탐색 범위가 있으면 좋다고는 해도 베이스라인에서의 점수를 파악해두는 편이 좋습니다.

모델 초깃값으로는 속도와 단순함을 중요시하는데 경진 대회에서 사용하기에는 적합하지 않은 것도 있습니다. 예를 들어 xgboost 모델에서 학습률을 제어하는 변수 eta의 초깃값은 0.3으로 너무 큰 값입니다. 그러므로 과거 경진 대회의 솔루션에서 사용한 매개변수를 확인하거나 베이스라인으로서 널리 쓸 수 있는 매개변수를 준비해두면 편리합니다.

다음으로, 탐색 대상이 될 매개변수와 그 범위를 정합니다. 이를 위해 중요한 매개변수와 일반적인 매개변수의 범위를 이해해야 합니다.

그리고 수동으로 조정할 때는 데이터의 성질 및 학습 데이터와 검증 데이터의 점수 추이를 고려하여 중요한 매개변수부터 순서대로 크고 작은 방향 중 어느 쪽으로 매개변수를 움직이는 게 좋을지 생각합니다. 자동으로 조정할 때는 탐색할 매개변수와 그 범위를 설정하여 베이즈 최적화 등으로 탐색하는 프로그램을 가동합니다.

마지막으로 평가의 기본 시스템입니다. 수동으로 조정할 때는 일반적인 교차 검증 등으로 충분합니다. 자동으로 조정할 때는 매개변수 튜닝을 지나치게 많이 하다가 자칫 평가 대상 데이터에 과적합하여 좋지 않은 평가로 이어질 수 있습니다. 따라서 매개변수 튜닝을 할 때의 폴드 분할과 실제로 모델을 구축, 예측하여 사용할 때의 폴드 분할의 난수 시드는 바꾸는 편이 바람직합니다(5.4.5절을 참조하세요).

또한 계산 시간을 절약하기 위해 교차 검증의 모든 폴드가 아닌, 그중 하나의 폴드를 사용하여 모델 성능을 확인하는 방법이 있습니다. 반대로 계산별 편차가 클 때는 폴드 분할 방법을 바꿔서 여러 번 계산했을 때의 평균을 사용하는 방법도 있습니다.

6.1.3 매개변수 튜닝의 포인트

매개변수 튜닝의 포인트는 다음과 같습니다.

- 중요한 매개변수와 크게 중요하지 않은 매개변수가 있습니다. 모든 매개변수를 조정할 필요는 없으므로 중요한 매개변수부터 조정해 나가는 게 좋습니다.

- 매개변수의 값을 증가시켰을 때 모델의 복잡성을 증가시키는 매개변수와 반대로 모델을 단순하게 만드는 매개변수가 있습니다. 이것을 이해하면 학습이 잘 진행되지 않을 때 참고가 될 수 있습니다.

- 매개변수의 어느 범위를 탐색했을 때 그 상한 또는 하한 매개변수에 좋은 점수 결과가 집중되어 있다면 범위를 넓혀 탐색하는 게 좋습니다.

- 대부분의 모델에서 학습 시의 난수 시드를 지정할 수 있습니다. 난수 시드를 고정하면 결과가 재현되므로 작업하기 쉽습니다.[2]

- 모델의 난수 시드와 폴드 분할의 난수 시드를 바꿨을 때의 점수 변화를 살펴봄으로써 매개변수를 바꿨을 때의 점수 변화가 단순한 랜덤성에 의한 것인지 아니면 매개변수 변경으로 개선된 결과인지를 추측할 수 있습니다.

> **NOTE**
> 특히 모델이 GBDT일 때는 매개변수 튜닝보다 좋은 특징을 추가하는 편이 모델 성능 개선에 더 도움이 될 수 있습니다. 어느 정도의 매개변수 튜닝은 특징을 평가하기 쉬워지므로 유효하지만, 초반부터 지나치게 주력하지 않는 편이 좋습니다.

6.1.4 베이즈 최적화에서의 매개변수 탐색

hyperopt

베이즈 최적화 라이브러리 중에서도 경진 대회에서 자주 쓰이는 hyperopt 라이브러리를 설명하겠습니다. TPE[tree-structured parzen estimator]라는 알고리즘으로 계산합니다.

다음과 같이 설정함으로써 매개변수를 자동 탐색하고, 탐색한 매개변수와 그때의 평가지표에 따른 점수를 출력할 수 있습니다.

- **최소화하고 싶은 평가지표를 설정**

  모델의 성능을 가장 높이는 매개변수를 찾으려면, 매개변수를 인수로 삼고 모델을 그 매개변수로 계산했을 때의 평가지표 점수를 반환하는 함수를 작성하고 이를 설정합니다. 모델 성능과 같이 높을수록 좋은 평가지표는 양성과 음성을 반전시키는 식의 작업을 거쳐 더 낮은 쪽을 좋은 평가지표로 설정해야 합니다.

- **탐색할 매개변수의 범위 정의**

  탐색할 매개변수의 범위를 사전분포[prior distribution]로서 정의합니다. 사전분포는 복수의 후보 중에 선택하거나, 균등분포로 하거나, 로그의 값이 균등분포를 따르는 것으로 정의할 수

---

2 신경망에서 GPU를 이용할 때 재현이 어려울 수도 있습니다.

있습니다. 예를 들어 결정 트리의 깊이라면 균등한 분포가 좋을 것입니다. 한편, 정규화의 강도와 같은 매개변수로 0.1, 0.01, 0.001, … 과 같이 n배별 간격으로 탐색하고 싶을 때가 있습니다. 그럴 때는 로그가 균등분포를 따르는 편이 좋습니다. 또한 신경망에서 최적화 종류별로 튜닝이 필요한 매개변수가 서로 다른 경우처럼 매개변수 간에 계층 구조가 있을 때도 정의할 수 있습니다.

- **탐색횟수 지정**

  탐색하는 매개변수의 수나 범위에 따라 다르지만 25회 정도의 탐색에서 나름 타당한 매개변수가 발견되기 시작하며 100회 정도면 충분한 탐색이 이루어집니다.[3] 또한 한번 hyperopt 라이브러리를 돌리면 적절한 매개변수의 범위를 알 수 있으므로 거기서부터 다시 한번 매개변수의 분포를 좁히거나 넓혀가며 탐색하는 방법도 있습니다.

탐색할 매개변수 공간은 다음과 같이 지정합니다(취할 수 있는 매개변수 조합의 집합을 매개변수 공간parameter space이라 하며, 취할 수 있는 매개변수 중에서 좋은 조합을 찾는 것을 '매개변수 공간을 탐색한다'고 합니다).

(ch06/ch06-01-hopt.py 참조)[4]

```
# hp.choice에서는 복수의 선택사항에서 고르기
# hp.uniform에서는 하한·상한을 지정한 동일분포로부터 추출. 인수는 하한 상한
# hp.quniform에서는 하한·상한을 지정한 균등분포 중 일정 간격마다의 점으로부터 추출
# 인수는 하한·상한 간격
# hp.loguniform에서는 하한·상한을 지정한 로그를 취한 값이
# 균등분포를 따르는 분포로부터 추출. 인수는 하한·상한의 로그를 취한 값

from hyperopt import hp

space = {
  'activation': hp.choice('activation', ['prelu', 'relu']),
  'dropout': hp.uniform('dropout', 0, 0.2),
  'units': hp.quniform('units', 32, 256, 32),
  'learning_rate': hp.loguniform('learning_rate', np.log(0.00001), np.log(0.01)),
}
```

....

3 필요한 탐색 횟수는 6.1.5절의 매개변수를 참고해 주세요.

4 옮긴이_ hyperopt의 라이브러리가 설치되어 있지 않으면 라이브러리를 불러올 때 에러가 발생할 수 있습니다. pip 명령어로 hyperopt를 설치하거나 구글 코랩 및 캐글 노트북을 사용하세요.

Hyperopt 라이브러리를 사용한 매개변수 탐색은 다음과 같이 실시합니다.

① 튜닝하려는 매개변수를 인수로 취하여 최소화하려는 평가지표의 점수를 반환하는 함수를 작성합니다. 그 함수에서는 모델을 인수의 매개변수로 학습시켜 검증 데이터에 대해 예측하고 평가지표의 점수를 계산하는 처리를 합니다.

② Hyperopt 라이브러리의 fmin 함수에 ①에서 작성한 함수, 탐색할 매개변수 공간, 탐색 횟수 등을 지정하여 탐색합니다.

(ch06/ch06-01-hopt.py 참조)

```python
from hyperopt import fmin, tpe, hp, STATUS_OK, Trials
from sklearn.metrics import log_loss

def score(params):
    # 매개변수를 주었을 때 최소화하는 평가지표를 지정
    # 구체적으로는 모델에 매개변수를 지정하여 학습·예측하는 경우의 점수를 반환

    # max_depth의 형을 정수형으로 수정
    params['max_depth'] = int(prms['max_depth'])

    # Model 클래스를 정의하는 것으로 함
    # Model 클래스는 fit으로 학습하고 predict로 예측값의 확률을 출력
    model = Model(params)
    model.fit(tr_x, tr_y, va_x, va_y)
    va_pred = model.predict(va_x)
    score = log_loss(va_y, va_pred)
    print(f'params: {params}, logloss: {score:.4f}')

    # 정보를 기록
    history.append((params, score))
    return {'loss': score, 'status': STATUS_OK}

# 탐색할 매개변수 공간을 지정
space = {
    'min_child_weight': hp.quniform('min_child_weight', 1, 5, 1),
    'max_depth': hp.quniform('max_depth', 3, 9, 1),
    'gamma': hp.quniform('gamma', 0, 0.4, 0.1),
}

# hyperopt에 의한 매개변수 탐색 실행
max_evals = 10
```

```
trials = Trials()
history = []
fmin(score, space, algo=tpe.suggest, trials=trials, max_evals=max_evals)

# 기록한 정보에서 매개변수와 점수를 출력
# (trials에서도 정보를 가져올 수 있지만 매개변수 획득이 다소 어려움)
history = sorted(history, key=lambda tpl: tpl[1])
best = history[0]
print(f'best params:{best[0]}, score:{best[1]:.4f}')
```

6장 끝부분에서도 베이즈 최적화와 TPE를 설명하므로 해당 부분을 참고해주세요.

> **NOTE**
>
> 실제로 베이즈 최적화를 해보면 다음과 같은 문제로 선뜻 튜닝하지 못할 때가 있습니다.
>
> - **계산 시간이 오래 걸리는 시행**
>   신경망에서 학습률을 작게 설정하면 학습이 끝날 때까지 시간이 오래 걸려 진행되지 않을 수 있습니다. 학습률은 사전에 조정하는 에폭 수의 상한을 너무 크게 잡지 않도록 하거나 콜백^{callback}에 의해 일정 시간 내에 학습이 종료되지 않으면 중지시키는 방법을 고려할 수 있습니다.
>
> - **매개변수 간 의존성**
>   매개변수가 모델 성능에 미치는 영향은 각 매개변수가 독립적이지 않으므로 서로 어느 정도의 의존성은 가질 것입니다. 어떤 매개변수의 최적값이 다른 매개변수의 값에 강하게 의존할 때는 효율적으로 탐색하지 못할 수 있습니다. 이때는 의존 관계를 매개변수 공간에 명시적으로 정의하거나, 그게 어렵다면 시행 횟수를 늘리는 방법을 고려할 수 있습니다.
>
> - **평가의 랜덤성에 따른 편차**
>   평가의 편차가 크면 효과적으로 탐색할 수 없을 것입니다. 하나의 폴드가 아닌 교차 검증에 따른 평균값으로 평가하거나 시행 횟수를 늘리는 방법을 고려할 수 있습니다.

optuna

2018년 말에 공개된 프레임워크입니다. 최적화 알고리즘 자체는 hyperopt 라이브러리와 마찬가지로 TPE를 이용하지만 다음과 같이 개선되었습니다. API가 사용하기 편리해졌고 효율적으로 튜닝할 수 있습니다.[5][6]

---

5 https://optuna.readthedocs.io/en/latest/
6 https://research.preferred.jp/2018/12/optuna-release/

- **Define—by—Run 방식[7]의 API**

  하이퍼파라미터 공간을 별도로 정의하는 것이 아닌, 모델을 구축할 때 하이퍼파라미터가 취할 수 있는 범위를 정의하고, 계산할 때 하이퍼파라미터 공간이 정해지는 구조

- **학습 곡선을 이용한 시행의 가지치기**pruning

  계산 도중 학습 곡선을 보고 그 매개변수가 가망이 없다고 판단했을 때 계산을 중단하기에 효율적

- **병렬 분산 최적화**

  복수 워커worker에서 비동기로 분산하여 매개변수를 손쉽게 최적화

6.1.5 GBDT의 매개변수와 튜닝

GBDT의 대표적인 라이브러리인 xgboost의 매개변수와 그 튜닝을 설명합니다. lightgbm 역시 매개변수명 등은 다르지만 기본 개념은 거의 같습니다.

xgboost 모델에서 조정하는 주요 매개변수는 [표 6-1]과 같습니다.

표 6-1 xgboost의 주요 매개변수

매개변수	설명
eta	학습률. 결정 트리를 작성해 예측치를 업데이트할 때 잎의 가중치 그대로가 아닌, 그 비율을 곱해서 작게 만든 값을 예측치에 더합니다.
num_round	작성할 결정 트리의 개수
max_depth	결정 트리의 깊이. 깊게 만들어 특징의 상호작용이 잘 반영되게 합니다.
min_child_weight	잎의 분기에 필요한 최소한의 잎을 구성하는 데이터 수(정확히는 데이터 수가 아닌, 목적함수로의 이차 미분값이 사용됩니다). 이 값을 크게 설정하면 잎에 요소 수가 적을 때는 분기하지 않으므로 분기가 일어나기 어려워집니다.
gamma	결정 트리를 분기시키기 위해 최소한으로 줄여야 하는 목적함수의 값. 이 값을 크게 설정하면 목적함수가 조금밖에 줄어들지 않을 때는 분기하지 않으므로 분기가 일어나기 어려워집니다.
colsample_bytree	결정 트리별로 특징으로 사용할 열을 샘플링하는 비율입니다.

7　옮긴이_ Define—by—Run 방식을 다른 말로 '동적 계산 그래프 방식'이라고도 합니다. 사전에 계산 그래프를 정의해두지 않고 그래프의 연산 정의와 처리를 동시에 이루어지는 것으로 보면 됩니다. 파이토치, 텐서플로 2.0, 체이너와 같은 현대적 프레임워크가 동적 계산 그래프 방식을 채택하고 있습니다.

매개변수	설명
subsample	결정 트리별로 학습 데이터의 행을 샘플링하는 비율입니다.
alpha	결정 트리의 잎의 가중치에 대한 L1 정규화 강도입니다(가중치 크기에 비례하여 벌칙이 주어집니다).
lambda	결정 트리의 잎의 가중치에 대한 L2 정규화 강도입니다(가중치의 제곱에 비례하여 벌칙이 주어집니다).

학습률이나 결정 트리의 개수처럼 학습의 흐름을 제어하는 부분을 먼저 설정해야 합니다. 이때 다음과 같은 내용을 고려합니다.

- 학습률을 제어하는 변수인 **eta**를 작게 설정한다고 해서 모델 성능이 떨어지는 일은 거의 없지만, 계산이 완료될 때까지 시간이 꽤 걸립니다. 따라서 처음에는 0.1 정도의 약간 큰 값으로 두었다가 대회가 진행되면서 세세한 모델 성능을 겨루게 되면 0.01~0.05 정도로 작게 줄입니다.

- num_round는 1,000이나 10,000 등 충분한 값으로 두었다가 조기 종료에서 자동 결정하는 게 좋습니다(조기 종료에서는 검증 데이터의 목적변수 정보를 약간 참고하므로 그것을 피하고 싶다면 num_round를 조정 대상의 매개변수로 하는 방법도 있습니다).

- 조기 종료를 관찰하는 라운드 수(early_stopping_rounds)는 50 정도가 좋습니다. 불필요하게 계산 시간이 오래 걸릴 때는 작게 하고 편차가 클 때는 크게 하는 게 좋습니다. 또한 예측할 때 최적의 결정 트리 개수를 사용하도록 지정하지 않으면 학습을 지나치게 진행한 모델을 사용하게 되므로 주의합니다.

모델의 복잡함이나 랜덤성을 제어하는 매개변수의 다음과 같은 성질을 고려하면서 중요해 보이는 매개변수로부터 튜닝합니다.

- max_depth, min_child_weight, gamma
  분기의 깊이나 분기할지 여부를 제어함으로써 모델의 복잡도를 조정할 수 있습니다.

- alpha, lambda
  결정 트리의 잎 가중치 정규화로 모델의 복잡도를 조정할 수 있습니다.

- subsample, colsample_bytree
  랜덤성을 추가하여 과적합을 억제할 수 있습니다.

INFORMATION

xgboost와 lightgbm의 매개변수 튜닝은 다음 자료들을 참고해주세요.

- XGBoost Parameters[8], Notes on Parameter Tuning[9]
  xgboost 공식 문서의 매개변수 및 매개변수 튜닝을 다루는 설명입니다.

- Parameters[10], Parameters Tuning[11]
  lightgbm 공식 문서의 매개변수 및 매개변수 튜닝을 다루는 설명입니다.

- Complete Guide to Parameter Tuning in X GBoost with codes in Python[12]
  매개변수가 취할 수 있는 범위나 튜닝하는 순서를 상세하게 소개한 매개변수 튜닝 가이드입니다.

- PARAMETERS[13]
  이 웹사이트에는 매개변수와 그 영향에 대한 설명이 상세히 정리되어 있습니다. xgboost와
  lightgbm을 모두 지원합니다.

- CatBoost vs. Light GBM vs. XGBoost[14]
  xgboost와 lightgbm과 catboost 라이브러리를 비교하고 각각의 매개변수 대응을 설명합니다.

xgboost 및 lightgbm의 매개변수를 깊이 알고 싶다면 이 목록에서 네 번째로 소개한 웹사이트
'PARAMETERS'를 추천합니다. 다만 매개변수명이 아닌 일반적인 표현 기준으로 인덱싱하여 참조하기 어려
우므로, 조사하고 싶은 매개변수는 검색 박스를 활용해서 찾습니다. 또한 xgboost와 lightgbm의 매개변수
대응에 관해서도 확인할 수 있습니다.

---

8 https://xgboost.readthedocs.io/en/latest/parameter.html

9 https://xgboost.readthedocs.io/en/latest/tutorials/param_tuning.html

10 https://lightgbm.readthedocs.io/en/latest/Parameters.html

11 https://lightgbm.readthedocs.io/en/latest/Parameters-Tuning.html

12 https://www.analyticsvidhya.com/blog/2016/03/complete-guide-parameter-tuning-xgboost-with-codes-python/

13 https://sites.google.com/view/lauraepp/parameters

14 https://towardsdatascience.com/catboost-vs-light-gbm-vs-xgboost-5f93620723db

COLUMN

xgboost의 구체적인 매개변수 튜닝 방법

매개변수를 튜닝하는 몇 가지 구체적인 방법을 소개합니다.

1) hyperopt 라이브러리를 통한 베이즈 최적화

필자는 다음과 같이 실시합니다.

- 본격적으로 튜닝할 때는 hyperopt에 맡깁니다. hyperopt의 결과를 보면서 재탐색하는 범위를 바꾸어 튜닝하기도 합니다.
- 결정 트리의 수는 충분하게 설정하고 조기 종료로 제어합니다.
- 학습률을 나타내는 eta는 튜닝에서는 0.1을 사용하고 제출할 모델을 만들 때는 작게 합니다.
- 튜닝에는 시간을 단축하기 위해 교차 검증의 1 폴드만을 사용하고 실제 모델을 생성 및 예측할 때는 다른 난수 시드로 분할한 폴드로 진행합니다.

기반이 되는 매개변수 및 탐색 범위는 [표 6-2]와 같습니다.

표 6-2 hyperopt 라이브러리의 매개변수와 탐색 범위

매개변수	베이스라인 값	탐색 범위와 사전분포
eta	0.1	매개변수 탐색에서는 고정합니다.
num_round	–	충분히 크게 하여 조기 종료에서 최적의 결정 트리 개수를 설정합니다.
max_depth	5	3～9, 균등분포를 따릅니다(1씩 조정).
min_child_weight	1.0	0.1～10.0, 로그 변환이 균등분포를 따릅니다.
gamma	0.0	$1e-8$～1.0, 로그 변환이 균등분포를 따릅니다.
colsample_bytree	0.8	0.6～0.95, 로그 변환이 균등분포를 따릅니다(0.05씩 조정).
subsample	0.8	0.6～0.95, 균등분포를 따릅니다(0.05씩 조정).
alpha	0.0	디폴트값으로 해두고 여유가 있으면 조정합니다.
lambda	1.0	디폴트값으로 해두고 여유가 있으면 조정합니다.

한편 **hyperopt**의 예제 코드는 다음과 같습니다(캐글 Home Depot Product Search Relevance 대회의 3위 솔루션 코드를 참고하여 탐색 범위를 다소 좁혀 작성했습니다).[15]

----

15 *https://github.com/ChenglongChen/kaggle-HomeDepot*

(ch06/ch06-02-hopt_xgb.py 참조)

```python
# 베이스라인 매개변수
params = {
    'booster': 'gbtree',
    'objective': 'binary:logistic',
    'eta': 0.1,
    'gamma': 0.0,
    'alpha': 0.0,
    'lambda': 1.0,
    'min_child_weight': 1,
    'max_depth': 5,
    'subsample': 0.8,
    'colsample_bytree': 0.8,
    'random_state': 71,
}

# 매개변수의 탐색 범위
param_space = {
    'min_child_weight': hp.loguniform('min_child_weight', np.log(0.1), np.log(10)),
    'max_depth': hp.quniform('max_depth', 3, 9, 1),
    'subsample': hp.quniform('subsample', 0.6, 0.95, 0.05),
    'colsample_bytree': hp.quniform('subsample', 0.6, 0.95, 0.05),
    'gamma': hp.loguniform('gamma', np.log(1e-8), np.log(1.0)),

    # 여유가 있으면 alpha, lambda도 조정
    # 'alpha' : hp.loguniform('alpha', np.log(1e-8), np.log(1.0)),
    # 'lambda' : hp.loguniform('lambda', np.log(1e-6), np.log(10.0)),
}
```

2) 수동으로 튜닝

필자는 다음과 같이 실시합니다.

① 다음 매개변수를 초깃값으로 설정
  - eta: 0.1 또는 0.05(데이터의 양에 의존)
  - max_depth: 처음에 튜닝하므로 정하지 않습니다.
  - colsample_bytree: 1.0
  - colsample_bylevel: 0.3
  - subsample: 0.9
  - gamma: 0

- lambda: 1
- alpha: 0
- min_child_weight: 1

② depth 최적화
- 5 ~ 8 정도를 시험합니다. 더 얕거나 깊은 쪽이 개선될 것 같으면 범위를 넓힙니다.

③ colsample_level 최적화
- 0.5 ~ 0.1을 0.1 간격으로 조정해 확인합니다.

④ min_child_weight 최적화
- 1, 2, 4, 8, 16, 32, …와 같이 2배마다 확인합니다.

⑤ lambda, alpha 최적화
- lambda와 alpha의 다양한 값을 확인해봅니다(초기에는 하지 않을 때도 있습니다).

①의 초깃값 설정에서는 colsample_bytree 대신 colsample_bylevel을 사용하는 걸 선호합니다. 이렇게 하면 특징의 샘플링을 결정 트리 단위가 아닌, 분기의 깊이별로 실시하게 됩니다.

덧붙여 early_stopping_rounds는 대체로 10/eta로 eta가 0.1일 때는 100, eta가 0.02일 때는 500과 같이 설정합니다. eta를 작게 설정하면 학습 곡선이 지연되는 느낌이므로, 과적합이 시작되었는지 판정하기 위해 관찰하는 라운드 수를 많이 설정합니다.

3) 해외 기사에 소개된 방법: 수동 튜닝

해외 유명 커뮤니티의 웹페이지[16]에 소개된 방법은 다음과 같습니다. 세세한 개념이나 주의점 등은 전체 기사 내용을 참조해주세요.

① 다음 매개변수를 초깃값으로 설정
- eta: 0.1
- max_depth: 5
- min_child_weight: 1
- colsample_bytree: 0.8
- subsample: 0.8
- gamma: 0
- alpha: 0
- lambda: 1

---

16 *https://www.analyticsvidhya.com/blog/2016/03/complete-guide-parameter-tuning-xgboost-with-codes-python/*

② max_depth, min_child_weight 최적화

  - max_depth는 3 ~ 9를 2 간격으로, min_child_weight는 1 ~ 5를 1 간격으로 조정합니다.

③ gamma 최소화

  - 0.0 ~ 0.4까지 확인합니다.

④ subsample와 colsample_bytree 최적화

  - 각각 0.6 ~ 1.0까지 0.1 간격으로 조정하며 확인합니다.

⑤ alpha 최적화

  - 1e-5, 1e-2, 0.1, 1, 100을 확인합니다.

⑥ eta(학습률)를 감소시킵니다.

6.1.6 신경망의 매개변수와 튜닝

다층 퍼셉트론의 조정 대상은 신경망의 구성이나 최적화 등입니다. 조정하려면 다음과 같은 요소를 매개변수로 바꿀 수 있도록 준비해야 합니다.

- **네트워크 구성**

  입력 계층과 출력 계층은 입력 데이터의 차원 수나 문제에 따라 결정되므로 조정의 여지가 거의 없습니다. 다음은 주요 매개변수입니다.

  - 은닉 계층의 활성화 함수: 기본 함수는 ReLU이지만 PReLU도 자주 쓰입니다. 또 LeakyReLU라는 선택지도 있습니다.
  - 은닉 계층의 층수
  - 각 층의 유닛 수, 드롭아웃 비율
  - 배치 정규화 계층의 적용 여부

- **옵티마이저 선택**

  옵티마이저optimizer는 신경망의 가중치를 어떻게 학습할지에 관한 최적화 알고리즘입니다. 간단한 확률적 경사하강법 알고리즘인 SGDstochastic gradient descent와, 학습률을 적절하게 바꾸는 Adamadaptive moment estimation 등을 시험하면 좋습니다. 어느 옵티마이저든 학습률은 중요한 매개변수가 될 수 있습니다.

- **기타**
  - 배치 크기 (미니배치의 데이터 개수)
  - 가중치 감소$^{weight\ decay}$ 등의 정규화 기법을 도입하거나 옵티마이저의 학습률 이외의 매개변수를 조정해도 좋습니다.

학습률을 먼저 조정하고 어느 정도 학습이 잘 진행된 후에 다른 매개변수를 조정하는 게 좋습니다. 학습률이 지나치게 높으면 목적함수(손실함수라고도 합니다)가 발산^{divergence}되고, 지나치게 낮으면 학습 진행에 많은 시간이 걸려 아무리 기다려도 학습이 진행되지 않습니다.

다음 [그림 6-2]는 학습률의 수준별 학습 진행과 점수 동향의 관계를 나타낸 것입니다.

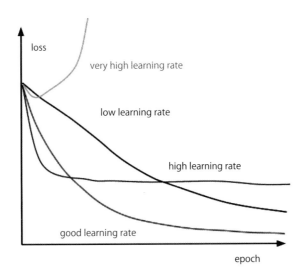

그림 6-2 신경망의 학습률 수준별 학습 진행과 점수의 동향[17]

신경망의 매개변수 설정 및 튜닝은 4.4.6절에서 소개한 캐글의 과거 솔루션을 참고하세요.

---

17 다음 웹페이지의 'Loss function' 관련 이미지입니다.
  http://cs231n.github.io/neural-networks-3/

다층 퍼셉트론의 구체적인 매개변수 튜닝 방법

어디까지나 참고로, 다층 퍼셉트론의 기본이 되는 매개변수와 탐색할 매개변수 공간, 네트워크 계층의 구성을 제시해보겠습니다. xgboost와 마찬가지로 캐글의 Home Depot Product Search Relevance 대회에서 3위 입상한 솔루션의 코드를 참고해 탐색 범위를 약간 좁혔습니다. 이 예제에서는 학습률도 포함하여 한 번에 매개변수를 탐색합니다.

다층 퍼셉트론의 계층 구성이나 튜닝은 참고 자료가 적습니다. 더 좋은 매개변수나 계층 구성이 이외에도 있겠지만, 일단 여기서는 기본으로 다음과 같이 튜닝 예를 소개합니다.

표 6-3 다층 퍼셉트론의 매개변수 튜닝 예

매개변수	베이스라인 값	탐색 범위와 사전분포
입력 계층의 드롭아웃	0.0	0.00 ~ 0.2, 균등분포를 따릅니다(0.05씩 조정).
은닉 계층의 층 수	3	2 ~ 4, 균등분포를 따릅니다(1씩 조정).
은닉 계층의 유닛 수	96	32 ~ 256, 균등분포를 따릅니다(32씩 조정).
활성화 함수	ReLU	ReLU 혹은 PReLU
은닉 계층의 드롭아웃	0.2	0.00 ~ 0.3, 균등분포를 따릅니다(0.05씩 조정)
배치 정규화 계층	활성화 함수 앞에 설정	활성화 함수 전에 설정 또는 설정하지 않습니다.
옵티마이저	Adam	Adam 또는 SGD. Adam과 SGD 모두 학습률은 0.00001 ~ 0.01, 로그 변환이 균등분포를 따릅니다.
배치 크기	64	32 ~ 128, 균등분포를 따릅니다(32씩 조정).
에폭 수	-	계산 시간을 고려한 후 충분히 크게 하여 조기 종료에서 최적의 값을 설정합니다.

매개변수의 범위와 모델을 다음 예제 코드와 같이 정의합니다.

(ch06/ch06-03-hopt_nn.py 참조)

```
# ---------------------------------
# 신경망 매개변수의 튜닝 예
# ---------------------------------
from hyperopt import hp
from keras.callbacks import EarlyStopping
from keras.layers.advanced_activations import ReLU, PReLU
```

```python
from keras.layers.core import Dense, Dropout
from keras.layers.normalization import BatchNormalization
from keras.models import Sequential
from keras.optimizers import SGD, Adam
from sklearn.preprocessing import StandardScaler

# 기본이 되는 매개변수
base_param = {
    'input_dropout': 0.0,
    'hidden_layers': 3,
    'hidden_units': 96,
    'hidden_activation': 'relu',
    'hidden_dropout': 0.2,
    'batch_norm': 'before_act',
    'optimizer': {'type': 'adam', 'lr': 0.001},
    'batch_size': 64,
}

# 탐색할 매개변수 공간을 지정
param_space = {
    'input_dropout': hp.quniform('input_dropout', 0, 0.2, 0.05),
    'hidden_layers': hp.quniform('hidden_layers', 2, 4, 1),
    'hidden_units': hp.quniform('hidden_units', 32, 256, 32),
    'hidden_activation': hp.choice('hidden_activation', ['prelu', 'relu']),
    'hidden_dropout': hp.quniform('hidden_dropout', 0, 0.3, 0.05),
    'batch_norm': hp.choice('batch_norm', ['before_act', 'no']),
    'optimizer': hp.choice('optimizer',
                [{'type': 'adam',
                  'lr': hp.loguniform('adam_lr', np.log(0.00001), np.log(0.01))},
                 {'type': 'sgd',
                  'lr': hp.loguniform('sgd_lr', np.log(0.00001), p.log(0.01))}]),
    'batch_size': hp.quniform('batch_size', 32, 128, 32),
}

class MLP:

    def __init__(self, params):
        self.params = params
        self.scaler = None
        self.model = None

    def fit(self, tr_x, tr_y, va_x, va_y):
```

```python
# 매개변수
input_dropout = self.params['input_dropout']
hidden_layers = int(self.params['hidden_layers'])
hidden_units = int(self.params['hidden_units'])
hidden_activation = self.params['hidden_activation']
hidden_dropout = self.params['hidden_dropout']
batch_norm = self.params['batch_norm']
optimizer_type = self.params['optimizer']['type']
optimizer_lr = self.params['optimizer']['lr']
batch_size = int(self.params['batch_size'])

# 표준화
self.scaler = StandardScaler()
tr_x = self.scaler.fit_transform(tr_x)
va_x = self.scaler.transform(va_x)

self.model = Sequential()

# 입력 계층
self.model.add(Dropout(input_dropout, input_shape=(tr_x.shape[1],)))

# 은닉 계층
for i in range(hidden_layers):
  self.model.add(Dense(hidden_units))
  if batch_norm == 'before_act':
    self.model.add(BatchNormalization())
    if hidden_activation == 'prelu':
      self.model.add(PReLU())
    elif hidden_activation == 'relu':
      self.model.add(ReLU())
    else:
      raise NotImplementedError
    self.model.add(Dropout(hidden_dropout))

# 출력 계층
self.model.add(Dense(1, activation='sigmoid'))

# 최적화(옵티마이저)
if optimizer_type == 'sgd':
  optimizer = SGD(lr=optimizer_lr, decay=1e-6, momentum=0.9, nesterov=True)
elif optimizer_type == 'adam':
  optimizer = Adam(lr=optimizer_lr, beta_1=0.9, beta_2=0.999, decay=0.)
```

```
    else:
      raise NotImplementedError

    # 목적함수, 평가지표 등의 설정
    self.model.compile(loss='binary_crossentropy',
      optimizer=optimizer, metrics=['accuracy'])

    # 에폭 수, 조기 종료
    # 에폭을 너무 크게 하면 작은 학습률일 때 끝나지 않을 수 있으므로 주의
    nb_epoch = 200
    patience = 20
    early_stopping = EarlyStopping(patience=patience, restore_best_weights=True)

    # 학습의 실행
    history = self.model.fit(tr_x, tr_y,
      epochs=nb_epoch,
      batch_size=batch_size, verbose=1,
      validation_data=(va_x, va_y),
      callbacks=[early_stopping])

  def predict(self, x):
    # 예측
    x = self.scaler.transform(x)
    y_pred = self.model.predict(x)
    y_pred = y_pred.flatten()
    return y_pred
```

Hyperopt 라이브러리를 이용한 매개변수 탐색은 다음 예제 코드와 같이 실행합니다.

(ch06/ch06-03-hopt_nn.py 참조)

```
from hyperopt import fmin, tpe, STATUS_OK, Trials
from sklearn.metrics import log_loss

def score(params):
  # 매개변수 셋을 지정했을 때 최소화해야 할 함수를 지정
  # 모델의 매개변수 탐색에서는
  # 모델에 매개변수를 지정하여 학습·예측한 경우의 점수로 함
  model = MLP(params)
  model.fit(tr_x, tr_y, va_x, va_y)
  va_pred = model.predict(va_x)
```

```
        score = log_loss(va_y, va_pred)
        print(f'params: {params}, logloss: {score:.4f}')

        # 정보를 기록
        history.append((params, score))

        return {'loss': score, 'status': STATUS_OK}

# hyperopt에 의한 매개변수 탐색의 실행
max_evals = 10
trials = Trials()
history = []
fmin(score, param_space, algo=tpe.suggest, trials=trials, max_evals=max_
evals)

# 기록한 정보에서 매개변수와 점수를 출력
# trials에서도 정보를 취득할 수 있지만 매개변수를 취득하기 어려움
history = sorted(history, key=lambda tpl: tpl[1])
best = history[0]
print(f'best params:{best[0]}, score:{best[1]:.4f}')
```

6.1.7 선형 모델의 매개변수와 튜닝

선형 모델은 정규화 매개변수가 튜닝 대상입니다. 튜닝 대상의 매개변수가 적고 계산도 비교적 빠르므로 10배씩 조정한 간격(0.1, 0.01, 0.001, …)으로 취할 수 있는 범위를 조사할 수 있습니다.

사이킷런 `linear_model` 모듈의 각 모델에서는 다음과 같이 매개변수를 설정합니다.

- 라소 회귀, 리지 회귀: `alpha`가 정규화의 세기를 나타내는 매개변수입니다. 라소 회귀에 서는 L1 정규화(계수의 크기에 비례해 벌칙 부여), 리지 회귀에서는 L2 정규화(계수 크 기의 제곱에 비례해 벌칙 부여)가 이루어집니다.

- 엘라스틱넷elastic net 회귀: `alpha`가 정규화의 세기를 나타내는 매개변수입니다. `l1_ratio` 가 L1 정규화와 L2 정규화의 비율을 나타내는 매개변수입니다.

- 로지스틱 회귀: `C`가 정규화 세기의 역수reciprocal를 나타내는 매개변수입니다(디폴트로는 L2 정규화). 라소 회귀 등과 달리 값이 작으면 정규화가 강해지는 점에 주의합니다.

6.2 특징 선택과 중요도

주어진 데이터의 특징과 생성한 특징에는 모델의 성능에 기여하지 않는 것도 많습니다. 그러한 노이즈가 되는 특징이 많으면 성능은 떨어집니다. 또한 특징이 너무 많으면 메모리 부족으로 학습하지 못하거나 계산 시간이 지나치게 소요되기도 합니다. 이때 특징 선택feature selection을 활용하면 유효 특징은 최대한 남겨둔 채 특징의 수를 줄일 수 있습니다.

특징 선택을 수행하는 방법을 다음에 같이 나눠서 소개하겠습니다.

- **단변량 통계**univariate statistics**를 이용하는 방법**

  상관계수 및 카이제곱chi-square과 같은 통계량으로 구하는 방법입니다.

- **특징의 중요도를 이용하는 방법**

  주로 GBDT나 랜덤 포레스트 등의 결정 트리 모델에서, 모델로부터 생성된 특징의 중요도를 이용하는 방법입니다. 단순히 중요도가 높은 것을 선택하는 방법 외에도 몇 가지 연구를 더한 방법들이 있습니다.

- **반복 탐색하는 방법**

  특징의 조합을 바꾸어 모델을 학습시키는 과정을 반복하면서 모델 성능 등을 이용해 탐색하는 방법입니다.

또한 이론적인 방법 외에 주관이나 직감에 따라 시행착오를 거치며 일부 특징만 선택하는 것도 효과적인 접근 방식입니다. 예를 들어 데이터나 문제의 특성상 특정 종류의 특징은 효과가 없으리라 판단하고 제외하거나, 상호작용으로 생성한 특징에 일부 패턴만 추가하는 식으로 시행착오를 거치는 방법이 있습니다.

> **NOTE**
> 경진 대회에서는 특징 선택이 생각보다 많이 활용되지는 않는 듯합니다. 각 특징이 어느 정도 예측에 도움이 되는 정보를 포함한다는 점, GBDT에서는 의미 없는 특징이 있어도 성능이 떨어지기 어렵다는 점, 앙상블로 과적합이 억제된다는 점 등이 그 이유입니다. 즉, 주어진 데이터에 포함되는 특징은 모두 채택하되 생각해서 만들어낸 특징은 점수를 보면서 취사선택하는 방법을 추천합니다. 한편, 특징 연구와 기계적인 생성을 조합하여 특징을 대량 생성하는 방법이 있습니다. 이때 모든 특징을 넣으면 계산할 수 없으므로 특징 선택 과정이 필요합니다.

특징을 선택할 때는 6.2.2절에서 설명할 '특징의 중요도'를 이용하는 방법'이 비교적 자주 쓰입니다. 중요도를 그대로 활용해도 유효하지만, 중요도의 교차 검증 폴드 간 변동계수coefficient of variation가 작은 순서대로 선택하는 등 랜덤한 값으로 이루어진 특징과 비교해 중요한지 여부를 판별하는 방법도 이용하길 권합니다.

6.2.1 단변량 통계를 이용하는 방법

각 특징과 목적변수로부터 어떤 통계량을 계산하고 그 통계량의 순서대로 특징을 선택합니다. 단변량 통계는 어디까지나 특징과 목적변수의 일대일 관계를 보는 만큼 특징의 상호작용을 고려하지 않고 비교적 단순한 관계성을 추출합니다.

상관계수

각 특징과 목적변수와의 상관계수를 계산하여 상관계수의 절댓값이 큰 쪽부터 특징을 선택하는 방법입니다. **피어슨 적률상관계수**Pearson product-moment correlation coefficient (PPMCC)라고도 합니다. 간단한 통계량이지만 선형 이외의 관계성을 파악할 수 없으므로 주의합니다.

요소 x와 y로 이루어진 데이터가 있을 때 상관계수는 다음과 같은 식으로 나타납니다. 이때 데이터는 (x_1, y_1), (x_2, y_2), $\cdots$, (x_n, y_n)이라 하고 x_n은 x의 평균을, y_n은 y의 평균을 나타냅니다.

$$\rho = \frac{\sum_i (x_i - x_\mu)(y_i - y_\mu)}{\sqrt{\sum_i (x_i - x_\mu)^2 \sum_i (y_i - y_\mu)^2}}$$

값의 선형 관계성보다는 값 크기의 순서 관계에만 주목하고 싶다면 스피어만 상관계수Spearman's rank correlation coefficient (SRCC)를 사용하는 방법도 있습니다. 스피어만 상관계수는 원래의 값을 순위로 고치고 그 순위를 이용해 상관계수를 계산한 것과 같습니다.

상관계수는 넘파이의 `corrcoef` 함수를, 스피어만 상관계수는 `scipy.stats` 모듈의 `spearmanr` 함수를 사용할 수 있습니다. 또한 팬더스의 `corr` 함수를 사용하는 방법도 편리합니다.

한편, 특징 선택을 실현하는 사이킷런 feature_selection 모듈의 SelectKBest 클래스가 있지만 넘파이의 argsort 함수를 사용하여 본인이 직접 기술하는 편이 범용성 측면에서 좋습니다.

INFORMATION

넘파이의 argsort 함수를 사용하여 배열값이 작은 순서나 큰 순서대로 인덱스를 정렬할 수 있습니다. 그러면 어떤 값이 상위인 요소나 하위인 요소를 간단하게 꺼낼 수 있습니다.

(ch06/ch06-04-filter.py 참조)

```python
# argsort을 사용하면 배열 값이 작은 순서/큰 순서로 인덱스를 정렬할 수 있음
ary = np.array([10, 20, 30, 0])
idx = ary.argsort()
print(idx)              # 내림차순 - [3 0 1 2]
print(idx[::-1])        # 오름차순 - [2 1 0 3]

print(ary[idx[::-1][:3]])        # 베스트 3을 출력 - [30, 20, 10]
```

상관계수를 계산하는 예제 코드는 다음과 같습니다.

```python
import scipy.stats as st

# 상관계수
corrs = []
for c in train_x.columns:
  corr = np.corrcoef(train_x[c], train_y)[0, 1]
  corrs.append(corr)
corrs = np.array(corrs)

# 스피어만 상관계수
corrs_sp = []
for c in train_x.columns:
  corr_sp = st.spearmanr(train_x[c], train_y).correlation
  corrs_sp.append(corr_sp)
  corrs_sp = np.array(corrs_sp)

# 중요도의 상위를 출력(상위 5개까지)
# np.argsort을 사용하여 값의 순서대로 나열한 인덱스를 획득할 수 있음
```

```
idx = np.argsort(np.abs(corrs))[::-1]
top_cols, top_importances = train_x.columns.values[idx][:5], corrs[idx][:5]
print(top_cols, top_importances)

idx2 = np.argsort(np.abs(corrs_sp))[::-1]
top_cols2, top_importances2 = train_x.columns.values[idx][:5], corrs_sp[idx][:5]
print(top_cols2, top_importances2)
```

카이제곱 통계량

카이제곱 통계량chi-square statistic은 카이제곱 검정chi-squared test의 통계량을 계산하고 통계량이 큰 쪽에서부터 특징을 선택하는 방법입니다. 이 방법을 이용할 때는 특징값이 0 이상이어야 하고 분류 문제여야 합니다. 또한 특징값의 범위scale에 영향을 받습니다(예를 들어 특징값을 10배로 하면 통계량이 변합니다). 그러므로 특징값을 MinMaxScaler 함수로 스케일링해두는 편이 좋습니다.

사이킷런 feature_selection 모듈의 chi2 함수를 사용합니다.

INFORMATION

사이킷런 **feature_selection** 모듈의 **chi2** 함수로 각 특징을 다음과 같이 처리합니다.

① 목적변수의 클래스별로 그룹화하고 특징의 합계를 관측도수observed frequency로 하여 행 데이터의 비율을 기대확률expected probability로 하는 집계표를 작성합니다.

② 그 집계표에 대해 관측도수가 기대확률에 근거하여 랜덤하게 추출된 것인지 여부의 카이제곱 통계량을 계산합니다.

특징의 값이 이진값 또는 빈도frequency가 아닐 때 횟수를 나타내는 관측도수로 삼는 것은 이론적으로 해석하기 어렵습니다. 다만 특징과 클래스의 관계성은 살펴볼 수 있습니다.

카이제곱 통계량을 계산하는 예제 코드는 다음과 같습니다.

(ch06/ch06-04-filter.py 참조)

```
from sklearn.feature_selection import chi2
from sklearn.preprocessing import MinMaxScaler
```

```
# 카이제곱 통계량
x = MinMaxScaler().fit_transform(train_x)
c2, _ = chi2(x, train_y)

# 중요도의 상윗값을 출력(상위 5개까지)
idx = np.argsort(c2)[::-1]
top_cols, top_importances = train_x.columns.values[idx][:5], corrs[idx][:5]
print(top_cols, top_importances)
```

상호정보량

상호정보량mutual information이란 각 특징과 목적변수와의 상호 의존 정보를 계산하여 큰 쪽부터 특징으로 선택하는 방법입니다. 확률변수 X와 Y의 상호정보량은 다음과 같은 수식으로 나타낼 수 있습니다.

$$I(X;Y) = \int_Y \int_X p(x,y) \log \frac{p(x,y)}{p(x)\,p(y)} \, dx\,dy$$

상호정보량은 한쪽을 알면 다른 한쪽을 더 잘 추측할 수 있을 때 값이 커집니다. X와 Y가 완전히 종속될 때는 어느 한쪽 특징의 정보량과 동일해지며 독립적일 때는 0이 됩니다.

사이킷런의 `feature_selection` 모듈에서 목적변수가 연속 변수일 때는 `mutual_info_regression` 함수를 사용하고 클래스일 때는 `mutual_info_classif` 함수를 사용합니다. 상호정보량을 계산하는 예제 코드는 다음과 같습니다.

(ch06/ch06-04-filter.py 참조)

```
from sklearn.feature_selection import mutual_info_classif

# 상호정보량
mi = mutual_info_classif(train_x, train_y)

# 중요도의 상위를 출력(상위 5개까지)
idx = np.argsort(mi)[::-1]
top_cols, top_importances = train_x.columns.values[idx][:5], corrs[idx][:5]
print(top_cols, top_importances)
```

6.2.2 특징 중요도를 이용하는 방법

모델에서 출력되는 특징(변수)의 중요도를 이용하여 특징 선택을 하는 방법을 소개합니다. 우선 랜덤 포레스트와 GBDT의 특징 중요도를 설명하겠습니다.

랜덤 포레스트의 특징 중요도

랜덤 포레스트는 특징의 중요도를 출력할 수 있습니다. 사이킷런의 RandomForestRegressor 클래스나 RandomForestClassifier 클래스에서 중요도는 분기를 작성할 때 기준이 되는 값(회귀에서는 제곱오차, 분류에서는 지니 불순도)의 감소에 따라 계산됩니다.[18]

중요도의 상위에 속하는 특징부터 선택할 수 있습니다. 예제 코드는 다음과 같습니다.

---

18 *https://stackoverflow.com/questions/15810339/how-are-featureimportances-in-randomforestclassifier-determined*

(ch06/ch06-05-embedded.py 참조)

```python
from sklearn.ensemble import RandomForestClassifier

# 랜덤 포레스트 모델
clf = RandomForestClassifier(n_estimators=10, random_state=71)
clf.fit(train_x, train_y)
fi = clf.feature_importances_

# 중요도의 상위를 출력
idx = np.argsort(fi)[::-1]
top_cols, top_importances = train_x.columns.values[idx][:5], fi[idx][:5]
print('random forest importance')
print(top_cols, top_importances)
```

GBDT의 특징 중요도

xgboost를 예로 들어 설명합니다. xgboost는 다음과 같은 종류의 특징 중요도를 출력할 수 있습니다.

- **Gain**: 특징의 분기로 얻은 목적함수의 감소

- **Cover**: 특징에 따라 분기된 데이터 수(목적함수의 이차 미분값 사용)

- **Frequency**: 특징이 분기에 나타난 횟수

이때 (파이썬의) 디폴트값은 Frequency가 지정되어 결과가 출력되지만, Gain으로 출력하는 편이 좋습니다. Gain이 특징의 값이 중요한지 아닌지를 더 잘 표현하기 때문입니다.

> **INFORMATION**
>
> 파이썬에서 **xgboost**를 사용할 때는 모델 특징의 중요도를 출력하는 **get_score** 함수에서 인수 **importance_type**에 디폴트로 **weight**가 지정되고 Frequency로 중요도를 출력합니다. Gain을 출력하려면 **total_gain**을 지정해야 합니다. 덧붙여 **gain**과 **cover**는 Gain이나 Cover를 (어째서인지) Frequency로 나눈 값이 되므로 Gain이나 Cover를 얻으려면 **total_gain**이나 **total_cover**를 지정해야 합니다.[19]

---

19 *https://xgboost.readthedocs.io/en/latest/python/python_api.html#xgboost.Booster.get_score*

중요도의 상위에 속하는 특징부터 선택할 수 있습니다. 예제 코드는 다음과 같습니다.

(ch06/ch06-05-embedded.py 참조)

```python
import xgboost as xgb

# xgboost
dtrain = xgb.DMatrix(train_x, label=train_y)
params = {'objective': 'binary:logistic', 'verbosity': 0, 'random_state': 71}
num_round = 50
model = xgb.train(params, dtrain, num_round)

# 중요도의 상위를 출력
fscore = model.get_score(importance_type='total_gain')
fscore = sorted([(k, v) for k, v in fscore.items()], key=lambda tpl: tpl[1],
reverse=True)
print('xgboost importance')
print(fscore[:5])
```

xgboost의 특징 중요도는 학습 데이터에 대해 작성된 결정 트리의 분기 정보로 계산됩니다. 연속 변수나 범주의 수가 많은 범주형 변수는 분기 후보가 많으므로 상위에 쉽게 오르기도 하고, 난수로 엉터리 변수를 만들어 시험했을 때 그 변수가 상위로 올라가기도 합니다. 이러한 이유로 편차를 고려하거나 랜덤한 값으로 이루어진 특징과 비교하면 효과적입니다. 예를 들면 중요도와 관련해 교차 검증의 폴드 간 변동계수(=표준 편차/평균)를 계산하고 변동계수가 작은 순서로 특징을 선택하는 방법이 있습니다.

지금부터 특징 중요도를 계산하는 다른 방법과 중요도를 응용한 특징 선택 방법, 특징 중요도 출력하는 라이브러리를 소개하겠습니다.

순열 중요도

순열 중요도permutation importance는 모델 학습 후에 평소처럼 예측하게 했을 때의 검증 데이터 점수와 일부 특징의 열을 포함시켜 예측을 수행했을 때의 검증 데이터 점수를 비교합니다. 그리고 그 열을 포함했을 때 예측 성능이 얼마나 개선되는지를 확인하여 그 특징의 중요도를 계산하는 방법입니다. 이 방법은 모델의 종류와 관계없이 적용할 수 있습니다.

eli5[20]라는 라이브러리를 사용하면 비교적 쉽게 계산할 수 있습니다. 또 캐글 강좌[21]에서도 순열 중요도를 설명합니다.

한편, 랜덤 포레스트에서는 병렬로 결정 트리를 만들고 각각의 트리에서 데이터 샘플링을 합니다. 이때 학습 데이터의 샘플링 대상에서 제외된 데이터인 OOB[out-of-bag] 데이터를 사용해 순열 중요도를 구할 수 있습니다. rfpimp 모듈이나 R의 randomForest 패키지로 계산할 수 있습니다. explained.ai[22]라는 웹사이트에서는 순열 중요도를 포함한 몇 가지 랜덤 포레스트의 특징 중요도를 다루니 참고하세요.

null 중요도

특징 대신 목적변수를 섞어 학습시켰을 때의 중요도를 null 중요도[null importance]로서 기준으로 삼고, 목적변수를 섞지 않은 일반적인 중요도를 실 중요도[actual importance]로 합니다. 이들 두 중요도를 비교하여 그 차이를 중요도로 삼는 방법입니다.[23] 다음 설명을 참고해주세요.

null 중요도는 섞을 때마다 바뀌므로 수십 회 반복하여 그 통계량을 사용합니다. 중요도의 점수를 계산하는 여러 방법 중에는 다음과 같은 방법도 있습니다.

- 실 중요도를 null 중요도의 75%점으로 나눈 값의 로그값

- 실 중요도가 null 중요도의 몇 %점에 있는지 확인

예측에 유효한 특징이라면 실 중요도는 null 중요도의 100퍼센트 위치(최댓값)보다 높아집니다. 덧붙여 캐글 Home Credit Default Risk 대회의 1위 팀 멤버인 Olivier 씨가 공개한 노트북[24]이 있으니 참고해주세요.

보루타 알고리즘

보루타[boruta]란 순열 중요도나 null 중요도와는 또 다른 방법으로 섞어서 특징 선택을 수행하는 방법입니다. 각각의 특징을 랜덤하게 뒤섞은 데이터를 생성하고 이를 섀도 변수[shadow feature]라고

20 https://eli5.readthedocs.io/en/latest/blackbox/permutation_importance.html

21 https://www.kaggle.com/dansbecker/permutation-importance

22 https://explained.ai/rf-importance/index.html

23 Altmann, André, et al. 「Permutation importance: a corrected feature importance measure」 Bioinformatics 26.10 (2010): 1340–1347.

24 https://www.kaggle.com/ogrellier/feature-selection-with-null-importances

부르겠습니다. 섀도 변수를 원래 데이터의 열 방향에 추가하고 랜덤 포레스트로 학습한 후 특징의 중요도를 계산합니다. 이때 각 특징의 중요도가 추가된 섀도 변수 중에 가장 높은 중요도보다 높은지 여부를 판정하여 기록합니다. 이를 반복해서 섀도 변수보다 중요하다고 할 수 없는 특징은 제외하고, 제외한 후의 남겨진 특징으로 다시 학습을 진행하여 충분히 중요도가 높은 특징만 남겨 나갑니다.

BorutaPy 라이브러리가 공개되어 있으며[25] 캐글의 노트북[26]에서도 사용법을 설명합니다.

특징의 대량 생성과 선택

경진 대회에 참가할 때 특징에 대한 연구와 기계적인 생성을 서로 조합하여 수천 개에서 수만 개의 특징을 대량 생성한 뒤 특징 선택을 진행하는 방법이 있습니다.

> **NOTE**
> GBDT에서는 단순한 노이즈가 되는 특징이 있더라도 성능이 쉽게 떨어지지는 않습니다. 대량 생산되는 특징 중에는 노이즈가 되는 특징이 있을 수 있고 완전하지 않을 수 있습니다. 하지만, 이들 특징 중에 유효한 특징이 있어서 모델 성능을 충분히 떨어뜨릴 수 있다면, 특징에서 유효한 특징을 찾아냈을 때의 긍정적인 측면이 더 크다는 생각이 이러한 방법의 배경이 아닐까 생각합니다.

캐글 Home Credit Default Risk 대회에서 2위 입상한 팀원 중 일부[27]는 다음과 같은 방법으로 대량의 특징을 생성한 뒤 특징 선택을 수행했습니다.

① 처음 기본적인 특징을 넣은 뒤, 대량 생성한 특징 일부를 추출하여 추가해 학습 데이터를 작성합니다.

② lightgbm으로 학습시켜 일정 이상 중요도에 해당하는 특징을 채택합니다.

③ 특징의 일부를 복원 추출하고 ①과 ②를 반복 수행합니다.

---

25 https://github.com/scikit-learn-contrib/boruta_py

26 https://www.kaggle.com/tilii7/boruta-feature-elimination

27 옮긴이_ Home Credit Default Risk 대회 당시에는 팀 인원의 제한이 없었습니다. 당시 2위 팀의 멤버는 총 12명으로, 점수 개선을 위한 더 많은 시도가 있었습니다.

xgbfir

xgboost 모델에서 결정 트리의 분기 정보를 추출하고 특징의 중요도를 출력하는 라이브러리 입니다.[28] 2개 또는 3개 특징의 상호작용까지 포함한 특징 중요도와, 각 특징에서 분기의 기준이 된 값의 히스토그램도 출력됩니다. 이를 바탕으로 상호작용이나 특징의 성질을 더 자세히 이해할 수 있습니다.

몇 가지 특징 중요도 중에서도 Gain을 기본으로 보면 되겠습니다.

> **INFORMATION**
> xgbfir에서의 중요도를 정의하면 다음과 같습니다.
> - **Gain**: total_gain과 동일
> - **FScore**: Frequency, weight와 동일
> - **WFScore**: Cover(total_cover)에 가깝지만, 결정 트리별로 데이터 전체의 Cover로 나눔
> - **Average wFScore**: wFScore를 FScore로 나눔
> - **Average Gain**: Gain을 FScore로 나눔
> - **Expected Gain**: Gain에 각 분기로 분기할 확률을 곱함(이미 Gain은 대상이 되는 데이터에서 계산되었으므로 이를 계산하는 의미는 별로 없음)

6.2.3 반복 탐색하는 방법

특징의 조합을 변경하면서 모델 학습을 반복하고 그 성능 등을 이용해 탐색해나가는 방법이 있습니다. 선택의 기준이 되는 모델과 평가지표를 지정해줘야 하지만, 보통은 해당 경진 대회에서 주로 사용하는 모델과 평가지표를 사용합니다.

탐욕적 전진 선택

탐욕적 전진 선택greedy forward selection이라는 방법이 있으며 다음과 같이 수행합니다.

① 사용할 특징의 집합 M에 아무런 특징이 없는 상태에서 시작합니다.

② 후보가 되는 각 특징을 M에 추가했을 때의 점수를 계산합니다.

---

28 *https://github.com/limexp/xgbfir*

③ 점수를 가장 많이 향상시킨 특징을 M에 더해줍니다.

④ ③에서 채택된 특징을 후보에서 제외하고, ②와 ③을 점수 개선이 완료될 때까지 반복합니다.

이 방법의 문제점은 연산량이 크다는 점으로, 연산량은 후보 특징의 수의 제곱에 비례하기 때문입니다. 연산량을 더 떨어뜨리고 싶다면 다음과 같은 간단한 방법을 고려할 수 있습니다. 이 방법에서 연산량은 후보 특징의 수에 비례합니다.

① 사용할 특징의 집합 M에 아무런 특징이 없는 상태에서 시작합니다.

② 후보가 되는 특징을 유망한 순서 혹은 랜덤한 순서로 나열합니다.

③ 다음 특징을 더하여 점수가 좋아지면 M에 추가하고 그렇지 않으면 추가하지 않습니다.

④ ③을 모든 후보에 대해 반복합니다.

탐욕적 전진 선택의 예제 코드는 다음과 같습니다.

(ch06/ch06-06-wrapper.py 참조)

```python
best_score = 9999.0
selected = set([])

print('start greedy forward selection')

while True:
  if len(selected) == len(train_x.columns):
  # 모든 특징이 선정되어 종료
break

  scores = []
  for feature in train_x.columns:
    if feature not in selected:
      # 특징의 리스트에 대해서 모델 성능을 평가하는 evaluate 함수로 수행
      fs = list(selected) + [feature]
      score = evaluate(fs)
      scores.append((feature, score))
```

```
    # 점수는 낮은 쪽이 좋다고 가정
    b_feature, b_score = sorted(scores, key=lambda tpl: tpl[1])[0]
    if b_score < best_score:
      selected.add(b_feature)
      best_score = b_score
      print(f'selected:{b_feature}')
      print(f'score:{b_score}')
    else:
      # 어떤 특징을 추가해도 점수가 오르지 않으므로 종료
      break

  print(f'selected features: {selected}')
```

탐욕적 전진 선택을 간단하게 실현하는 방법은 다음 예제 코드와 같습니다.

(ch06/ch06-06-wrapper.py 참조)

```
  # ---------------------------------
  # Greedy Forward Selection
  # ---------------------------------
  best_score = 9999.0
  candidates = np.random.RandomState(71).permutation(train_x.columns)
  selected = set([])

  print('start simple selection')
  for feature in candidates:
    # 특징의 리스트에 대해서 모델 성능을 평가하는 evaluate 함수로 수행
    fs = list(selected) + [feature]
    score = evaluate(fs)

    # 점수는 낮은 쪽이 좋다고 가정
    if score < best_score:
      selected.add(feature)
      best_score = score
      print(f'selected:{feature}')
      print(f'score:{score}')

  print(f'selected features: {selected}')
```

6.3 편중된 클래스 분포의 대응

이진 분류에서 음성 데이터만 있고 양성 데이터가 거의 없는 경우처럼 분류 문제의 클래스 분포가 어느 한쪽으로 치우칠 때가 있습니다. 이때 사용할 수 있는 기술을 소개합니다.

언더샘플링

언더샘플링undersampling은 음성 데이터가 상대적으로 많을 때 해당 데이터의 일부를 사용하여 모델을 학습시키는 방법입니다. 또한 다른 음성 데이터로 학습시킨 여러 모델의 전체 평균을 계산하는 배깅 방식도 유용합니다.

- 경진 대회에서는 데이터 수가 많아 학습에 시간이 걸릴 때가 많으므로 효율 측면에서의 장점이 큽니다.

- 모델을 학습시킬 때는 언더샘플링으로 진행하더라도 특성을 만들 때는 음성 데이터 전체를 이용하는 게 바람직합니다.

- 모든 데이터로 학습했을 때와 검증에서의 모델 성능을 비교하여 성능이 떨어지지 않는지 확인하는 게 좋습니다.

캐글 TalkingData AdTracking Fraud Detection Challenge 대회에서 제공된 학습 데이터는 1억 건 이상으로 매우 많을 뿐만 아니라 양성 데이터의 비율이 0.2% 이하에 불과하여 분포가 편중된 데이터였습니다. 이 대회의 1위 솔루션은 언더샘플링으로 대부분의 음성 데이터를 버림으로써 효율적인 모델링을 실시합니다.[29] 언더샘플링을 사용해도 성능은 크게 떨어지지 않고, 여러 번 추출을 반복하며, 다른 샘플로 작성한 모델의 예측값을 평균 냄으로써 충분한 성능을 실현했다는 것입니다. 한편 특징을 생성할 때는 언더샘플링을 적용하지 않고 모든 데이터를 이용합니다.

기본 모델링

별다른 연구나 응용 없이 분류 문제의 기본 모델링을 진행하는 것도 하나의 방법으로, 그 결과 충분한 모델 성능이 나올 수도 있습니다. 편중 없는 데이터라도 GBDT 등의 모델에서 출력되

---

29 https://github.com/flowlight0/talkingdata-adtracking-fraud-detection

는 예측 확률은 나름대로 타당합니다. 양성인지 음성인지 판정하는 임곗값의 설정에 따라서는 모두 양성 또는 음성이 될 가능성이 있는 만큼 평가지표나 목적에 따라 임곗값을 조정하는 게 좋습니다.

가중치

모델에 따라서는 행 데이터별로 가중치[30]를 설정할 수 있으므로, 거기에 양성과 음성 데이터의 가중치 합계가 같아지도록 양성에 높은 가중치를 지정하는 방법입니다. xgboost라면 DMatrix라는 xgboost의 데이터 구조로 변환할 때 가중치를 설정할 수 있습니다. 또한 매개변수 scale_pos_weight를 사용하는 방법도 있습니다. 한편 케라스에서는 학습을 진행하는 fit 메서드의 인수로 가중치를 설정할 수 있습니다.

오버샘플링

오버샘플링oversampling은 음성 데이터가 많을 때 양성 데이터를 늘려 모델을 학습시키는 방법입니다. 단순히 양성 데이터를 여러 차례 추출해서 늘리는 방법 외에 SMOTEsynthetic minority oversampling technique 등 인공적으로 양성 데이터를 생성하는 방법이 있습니다.

확률 예측의 주의점

평가지표가 AUC 등을 이용할 때는 예측치의 크고 작은 관계에만 의존하므로 문제없지만, 로그 손실 등을 이용하여 적절한 확률을 예측해야 할 때는 주의해야 합니다. 양성 데이터와 음성 데이터의 비율을 서로 바꿨다면 확률 보정이 필요합니다. 그렇지 않더라도 학습 모델이 저확률 및 고확률 부분을 제대로 예측할 수 없을 때는 확률 보정이 유효합니다(2.5.4절을 참조하세요).

> **NOTE**
> 경진 대회에서는 언더샘플링 또는 특별히 가공하지 않은 기본 모델링 방법을 주로 사용하며 오버샘플링은 그다지 쓰이지 않는 분위기입니다. 불균형 데이터를 핸들링하는 imbalanced-learn이라는 라이브러리로 SMOTE 등을 이용할 수 있지만 캐글에서는 인기가 없습니다.

---

30 여기서의 가중치(weight)는 행 데이터의 영향의 강도를 나타냅니다. 가중치를 2로 설정한 행 데이터는 학습할 때 해당 행 데이터가 마치 2건 있는 것처럼 다뤄집니다.

COLUMN
베이즈 최적화와 TPE 알고리즘
여기에서는 베이즈 최적화의 이론과 알고리즘을 설명하겠습니다.[31]

1. 베이즈 최적화 이론
베이즈 최적화란 직전까지 계산한 매개변수에서의 결과에 기반을 두고 다음에 탐색해야 할 매개변수를 베이즈 확률 구조로 선택하는 방법입니다. 지금부터 설명할 더 넓은 최적화에 포함되는 SMBO 구조라고 할 수 있습니다.

1-1) 순차적 모델 기반 최적화
순차적 모델 기반 최적화sequential model-based global optimization(SMBO)는 목적함수의 평가에 시간이 오래 걸리는 최적화 문제에서 효율적인 최적화를 수행하는 시스템입니다. 계산 비용이 적게 들고 목적함수를 근사할 수 있는 대체 모델surrogate model과, 다음으로 어디를 탐색할지를 평가하는 대체함수surrogate funtion를 이용해 좋은 탐색점을 정하고, 원래의 목적함수 평가를 반복함으로써 최적화를 실시합니다. 대략 다음과 같은 순서로 처리합니다.

> ① 초기 설정으로 초기 모델을 준비합니다.
> ② 모델을 사용하여 대체함수를 최대화하는 탐색점을 구합니다.
> ③ 구한 탐색점에서 원래의 목적함수를 평가합니다.
> ④ 탐색점과 목적함수의 값을 탐색 내역에 추가합니다.
> ⑤ 지금까지의 탐색 내역을 사용해 모델을 최적화하고 ②로 돌아갑니다.

모델은 어떤 매개변수에 대한 점수의 근삿값 이외에 거기서 추가 발생하는 정보를 반환하는 경우도 가정합니다. 예를 들면 어떤 매개변수 부근에서의 경사 근삿값이나 어떤 매개변수에서 어떤 점수가 실현될 확률을 고려할 수 있습니다. 대체함수는 점수의 근삿값과 이러한 부대 정보를 활용하여 다음에 탐색해야 할 매개변수를 구하는 함수를 생각합니다.

1-2) 베이즈 최적화
베이즈 최적화(BO)는 SMBO의 일종입니다. 모델로서는 베이즈 확률 개념인 사후확률분포posterior probability distribution를 사용합니다. 직전 n회의 탐색에서 얻은 매개변수와 그 점수의 집합 $D_n = \{(x_i, y_i), i = 1, \cdots, n\}$을 이용하여 점수의 조건부 사후확률분포 $P(y|x, D_n)$를 구하여 모델로 이용합니다.

$P(y|x, D_n)$은 임의의 확률 모델을 가정하고 D_n의 데이터로 확률 모델의 매개변수를 최적화하여 구할 수 있습니다. 확률 모델로는 가우스 과정Gaussian process를 가정하는 방법과 TPE를 가정하는 방법이 제안되었습니다. hyperopt나 optuna와 같은 라이브러리에서는 TPE를 이용합니다.

---

31 Bergstra, James S., et al. 「Algorithms for hyper-parameter optimization.」 Advances in neural information processing systems. 2011.

대체함수에는 사후 확률로부터 계산되는 통계량을 사용합니다. 보통 직관적으로 알기 쉽고 폭넓은 조건에서 잘 동작하는 지표인 기대 향상(EI)을 주로 사용합니다(TPE의 논문에 이와 같은 언급이 있습니다).

1-3) 기대 향상

기대 향상expected Improvement(EI)은 어떤 매개변수로 모델의 점수를 계산했을 때 점수 개선량의 기댓값을 지금까지의 탐색 이력에서 추정한 값입니다.

직전의 n회 탐색에서 얻은 매개변수와 그 점수의 집합 $D_n = \{(x_i, y_i), i = 1, \cdots, n\}$으로부터 구한 점수의 조건부 사후확률분포 $P(y|x, D_n)$를 이용하여 다음과 같이 기대 향상을 계산할 수 있습니다.

$$EI_{D_n}(x) = \int_{-\infty}^{\infty} max(y^* - y, 0)P(y|x, D_n)dy$$

여기에서 y^*는 적당히 정한 경곗값으로 D_n 내에서의 점수 상위 γ%점 등의 값을 이용합니다. 덧붙여 점수 y는 작은 값일수록 좋은 평가지표를 전제로 하며 $max(y^* - y, 0)$이 점수 개선량이고 기대 향상은 큰 쪽이 좋은 지표가 됩니다.

1-4) TPE

TPEtree-structured Parzen estimator는 기대 향상의 계산에 필요한 $P(y|x, D_n)$를 구하는 하나의 방법입니다. TPE에서는 직접 $P(y|x, D_n)$를 모델화하는 대신 베이즈 정리를 사용하여 다음 식처럼 생각합니다.

$$P(y|x, D_n) = \frac{P(x|y, D_n)P(y|D_n)}{P(x|D_n)}$$

한편 $P(y|x, D_n)$은 다음과 같이 정의합니다.

$$P(x|y, D_n) = \begin{cases} l(x|D_n) & \text{if } y < y^* \\ g(x|D_n) & \text{if } y \geq y^* \end{cases}$$

여기에서 $l(x|D_n)$은 점수가 y^* 미만인 매개변수(=점수가 좋은 매개변수)로부터 추정한 분포이며 $g(x|D_n)$은 점수 y^* 이상의 매개변수(=점수가 나쁜 매개변수)로부터 추정한 분포입니다. y^*는 D_n의 $\{y_i, i = 1, \cdots, n\}$의 γ분위점으로 합니다. 즉 $P(y < y^*|D) = \gamma$가 됩니다. $l(x|D_n)$, $g(x|D_n)$은 커널밀도추정법을 이용해 추정하는데 그에 관해서는 잠시 후에 설명합니다.

기대 향상을 최대로 하는 매개변수를 살펴보겠습니다. $P(x|D_n)$은 $P(x, y|D_n) = P(x|y, D_n)P(y|D_n)$을 y에 대해 주변화하여 다음과 같이 구할 수 있습니다.

$$P(x|D_n) = \int_{-\infty}^{\infty} P(x|y, D_n)P(y|D_n)dy$$
$$= \gamma l(x|D_n) + (1 - \gamma)g(x|D_n)$$

정리해보면 TPE에서는 $P(y \mid x, D_n)$를 다음과 같은 확률 모델로 표현합니다.

$$P(y|x, D_n) = \begin{cases} \dfrac{l(x|D_n) \cdot P(y|D_n)}{\gamma l(x|D_n) + (1 - \gamma)g(x|D_n)} & \text{if } y < y^* \\ \dfrac{g(x|D_n) \cdot P(y|D_n)}{\gamma l(x|D_n) + (1 - \gamma)g(x|D_n)} & \text{if } y \geq y^* \end{cases}$$

그리고 TPE를 이용했을 때의 기대 향상 수식을 써내려갑니다.

$$EI_{D_n}(x) = \left(\gamma + \frac{g(x|D_n)}{l(x|D_n)}(1 - \gamma) \right)^{-1} \left\{ \gamma y^* - \int_{-\infty}^{y^*} yP(y|D_n)dy \right\}$$

이 식으로부터 기대 향상을 최대로 하는 것은 $g(x|D_n)$ / $l(x|D_n)$을 최소로 하는 x라는 사실을 알 수 있습니다. 감각적으로는 점수가 좋은 탐색점의 분포 $l(x|D_n)$에서 밀도가 높고, 점수가 나쁜 탐색점의 분포 $g(x|D_n)$에서 밀도가 낮은 위치로 해석할 수 있습니다.

1–5) 파젠밀도추정

커널밀도추정kernel density estimation(KDE)의 일환인 파젠밀도추정Parzen estimator(PE)은 어떤 미지의 모집단으로부터의 샘플링으로 얻어진 데이터 포인트data point 집합으로부터 모집단의 확률밀도분포를 추정하는 방법의 하나입니다(그림 6-3).

데이터 포인트의 집합을 $\{x_i, i = 1, \cdots, n\}$이라고 했을 때 각 데이터 포인트의 주변에 있는 함수에서 정해지는 밀도를 부여하고 그 중첩으로 전체 분포를 나타냅니다.

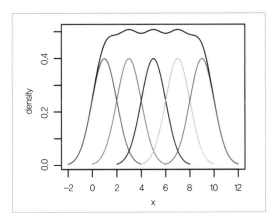

그림 6-3 커널밀도분포의 중첩

이를 수식으로 나타내면 다음과 같습니다.

$$P(x) = \frac{1}{nh} \sum_{i=1}^{n} K\left(\frac{x - x_i}{h}\right)$$

대역폭^{bandwidth}이라고도 불리는 h는 데이터 포인트 주위에 밀도를 부여하는 너비를 제어합니다. 이를 통해 얻을 수 있는 분포가 얼마나 완만하게 둥글려질지 결정됩니다. 데이터 포인트 주위의 밀도를 정하는 함수 K를 커널이라 부릅니다. 커널로는 표준 가우스 함수^{Gaussian function}를 쓸 때가 많습니다.

$$K(x) = \frac{1}{\sqrt{2\pi}} e^{-x^2/2}$$

2. TPE를 이용한 베이즈 최적화 알고리즘의 상세

여기서는 TPE를 이용한 베이즈 최적화 알고리즘을 파이썬 코드로 자세히 살펴보겠습니다.

매개변수의 탐색공간 **space**를 다음과 같이 hyperopt 라이브러리를 이용한 의사코드^{pseudocode}로 정의합니다. 서포트 벡터 머신(SVM)의 선형 커널 및 RBF 커널과 매개변수 튜닝을 하는 예제입니다.

(매개변수 탐색공간의 파이썬 의사코드)

```
from hyperopt import hp
space = {'_kernel': hp.choice('_kernel',
```

```
 [{'kernel': 'linear'},
  {'kernel': 'rbf', 'gamma': hp.uniform('gamma', 1e-3, 1e3)}]),
  'C': hp.uniform('C', 1e-3, 1e3)
}
```

또한 hyperopt와 같이 사전에 하이퍼파라미터 공간을 정의하는 Define–And–Run 방식[32]을 전제로 한 설명입니다. 하지만 optuna와 같은 목적함수를 계산할 때 매개변수 공간이 결정되는 Define–By–Run 방식에서도 알고리즘의 흐름은 거의 같다고 봐도 됩니다.

2-1) 알고리즘

우선 TPE를 이용한 베이즈 최적화 알고리즘을 정리합니다.

① 초기 탐색

    a. 사전분포로부터 매개변수를 샘플링합니다.

    b. 샘플링한 매개변수로 점수를 평가합니다.

    c. 매개변수와 점수의 조합을 탐색 이력에 추가합니다.

    d. 초기 탐색을 지정한 횟수를 수행하면 ②로 넘어가고 그렇지 않으면 a로 돌아갑니다.

② 본격 탐색

    a. 탐색 이력에서 커널밀도추정에 따라 점수가 좋은 탐색점의 분포 $l(x|D_n)$, 점수가 나쁜 탐색점의 분포 $g(x|D_n)$을 구합니다.

    b. $g(x|D_n)$ / $l(x|D_n)$이 최소가 되는 매개변수(=기대 향상을 최대화하는 매개변수)를 구합니다.

    c. b에서 구한 매개변수로 점수를 평가합니다.

    d. 매개변수와 점수의 조합을 탐색 이력에 추가합니다.

    e. 기본 탐색을 지정한 횟수를 수행하면 종료하고 탐색 이력 중 가장 좋은 점수의 매개변수를 반환합니다. 그렇지 않으면 a로 돌아갑니다.

2-2) 전체의 흐름

알고리즘 전체의 흐름을 코드로 나타내면 다음과 같습니다.

(TPE 알고리즘 전체의 파이썬 의사코드)

```
def tpe_optimize(objective, max_evals, n_init):
```

---

32 옮긴이_ Define–and–Run 방식을 다른 말로 '정적 계산 그래프 방식'이라고도 합니다. 이 방식은 그래프의 계산 방식을 미리 정해두고 실행하는 것이라고 보면 됩니다. 여기서는 먼저 모델을 만들어 두고, 값을 따로 넣어주는 방식입니다. Define–and–Run 방식은 고속화의 장점이 있습니다. 한편 사전에 계산 그래프를 정의해두지 않고 정의와 처리를 동시에 시행하는 Define–by–Run 방식(동적 계산 그래프 방식)도 있습니다.

```
# objective: Callable[[dict], float]
# (objective는 매개변수를 인수로 취해 점수를 반환하는 함수
# max_evals: int
# n_init: int

history = []
for i in range(max_evals):
  if i < n_init:
      # 최초의 n_init회는 초기 탐색 단계
      suggestion = sampling_from_prior()
  else:
      # n_init + 1회 이후에는 본격 탐색
      suggestion = next_suggestion(history)

    # 모델 점수의 평가
    loss = objective(suggestion)
    # 탐색 내역에 추가
    history.append((loss, suggestion))

  # loss가 최소인 것을 취득
  best = min(history, key=lambda x: x[0])

  # 가장 좋은 매개변수를 반환
  return best[1]
```

초기 탐색(sampling_from_prior) 함수와 본격 탐색(next_suggestion) 함수를 다음과 같이 살펴보겠습니다.

2-3) 초기 탐색

충분한 탐색 이력을 구하지 못한 처음 **n_init**회 탐색에서는 매개변수 공간의 사전분포로부터 샘플링한 점을 탐색점으로서 제안합니다. 앞에서 말한 매개변수 공간에서 샘플링할 때의 코드는 다음과 같습니다.

(초기 탐색의 파이썬 의사코드)

```
def sampling_from_prior():
  parameter = {}
  # 커널 종류를 샘플링
  kernel = np.random.choice(['linear', 'rbf'])
```

```
    parameter['kernel'] = kernel

    if kernel == 'linear':
      # 선형 커널이라면 다른 매개변수는 없음
      pass
    else: # kernel == 'rbf':
      # RBF커널에는 다른 gamma 매개변수가 있음
      parameter['gamma'] = np.random.uniform(1e-3, 1e3)
    # 매개변수 C의 값을 샘플링
    parameter['C'] = np.random.uniform(1e-3, 1e3)

    # 매개변수를 반환
    return parameter
```

즉, 매개변수 공간을 나타내는 트리 구조를 순서대로 더듬어가면서 각각의 매개변수가 취하는 범위를 정의하는 hp.choice나 hp.uniform에 해당하면 샘플링합니다.

2-4) 본격 탐색

본격 탐색에서는 기대 향상이 최대가 되는 매개변수를 다음 탐색점으로 합니다. 다음과 같은 코드에서 나타내는 알고리즘으로 탐색점이 결정됩니다.

(기본 탐색의 파이썬 의사코드)

```
  def next_suggestion(history):
    # history: List[Tuple[float,dict]]

    parameter = {}
    # 커널 종류를 기대 향상(expected improvement)으로 최대화
    kernel = argmax_expected_improvement('kernel', history)
    parameter['kernel'] = kernel
    if kernel == 'linear':
      # 선형 커널이라면 다른 매개변수는 없음
      pass
    else: # kernel == 'rbf'
      # RBF커널에는 다른 gamma 매개변수가 있음
      # gamma를 기대 향상 최대화로 구함
      gamma = argmax_expected_improvement('gamma', history)
      parameter['gamma'] = gamma
    # 매개변수 C를 기대 향상 최대화로 구함
    parameter['C'] = argmax_expected_improvement('C', history)
```

```
# 매개변수를 반환
return parameter
```

즉, 매개변수 공간을 나타내는 트리 구조를 순서대로 더듬으면서 `hp.choice`나 `hp.uniform`에 해당하면 그 매개변수에서 기대 향상이 최대가 되는 점을 찾아 다음 탐색점으로 삼습니다.

이 코드에서 알 수 있듯이 탐색점 결정에서 매개변수 공간의 트리 구조에 기반한 의존성은 고려되지만, 트리 구조에서 의존성을 정의하지 않은 매개변수끼리는 탐색이 독립적으로 이루어진다는 점에 주의합니다. 예를 들면 커널 종류 `kernel`과 차원 `C`의 매개변수는 트리 구조상으로는 형제 관계에 있으며 `kernel`의 탐색과 `C`의 탐색은 독립적으로 실행됩니다.

2-5) 커널밀도추정법 활용

TPE에서 기대 향상이 최대가 되는 매개변수를 찾아내려면 점수가 좋은 탐색점의 분포 $l(x|D_n)$과 점수가 나쁜 탐색점의 분포 $g(x|D_n)$가 필요합니다. 여기서 $l(x|D_n)$과 $g(x|D_n)$를 추정하는 처리를 설명합니다.

과거의 탐색 이력 중에 점수가 좋았던 상위 γ%의 매개변수 집합을 `params_below`, 하위 $(100-\gamma)$%의 매개변수 집합을 `params_above`라고 합니다(그림 6-4).

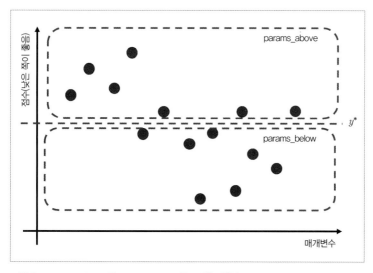

그림 6-4 param_above와 params_below를 구하는 방법

params_below에 대해 커널밀도추정을 적용하여 점수가 좋았던 탐색점의 확률밀도분포 $l(x)$를 구합니다. 마찬가지로 params_above에서 점수가 나빴던 탐색점의 확률밀도분포 $g(x)$를 구할 수 있습니다(그림 6-5).

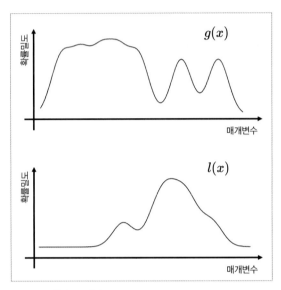

그림 6-5 $l(x)$와 $g(x)$

$(l(x)$와 $g(x)$를 추정하는 처리의 파이썬 의사코드)

```python
import sklearn.neighbors as neighbors

def estimate_below_and_above_density(param_name, history):
    # param_name: str
    # history: List[Tuple[float,dict]]

    # 분위점의 loss 값을 획득
    gamma_quantile = 0.15 # 탐색 이력 개수에 따라 변하는 것도 있음
    loss_history = [loss for loss, _ in history]
    loss_split = np.quantile(loss_history, q=gamma_quantile)

    # loss의 값에 따라 매개변수를 2개로 분할
    params_below = np.array([params[param_name] for loss, params in history
        if loss < loss_split]).reshape((-1, 1))
```

```
params_above = np.array([params[param_name] for loss, params in history
    if loss >= loss_split]).reshape((-1, 1))

# 각각의 밀도분포를 커널밀도추정으로 근사
dist_below = neighbors.KernelDensity().fit(params_below)
dist_above = neighbors.KernelDensity().fit(params_above)

# 상위·하위의 밀도분포를 반환
return dist_below, dist_above
```

2-6) 기대 향상을 최대화하는 매개변수 탐색

기대 향상을 최대화하는 점의 탐색 방법을 설명합니다.

먼저, 점수가 좋았던 탐색점의 분포 $l(x)$로부터 일정 개수의 값 x_i^*을 샘플링합니다. TPE에서는 $g(x)/l(x)$가 최소가 되는 매개변수가 기대 향상을 최대화하는 매개변수가 되므로, x_i^*의 각각에 대해 $g(x_i^*)/l(x_i^*)$를 계산하고 이 값이 최소가 되는 x_i^*를 다음에 탐색해야 할 점으로 제안합니다(그림 6-6).

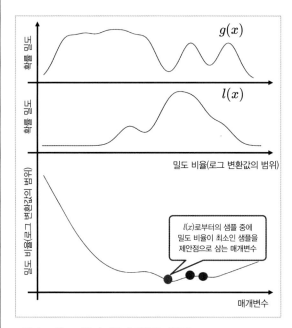

그림 6-6 밀도 비율과 다음에 탐색할 제안점

```
def argmax_expected_improvement(param_name, history):
  # param_name: str
  # history: List[Tuple[float,dict]]

  # 점수가 좋았던 매개변수와 나빴던 매개변수의 분포를 추정
  dist_below, dist_above = estimate_below_and_above_density(param_name,
history)

  # dist_below에서 n_sample개만 샘플링
  n_sample = 25
  candidates = dist_below.sample(n_sample)

  # log(g(x)) - log(l(x))를 계산
  log_density_ratio = (dist_above.score_samples(candidates)
  - dist_below.score_samples(candidates))

  # log(g(x)) - log(l(x))가 최소인 샘플의 값을 반환
  best_index = np.argmin(log_density_ratio)
  return candidates[best_index, 0]
```

3. TPE에서 매개변수 탐색의 독립성과 대책

앞에서도 설명했듯이 탐색점 결정에서 매개변수 공간의 트리 구조에 기반을 둔 의존성은 고려됩니다. 다만 트리 구조에서 의존성이 정의되지 않은 매개변수끼리는 탐색이 독립적으로 이루어집니다. 따라서 매개변수 간의 의존성이 강할 때는 불필요한 탐색이 발생할 수 있습니다.

앞에서 소개한 매개변수의 공간 사례로 설명하자면, 선형 커널일 때 커널의 차원 C는 1 부근에서의 점수가 좋았던 반면 RBF 커널일 때 C는 10 부근에서의 점수가 좋았다고 합니다. C의 탐색점을 결정할 때는 커널과의 의존성을 무시(커널의 차원 C를 주변화)하고 탐색하므로 C에 대한 $g(x)/l(x)$는 1 부근과 10 부근에 2개의 계곡이 있는 형태가 됩니다. 따라서 선형 커널에서 C에는 10 부근의 값이 제안됩니다(그림 6-7).

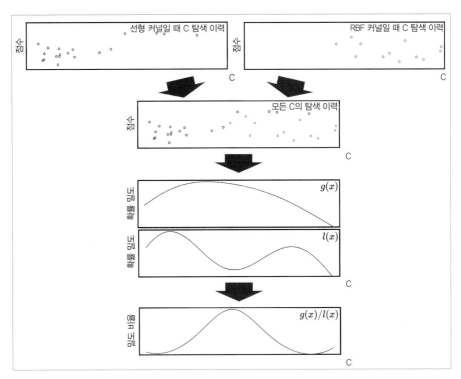

그림 6-7 하이퍼파라미터의 상호 의존

매개변수 간에 의존성이 있다는 게 명확할 때는, 예를 들어 다음과 같이 매개변수 공간 정의에서 그 사실을 고려하는 게 좋습니다.

(매개변수 사이의 의존성을 정의한 공간의 파이썬 의사코드)

```
{
space = {'_kernel': hp.choice('_kernel',
  [{'kernel': 'linear',
  'C_linear': hp.uniform('C_linear', 1e-3, 1e3)},
  {'kernel': 'rbf',xxxxxxxxxxxxxxxxxxxxxx
  'C_rbf': hp.uniform('C_rbf', 1e-3, 1e3),
  'gamma': hp.uniform('gamma', 1e-3, 1e3)}])
}
```

앙상블 기법

7.1 앙상블이란?

여러 모델을 조합하여 모델을 만들거나 이를 활용하여 예측을 수행하는 것을 앙상블^{ensemble}이라고 합니다. 경진 대회에서는 대부분 여러 모델의 앙상블에 따른 예측값으로 최종 결과를 제출합니다. 입상한 솔루션 중에는 수백 개의 모델을 조합한 결과물도 있습니다.

실무에서는 약간의 성능 향상을 위해 여러 모델을 만들어 앙상블하는 것이 허용되지 않을 수 있습니다. 하지만 경진 대회의 목표는 높은 성능인 만큼 기본적으로 단일 모델에서의 성능 향상을 시도합니다. 그리고 여러 모델의 앙상블 기법도 시도하여 더 높은 성능을 목표로 합니다. 앙상블은 팀을 짤 때 각 팀원의 성과를 혼합하는 방법으로도 효과적입니다.

지금부터 평균을 구하는 비교적 간단한 앙상블 기법과 효율적으로 모델을 혼합할 수 있는 스태킹^{stacking}이라는 방법을 소개합니다.

7.2 간단한 앙상블 기법

7.2절에서는 평균과 가중평균 그리고 다수결 등을 이용해 앙상블을 만드는 여러 가지 방법을 알아봅니다. 그리고 앙상블 기법의 주의점 및 기타 테크닉을 살펴보겠습니다.

7.2.1 평균과 가중평균

회귀 문제일 때 가장 먼저 떠오르는 접근방식은 난순하게 여러 모델의 예측값 평균을 구하는 것입니다. 이것만으로도 충분히 효과를 볼 수 있습니다.

문제나 모델에 따라서는 하이퍼파라미터나 특징이 같은 모델로 학습할 때 난수 시드를 바꾸어 평균을 구하는 것만으로도 모델 성능이 올라갈 수 있습니다. 특히 신경망은 매 학습별 성능이 신경망의 알고리즘 성격으로 인해 조금씩 달라지기 쉬우므로 평균을 구함으로써 모델 성능 개선 효과를 볼 때가 종종 있습니다.

다음으로, 여럿 구현한 모델의 성능에 서로 차이가 있을 때 성능이 높은 모델에는 큰 가중평균을 가하고 싶을 것입니다. 가중평균을 구할 때 가중치를 결정하는 방법은 다음과 같은 접근방식을 고려하여 정할 수 있습니다.

- **모델의 성능을 보면서 적절하게 결정**

  검증 점수나 Public Leaderboard를 보면서 성능이 높은 모델에는 다른 모델의 3배에 달하는 가중치를 주는 식으로 적절하게 결정하는 방법입니다.

- **점수가 가장 높아지도록 최적화**

  점수가 가장 높아지도록 가중치를 최적화하는 처리 방법입니다. 최적화는 `scipy.optimize` 모듈 등을 이용할 수 있습니다.

2.5.3절에서도 설명했지만, 학습 데이터 전체의 예측값으로 해당 데이터 전체의 점수가 최적화되도록 조정하면 목적변수를 아는 상태에서 조정되므로 약간 과대평가가 되는 점에 주의해야 합니다. 이를 피하려면 교차 검증을 하고 아웃 오브 폴드로 구합니다. 뒤에서 설명할 '스태킹'에서 2계층 모델로 선형 모델을 이용하는 것과 비슷한 방법입니다.

7.2.2 다수결과 가중치 다수결

분류 문제일 때는 예측값 클래스가 많은 것을 구하는 게 가장 간단합니다. 이때 모델마다 가중치를 부여하여 다수결로 정하는 방법이 있습니다.

다만 분류 문제에서는 보통 예측 확률을 바탕으로 예측값 클래스를 결정하므로 예측값 클래스보다 정보가 많은 예측 확률을 사용할 수 있습니다. 예측 확률의 평균이나 가중치 평균을 구한 후에 분류하는 방법이 있습니다.

7.2.3 주의점과 기타 테크닉

평가지표의 최적화

2.5절에서도 설명했듯이 평가지표에 따라서는 모델의 예측 결과를 그대로 제출하지 않고 평가지표에 맞추기 위해 최적화해야 할 때가 있습니다. 앙상블 전에 개별 모델의 예측값을 최적화할지 여부는 상황에 따라 다르지만, 어쨌든 앙상블 후에 최적화해야 할 때가 많을 것입니다.

원인 판단이 어려운 조정

과거 경진 대회의 솔루션 중에는 마지막 단계에서 확실하지 않은 비율로 모델을 조합하는 식의 조정이 들어간 사례가 있습니다. 별다른 이유가 없을 때도 많지만, 시행착오를 겪는 과정에서 검증이나 Public Leaderboard의 점수를 고려했을 때 테스트 데이터에 나름 적합한 모델이 되었다고 판단한 경우로 보입니다.

순위의 평균 획득

AUC와 같이 예측값의 크고 작은 관계만이 영향을 주는 평가지표일 때를 가정합니다. 이때 확률의 평균값 대신 확률을 순위로 변환하여 순위의 평균값을 구함으로써 모델이 예측하는 확률이 왜곡될 때도 그 영향을 무시하고 앙상블을 할 수 있습니다.

기하평균이나 조화평균 이용

다음과 같이 산술평균이 아닌 평균을 이용하는 방법이 있습니다.

- 기하평균: 값이 n개 있을 때 그 값들을 곱해서 $1/n$제곱

- 조화평균: 역수의 산술평균 역수

- n제곱 후의 평균: n제곱 후에 평균을 취하고 $1/n$제곱

평균을 구하는 방법에 따라 다음 [그림 7-1]과 같이 출력값이 달라집니다. 예를 들어 산술평균에 비해 기하평균은 값이 모두 높은 확률일 때만 높은 확률로서 출력하는 경향이 있습니다. 이와 같은 출력 경향의 차이에 따라 성능이 조금씩 높아지기도 합니다.

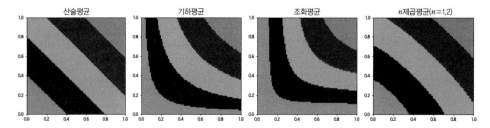

그림 7-1 다양한 평균 출력값[1]

과적합 경향 모델의 앙상블

앙상블 모델을 사용한다면 복잡하고 다소 과적합된 모델을 선택하는 편이 좋다는 의견이 있습니다. 이러한 의견의 정확성은 다소 떨어지지만 일단 간단하게 설명하겠습니다.

- 보통 모델이 복잡할수록 그 모델에서의 평균적인 예측값과 실젯값의 편향bias은 작아지는 한편 예측값의 불안정성, 즉 분산variance은 커집니다. 반대로 모델이 단순할수록 편향은 커지고 분산은 작아집니다.

- 앙상블은 복수의 예측값을 조합함으로써 (예측의 불안정성을 낮추어) 분산을 줄이는 효과가 있으므로, 다소 복잡한 모델을 만들되 예측값의 안정성을 높여 편향을 줄이는 것을 중시한다는 아이디어입니다. 물론 지나친 과적합으로 본래 예측 결과의 성능을 크게 밑돌면 본전도 못 찾겠지만, 이러한 아이디어를 활용함으로써 더 효과적인 앙상블을 구현할 수 있습니다.

7.3 스태킹

7.3절에서는 스태킹의 개요를 살펴봅니다. 이어서 스태킹을 활용한 특징 생성 방법을 알아보고 스태킹 구현 방법과 스태킹을 만들 때 중요한 점을 몇 가지 살펴보겠습니다.

---

1 x축과 y축은 각각 다른 모델의 예측 확률입니다. 등고선은 각 방법에서의 평균이 0.2, 0.4, 0.6, 0.8이 되는 점입니다.

7.3.1 스태킹의 개요

스태킹은 둘 이상의 모델을 조합하여 효율적이면서도 성능이 높아지도록 예측하는 방법입니다. 스태킹은 다음과 같은 순서로 실시합니다.

① 학습 데이터를 교차 검증 폴드로 1부터 4까지 분할합니다.

② 모델을 아웃 오브 폴드로 학습시켜 검증 데이터에 대한 예측을 수행합니다(그림 7-2 위). 즉, 그림의 fold2, fold3, fold4에서 학습한 모델에서 fold1 예측을 수행합니다. 이것을 폴드 수만큼 반복한 후 예측을 원래 순서대로 정렬합니다. 이렇게 하면 학습 데이터에 '해당 모델에서의 예측값'의 특징이 만들어집니다.

③ 각 폴드에서 학습한 모델로 테스트 데이터를 예측하고 이들 예측 결과의 평균을 구한 값을 테스트 데이터의 특징으로 합니다(그림 7-2 아래).

④ 스태킹하려는 모델 수만큼 ②~③의 과정을 반복합니다(그림 7-3). 이 모델들을 1계층 모델이라고 합니다.

⑤ 앞서 ②~④에서 생성한 특징으로 모델을 학습시키고 예측합니다(그림 7-4). 이 모델을 2계층 모델이라고 합니다.

스태킹에서는 원래의 학습 데이터로 학습한 모델을 1계층 모델이라고 하고 '1계층 모델에서의 예측값'의 특징으로 학습한 모델을 2계층 모델이라고 합니다. 간단한 스태킹에서는 2계층 모델에서 출력한 예측값을 최종 예측값으로 합니다. 7.3.4절에서 설명하겠지만 2계층 모델에서의 예측값으로 학습하는 3계층 모델, 그리고 3계층 모델에서의 예측값으로 학습하는 4계층 모델과 계층을 겹쳐 나갈 수도 있습니다.

스태킹을 실시할 때 교차 검증 폴드는 각 모델에서 갖추는 것이 일반적이지만 반드시 갖출 필요는 없다는 의견도 있습니다.[2]

----

2 *https://www.kaggle.com/c/avito-demand-prediction/discussion/59885#349713*

교차 검증의 각 예측값을 사용하여 '해당 모델에서의 예측값'이라는 특징을 생성

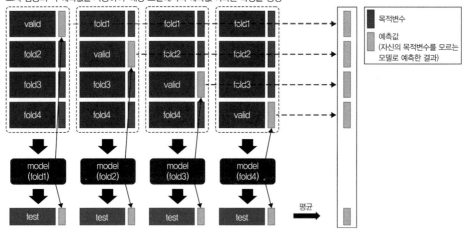

그림 7-2 스태킹 아웃 오브 폴드에서의 모델 예측값

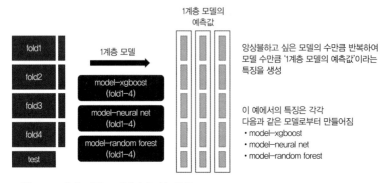

그림 7-3 스태킹 1계층 모델에서의 변수 생성

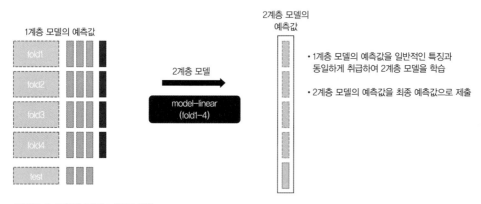

그림 7-4 스태킹 2계층 모델의 예측

이렇게 생성한 특징은, 예측 대상인 행 데이터의 목적변수를 모르는 상황에서 다른 데이터로 학습한 모델에 의한 예측값이 됩니다. 한편 좋지 않은 패턴으로는 다음과 같은 방법이 있습니다.

① 학습 데이터를 교차 검증 폴드로 나누지 않고, 앞에서 언급한 폴드1부터 폴드4까지를 전부 학습 데이터로써 사용한 모델로 학습 데이터를 그대로 예측합니다.

② ①의 모델로 테스트 데이터를 예측합니다.

③ ①~②를 스태킹하려는 모델 수만큼 반복합니다.

④ 2계층 모델에서는 ①~②에서 작성한 예측값을 특징으로 삼아 모델의 학습과 예측을 합니다.

이 방법은 학습 데이터에 예측 대상 행 데이터의 정보가 포함되므로 목적변수를 이미 아는 상태에서의 예측값이 만들어집니다. 한편 테스트 데이터를 예측할 때는 모델이 목적변수를 모르는 상태에서 예측값이 만들어지므로 학습 데이터와 테스트 데이터에서의 특징의 의미가 서로 달라집니다. 따라서 2계층 모델에서 테스트 데이터를 예측했을 때의 성능은 나빠집니다(그림 7-5).

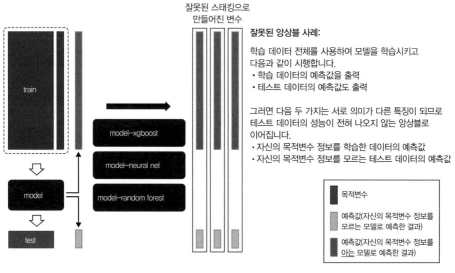

그림 7-5 잘못된 스태킹 사례

7.3.2 특징 생성 방법으로써 활용

스태킹은 앙상블 기법이지만 특징을 생성하는 방법으로써 사용할 수도 있습니다. 스태킹으로 만들어진 값은 '어떤 모델의 예측값'이라는 특징으로 볼 수 있으며 메타 특징meta-feature이라고 불리기도 합니다.

특징으로서의 포인트는 동질성을 지닌다는 점입니다. 스태킹에서 주의할 부분은 '어떤 모델의 예측값'이라는 특징이 학습 데이터와 테스트 데이터에서 서로 같은 의미의 변수라는 점입니다. 여기에서는 이를 '동질성'이라고 표현합니다. 하지만 앞에서 살펴본 [그림 7-5]의 잘못된 스태킹 사례에서는 예측값의 의미가 학습 데이터와 테스트 데이터일 때 서로 다릅니다. 학습 데이터에서는 '목적변수를 알고 있는' 예측값이 출력되며 테스트 데이터에서는 '목적변수를 모르는' 예측값이 출력됩니다. 이렇게 만들어진 서로 의미가 다른 예측값을 2계층 모델에서 학습 및 예측에 사용하면 심각한 결과로 이어집니다. 학습 데이터와 테스트 데이터에서 같은 열에 들어가는 '어떤 모델의 예측값'이라는 특징의 의미가 전혀 달라지기 때문입니다.

이렇게까지 분명한 오류는 아니더라도, 타깃 인코딩 적용에 오류가 있을 때나 매개변수 튜닝을 지나치게 수행했을 때는 일부 모델에 의해 작성된 예측값이 목적변수의 정보를 가질 수 있습니다. 이때 2계층 모델의 학습에서 정보를 가진 특징은 기본 정보가 없는 특징보다 높게 평가되며 예측에서의 영향력 역시 다른 모델로 만들어진 특징보다 커집니다. 다만 실제 테스트 데이터에서는 어느 한쪽에 과대평가되어 좋은 성능이 나오지 않습니다.

또한 스태킹을 특징 생성에 활용하면 응용의 폭이 넓어집니다. 보통 목적변수를 예측하는 모델을 만들 때는 결측이 많은 특징값을 예측하는 모델, 또는 회귀 문제를 목적변수의 값이 0인지 아닌지 판단하는 이진 분류 문제로 다시 파악한 모델을 만듭니다. 그리고 이들 모델의 예측값을 특징으로 할 수도 있습니다. 그 밖에도 2계층 모델의 스태킹으로 생성한 특징과 더불어 원래 데이터의 특징이나 t-SNE와 같은 비지도 학습에 따른 특징을 사용할 수 있습니다.

7.3.3 스태킹의 구현

스태킹은 다음과 같은 예제 코드로 구현할 수 있습니다.

(ch07/ch07-01-stacking.py 참조)

```python
from sklearn.metrics import log_loss
from sklearn.model_selection import KFold

# models.py에 Model1Xgb, Model1NN, Model2Linear을 정의하는 것으로 함
# 각 클래스는 fit로 학습하고 predict로 예측값 확률을 출력

from models import Model1Xgb, Model1NN, Model2Linear

# 학습 데이터에 대한 '목적변수를 모르는' 예측값과
# 테스트 데이터에 대한 예측값을 반환하는 함수
def predict_cv(model, train_x, train_y, test_x):
  preds = []
  preds_test = []
  va_idxes = []

  kf = KFold(n_splits=4, shuffle=True, random_state=71)

  # 교차 검증으로 학습, 예측하여 예측값과 인덱스를 보존
  for i, (tr_idx, va_idx) in enumerate(kf.split(train_x)):
    tr_x, va_x = train_x.iloc[tr_idx], train_x.iloc[va_idx]
    tr_y, va_y = train_y.iloc[tr_idx], train_y.iloc[va_idx]
    model.fit(tr_x, tr_y, va_x, va_y)
    pred = model.predict(va_x)
    preds.append(pred)
    pred_test = model.predict(test_x)
    preds_test.append(pred_test)
    va_idxes.append(va_idx)

  # 검증에 대한 예측값을 연결하고 이후 원래 순서로 정렬
  va_idxes = np.concatenate(va_idxes)
  preds = np.concatenate(preds, axis=0)
  order = np.argsort(va_idxes)
  pred_train = preds[order]

  # 테스트 데이터에 대한 예측값의 평균 획득
  preds_test = np.mean(preds_test, axis=0)
  return pred_train, preds_test

# 1계층 모델
# pred_train_1a, pred_train_1b는 학습 데이터의 검증에서의 예측값
# pred_test_1a, pred_test_1b는 테스트 데이터의 예측값
model_1a = Model1Xgb()
```

```
pred_train_1a, pred_test_1a = predict_cv(model_1a, train_x, train_y, test_x)

model_1b = Model1NN()
pred_train_1b, pred_test_1b = predict_cv(model_1b, train_x_nn, train_y, test_x_nn)

# 1계층 모델의 평가
print(f'logloss: {log_loss(train_y, pred_train_1a, eps=1e-7):.4f}')
print(f'logloss: {log_loss(train_y, pred_train_1b, eps=1e-7):.4f}')

# 예측값을 특징으로 데이터프레임을 작성
train_x_2 = pd.DataFrame({'pred_1a': pred_train_1a, 'pred_1b': pred_train_1b})
test_x_2 = pd.DataFrame({'pred_1a': pred_test_1a, 'pred_1b': pred_test_1b})

# 2계층 모델
# pred_train_2는 2계층 모델의 학습 데이터로 교차 검증에서의 예측값
# pred_test_2는 2계층 모델의 테스트 데이터 예측값
model_2 = Model2Linear()
pred_train_2, pred_test_2 = predict_cv(model_2, train_x_2, train_y, test_x_2)
print(f'logloss: {log_loss(train_y, pred_train_2, eps=1e-7):.4f}')
```

7.3.4 스태킹의 포인트

스태킹이 효과적인 경우와 아닌 경우

경진 대회의 성격에 따라 스태킹 효과에도 차이가 있습니다. 스태킹은 학습 데이터의 정보를 최대한 사용하려는 성질이 있으므로 학습 데이터와 테스트 데이터의 분포가 같고 대량의 데이터를 다루는 대회에서는 유용합니다. 반대로 시계열 데이터처럼 학습 데이터와 테스트 데이터의 분포가 서로 다른 대회에서는 스태킹이 학습 데이터에 과적합되는 경향이 있으므로 스태킹 대신 모델의 가중평균에 따른 앙상블을 이용할 때가 많습니다.

특징 생성에서 이렇다 할 차이점을 찾아보기 어려울 때는 그만큼 모델 성능의 세밀한 차이에 따라 랭킹이 달라지는 대회가 되는 만큼 이럴 때는 상대적으로 스태킹이 효과적입니다.

평가지표에도 차이가 있습니다. 정확도보다는 로그 손실 쪽이 예측값을 세밀하게 튜닝하여 점수 향상으로 이어지므로 스태킹이 효과적입니다. 특히 다중 클래스 분류에서 평가지표가 다중 클래스 로그 손실[multi-class logloss]일 때는 GBDT와 신경망을 스태킹하면 큰 폭으로 점수가 높아집니다.[3]

테스트 데이터의 특징 생성 방법

스태킹으로 테스트 데이터의 특징을 생성할 때는 테스트 데이터에 대해 예측해야 합니다. 그 예측 방법으로 앞에서는 다음 [그림 7-6]처럼 각 폴드 모델의 평균을 구하는 방법을 설명했지만, [그림 7-7]과 같이 학습 데이터 전체에 대해 재학습한 모델로 예측하는 방법도 있습니다.

4.1.2절에서도 설명했듯이 교차 검증한 후에 테스트 데이터를 어떻게 예측할지에 관한 문제는 그 범위가 스태킹에만 한정되지 않습니다.

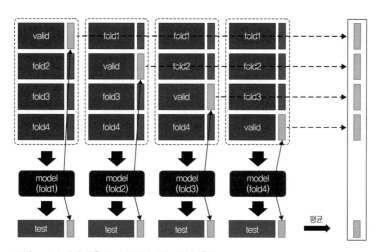

그림 7-6 스태킹 아웃 오브 폴드에서의 모델 예측값

---

3 캐글의 Otto Group Product Classification Challenge 대회나 Walmart Recruiting: Trip Type Classification 대회 등이 이에 해당합니다.

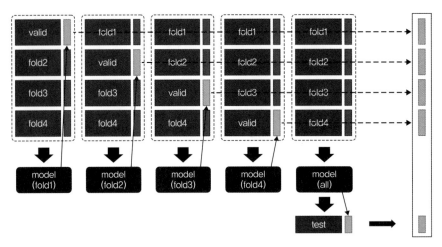

그림 7-7 스태킹 아웃 오브 폴드에서의 모델 예측값: 학습 데이터 전체에 대해 다시 예측

2계층 모델에 원래 특징을 추가하는 문제

2계층 모델이 학습할 때 1계층 모델의 예측값만 특징으로 할 것인지 아니면 1계층 모델의 원래 특징도 추가할 것인지를 선택할 수 있습니다(그림 7-8). 전자는 학습 시간이 적고 과적합이 일어나기 어렵습니다. 한편 후자는 원래의 특징과 모델 예측값 사이의 관계성을 파악할 수 있습니다. 또한 t-SNE, UMAP이나 클러스터링과 같은 비지도 학습에 따른 특징을 2계층 모델의 특징으로 부여하기도 합니다.

그림 7-8 2계층 모델에 원래 특징을 추가할지 검토

다중 계층 스태킹

스태킹으로 1계층 모델의 예측값이라는 특징을 만들고 그것을 학습에 이용하여 2계층 모델을 만듭니다. 여기서 2계층 모델의 예측값이라는 특징을 다시 3계층 모델의 학습에 사용할 수 있습니다. 이처럼 2계층뿐만 아니라 3계층, 4계층으로 스태킹 해나갈 수 있습니다. 스태킹에 따른 성능 향상 효과는 점차 약해지지만 그래도 다소나마 효과를 볼 수 있습니다. 또한 스태킹 방법에도 선택지가 있으므로 어떤 방법으로 할지 고민된다면 2계층에서 양쪽 모두 시도한 뒤 3계층에서 조합하는 방법도 있습니다.

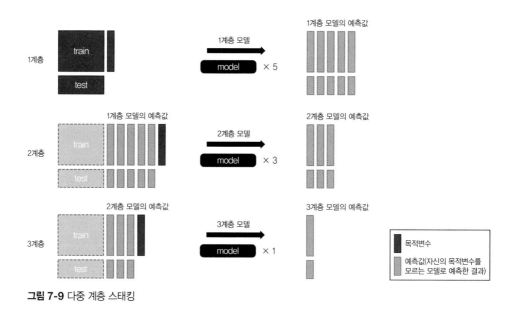

그림 7-9 다중 계층 스태킹

하이퍼파라미터 조정이나 조기 종료의 주의점

하이퍼파라미터를 지나치게 조정한 결과 검증 데이터에 과적합한 예측값이 생길 가능성이 있습니다. 또한 조기 종료로 구현한 모델에서는 검증 데이터에 대해 학습 진행이 최적인 지점에서 멈춥니다.

스태킹에서는 예측값을 특징으로 활용하지만, 이런 경우에는 검증 데이터에 대해 조금이나마 '목적변수를 알고 있는' 예측값인 데 비해 테스트 데이터에 대해서는 그렇지 않으며 동질성이 없을 가능성이 있습니다. 5.4.5절에서도 설명했지만 이러한 점을 고려하여 하이퍼파라미터 조정이나 조기 종료에서 파라미터나 결정 트리의 개수를 구한 뒤 폴드를 자르는 방법을 바꾸어 학습 및 예측을 진행하는 편이 좋습니다. 다만 그렇게 세세한 부분까시 신경 쓸 필요는 없다는 의견도 있습니다.

예측값을 출력할 때 참고사항

1계층 모델로 출력하는 값은 어떤 형태로든 예측에 도움이 되는 값이면 충분하며 반드시 최종 출력해야 할 예측값일 필요는 없습니다. 예를 들어 회귀 문제에서 어떤 값 이상 또는 이하의 이진 분류 모델이나 또는 결측값이 많은 변수가 있을 때 그 값을 예측하는 모델을 만들고, 이 예측값들을 2계층 모델에 부여할 수도 있습니다.

모델의 또 다른 예측값인 메타 특징

2계층 모델에 부여할 특징으로 단순히 1계층 모델의 예측값을 주는 것 외에, 1계층의 어떤 모델과 다른 모델의 예측값 오차 또는 1계층의 여러 모델의 예측값 평균 및 분산과 같은 새로운 메타 특징을 생성할 수도 있습니다.

분석에 활용

스태킹을 실시하는 과정에서 모델의 예측값이라는 특징을 확보합니다. 이것을 목적변수와 조합하면 행 데이터별로 얼마나 올바르게 예측할 수 있는지에 관한 정보를 얻을 수 있는 만큼 그러한 관점에서 분석할 수 있습니다. 예를 들어 혼동행렬(분류 문제에서의 실젯값 클래스와 예측값 클래스의 행렬)을 만들거나, 어느 카테고리형 변수의 값과 같은 특정 조건으로 분류해 모델 성능을 살펴본 뒤 예측하기 어려운 행 데이터의 조건을 고찰할 수 있습니다.

7.3.5 홀드아웃 데이터의 예측값을 이용한 앙상블

캐글 앙상블 가이드에서는 블렌딩blending이라는 테크닉을 소개합니다.[4] 이 용어가 사용되는 방식은 상황에 따라 다른데, 캐글의 Discussion에서는 이 용어가 예측값의 가중평균에 따른 앙상블을 가리킬 때가 많으므로 여기서는 '홀드아웃 데이터에 대한 예측값을 이용한 앙상블'이라고 정의하겠습니다.

---

4 *https://mlwave.com/kaggle-ensembling-guide*

일단 모델의 예측값을 다음 계층의 특징으로 사용한다는 점은 같습니다. 스태킹에서는 교차 검증의 분할 별로 학습시키지만, 이 방법으로는 홀드아웃 데이터를 먼저 나눈다는 점이 다릅니다. 2계층에서는 홀드아웃 데이터로 학습하고 테스트 데이터를 예측합니다.

① 학습 데이터를 훈련train 데이터와 홀드아웃hold-out 데이터로 나눕니다.

② 모델을 훈련 데이터로 학습시킨 뒤 홀드아웃 데이터와 테스트 데이터의 예측값을 작성합니다(그림 7-10).

③ ② 과정을 앙상블 하려는 모델 수만큼 반복합니다.

④ 2계층 모델로서 ② ~ ③에서 생성한 특징을 사용하여 모델의 학습과 예측을 합니다(그림 7-11).

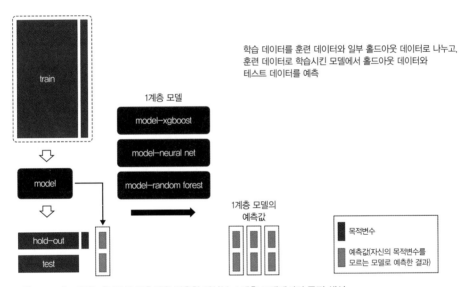

그림 7-10 홀드아웃 데이터의 예측값을 이용한 앙상블: 1계층 모델에서의 특징 생성

그림 7-11 홀드아웃 데이터의 예측값을 이용한 앙상블: 2계층 모델에서의 예측

이 방법은 1계층 모델을 교차 검증하지 않으므로 계산 시간이 적게 걸리고, 1계층 모델 학습 시 홀드아웃 데이터의 목적변수를 전혀 알 수 없으므로 데이터 정보 누출의 위험이 크지 않다는 장점이 있습니다. 그러나 사용할 수 있는 데이터의 양이 줄어드는 건 좋다고 할 수 없으므로 널리 사용되지는 않습니다. 만약 데이터 수가 많고 검증용 계산량이 엄격하다면 검토해봐도 좋겠습니다.

7.4 앙상블 대상 모델의 선택 기준

앙상블로 높은 효과를 내려면 다양성이 풍부한 모델을 조합하는 게 좋다고 알려졌습니다. 만약 모델들이 서로 거의 같은 예측값을 반환한다면 앙상블을 해도 큰 변화는 없을 것입니다. 반면 어떤 모델은 맑은 날의 판매량을 잘 예측하고 또 다른 모델은 비 오는 날의 판매량을 잘 예측한다면 이들을 적절히 조합하여 더 좋은 모델을 만들 수 있을 것입니다. 그 밖에 선형적인 관계를 잘 파악하는 모델과 변수 간의 상호작용을 잘 파악하는 모델도 조합하면 좋겠습니다. 이처럼 자신 있는 부분이 서로 다른 모델을 적절히 조합함으로써 성능의 향상을 기대할 수 있습니다.

덧붙여, 성능이 낮아도 성질이 서로 다른 모델이라면 앙상블을 통해 성능 개선에 기여할 수 있습니다. 앙상블에서는 성능보다 다양성이 중요하므로 모델 하나의 성능이 낮더라도 버리지 않는 편이 좋습니다. 다양성이 풍부한 모델을 만드는 방법은 다음과 같습니다.

7.4.1 다양한 모델 활용

예를 들어 GBDT 등의 결정 트리 계열 모델, 신경망, 선형 모델, k-최근접 이웃 알고리즘에서는 각각 예측값의 경계가 다르므로 서로의 약점을 보완할 수 있습니다. 특히 하나의 개체에서 성능이 높은 모델인 GBDT와 신경망의 앙상블을 우선 시험해보면 좋을 것입니다.

앙상블에서는 다음과 같은 모델을 많이 사용합니다.

- GBDT

- 신경망

- 선형 모델

- k–최근접 이웃 알고리즘

- ERT 혹은 랜덤 포레스트

- RGF[regularized greedy forest]

- FFM[field–aware factorization machines]

INFORMATION

캐글 그랜드마스터인 KazAnova 씨에 따르면 좋은 스태킹 솔루션은 종종 다음과 같은 모델을 포함하여 구성됩니다.[5]

- 2~3개의 GBDT(결정 트리의 깊이가 얕은 것, 중간 정도의 것, 깊은 것)
- 1~2개의 랜덤 포레스트(결정 트리의 깊이가 얕은 것, 깊은 것)
- 1~2개의 신경망(각각 계층 수가 많은 것과 적은 것)
- 1개의 선형 모델

7.4.2 하이퍼파라미터 변경

모델이 같더라도 다음과 같이 하이퍼파라미터를 바꿔봄으로써 모델의 다양성을 높일 수 있습니다.

---

5 https://analyticsweek.com/content/stacking-made-easy-an-introduction-to-stacknet-by-competitions-grandmaster-marios-michailidis-kazanova/

- 상호작용 방식을 변경(결정 트리의 깊이 변경 등)

- 정규화 강도를 변경

- 모델의 표현력을 변경(신경망 계층이나 유닛 수 변경 등)

7.4.3 특징 변경

다음과 같이 사용하는 특징과 그 조합을 바꾸는 것도 효과적입니다.

- 특정 특징의 조합을 사용/사용하지 않음

- 특징의 스케일링을 수행/수행하지 않음

- 특징 선택을 강행/그다지 하지 않음

- 이상치를 제외/제외하지 않음

- 데이터 전처리와 변환 방식을 변경

7.4.4 문제 파악 방식을 변경

다음과 같이 문제를 파악하는 방식을 바꾸거나, 문제를 푸는 데 도움이 되는 어떤 값을 예측하는 모델을 구축하고 그 예측값을 특징으로 할 수도 있습니다.

- 회귀 문제에서는 어느 값 이상과 이하의 이진 분류 문제 모델을 만듭니다.

- 0 이상의 값을 받는 판매액의 회귀 문제에서 판매 여부(= 판매액이 0인지 아닌지)를 판단하는 이진 분류 모델을 만듭니다.

- 다중 클래스 분류에서 일부 클래스만을 예측하는 모델을 만듭니다. 그 모델에서는 일부 클래스에 특화된 기법을 사용할 수 있습니다.

- 중요하지만 결측값이 많은 특징이 있을 때 그 특징을 예측하는 모델을 만듭니다.

- 어느 모델에 의한 예측값의 잔차(=목적변수 – 예측값)에 대해 예측하는 모델을 만듭니다.

7.4.5 스태킹에 포함할 모델 선택

스태킹에 포함할 모델을 선택할 때는 (온전히 확립된 방법은 아니지만) 다음과 같은 방법을 고려할 수 있습니다.

먼저 단순한 방법으로는 모델을 만들 때마다 스태킹 모델로서 포함시키고 그 결과 성능이 좋아지면 남겨두고 그렇지 않으면 대상에서 제외하는 과정을 반복하는 방법이 있습니다. 자동화된 방법으로는 6.2.3절에서 설명한 '탐욕적 전진 선택'이나 그것을 간편화한 방법이 있지만, 계산량에 따라서는 적용하기 어려울 때가 있습니다.

상관계수가 0.95 이하이면서 2개 모집단의 확률분포가 다른지 여부를 검정하는 콜모고로프–스미르노프 검정Kolmogorov – Smirnov test 통계량이 0.05 이상인 모델을 성능이 높은 순서대로 선정하는 기법도 있습니다.[6][7][8] 단순히 성능이 높은 것을 선택하면 같은 특성의 모델이라 다양성이 사라지는 점을 고려한 방법입니다.

또한 모델을 선택할 때는 다음과 같은 분석이 도움이 될 것입니다.

- 검증 결과를 로그로 출력하고 각 모델의 점수를 파악할 수 있도록 해둡니다.

- 모델의 다양성을 평가하고자 모델 예측값의 상관계수를 계산하거나 다른 모델의 예측값 간 산포도를 플롯합니다.

- 모델 검증에서의 점수와 해당 모델의 예측값을 단독으로 제출했을 때의 Public Leaderboard 점수를 플롯합니다. 이렇게 하면 검증에서의 평가는 좋지만 어떤 이유로든 Public Leaderboard에서는 평가가 좋지 않은 모델을 파악할 수 있습니다.

> **NOTE**
> 앙상블 솔루션의 의의를 논할 수 있습니다. 예를 들면 수백 개의 모델을 앙상블 하여 만든 모델로 성능을 약간 높이는 게 무슨 의미가 있을까 라는 의문이 제기될 수 있습니다. 필자의 의견은 다음과 같습니다.

---

6 https://www.kaggle.com/c/jigsaw-toxic-comment-classification-challenge/discussion/51058

7 https://www.kaggle.com/c/jigsaw-toxic-comment-classification-challenge/discussion/50827

8 코르모고로프–스미르노프 검정 통계량은 값의 분포만 보고 값의 순서는 보지 않습니다. 따라서 값의 분포가 같으면 예측값의 순서, 즉 행 데이터 예측값의 크고 작음에 차이가 있어도 통계량이 줄어드는 것에 주의해야 합니다. 이 점을 보완한다면 스피어만 상관계수를 이용하는 방법도 고려할 수 있습니다.

- 스태킹 기법은 여러 모델을 혼합하는 효과적이면서도 심플한 방법으로써 유용합니다.
- 실무 측면에서도 문제에 따라서는 약간의 성능 향상이 큰 이익으로 이어질 때가 있습니다.
- 앙상블로 달성한 모델 성능과 심플한 접근방식으로 달성할 수 있는 성능을 비교할 수 있다는 점에 의미가 있습니다.

경진 대회의 가치나 재미라는 관점에서 다수 모델을 앙상블한 솔루션이 상위를 차지하는 대회는 개인적으로 그다지 좋아하지 않습니다. 문제를 적절히 해석하여 효과적인 특징을 생성하거나 분석해낸 솔루션으로 이길 수 있는 대회였으면 합니다.

7.5 경진 대회의 앙상블 사례

앙상블이 비교적 잘 이루어진 대회의 사례를 소개하겠습니다.

NOTE
일부 솔루션에서는 구현된 모델의 수에 압도되기도 하지만, 효과적인 특징을 찾아내고 개별 단위의 성능이 높은 모델을 만드는 일의 중요성을 잊어서는 안 됩니다.

7.5.1 캐글 Otto Group Product Classification Challenge 대회

2015년에 진행된 캐글의 Otto Group Product Classification Challenge 경진 대회는 익명화된 특징을 바탕으로 상품을 9등급의 카테고리로 분류하는 다중 클래스 분류 문제로, 평가 지표는 다중 클래스 로그 손실이었습니다.

1위 입상자가 포럼에 공개한 솔루션에서는 다음과 같이 1계층 모델 및 특징을 생성했습니다.[9] 그에 따르면 GBDT, 신경망, k-최근접 이웃 알고리즘을 비롯한 다수 모델의 앙상블이 이루어 졌습니다.

----

9 https://www.kaggle.com/c/otto-group-product-classification-challenge/discussion/14335

Models and features used for 2nd level training:

X = Train and test sets

-Model 1: RandomForest(R). Dataset: X

-Model 2: Logistic Regression(scikit). Dataset: Log(X+1)

-Model 3: Extra Trees Classifier(scikit). Dataset: Log(X+1) (but could be raw)

-Model 4: KNeighborsClassifier(scikit). Dataset: Scale(Log(X+1))

-Model 5: libfm. Dataset: Sparse(X). Each feature value is a unique level.

-Model 6: H2O NN. Bag of 10 runs. Dataset: sqrt(X + 3/8)

-Model 7: Multinomial Naive Bayes(scikit). Dataset: Log(X+1)

-Model 8: Lasagne NN(CPU). Bag of 2 NN runs. First with Dataset Scale(Log(X+1)) and second with
Dataset Scale(X)

-Model 9: Lasagne NN(CPU). Bag of 6 runs. Dataset: Scale(Log(X+1))

-Model 10: T-sne. Dimension reduction to 3 dimensions. Also stacked 2 kmeans features using the Tsne 3 dimensions. Dataset: Log(X+1)

-Model 11: Sofia(R). Dataset: one against all with learner_type="logreg-pegasos" and loop_
type="balanced-stochastic". Dataset: Scale(X)

-Model 12: Sofia(R). Trainned one against all with learner_type="logreg-pegasos" and loop_
type="balanced-stochastic". Dataset: Scale(X, T-sne Dimension, some 3 level interactions between
13 most important features based in randomForest importance)

-Model 13: Sofia(R). Trainned one against all with learner_type="logreg-pegasos" and loop_
type="combined-roc". Dataset: Log(1+X, T-sne Dimension, some 3 level interactions between 13 most
important features based in randomForest importance)

-Model 14: Xgboost(R). Trainned one against all. Dataset: (X, feature sum(zeros) by row). Replac
ed zeros with NA.

-Model 15: Xgboost(R). Trainned Multiclass Soft-Prob. Dataset: (X, 7 Kmeans features with differe
nt number of clusters, rowSums(X==0), rowSums(Scale(X)>0.5), rowSums(Scale(X)<
-0.5))

-Model 16: Xgboost(R). Trainned Multiclass Soft-Prob. Dataset: (X, T-sne features, Some Kmeans clu
sters of X)

-Model 17: Xgboost(R): Trainned Multiclass Soft-Prob. Dataset: (X, T-sne features, Some Kmeans clu
sters of log(1+X))

-Model 18: Xgboost(R): Trainned Multiclass Soft-Prob. Dataset: (X, T-sne features, Some Kmeans clu sters of Scale(X))

-Model 19: Lasagne NN(GPU). 2-Layer. Bag of 120 NN runs with different number of epochs.

-Model 20: Lasagne NN(GPU). 3-Layer. Bag of 120 NN runs with different number of epochs.

-Model 21: XGboost. Trained on raw features. Extremely bagged (30 times averaged).

-Model 22: KNN on features X + int(X == 0)

-Model 23: KNN on features X + int(X == 0) + log(X + 1)

-Model 24: KNN on raw with 2 neighbours

-Model 25: KNN on raw with 4 neighbours

-Model 26: KNN on raw with 8 neighbours

-Model 27: KNN on raw with 16 neighbours

-Model 28: KNN on raw with 32 neighbours

-Model 29: KNN on raw with 64 neighbours

-Model 30: KNN on raw with 128 neighbours

-Model 31: KNN on raw with 256 neighbours

-Model 32: KNN on raw with 512 neighbours

-Model 33: KNN on raw with 1024 neighbours

-Feature 1: Distances to nearest neighbours of each classes

-Feature 2: Sum of distances of 2 nearest neighbours of each classes

-Feature 3: Sum of distances of 4 nearest neighbours of each classes

-Feature 4: Distances to nearest neighbours of each classes in TFIDF space

-Feature 5: Distances to nearest neighbours of each classed in T-SNE space (3 dimensions)

-Feature 6: Clustering features of original dataset

-Feature 7: Number of non-zeros elements in each row

-Feature 8: X (That feature was used only in NN 2nd level training)

INFORMATION

소스 코드가 공개되지 않아 정확히 무엇을 의미하는지 알 수 없는 모델도 있습니다. 또한 최종 솔루션에는 포함되었지만 효과가 있는지 파악할 수 없는 모델도 있습니다. 이러한 솔루션을 살펴볼 때 모든 내용을 이해하려고 애쓸 필요는 없습니다.

2위 솔루션에서도 [그림 7-12]와 같이 스태킹이 이루어집니다. 입상자는 GBDT와 신경망을 2계층으로 조합하는 게 매우 중요하며 k-최근접 이웃 알고리즘도 스태킹을 위한 특징으로서 도움이 되었다고 밝혔습니다. 또한 주어진 그대로의 데이터와 TF-IDF 처리를 적용한 데이터를 각각 병행하여 모델을 구축했다고 합니다.

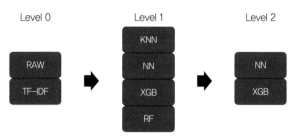

그림 7-12 Otto Group Product Classification Challenge 대회의 2위 모델[10]

7.5.2 캐글 Home Depot Product Search Relevance 대회

이번에는 2016년에 진행된 캐글의 Home Depot Product Search Relevance 대회 사례를 소개합니다. 미국의 홈디포^{Home Depot} 웹사이트에서 검색된 말의 구절, 즉 어구와 상품 간 관련도를 예측[11]하는 문제로 평가지표는 제곱근평균제곱오차(RMSE)였습니다. 검색된 어구나 상품의 타이틀 및 설명이 텍스트로 제공되므로 자연어 처리 기술이 요구되는 문제였습니다.

3위 솔루션에서는 텍스트에 대한 전처리, 다양한 특징 생성을 실시한 뒤에 GBDT, 신경망, 선형 모델 등으로 스태킹을 실시합니다(그림 7-13). 이 솔루션에 관해서는 입상자 인터뷰의 기사 외에도 세심하게 기술된 코드와 문서가 공개되어 있으므로 찾아보면 참고가 될 것입니다.

10 *https://medium.com/kaggle-blog/otto-product-classification-winners-interview-2nd-place-alexander-guschin-%E3%83%84-e9248c318f30*

11 이때 정답으로 판단되는 관련도는 사람이 부여합니다.

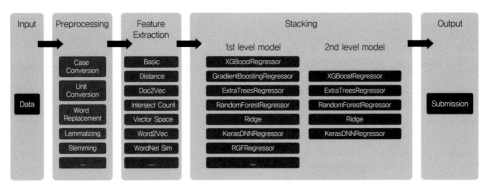

그림 7-13 Home Depot Product Search Relevance대회의 3위 모델[12]

7.5.3 캐글 Home Credit Default Risk 대회

2018년에 진행된 캐글의 Home Credit Default Risk 대회를 소개하겠습니다. 이 대회는 대부업체 Home Credit 사에 의해 개최되었으며 고객의 대손율을 예측한 것이었습니다.

평가지표는 ROC 곡선아래면적(AUC)으로, 학습 데이터와 테스트 데이터는 주로 시계열과 프로젝트(서비스를 개시하는 지역이나 상품성 등)로 분할되어 있었습니다. 학습 데이터와 테스트 데이터의 분할이 이렇게 이루어지다 보니 검증에 따른 학습 데이터의 평가와 Public Leaderboard에서의 점수 정합성을 유지하기가 매우 어려워져 스태킹을 하면 과적합하는 경향이 있었습니다.

그래서 2위 솔루션에서는 필자가 '적대적 확률적 블렌딩adversarial stochastic blending'이라고 명명한 독자적인 방법을 사용합니다. 5.4.3절에서 소개한 '적대적 검증'을 이용한 방법으로, 가중평균을 취함으로써 앙상블을 수행하지만 학습 데이터가 아닌 테스트 데이터에 맞도록 각 모델의 무게를 조정하기 위해 테스트 데이터에 가까운 학습 데이터를 샘플링하여 사용합니다.

순서는 다음과 같습니다.

① 학습 데이터와 테스트 데이터에 대해 적대적 검증을 수행하고 학습 데이터에 대한 '테스트 데이터다움'을 예측하는 모델을 구축합니다.

---

12 https://github.com/ChenglongChen/kaggle-HomeDepot

② 스태킹을 할 때와 마찬가지로 각 모델에서의 예측값을 아웃 오브 폴드로 구합니다.

③ ①에서 구한 '테스트 데이터다움'을 바탕으로 학습 데이터 중에 (50% 등) 일정 비율로 데이터를 샘플링합니다.

④ 샘플링한 데이터에 대해 가중평균의 각 모델 가중치를 최적화합니다.

⑤ 무게의 평균값이 수렴될 때까지 ③~④를 충분한 횟수로 반복합니다.

이 순서대로 작성한 예제 코드는 다음과 같습니다.

(ch07/ch07-03-adversarial.py 참조)

```python
# 모델의 예측값을 가중평균하는 가중치 값을 적대적 검증으로 구함
# train_x: 각 모델에 의한 확률 예측값(실제로는 순위로 변환한 것을 사용)
# train_y: 목적변수
# adv_train: 학습 데이터의 테스트 데이터다움을 확률로 나타낸 값

from scipy.optimize import minimize
from sklearn.metrics import roc_auc_score

n_sampling = 50        # 샘플링 횟수
frac_sampling = 0.5    # 샘플링에서 학습 데이터를 추출하는 비율

def score(x, data_x, data_y):
  # 평가지표는 AUC로 함
  y_prob = data_x['model1'] * x + data_x['model2'] * (1 - x)
  return -roc_auc_score(data_y, y_prob)

# 샘플링으로 가중평균의 가중치 값을 구하는 작업을 반복
results = []
for i in range(n_sampling):
  # 샘플링을 수행
  seed = i
  idx = pd.Series(np.arange(len(train_y))).sample(frac=frac_sampling, replace=False,
                      random_state=seed, weights=adv_train)
  x_sample = train_x.iloc[idx]
  y_sample = train_y.iloc[idx]

  # 샘플링한 데이터에 대하여 가중평균의 가중치 값을 최적화로 구하기
  # 제약식을 갖도록 알고리즘은 COBYLA를 선택
  init_x = np.array(0.5)
```

```
    constraints = (
      {'type': 'ineq', 'fun': lambda x: x},
      {'type': 'ineq', 'fun': lambda x: 1.0 - x},
    )
    result = minimize(score, x0=init_x,
                args=(x_sample, y_sample),
                constraints=constraints,
                method='COBYLA')
    results.append((result.x, 1.0 - result.x))

  # model1, model2의 가중평균의 가중치
  results = np.array(results)
  w_model1, w_model2 = results.mean(axis=0)
```

이 방법은 학습 데이터와 테스트 데이터의 성질이 크게 다를 때 유효합니다(이 사례에서는 적대적 검증에서의 AUC가 0.9 이상). 또한 점수 상승에 대한 기여도가 특징의 개선처럼 크지는 않으므로 대회 종반 시점에 마지막으로 한 번 이용하면 좋겠습니다.

한편 '테스트 데이터다움'으로 데이터에 가중치를 붙여 선형 모델을 적용하는 방법은 이 사례에서는 잘 풀리지 않았습니다. 또한 학습 데이터의 샘플링 비율을 Public Leaderboard의 점수를 참고하여 조정하는 일도 있었습니다.

> **NOTE**
> 실제 비지니스에서 그동안 축적해온 학습 데이터와는 다른 분포와 속성을 보이는 신규 고객을 대상으로 서비스를 제공할 경우가 있습니다. 이때 방금 설명한 접근 방식으로 비즈니스에 공헌할 수도 있습니다.

한편 대규모 팀이었던 만큼 이 팀의 전체 솔루션 구조는 [그림 7-14]와 같이 꽤 복잡합니다.

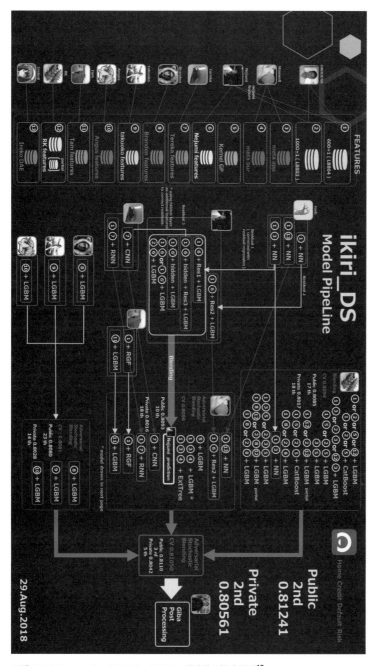

그림 7-14 Home Credit Default Risk 대회의 2위 솔루션[13]

---

13 *https://www.kaggle.com/c/home-credit-default-risk/discussion/64722*

경진 대회 참고 자료

캐글 등의 경진 대회에 참가할 때 특히 참고할 수 있는 사이트 자료를 소개합니다.

대회 플랫폼 웹사이트

1장에서도 소개한 바 있지만 경진 대회 플랫폼의 사이트들을 다시 소개하겠습니다. 여기서 소개하는 사이트 외에도 몇몇 사이트가 있지만 우선은 다음 목록을 참고하기를 권합니다. 경진 대회의 플랫폼 중에 가장 유명한 캐글은 Code 및 Discussion 페이지에서 다양한 기법을 익힐 수 있는 학습 자료를 충실히 갖추고 있습니다. 한국에서는 데이콘Dacon, AI팩토리AIFactory가 공모전을 개최하며 일본에서는 시그네이트SIGNATE가 비교적 좋은 공모전을 개최합니다.

- *https://www.kaggle.com/*

- *https://dacon.io/*

- *http://aifactory.space/*

- *https://signate.jp/*

각종 기사 및 웹페이지

- **No Free Hunch**

  https://medium.com/kaggle-blog

  캐글 공식 블로그입니다. Winners' Interviews 등 과거 입상자의 인터뷰 기사가 실려 있어 입상 솔루션의 기법이나 중요한 깨달음을 얻을 수 있습니다.

- **How to Win a Data Science Competition: Learn from Top Kagglers**

  https://www.coursera.org/learn/competitive-data-science

  코세라Coursera라는 온라인 강좌 사이트의 경진 대회 기술에 특화한 코스입니다. 강사진은 캐글 그랜드마스터로, 다른 곳에서는 잘 소개되지 않는 경진 대회에 필요한 사고방식이나 테크닉을 배울 수 있습니다.

- **Profiling Top Kagglers: Bestfitting, Currently #1 in the World**

  https://medium.com/kaggle-blog/profiling-top-kagglers-bestfitting-currently-1-in-the-world-58cc0e187b

  압도적인 강점과 깔끔한 해법으로 캐글러들에게 충격을 주었으며 2018년 캐글 순위 1위를 차지한 Bestfitting의 인터뷰 기사입니다. 그 해법을 만들어내는 엄격한 자세를 엿볼 수 있습니다.

- **Winning Data Science Competitions**

  https://www.slideshare.net/OwenZhang2/tips-for-data-science-competitions

  2015년까지 오랫동안 캐글 순위 1위였던 Owen의 슬라이드입니다. 2015년 자료이지만 경진 대회의 개요 및 기법, 주의점이 잘 정리되어 있어 소개합니다.

참고 문헌

2장

- How to use Kaggle

  https://www.kaggle.com/docs/competitions

- How to Win a Data Science Competition: Learn from Top Kagglers

  https://www.coursera.org/learn/competitive-data-science/

- 3.3. Metrics and scoring: quantifying the quality of predictions

  https://scikit-learn.org/stable/modules/model_evaluation.html

- 1.16. Probability calibration

  http://scikit-learn.org/stable/modules/calibration.html

3장

특징 생성

- How to Win a Data Science Competition: Learn from Top Kagglers

  https://www.coursera.org/learn/competitive-data-science/

- 앨리스 젱, 아만다 카사리, 『피처 엔지니어링, 제대로 시작하기』(에이콘출판, 2018)

- 웨스 맥키니, 『파이썬 라이브러리를 활용한 데이터 분석(2판)』(한빛미디어, 2019)

- 모토하시 도모미쓰, 『데이터 전처리 대전』(한빛미디어, 2019)

- 사이토 고키, 『밑바닥부터 시작하는 딥러닝 2』(한빛미디어, 2019)

- 原田達也, 『画像認識(機械学習プロフェッショナルシリーズ)』(講談社, 2017)

- 坪井祐太ほか, 『深層学習による自然言語処理 (機械学習プロフェッショナルシリーズ)』(講談社, 2017)

- 岩田具治, 『トピックモデル(機械学習プロフェッショナルシリーズ)』(講談社, 2015)

자연어 처리

- 6.2.3.1. The Bag of Words representation
  https://scikit-learn.org/stable/modules/feature_extraction.html#the-bag-ofwords-representation

- Approaching (Almost) Any NLP Problem on Kaggle
  https://www.kaggle.com/abhishek/approaching-almost-any-nlp-problem-on-kaggle

- An Introduction to Deep Learning for Tabular Data
  https://www.fast.ai/2018/04/29/categorical-embeddings/

- AllenNLP
  https://allennlp.org/

4장

라이브러리 및 관련 논문

- **xgboost**
  - *https://xgboost.readthedocs.io/en/latest/*
  - *https://github.com/dmlc/xgboost/*

- Chen, Tianqi, and Carlos Guestrin. 「Xgboost: A scalable tree boosting system.」 Proceedings of the 22nd acm sigkdd international conference on knowledge discovery and data mining. ACM, 2016.

- **lightgbm**
  - *https://lightgbm.readthedocs.io/en/latest/*
  - *https://github.com/microsoft/LightGBM/*
  - Ke, Guolin, et al. 「Lightgbm: A highly efficient gradient boosting decision tree.」 Advances in Neural Information Processing Systems, 2017.

- **catboost**
  - *https://catboost.ai/docs/*
  - *https://github.com/catboost/catboost*
  - Prokhorenkova, Liudmila, et al. 「CatBoost: unbiased boosting with categorical features.」 Advances in Neural Information Processing Systems. 2018.
  - Dorogush, Anna Veronika, Vasily Ershov, and Andrey Gulin. 「CatBoost: gradient boosting with categorical features support.」 arXiv preprint arXiv:1810.11363(2018).

- **keras**
  - *https://keras.io/*
  - *https://github.com/keras-team/keras*

- **pytorch**
  - *https://pytorch.org/*
  - *https://github.com/pytorch/pytorch*

- **chainer**
  - *https://docs.chainer.org/en/stable/*
  - *https://github.com/chainer/chainer*

- **tensorflow**
  - *https://www.tensorflow.org/*
  - *https://github.com/tensorflow/tensorflow*

- **scikit-learn**
  - (선형 모델) 1.1. Linear Models
    https://scikit-learn.org/stable/modules/linear_model.html
  - (k 최근접 접근법)1.6.Nearest Neighbors
    http://scikit-learn.org/stable/modules/neighbors.html
  - (랜덤 포레스트, ERT)1.11. Ensemble methods
    http://scikit-learn.org/stable/modules/ensemble.html

- **vowpal wabbit**
  - *https://github.com/VowpalWabbit/vowpal_wabbit*

- **rgf**
  - *https://github.com/RGF-team/rgf*
  - Johnson, Rie, and Tong Zhang. 「Learning nonlinear functions using regularized greedy forest.」 IEEE transactions on pattern analysis and machine intelligence 36.5(2013):942−954.

- **libffm**
  - *https://github.com/ycjuan/libffm*
  - Juan, Yuchin, et al. 「Field−aware factorization machines for CTR prediction.」 Proceedings of the 10th ACM Conference on Recommender Systems.ACM, 2016.

- **xlearn**
  - *https://github.com/aksnzhy/xlearn*

관련 도서 및 기사

- 平井有三, 『はじめてのパターン認識』(森北出版, 2012)

- 오카타니 타카유키, 『딥 러닝 제대로 시작하기』(제이펍, 2016)

- 사이토 고키, 『밑바닥부터 시작하는 딥러닝』(한빛미디어, 2017)

- A Kaggle Master Explains Gradient Boosting
  https://www.gormanalysis.com/blog/gradient-boosting-explained/

- An Introductory Guide to Regularized Greedy Forests (RGF) with a case study in Python(Analytics Vidhya)
  https://www.analyticsvidhya.com/blog/2018/02/introductory-guide-regularized-greedy-forests-rgf-python/

5장

- How to Win a Data Science Competition: Learn from Top Kagglers
  https://www.coursera.org/learn/competitive-data-science/

- Winning Data Science Competitions
  https://www.slideshare.net/OwenZhang2/tips-for-data-science-competitions

6장

파라미터 튜닝: 라이브러리와 관련 논문

- **hyperopt**
  - *https://hyperopt.github.io/hyperopt/*
  - *https://github.com/hyperopt/hyperopt*
  - Bergstra, James, Daniel Yamins, and David Daniel Cox. 「Making a science of model search: Hyperparameter optimization in hundreds of dimensions for vision architectures.」(2013).
  - Bergstra, James S., et al. 「Algorithms for hyper-parameter optimization.」 Advances in neural information processing systems. 2011.

- **optuna**
  - *https://optuna.readthedocs.io/en/latest/*
  - *https://github.com/pfnet/optuna*
- **라이브러리 공식 문서**
  - XGBoost Parameters

    https://xgboost.readthedocs.io/en/latest/parameter.html
  - Notes on Parameter Tuning

    https://xgboost.readthedocs.io/en/latest/tutorials/param_tuning.html
  - Parameters

    https://lightgbm.readthedocs.io/en/latest/Parameters.html
- **Parameters Tuning**

  https://lightgbm.readthedocs.io/en/latest/Parameters-Tuning.html
- **Python package training parameters**

  https://catboost.ai/docs/concepts/python-reference_parameters-list.html
- **Parameter tuning**

  https://catboost.ai/docs/concepts/parameter-tuning.html

파라미터 튜닝: 기사, 도서, 논문 등

- Bergstra, James, and Yoshua Bengio. 「Random search for hyper-parameter optimization.」Journal of Machine Learning Research 13.Feb (2012): 281–305.

- How to Win a Data Science Competition: Learn from Top Kagglers

  https://www.coursera.org/learn/competitive-data-science/

- PARAMETERS(Laurae++)

  https://sites.google.com/view/lauraepp/parameters

- Complete Guide to Parameter Tuning in XGBoost(Analytics Vidhya)

  https://www.analyticsvidhya.com/blog/2016/03/complete-guide-parameter-tuning-xgboost-with-codes-python/

- Kaggle Home Depot Product Search Relevance – Turing Test's 3rd Place

Solution

- https://github.com/ChenglongChen/Kaggle_HomeDepot/blob/master/Doc/
  Kaggle_HomeDepot_Turing_Test.pdf
- https://github.com/ChenglongChen/Kaggle_HomeDepot
- https://github.com/ChenglongChen/Kaggle_HomeDepot/blob/master/Code/
  Chenglong/model_param_space.py

- Neural Networks Part 3: Learning and Evaluation
  http://cs231n.github.io/neural-networks-3/

- Optimizing hyperparams with hyperopt(FastML)
  http://fastml.com/optimizing-hyperparams-with-hyperopt/

특징 선택

- 1.13. Feature selection
  https://scikit-learn.org/stable/modules/feature_selection.html

- xgbfir
  https://github.com/limexp/xgbfir

- Introduction to Feature Selection methods with an example (or how to select
  the right variables?) (Analytics Vidhya)
  https://www.analyticsvidhya.com/blog/2016/12/introduction-to-feature-
  selection-methods-with-an-example-or-how-to-select-the-right-variables/

- 안드레이서 뮐러, 세라 가이도, 『파이썬 라이브러리를 활용한 머신러닝(번역개정판)』(한
  빛미디어, 2019)
- Feature selection(Wikipedia)
  https://en.wikipedia.org/wiki/Feature_selection

불균형 데이터

- imbalanced-learn
  https://imbalanced-learn.org/stable/index.html

7장

- Kaggle Ensembling Guide

  https://mlwave.com/kaggle-ensembling-guide/

- How to Win a Data Science Competition: Learn from Top Kagglers

  https://www.coursera.org/learn/competitive-data-science/

- Stacking Made Easy: An Introduction to StackNet by Competitions Grandmaster Marios Michailidis (KazAnova)

  https://datasciblog.github.io/2017/06/15/stacking-made-easy-an-introduction-to-stacknet-by-competitions-grandmaster-marios-michailidis-kazanova/

- A Kaggler's Guide to Model Stacking in Practice

  https://datasciblog.github.io/2016/12/27/a-kagglers-guide-to-model-stacking-in-practice/

이 책에서 참조한 경진 대회 목록

캐글 대회

- Titanic: Machine Learning from Disaster

  https://www.kaggle.com/c/titanic

- House Prices: Advanced Regression Techniques

  https://www.kaggle.com/c/house-prices-advanced-regression-techniques

- Heritage Health Prize

  https://www.kaggle.com/c/hhp

- Display Advertising Challenge

  https://www.kaggle.com/c/criteo-display-ad-challenge

- Microsoft Malware Classification Challenge (BIG 2015)

  https://www.kaggle.com/c/malware-classification

- Otto Group Product Classification Challenge

  https://www.kaggle.com/c/otto-group-product-classification-challenge

- Walmart Recruiting II: Sales in Stormy Weather

  https://www.kaggle.com/c/walmart-recruiting-sales-in-stormy-weather

- Facebook Recruiting IV: Human or Robot?

  https://www.kaggle.com/c/facebook-recruiting-iv-human-or-bot

- Crowdflower Search Results Relevance

  https://www.kaggle.com/c/crowdflower-search-relevance

- Machinery Tube Pricing

  https://www.kaggle.com/c/machinery-tube-pricing

- Coupon Purchase Prediction

  https://www.kaggle.com/c/coupon-purchase-prediction

- Rossmann Store Sales

  https://www.kaggle.com/c/rossmann-store-sales

- Walmart Recruiting: Trip Type Classification

  https://www.kaggle.com/c/walmart-recruiting-trip-type-classification

- Airbnb New User Bookings

  https://www.kaggle.com/c/airbnb-recruiting-new-user-bookings

- Prudential Life Insurance Assessment

  https://www.kaggle.com/c/prudential-life-insurance-assessment

- BNP Paribas Cardif Claims Management

  https://www.kaggle.com/c/bnp-paribas-cardif-claims-management

- Home Depot Product Search Relevance

  https://www.kaggle.com/c/home-depot-product-search-relevance

- Santander Customer Satisfaction

  https://www.kaggle.com/c/santander-customer-satisfaction

- Bosch Production Line Performance

  https://www.kaggle.com/c/bosch-production-line-performance

- Allstate Claims Severity

  https://www.kaggle.com/c/allstate-claims-severity

- Santander Product Recommendation

  https://www.kaggle.com/c/santander-product-recommendation

- Two Sigma Financial Modeling Challenge

  https://www.kaggle.com/c/two-sigma-financial-modeling

- Data Science Bowl 2017

  https://www.kaggle.com/c/data-science-bowl-2017

- Two Sigma Connect: Rental Listing Inquiries

  https://www.kaggle.com/c/two-sigma-connect-rental-listing-inquiries

- Quora Question Pairs

  https://www.kaggle.com/c/quora-question-pairs

- Mercedes-Benz Greener Manufacturing

  https://www.kaggle.com/c/mercedes-benz-greener-manufacturing

- Instacart Market Basket Analysis

  https://www.kaggle.com/c/instacart-market-basket-analysis

- Web Traffic Time Series Forecasting

  https://www.kaggle.com/c/web-traffic-time-series-forecasting

- Text Normalization Challenge - English Language

  https://www.kaggle.com/c/text-normalization-challenge-english-language

- Porto Seguro's Safe Driver Prediction

  https://www.kaggle.com/c/porto-seguro-safe-driver-prediction

- Passenger Screening Algorithm Challenge

  https://www.kaggle.com/c/passenger-screening-algorithm-challenge

- Zillow Prize: Zillow's Home Value Prediction(Zestimate)

  https://www.kaggle.com/c/zillow-prize-1

- Corporación Favorita Grocery Sales Forecasting

  https://www.kaggle.com/c/favorita-grocery-sales-forecasting

- TensorFlow Speech Recognition Challenge

  https://www.kaggle.com/c/tensorflow-speech-recognition-challenge

- Recruit Restaurant Visitor Forecasting

  https://www.kaggle.com/c/recruit-restaurant-visitor-forecasting

- Mercari Price Suggestion Challenge

  https://www.kaggle.com/c/mercari-price-suggestion-challenge

- Google Cloud & NCAA® ML Competition 2018-Men's

  https://www.kaggle.com/c/mens-machine-learning-competition-2018

- TalkingData AdTracking Fraud Detection Challenge

  https://www.kaggle.com/c/talkingdata-adtracking-fraud-detection

- Avito Demand Prediction Challenge

  https://www.kaggle.com/c/avito-demand-prediction

- Home Credit Default Risk

  https://www.kaggle.com/c/home-credit-default-risk

- Google AI Open Images - Object Detection Track

  https://www.kaggle.com/c/google-ai-open-images-object-detection-track

- TGS Salt Identification Challenge

  https://www.kaggle.com/c/tgs-salt-identification-challenge

- PLAsTiCC Astronomical Classification

  https://www.kaggle.com/c/PLAsTiCC-2018

- Human Protein Atlas Image Classification

  https://www.kaggle.com/c/human-protein-atlas-image-classification

- Quora Insincere Questions Classification

  https://www.kaggle.com/c/quora-insincere-questions-classification

- Google Analytics Customer Revenue Prediction

  https://www.kaggle.com/c/ga-customer-revenue-prediction

- Elo Merchant Category Recommendation

  https://www.kaggle.com/c/elo-merchant-category-recommendation

- Santander Customer Transaction Prediction

  https://www.kaggle.com/c/santander-customer-transaction-prediction

- Data Science for Good: City of Los Angeles

  https://www.kaggle.com/c/data-science-for-good-city-of-los-angeles

기타 대회

- SIGNATE의 '제1회 FR FRONTIER: 패션 이미지에서의 양복 색상 분류' 대회[1]

  https://signate.jp/competitions/36

- SIGNATE의 'J리그 관중 동원 예측' 대회

  https://signate.jp/competitions/137

---

1   옮긴이_ 2021년 3월 기준 비공개입니다.

INDEX

INDEX

INDEX

INDEX

INDEX